新文科建设教材
会计学系列

THEORY AND PRACTICE
OF FINANCIAL MANAGEMENT

财务管理
理论与实务

谢香兵　张肖飞◎主编

清华大学出版社
北京

内 容 简 介

本书凝聚了编著者在研究生课程"财务管理理论与实务"教学与研究中的丰富经验,以企业价值创造与实现为逻辑主线,系统地构建了内容体系。全书从企业价值实现的理论基础出发,逐步深入探讨其进阶路径与实现方式,并拓展至财务管理的主体与经营环境。本书将基础理论与现实热点问题有机结合,运用最新的上市公司案例进行分析,强调实践应用,既便于读者学习基础知识和掌握分析方法,又为读者提供了决策实践的标杆和案例。

本书适合工商管理学科的学术型研究生课程"高级财务管理学"以及 MBA(含 EMBA)、MPAcc和 MAud 等使用,也可供实务工作者参考,帮助读者全面提升财务决策与管理能力。

图书在版编目(CIP)数据

财务管理理论与实务 / 谢香兵,张肖飞主编. --北京 :清华大学出版社,2025.4.
(新文科建设教材). -- ISBN 978-7-302-68731-3

Ⅰ . F275

中国国家版本馆 CIP 数据核字第 2025PP3713 号

责任编辑:付潭蛟
封面设计:李召霞
责任校对:王荣静
责任印制:刘 菲

出版发行:清华大学出版社
　　　　　网　　　址:https://www.tup.com.cn,https://www.wqxuetang.com
　　　　　地　　　址:北京清华大学学研大厦 A 座　　　　　邮　　编:100084
　　　　　社 总 机:010-83470000　　　　　邮　　购:010-62786544
　　　　　投稿与读者服务:010-62776969,c-service@tup.tsinghua.edu.cn
　　　　　质 量 反 馈:010-62772015,zhiliang@tup.tsinghua.edu.cn
　　　　　课 件 下 载:https://www.tup.com.cn,010-83470332
印 装 者:大厂回族自治县彩虹印刷有限公司
经　　销:全国新华书店
开　　本:185mm×260mm　　　印 张:18　　　字　数:419 千字
版　　次:2025 年 5 月第 1 版　　　印　次:2025 年 5 月第 1 次印刷
定　　价:59.00 元

产品编号:104800-01

前　言

　　财务管理理论是一套研究在不确定环境下，通过资本市场实现资源跨期最优配置的理论体系。自 20 世纪后半叶以来，财务管理理论不断遭到"资本市场异象"的挑战，推动了财务管理理论研究的范式变迁和财务理论实践的不断创新。财务管理实务作为人类的一种经济管理活动源远流长，随着社会环境的变迁、经济的发展、制度的演进，以及企业组织形式的多样化不断丰富和发展。无论财务管理理论和实务如何变化，财务管理知识体系都应以企业价值最大化的目标为出发点，以成本与效益为原则，以平衡流动性、盈利性与风险性为基本财务管理理念，全面考虑公司战略、治理结构安排、风险管理策略对公司价值的影响，通过有效的企业经营和资本运作来实现价值最大化，确保企业的可持续发展，最终实现企业价值最大化的目标。

　　本书以企业价值创造和实现为逻辑主线，根据研究生教学要求设计各章内容，本着实用原则，满足研究生财务管理课程教学的需要，将理论与实践相结合，突出重点。本书的框架结构、内容设计主要有以下特点：

　　本书凝聚了编著者在研究生课程"财务管理理论与实务"中的长期研究与教学实践经验。一直以来，编著者致力于财务管理学的教学和研究，积累了大量的教学素材和案例材料，本书的知识架构、学术观点和案例都在教学中实际使用。

　　本书旨在启发而非说教。本书强调财务管理基础知识，注重实践应用，既方便读者学习基础知识和掌握分析方法，也为读者提供了进行决策实践的标杆和案例。本书强调实用原则。本书将最基础的财务管理理论与现实热点实践问题相结合，应用最新的上市公司案例进行分析，强调实践应用；同时，满足研究生教学需要，突出重点，没有纳入财务管理理论还未突破的内容，如中小企业财务管理、行政事业单位财务管理、财务困境与清算等内容。

　　本书坚持以党的二十大精神、二十届三中全会精神、习近平新时代中国特色社会主义思想为指导，精选资本市场上市公司的财务实践案例，以案例引导思考，纳入财务管理理论和实践运作规律，旨在通过潜移默化的影响，让学生深切感知课程的时代性、开放性和创新性，提升学生的财务理论素养，培育学生的家国情怀，并引导学生提升制度自信和文化自信，增强教材的适用性和可阅读性，增强学生对中国特色社会主义制度的认同感。

　　本书内容具体安排如下：

　　（1）企业价值实现的理论基础，包括第 1 章财务管理理论与实务概述、第 2 章风险与收益、第 3 章资产估值理论与实务、第 4 章公司治理：理论与我国实践。

　　（2）企业价值实现的理论进阶，包括第 5 章企业筹资与资本结构、第 6 章企业投资与项目评估。

　　（3）企业价值实现的方式，包括第 7 章衍生品投资及其风险管理、第 8 章企业并购与控制权转移。

（4）财务管理主体和经营环境的拓展，包括第 9 章集团财务与内部资本市场、第 10 章跨国公司财务管理。

第 1～4 章、第 10 章由河南财经政法大学会计学院谢香兵教授完成，第 5～9 章由河南财经政法大学会计学院张肖飞教授完成。在编著过程中，刘玉博士、程梦玲副教授参与了部分章节的编著工作。同时，本书还参考了国内外专家学者的教材、著作及学术研究文献，在此对给予本书大力支持和帮助的各位专家学者表示感谢。

本书的结构安排、内容设计、案例分析还部分吸收并借鉴了谢香兵教授和张肖飞教授主编的《高级财务管理学》（第 2 版）一书中的内容，希望本书的出版能够让读者对财务管理理论与实务有一个全面、细致的认识和了解。本书适合工商管理学科的学术型研究生课程"高级财务管理学"以及 MBA（含 EMBA）、MPAcc、MAud 和 MV 等使用。

本书得到了河南省研究生精品教材建设项目（项目编号：YJS2022JC41）、河南省研究生教育教学改革研究与实践项目"会计博士专业学位高质量发展与授权点立项建设研究"（项目编号：2023SJGLX314Y）、河南省研究生教育改革与质量提升工程"研究生联合培养基地项目"（项目编号：YJS2023JD47）、"财务转型与高质量发展"校企研发中心项目、河南省研究生教育改革与质量提升工程项目——研究生优质课程"高级财务管理研究"（项目编号 YJS2025KC37）、河南省高等学校哲学社会科学创新团队项目（项目编号：2023-CXTD-07）的支持。

在本书的编著过程中，我们倾注了无数心血和精力，反复雕琢修改，但由于编著者学识所限，书中难免存在疏漏和错误，恳请理论和实务领域的专家学者和广大学子提出宝贵的意见和建议，您的意见和建议将成为未来本书修订完善的重要指引。

编著者

2024 年 9 月

目 录

第 1 章

财务管理理论与实务概述

财务管理理论是研究公司在不确定环境下,通过资本市场实现资源跨期最优配置的理论体系。自 20 世纪后半叶以来,财务理论实践的不断创新以及财务管理理论不断受到"资本异象"的挑战,推动了财务管理理论研究的范式变迁。本教材主要研究金融资产定价和公司理财的相关问题,强调从"科学"角度来认识人类财务活动的客观规律,重点关注与资本市场决策相关的财务管理理论与实务内容,以及涉及企业财务管理的全局性专题。从实践视角看,本书阐述的现代财务管理实务立足于将财务管理概念和经典理论用于解决现实问题,为现代企业的财务总监(CFO)提供一种实用的理财技术,扩展其战略视野,并提升其综合素养。

波音危机:过度金融化掏空了美国制造业

国际信用评级机构穆迪 2024 年 4 月 24 日发表声明,将波音公司信用评级下调至 Baa3,距离"垃圾级"仅一步之遥。2024 年以来,应急舱门脱落、方向舵踏板卡住、发动机起火……波音公司安全事故层出不穷,这家曾被视为"美国国力象征"的百年飞机制造企业,正面临严峻的生存危机。冰冻三尺非一日之寒,波音危机是美国制造业被过度金融化反噬的缩影,人们从中也能看到美国产业空心化的演变轨迹。

波音走下坡路,企业文化堕落难辞其咎。1997 年,波音并购竞争对手麦道后,工程师文化被亲华尔街的金融文化瓦解,多年斥巨资回购股票和分红,取悦资本市场,自此逐渐从航空工业领军企业沦为资本市场附庸。数据显示,2013 年至 2019 年,波音共花费 434 亿美元回购股票,在此期间,公司累计利润不到 388 亿美元。美国 VOX 网站刊文称,为了提升利润、抬高股价,波音大量回购股票的同时,减少研发和制造、削减员工数量,还将大量业务外包给不合格的供应商,"波音的衰落是此前数十年盈利至上的结果"。

在金融资本利益最大化的驱使下,牺牲安全质量以追求短期盈利、美化报表成为潜规则。美航空安全专家乔·雅各布森表示,波音飞机很多部位在当初组装时就存在问题,工作流程中"到处都在走捷径"。即便在 2018 年和 2019 年两起 737MAX8 型客机坠毁事故造成近 350 人死亡之后,波音在提高产品质量方面依旧困难重重。调查显示,2024 年以来发生问题的波音客机均在不同时间生产、交付。这意味着,当前的波音已经存在"系统性质量控制问题"。

波音危机，过度金融化难辞其咎，这又何尝不是美国"产业空心化"后果的缩影。美国经济过度金融化的直接结果，就是"泡沫繁荣"与社会衰落同时并存，收入不平等和贫富差距悬殊程度日益加深，以致催生 2008 年国际金融危机。在此过程中，美元金融资本全球布局收割世界，同时掏空了美国的实体产业。

波音是一面镜子，映照着美国制造业的兴衰。波音困局难解，"再工业化"进程步履维艰，更折射出经济过度金融化之痛。然而诿过于人，"内病外治"，无助于增强美国自身的竞争力，只会让"波音们"越来越多。

（资料来源：新华社北京 2024 年 4 月 25 日电，记者许苏培，内容有删减）

财务管理，研究公司如何在不确定的环境下，通过资本市场对资源进行跨期最优配置的理论体系，主要关注微观层面企业的资金活动以及由此形成的一系列财务关系。财务管理学研究什么，仁者见仁、智者见智。布里格姆（Brigham）和埃哈特（Ehrhardt）（2005）在《财务管理：理论与实践》一书中表明，大部分财务管理知识围绕三个问题展开：①特定公司价值的影响因素有哪些？②管理层如何选择以增加公司价值？③管理层如何保证公司执行财务决策时资金充足？罗斯（Ross）等（2002）在《公司理财基础》一书中认为财务经理需要关注三类基本问题，即：①企业的长期投资（资本预算）；②支持长期投资的筹资方式和管理策略（资本结构）；③客户收款和供应商付款等企业日常经营中的商业信用管理（营运资本管理）。所以，从财务管理学科内容上看，财务管理学主要包括资本预算、融资管理和资本结构选择（或融资决策）、营运资本管理、股利政策与并购。公司财务管理基础性理论和应用工具有净现值法、资本资产定价模型、资产组合理论、以 MM 理论为代表的现代资本结构理论以及以布莱克–斯科尔斯为代表的期权定价模型（Black-Scholes option pricing model）。尽管不同学者表述不同，但其对财务管理学框架的认识大同小异，即由一个目标函数、四个模块和一个财务管理工具箱组成。其中，一个目标是公司价值最大化，四个模块的内容包括投资决策、资本结构、股利决策和营运资本管理，财务管理工具箱里有四个工具，即会计报表与比率分析、现值技术、风险收益模型和期权定价模型。这些财务管理核心内容的理论基础成熟且丰富，并集中在理性经济人、有效市场假说、代理理论（契约理论）、不对称信息理论等框架内，没有这些基础财务理论就没有现代公司财务管理学科体系。然而，任何学科都是构建在一系列假设基础之上的。达摩达兰（Damodaran）教授曾将构建财务管理学的基础性假设归纳为四组，即经理与股东目标函数一致性假设、债权人利益得到完全保护假设、市场有效性假设和社会成本为零假设。显然这些基本假设还远离"现实世界"，并已受到来自很多方面，特别是实务界的严厉批评，研究者们试图寻找一种新的目标函数和理论体系来解决"现实世界"中存在的诸多财务冲突，诸如股东与管理层之间的冲突、股东与债权人之间的冲突、大股东与小股东之间的冲突、公司财务目标与社会责任之间的冲突等，但迄今为止仍没有找到完全解决问题的方法，这些假设仍是构建现代财务管理学理论和方法体系的基本前提。

本书讲解的财务管理理论与实务，阐述的是非金融企业如何利用财务理论和工具实现公司有限资源的最优配置，以最大化公司价值为目标的组织活动。

1.1　公司财务管理理论基础与发展

现代公司财务管理的六大奠基理论包括资本结构理论（capital structure theory）、现代投资组合理论（investment portfolio theory）与资本资产定价模型（CAPM）、有效市场假说（efficient markets hypothesis，EMH）、代理理论（agency theory）、信息不对称理论（information asymmetry theory）、期权定价模型（option pricing model），这些理论都是建立在一系列假设基础之上的，现实中满足这些假设的条件几乎无法实现，因此出现了大量与现代财务管理理论基础相违背的现象和实践，因此学术界和实务界对现代财务管理理论提出了一系列质疑，并在现有财务管理理论基础之上不断发展出新的理论体系。

1.1.1　理性经济人假设与行为财务学

现代财务管理理论继承了亚当·斯密的理性经济人假设，所谓理性经济人假设是对在经济社会中从事经济活动的所有人的基本特征的一般性的抽象。这个被抽象出来的基本特征就是：每一个从事经济活动的人都是利己的，每一个从事经济活动的人所采取的经济行为都是力图以最小的经济代价为自己谋取最大的经济利益。理性经济人假设意味着投资决策时需遵循三个规则：基于效用函数、理性预期、风险规避。在资本市场上，所有新的信息一旦出现就会在理性投资者的投资行为下被反映到资产价格上去，这就是尤金·法玛（Eugene Fama）（以下简称"法玛"）的有效市场理论的精髓。即使股票价格偏离其内在价值，也是因为信息不对称和信息接收过程中的短时间差异所造成的，随着时间的推移和学习曲线效应作用的发挥，投资者获取的信息越来越充分，股价最终会回归其内在价值。但金融危机这个现实表明投资者并非都是理性的，2007 年 10 月份我国 A 股市场上证指数最高曾上涨到 6 124.04 点，一年之后，2008 年 10 月 28 日最低下降到 1 664 多点，累计跌幅达到 72.82%。在股票市场的大起大落中，投资者的贪婪和恐惧体现得淋漓尽致。行为财务学假设人是有限理性并会出现认知错误及情感偏差的，当面临不确定的市场和未来时，投资者的情绪、对信息的敏锐度、人的心理状态和情感偏差都会对最终决策产生决定性影响。也正是由于人们认知过程中的偏差和情绪等心理因素，致使投资者无法按照理性经济人的方式做出现代财务管理理论所假设的最优行为。市场中出现的羊群效应、锚定效应、群体极端行为（group polarization）、框架（Framing）依赖效应、过度自信等所反映的都是人的"动物精神"和有限理性的结果。

我国的证券市场是一个新兴的市场，中小投资者众多，其决策行为的非理性导致市场波动性加强，加上制度建设不成熟导致严重的过度投机性。因此，仅借助现代金融学的方法无法正确分析我国证券市场，应充分重视行为金融学这一新兴理论方法，将行为金融学的研究成果运用到我国证券市场的实践中，合理引导投资者的行为。对于广大中小投资者，要通过教育来引导其行为更加理性，提高证券市场投资者的投资决策能力和市场的运作效率。麻省理工学院斯隆管理学院教授安德鲁（Andrew）认为，可以相信市场在正常时期会合理运行，但如果人类受到极端情绪的支配，"动物精神"有可能压倒理性，甚至监管者和政策制定者亦是如此。因而，那些无视环境不断变化的一成不变的规则，几乎总是会导致意外结果的出现。对于监管者和政策制定者来说，设计出能够具有适应性的监管规则来中和人类本性至关重要。加强用现代财务理论解释现实问题的能力，需要以行为财务学为基础，逐渐放宽理性经济人假设，构建"有限理性和非理性经济人"假设下的分析框架，提高财务理论应对不确定经济环境的能力。

1.1.2　有效市场理论与市场异象

尤金·法玛（Eugen Fama）是有效市场理论的集大成者，他为该理论的形成和完善做出了卓越的贡献，并因此获得 2013 年诺贝尔经济学奖。1965 年，法玛发表《股票价格市场行为》，提出了著名的有效市场理论。1970 年，法玛又撰文《有效市场：理论和实证研究回顾》，提出了研究有效市场理论的一套完整的理论框架。有效市场理论认为"证券价格充分反映全部可获得的信息"，因此，如果有效市场理论成立，市场价格是对内在价值的最好估计，投资者使用可获得的信息无法持续实现超常收益。也就是说，在有效市场，证券价格能够迅速准确地反映所有可获得的信息，市场竞争使得证券价格从一个均衡水平迅速过渡到另一个均衡水平，而与新信息相对应的价格变动是相互独立或随机的。法玛根据资本市场中资产价格对信息的反映程度不同，把市场有效性分成三种水平：弱式有效、半强式有效和强式有效。

弱式有效是指证券价格完全反映了所有的历史信息，包括历史价格序列、市场收益率、成交量等信息。在弱式有效市场中，证券价格服从随机游走模型，投资者无法利用过去的信息获取超额利润，股票市场中的 K 线技术是无用的。半强式有效意味着证券价格不仅反映了所有历史信息，还反映所有的公开信息，包括盈余和股利公告、并购重组、高管变更、新产品研发成功以及有关政治经济新闻等。投资者利用公开的信息进行决策并进行交易无法获得超额利润，这也意味着证券分析师的基本面分析也是无用的。强式有效是指证券价格不仅反映所有历史信息、公开信息，还反映内幕信息，显然强式有效市场是一种理想化的市场。总之，如果资本市场是有效的，任何投资者都不可能获得超额利润，"市场是不可战胜的"，投资于证券仅仅是一个公平的游戏。但是，这既不意味着投资者拥有千里眼（敏锐的洞察力），也不意味着价格不能波动。因为未来是不确定的，并且包含很多的意外。

依据市场有效性定义，所有可获得的信息早已反映在市场价格中，任何投资者都不可能获得超额回报，投资者不可能战胜市场。由于信息获取需要花费成本，如果不存在任何超额回报，投资者就没有强烈的意愿和动机去收集信息。这样，投资者会简单地停止收集信息，而将市场价格视为未来证券投资收益最好的指示器。此时，又会产生新的疑问，即如果无法激励投资者寻找信息并且利用信息进行套利，则价格又如何能够反映信息？这种逻辑不一致性给会计理论提出了新的挑战，如果市场同时反映了所有报告中的信息，那么代价高昂的财务报告分析的目的又是什么？证券分析师行业又能如何得以继续存在呢？

在有效市场中，当投资者获得信息时，个人决策过程是如何将信息反映在资产的市场价格中的呢？理性预期假设说明，尽管不同的投资者可能会有不同的预期方式，但综合作用的结果却使市场接近于理性预期。理性预期是指在预期价格的形成过程中，投资者运用一切可用的信息所做的最佳预测，理性预期理论是有效市场假说的微观基础，或者说有效市场假说是理性预期理论在金融学中的平行发展。也就是说，理性预期本质上是一个均衡概念，它不仅仅是有关个体行为的理性假设。在理性预期均衡下，交易者没有重新定约的意愿，均衡处于稳定状态。它表示市场出清的均衡价格已不能为交易者提供新的可以利用的私人信息，也表示交易者已从均衡价格中窥探到其他交易者的所有私人信息，在这两种意义上，理性预期均衡完全揭示私人信息，市场没有用信息获取赢利的可能。理性预期均衡的实现是交易者遵循贝叶斯法则的结果。图 1-1 反映了有效市场下的证券价格形成过程。

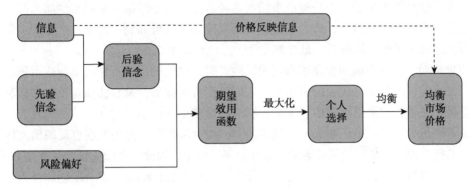

图 1-1　有效市场下的证券价格形成过程

有效市场假说是众多现代财务理论的前提，如资本资产定价模型（CAPM）、期权定价理论、MM 资本结构理论等。但现实和实证研究发现，市场并没有人们想象的那么有效，在资本市场中存在诸多"市场异象"，这些异象都不能够被有效市场理论所解释。比如，盈余公告后的股价漂移现象（PEAD），即公司盈余信息公布后并没有立即被证券市场消化，并反映在有效市场价格中，而对于那些公布盈余好消息的公司，其股票的超额回报一般会漂移一段时间。比如 Sloan（1996）以 1962—1991 年公司的年度盈余公告为样本，将报告净收益分为经营现金流和应计项目两个部分，由于应计项目更有可能发生估计错误或者受到人为操纵，可靠性较低，因此会影响本期应计项目和下期盈余的相关性；经营现金流量估计错误或操纵的可能性较小，持续性更强，与下一年的净收益相关性更高，因此可以推断，公司盈余中经营现金流的比重越大，市场对盈余信息的反映程度越大，反之亦然。但Sloan 的研究发现，事实并非如预期一致，虽然市场确实对盈余信息中的好消息或坏消息做出了反应，但市场并没有对盈余中现金流和应计项目的比例做出不同程度的调整。Sloan 设计了一种投资战略，买进低应计项目的公司股票，卖空高应计项目的公司股票，持有一年，不考虑交易成本，可以获得超出市场 10.4%的年收益，成功地打败了市场。除此之外，资本市场异常现象还包括公司小规模效应、日期（季度）效应、股票入选成分股引起股票上涨等。这些异常现象对投资者理性和证券市场的有效性带来了巨大挑战。

1.1.3　金融工具的发展：贪婪与创新

20 世纪 90 年代以来，随着世界经济发展的区域化、集团化和国际金融市场的全球一体化、证券化趋势不断增强，国际债券市场和衍生金融品市场迅猛发展，新技术广泛使用，金融市场结构发生了很大变化。传统的金融产品主要是股票、债券、商业票据、银行票据等基础性产品，随着金融市场的不断发展，在这些基础金融工具的基础上派生了诸多衍生金融工具或组合金融工具，其中常见的衍生金融工具包括期货合约、期权合约、远期合同、互换协议等。衍生金融工具的高杠杆性、跨期性以及高不确定性等特性决定了该类投资的高风险和高收益。2008 年下半年开始，美国次贷危机引发的全球金融危机促使人们重新审视金融工具的创新和金融监管。在 2008 年次贷危机之前，投资者疯狂购买存在巨大风险的抵押支持债券（MBS）、债务抵押债券（CDO）、信用违约掉期（CDS）等衍生金融产品。这些衍生金融产品在资本市场上的标价远远超过其背后抵押物的内在价值，致使大量的"泡沫"充斥了整个资本市场。当房地产市场泡沫破裂之后，华尔街对金融衍生品的过度包装以及金融机构财务杠杆过高，放大了金融市场风险，使房价和利率波动，产生了一系列连锁反应，造成市场的整体波动，最终演变为全球性经济危机。

衍生金融工具创造的初衷是用来规避风险、套期保值的，而不是用来制造市场波动投机套利的。但以华尔街为代表的机构投资者们最爱价格波动，没有波动就没有高额利润，衍生金融正是他们在价格波动中谋求高额利润的对赌工具而不是对冲风险的工具。不论是美国的"麦道夫"式的庞氏骗局还是我国的"e 租宝事件"，金融发展也反映出人性中并不光彩的另一面。贪婪可能扭曲创意，破坏公平、公正。因此，金融监管的存在是必要的。金融发展史就是金融创新的历史。美国经济学家凯恩（E. J. Kane）把金融创新视为金融业逃避严厉管制的一种手段，认为在金融管制和金融创新之间存在一个"管制—创新—再管制—再创新……"的循环往复的斗争过程，并将其称为"管制的辩证过程"。新凯恩斯主义认为 2008 年金融危机是金融工具过度创新所致，应该认真反思金融创新。金融逐利的特性也意味着创新是个永不停止的过程，并给系统带来潜在的不确定因素。当金融创新快速增长时，风险也会急速增长。监管既不能一刀切式地阻止，也不应该任其自由发展，更不能朝令夕改、草率推出新举措。2008 年之后，美国监管部门开始对资产证券化产品的道德风险展开调查，并随后提出信用风险留存规则。

金融创新不仅仅是产品的创新，也包括科学技术创新。当前互联网技术、人工智能、云技术等科技的发展对传统金融产生极大冲击，去中心化、去媒/脱媒的潮流意味着金融处在一个创新的漩涡，众筹、便捷支付、P2P、大数据分析、区块链技术使得传统金融机构在市场服务中正在逐步失去对整个价值链条的控制地位。虽然从当前的规模来说，这些金融创新还在萌芽期，但如何对这些金融创新进行监管，防范金融风险是一个重要的课题。然而，被动的监督和管理难以前瞻于市场化的极具生命力的创新活动。金融监管的职能在创新中面临更高的挑战，但其监管目标并没有改变，须以完全信息披露为指导，以保护投资者利益和防止欺诈为核心目标，制定金融业基本规章制度并严格执行才能防范创新带来的混乱和破坏。金融创新带来的问题有三个方面。第一，金融机构多是使用他人资金，其中的道德风险使其有贪婪、冒险、短视的本性。这些本性往往导致金融创新被滥用，有些成为庞氏骗局。第二，投资者由于行为偏差，喜欢高收益但"看似低风险"的产品，金融创新由于其复杂性往往把投资者引入误区。第三，由于不确定性和复杂性，监管者对金融创新的监管往往滞后，在过宽和过紧之间摇摆。这样看来，就不难理解，金融机构时时有创新的冲动，而投资者、监管部门和社会对金融创新的认识则表现出情绪周期。在周期的早期，各方都认为创新推动社会进步，从而跃跃欲试；反之，在金融创新把美国带入金融危机之后，巴菲特认为衍生金融工具是大规模杀伤性武器，与其说是造福社会，不如说被滥用的概率更大。20 世纪一位著名的投资家说，世界上最昂贵的四个英文单词是"This time is different（此次不同）"。马克·吐温也曾说过类似的话，"历史不会重复自己，但会押着同样的韵脚"。

1.1.4　风险管理与防范：工具与策略

对风险的研究无疑是公司财务管理学的灵魂。在现行经典财务管理学理论中，关于风险的核心观点包括：①财务理论中的风险概念源于数理分析中的"确定性、风险性和不确定性"事件。风险性决策是指方案的未来结果是不确定的，但未来结果的概率分布是可预测、可估计的，而不确定性决策则是指未来预期结果的概率分布是未知的。但在财务实践中，人们常常引入"主观概率"，将不确定性决策变为风险性决策，将两者混为一谈；②证券投资的风险严格区分为系统性风险和非系统性风险，以 β 系数为代表的系统性风险是财务研究的重点，非系统性风险通过资产组合来予以消除，基于 β 系数的资本资产定价模型是估算证券投资预期收益率的经典模型，并曾引发了 β 系数是否已"死亡"的争论；③以经营杠杆系数 DOL 为代表的经营风险和以财务杠杆系数 DFL 为代表的财务风险，是对资产负债表左右两边风险的全面考查，但是它们都是着眼于企业内部的成本结构与资本结构；④从企业角度看，流动性风险（偿付能力）的防范至关重要，降低流动性风险的技术主要包括营运资金的筹资管理和投资管理；⑤财务理论上阐述的风险防范策略，集中于资本结构的适当水平与动态调整以及证券投资中的投资组合策略。

在当今金融风险管理领域，期权定价、德尔塔对冲（Delta Hedging）、在险价值管理（Value at Risk，VaR）、蒙特卡罗模拟法（Monte-Carlo Simulation，MS）等定量工具开始被广泛应用于各类金融机构。这些工具极大推动了财务风险理论与技术在数理上的发展，使其几乎达到无懈可击的程度。但是历经 2008 年全球金融危机以及 2015 年的"股灾"后，人们发现即使再完美的风险管理理论和娴熟的风险管理工具都无法规避股市给投资者带来的巨大损失。究其原因，财务理论上的风险与风险管理理念、内容和技术工具都存在一定的局限性，单一地从数理上分析、计算和探索风险防范的理论范式本身就存在极大的风险。当面临巨大的、全球性的系统性风险时，任何旨在分散风险的衍生金融工具都无法起效，相反这些衍生金融工具还会放大风险，进一步加剧市场的波动性。因此，必须反思原有的衍生金融工具的设计理念，找到新的应对风险的工具和策略。根据汤谷良和韩慧博（2010）在《高级财务管理》中的观点，财务风险理论的重构和风险防控对策的创新需要做到以下几点。

首先，财务风险概念重构方面。财务风险一定是一个多视角、多变量、多层次的复合型概念：既有财务"规模"上的风险问题，也有财务"结构"上的风险问题；既有静态财务风险问题，也有动态财务风险问题；既有财务业务过程管控上的风险问题，也有财务结果上的"偏离预期"的风险问题；既有资产负债风险、盈利能力风险，更有现金流量风险；既有企业内部财务风险，也有外部财务风险；既有财务数据舞弊的风险，也有财务制度失灵的风险。总之，只有从风险要素、风险成因、风险表象、风险层次等多角度来理解和研究财务风险，才是现实的、理性的财务风险研究理论范式。

其次，风险防范对策的创新。"羊群效应"或"蝴蝶效应"的存在使得非系统性、个别风险可能会迅速转化为系统性风险。比如 2008 年美国的次贷危机，由信贷领域的次贷违约，传导到资产市场、证券市场，然后再传导到商品市场，传导到整个实体经济和工商企业，最后传遍全球，表现出极强的传染性和系统性特点。反观现行财务理论，其倡导的防控风险措施，都是从不同角度、不同层次阐述风险防范策略，各种防范风险工具分散在财务理论的各个模块中，没有形成综合性、系统性的体系。这使得风险管理理论和应用工具在面临金融风险特别是系统性风险时缺乏整体性，效果就不尽如人意了。因此，在制定风险防控对策方面，企业要特别关注各类风险的组合和匹配，以提升整体风险防御能力。

最后，财务管理理论除了设计防范风险的金融工具外，理论界还要立足于实用主义立场，探讨和构建一个更有效的企业资产和风险评估的财务预警系统，及时检测企业财务风险，尤其是高风险的经营投资活动做到早发现、早应对。

1.1.5 企业价值的实现：资本运作与企业经营

阿基米德有句名言"给我一个支点，我能够撬动地球"，这种以小博大的杠杆原理被人们广泛应用于各个领域，特别是资本市场。撬动资本杠杆，带动企业腾飞，前提是人们要懂得世上存在这样一个支点，并应尽早找到这个支点。在现代商业社会，资本运作已成为企业寻求利润最大化的重要因素，它是一些敢于挑战、勇于创新的企业的资本倍增器。现行公司财务管理理论基本以资本市场为研究对象，探讨公司价值的确认方法、实现方式等，主要关注融资、投资、上市和兼并对企业决策及其市场价值的影响。这些被称为"资本运作"。自第二次工业革命后，掌握了科学技术的企业家迅速积累起巨额财富，他们组建的企业对国家产生了极大的影响，构成了国家的经济命脉。这些企业为了获得高额利润，通过协议或联合起来，对商品的生产和销售进行操控，于是形成了垄断。这时的企业家开始坐在幕后操纵这一切，演变成资本家。有人对资本家下过这样的定义：他们是以资本运作为业的人。资本家跟企业家的最大区别是：资本家不直接参与企业的经营和管理，而是在幕后操纵企业的宏观战略；企业的产品是各类商品，而资本家的产品就是各个企业。通过投资、入股、并购、重组的方式，资本家将一个企业的未来掌握到自己手中。软银的孙正义投资了马云，成全了阿里巴巴，马云是企业家，而孙正义就是资本家。

汤谷良和韩慧博（2010）认为，现行财务管理理论是一种忽视企业商业模式、经营战略、产品经营而紧盯资本运作的理论模式。由于财务管理理论过多关注资本市场，企业错误地将证券的价格看作公司的真实价值，一味地追求其在资本市场上证券的价格，并通过在资本市场上的兼并收购等运营方式获得非理性的扩张和繁荣，却忽视了企业内部财务管理和核心竞争力培养等内功的修炼。有人说，管理价值始于战略，止于财务结果。无可否认的是，公司经营的根本目的在于创造财务上的业绩，公司的成功最终表现为财务上的成功，而财务业绩主要是由商业市场的客户决定的。但在企业实践中，这一基本理念被很多企业家所忽视。现代公司财务生存的关键是拥有资本市场，但生存的方式、盈利的途径则是由其在商品经营业绩和产品市场上的表现所决定，所以公司价值必然与其经营战略的实施、盈利模式的实现相联系。从财务角度看，公司创造价值的基本方式就是识别、评估和采纳那些创造的收益超过资本成本的战略，投资于净现值（NPV）大于零的项目，并且在尽可能长的时间里创造并保持竞争中的优势地位。衡量公司战略成功与否的最终标准就是看公司价值是否增值，股东财富是否得到最大化。因此，企业家要把自己的资本（有形的和无形的）放到市场上，通过上市等一系列合理手段，再结合自身发展情况进行合理的运营。

我国很多企业面临的发展瓶颈就是资金短缺，以至于无法扩大产能、增加产量和进行多元化发展。其实，企业出现资本瓶颈的根本原因并非资金本身，而是未能对接资本市场。借力资本市场是如今企业融资发展的第一要务，而资本市场的最大功能就是缓解企业尤其是中小企业融资难的问题。现代企业的竞争是资本与资本的竞争，不懂资本知识，忽视金融市场的融资功能，要想赢得竞争、获得可持续发展是异常艰难的。因此，要想突破企业融资瓶颈，获得快速良性发展，就要不断调整思路，积极对接资本市场。尽管公司的价值在很大程度上通过金融市场来反映，但是实现企业价值最大化的目标还是需要企业在产品市场、商业经营上取得持续的营业利润。这是实现价值目标的根本途径，也是由公司内在价值所决定的。

1.2　现代财务管理理论的基本特征及基本框架

1.2.1　现代财务管理理论的基本特征

本书阐述的现代财务管理理论立足将财务管理概念和经典理论用于解决现实问题，为现代企业的财务总监提供一种新的且实用的理财技术，扩展财务总监的战略视野，提高他们的综合素养，将财务总监从传统的"算账先生""预算编制者""数据提供者"转变为首席执行官的战略合作伙伴，从记录价值的会计主管转变为创造价值的业务伙伴。因此，对于财务总监来说，实现角色转变所需的财务管理理论知识，应体现以下几个基本特征。

1. 从企业的股东价值到整体价值

财务目标是确定财务管理主体行为的目标和准则。在以往的多种财务目标取向中，企业着重于财务利润等财务价值目标，价值最大化成为现代企业财务目标的最好表述。企业价值不仅仅是股东财富的价值，而是考虑了股东在内的企业所有利益相关者的价值。企业的整体价值强调的不仅仅是单一的财物价值，而是在组织机构中财务、采购、生产、技术、市场营销、人力资源、产权运作等各方面整合的结果。

2. 从保障型财务管理到战略型财务管理

目前财务管理教材所阐述的问题主要定位在特定企业发展阶段和特定组织结构模式下的财务投融资、财务控制与分析问题，其讨论的财务管理似乎与战略距离较远，可以说是一种保障型财务管理。现代财务在企业战略管理中应该发挥更为深远的作用，应侧重于企业的长期发展和规划，突出战略管理与财务管理的结合，战略的目标不再仅仅是获取竞争优势，而是不断提高企业的整体价值。

3. 从财务独立型管理到财务整合型管理

传统的企业管理与财务分析的思想无法满足企业整体价值最大化和战略管理的要求。传统的管理思维是把公司划分为不同的部门，突出职能分工和部门利益。然而，企业管理实践已经充分表明，相对于单一职能部门、单向管理顺利运作，更为重要的是把不同职能部门的功能、职责有效地整合起来。也就是说，不同的职能管理单向运作并不能保证公司整体功能的效率最大化，需要运用系统的财务思想整合企业管理，实现"财务管理是企业管理的中心"的基本要求。高级财务管理理论带来管理理念和方法的全面优化，它提供了一种与现代企业制度下法人治理结构相匹配的管理制度，以及整合企业实物流程、资金周转和信息流的科学方法，建立确保战略实施的全方位、全过程、全员的管理体系。

4. 从结果导向型财务管理到过程控制型财务管理

现代财务管理理论主要研究财务管理如何获得成功、结果应该如何、如何反映结果，但却对如何面对逆境、如何使企业免受损失等重视不够。实践证明，由于理财环境动荡和人们对未来认识能力的局限性，企业遭受损失是难免的，财务人员必须居安思危，防患于未然，关注可能导致企业财务失败的风险因素，并制定预防措施，使风险因素实现由结果控制向过程控制的转变，以帮助企业规避风险或走出困境。

5. 从资金型管理到价值型管理

传统的财务管理关注股东价值最大化，以股票价格的最大化来彰显企业的成长和壮大。财务部门强调资金运营、资金筹措、资金投放以及资金分配，财务管理工作呈现典型的资金管理特点。高级财务管理以企业价值最大化目标为出发点，以平衡现金收益和风险为基本财务管理理念，强调财务分析技术和决策模型的量化财务管理方法，全方位对接发展战略，以落实财务战略为基础，改造组织体系，分析企业价值增长的驱动因素，将战略落实为具体的预算目标，并以预算管理、报告体系和预警机制为监控手段，通过资产组合和风险控制，保障企业的可持续增长，最后以科学合理的评价机制和激励机制来充分激发管理者和全体员工的积极性，促使他们不断追求价值的最大化。

6. 从资产运营到资本运营

财务理论的发展不仅受到财务学科本身特质和相关学科关联的影响，还受到理财环境、经营模式和企业战略的综合影响。当今世界经济的一体化趋势、跨国战略、并购浪潮、抵御区域性风险已经成为理财环境和企业界关注的焦点。资本运营成为企业实现全球战略的有效途径，推动世界范围的兼并、重组浪潮风起云涌。在我国市场化改革进程中，资本运营的功效同样得到了认可，跨地区、跨行业、跨所有制和跨国经营的大型企业集团相继组建并不断发展壮大。通过改组、联合、兼并、租赁、承包经营和股份出售等形式，国营小企业不断焕发新的活力。事实上，资本运营已成为我国实施战略性结构调整、深化国有企业改革的重要手段。随着资本运营活动在经济领域的拓展与深入，与此相关的一系列基础性困惑和问题逐渐浮出水面。如资本为何交易，谁在交易中做决定，资本交易的依据又是什么，运营后的效益如何评价等，这些问题的解决必须依靠以企业价值最大化为行为准则的财务理论。现行财务理论体系聚焦于资产管理和资金管理，而关于资本运营的理论则较为零散和随机。现实情况表明，资本运作是企业在更高层次上的资源配置方式，对其开展长期且深入的研究是企业价值增长的有效手段之一。

7. 从单一的财务主体到复杂的财务主体

企业组织形成是形成财务管理特征的主要因素。市场经济的发展与企业组织形态的多样化，要求财务管理人员必须关注不同规模、不同组织结构的企业财务管理行为。既要研究大型企业的一般财务问题，也要关注中小企业的特殊财务情况；既要分析单一组织结构的财务管理问题，也要探讨多层组织结构（集团制）的集权与分权问题。

1.2.2　现代财务管理理论的基本框架

21 世纪以来，公司财务管理的实践从未像今天这样富有挑战性，资本市场的变革和金融工具的创新层出不穷。尽管财务管理实践不断变化，但这些变化绝不是杂乱无章的，而是具有自身的逻辑主线和思想体系，并遵循财务管理理论的基本原理和固有方法。

众所周知，财务管理理论研究的起点是企业组织，不同的企业组织形式决定了财务目标和财务主体的差异。财务目标为财务管理过程提供了技术标准和方向，财务治理结构下的分层财务主体则为核心管理人员提供了行为导向和规范。这是财务管理过程展开的两个必要前提：既要知道目标，又要知道规则。依据财务目标，在财务治理框架下，企业要确定能够有效实现目标的财务战略，然后运用财务预算工具将财务战略与日常经营管理联系起来。在预算实施过程中，要运用财务控制手段对过程进行相应的风险预警和效率控制。财务决策还必须超越商品经营的限制，实施促进或加速战略目标实现的重组计划，从而进入新一轮的、更具竞争优势的商品经营管理流程。本书涉及的财务理论如下。

1. 公司价值理论

企业经营的核心目标是实现价值最大化，这也是企业财务管理的目标。对于企业本身而言，在资本市场上，最基本的价值创造方式是提高核心竞争力，提升本身的盈利能力。企业在价值创造过程中涉及股东、管理层、员工、政府、客户和供应商等各方利益。不同利益相关者关注的是企业价值创造的不同方面，而不同的企业行

公司财务管理目标

为为不同的利益相关者带来的价值也是不同的。面对日益激烈的全球竞争环境，企业只有以创造价值为核心构筑适合自身的管理模式，才能有效地积聚实力，增强企业的综合价值创造能力，在激烈的市场竞争中赢得一席之地。作为企业管理子系统的财务管理，同样也必须对环境变化做出积极的回应。在持续经营的条件下，企业的价值创造是一个长期的过程。增强企业的核心能力是保证企业价值创造持续性的关键。企业核心能力与价值创造是共生、互动的关系。只有以价值创造为核心，以二者的共生、互动关系为基础，企业才能保持价值创造的可持续性，从而实现企业长期价值的最大化目标。

2. 公司治理与财务治理

财务管理理论要研究的问题是不能脱离现代企业制度及其法人治理结构而独立存在的。良好的公司治理是公司价值实现的制度保障。公司治理是以管理者和所有者的权力制衡安排为核心设置的一整套控制和管理公司行为的机制，具体表现在对股东大会、董事会、监事会和经理层的权力构架设计和安排，以及公司运营中相关主体在法律层面各种权利义务的安排和经济层面各种利益的分配。公司治理对于上市公司是至关重要的。如果上市公司在经营过程中，股东、董事、监事、高级管理人员、员工及其他相关当事人等利益主体之间的权力安排和利益分配出现问题，那么该公司将难以长期、稳定、正常地运营下去。良好的公司治理对于上市公司至关重要，它是上市公司正常运营的根本保证。因此，可以说公司治理是公司运转的指挥中心。本书以企业价值实现为出发点，探讨如何设置公司内外部治理机制以约束和制衡大股东和管理层，以激励与约束对称为标准探讨公司财务治理的安排。

3. 企业投融资理论

企业投融资理论是指导企业进行资金筹集和使用决策的重要工具，涵盖从资本结构、投资决策到风险管理的各个方面。资本结构理论主要探讨企业如何通过债务资本和股权资本的最佳组合来优化资本结构，以达到最小化资本成本和最大化企业价值的目标。其中，最具影响力的是 MM 资本结构理论（Modigliani-Miller Theorem）。该理论提出，在无税收、无破产成本的理想化市场条件下，企业的资本结构对其市场价值没有影响。然而，在现实世界中，由于存在税收优惠、破产成本等因素，企业需要寻找最优的资本结构以平衡财务风险和资本成本，这一观点被称为静态权衡理论（trade-off theory）。此外，还有信号传递理论、融资优序理论（pecking order theory）等。投资决策理论关注企业如何选择投资项目以实现长期增长和价值最大化。其中，净现值法（NPV）、内含收益率法（IRR）、修正的内含报酬率法（MIRR）等财务评估方法被广泛应用于项目评估中。这些方法可帮助企业评估项目的预期收益是否超过了投资成本，从而决定是否进行投资。同时，还有与杠杆企业估价与资本预算相关的调整净现值法（APV）、权益现金流法（FTE）和加权平均资本成本法。此外，企业投融资活动还受到法律和政策环境的影响。

4. 企业并购与资本运营

现代企业面临的市场环境越来越复杂，对管理者的要求也越来越高。投资者也意识到仅仅依靠公司的内涵发展以及通过自有资金来扩大公司规模、进行多元化投资可能是不够的。在现代商业社会，资本运作已成为企业寻求利润最大化的重要手段，它是一些敢于接受挑战、勇于创新企业的资本倍增器。现行公司财务还应该关注资本市场的发展，融入其中，探讨公司价值提升的确认方法、实现方式等，关注企业融资、投资、上市和并购重组及其对企业市场价值的影响。企业并购与控制权转移主要研究并购、资本运营活动相关的一系列基础问题，包括资本为何交易，谁在交易中起决定作用，并购重组的依据是什么，如何有效运用资本交易的实现方式（并购重组、资本扩张），如何形成资本交易价格，等等。现实已表明以战略并购重组为导向的资本运营是更高层次的资源配置方式，在经营目标、经营主体、经营内容和方式等方面都不同于商品经营，对此，财务管理理论和实践应该予以更多关注。

5. 集团财务管理

企业集团是现代企业发展的高级组织形式，通过资产、资本、技术、产品等不同的利益关系，将一定数量的、受核心企业控制和影响的法人企业联合起来，组成一个具有共同经营和战略目标的多级法人结构经济联合体。高级财务管理理论不仅关注股份公司这个单一财务主体，还关注多层组织结构（集团制）的财务控制、管控模式以及内部资本市场等问题。集团管理应该尽量推进具有管理规模效益的共享服务中心（SCC）模式，尤其是加快财务共享中心的建设和实施，通过集团内部资金业务的一体化运作，实现结算集中、信息集中和资金集中，优化产融结合模式，统筹金融资源配置、风险管控，确保集团资金安全、规范和高效运转。

6. 跨国公司财务管理

财务与生产、技术、贸易、金融和税务等都有着密切的关系。随着世界各国经济、贸易和金融等的国际化，财务管理也日益国际化。企业跨越国界，与外国的企业、银行、证券公司和交易所以及税务机构和个人等发生财务关系。随着金融市场管制的解除、产品的创新和技术进步，国际财务的内容和范围也不断变化。世界资本市场趋于一体化，公司及时做出正确的决策，离不开对国际财务的正确理解和准确把握，国际财务管理变得日益重要。跨国企业要思考国际化条件下如何应对市场环境变化对企业投融资管理、风险管控、价值创造的影响。

1.3　财务管理环境：资本市场视角

1.3.1　资本市场与企业融资

资本市场是筹集资金的重要渠道。股权市场越发达，往往越能够促进创新水平的提高。当前，我国站在了新的历史起点，正在由发展中大国向现代化强国迈进。因此，我国不断健全资本对创新型企业的支持政策，持续完善多层次资本市场建设，通过优化审批程序、完善上市标准等方式，鼓励优质企业上市融资。

1. 我国多层次股票市场建设

1990 年底，沪深交易所的设立与运行，拉开了中国金融结构性改革和金融"脱媒"时代的序幕。2005 年开启的股权分置改革，弥补了我国金融市场激励机制的不足，让所有股东在共同利益机制下都关注企业利润的增长和创新能力的提升。股权分置改革的成功，开启了中国资本市场制度规范的时代，意味着中国资本市场全流通时代的到来。2019 年 6 月 13 日，上海证券交易所设立的科创板正式运行，注册制开始试点。注册制改革让市场更好地发挥资源配置的决定性作用，降低了核准制下企业上市的时间成本和门槛要求，意味着中国资本市场化时代的来临。同时，上海证券交易所推出的科创板，适用于符合国家发展战略、以创新科学技术为导向的高新技术产业和战略性新兴产业相关的科技创新型中小企业。这成为我国资本市场改革的重要试点，也给我国的科技创新型中小企业带来了新的筹融资渠道。

2021 年新三板改革，北交所设立，为体量更小的中小企业提供了上市融资发展的机遇。中国境内资本市场已经逐步发展为制度完善、生态优良的多元化、多层次资本市场，能够更加高效地发挥资源配置功能。北交所、新三板市场在 2022 年累计提供融资 399.28 亿元，同比上升 42%。其中，83 家公司完成公开发行并进入北交所，融资金额 163.84 亿元，同比上升 118%；3 家上市公司再融资发行金额合计 3.15 亿元；668 家新三板挂牌公司定向发行 697 次，融资金额 232.28 亿元，分别同比增长 24.69%、12.76%。新三板、北交所形成了按需、小额、多次的接续融资格局，有效实现了服务中小企业直接融资的功能。[①]

2023 年 2 月 17 日，中国证监会发布全面实行股票发行注册制相关制度规则，并自公布之日起施行。从长期来看，全面发展注册制，其实是通过大力支持企业进行直接融资来弥补间接融资的不足，解决企业融资困境，盘活社会资本，使得各类投资者能够有更多的选择，同时助力经济转型，构建更加多元的经济系统。全面注册制的启动，为更多中小企业

---

① 樊融杰，冯娜娜. 从有到优多层次融资体系迎来新发展阶段[N]. 中国银行保险报，2023-02-28.

特别是科创企业提供了通过资本市场融资的机会。30 多年来，中国资本市场发展起起伏伏，有高峰也有低谷，但市场规模和融资规模整体上不断扩大，市场结构从单一发展到多元，市场活跃程度保持在较高水平，市场开放和机构参与程度也越来越高。

随着资本市场规模的扩大，市场结构也发生了巨大的变化，朝着越来越多元化和成熟的资本市场发展。目前，我国资本市场由场内市场和场外市场两部分构成。其中，场内市场的主板（含中小板）、北交所（新三板创新层）、科创板、创业板（俗称"二板"）、B 股和场外市场的全国中小企业股份转让系统（俗称"新三板"）、区域性股权交易市场、证券公司主导的柜台市场共同组成我国多层次资本市场体系，配以相应的上市标准、监管规则、交易机制等，满足不同服务对象和投资者的需求。具体架构如图 1-2 所示。

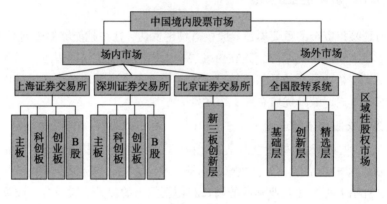

图 1-2 中国境内股票市场全景

30 多年来，伴随着我国资本市场的日益成熟、金融结构及功能的逐渐演进、风险特征的不断转变，资本市场监管体制与模式经历了从实质性监管到透明度监管的深刻变革。这种变革大致体现在三方面：第一，从中国金融结构演进的角度看，资本市场监管模式从以发行审核的实质性监管为主转变为以透明度监管为主；第二，从个体风险与系统性风险的角度看，金融监管从以微观审慎监管为主转变为宏观审慎与微观审慎并重，注重金融行为监管与消费者保护；第三，在金融科技迅速发展的背景下，监管科技逐步运用于资本市场上，监管方式从传统的事前、事中监管转变为事中、事后监管，监管重心后移（吴晓求和方明浩，2021）。

2. 债券市场与企业融资

1）我国债券市场概况

债券市场是资本市场的重要组成部分。我国于 1981 年 7 月重新发行国债。经过 40 多年的发展，我国债券市场已经成为门类基本齐全、信用层次不断拓展的全球第二大债券市场。截至 2022 年年末，我国债券市场总规模达 141 万亿元。债券融资作为重要的融资方式，可以有效降低企业融资成本，提高融资效率，助力国民经济增长。党的二十大报告提出，要健全资本市场功能，提高直接融资比重。作为企业直接融资的重要渠道、资金直达实体经济的重要途径，债券市场的互联互通是促进资金等要素自由流动的重要基础。

根据发行主体不同，债券可以分为国债、地方政府债、政策性银行债、商业银行债、企业债券、公司债券和信贷资产支持证券等。其中，公司债券是公司制企业发行的债券，包括股份有限公司和有限责任公司；企业债券的发行主体是中央政府部门所属机构、国有独资企业或国有控股企业。相对来说，企业债券的发行主体范围比公司债券要小得多。

　　广义的债券市场形成了以利率债为主、信用债和同业存单为辅的结构特征。据测算，三者存量规模占比约为 6∶3∶1。在融资主体层面，截至 2022 年年末，地方政府债券超越国债成为第一大券种，余额约为 35 万亿元；国债和金融债分别是第二、第三大券种，余额分别约为 25.5 万亿元和 22.5 万亿元。在投资主体层面，商业银行和广义基金为债券市场的主要投资者，其投资规模占比分别约为 49%和 36%。[①]

　　2）可持续发展债券市场

　　可持续发展债券是国际金融市场正在探索和发展的一个金融创新种类。它是对一系列有助于实现经济、社会、环境等各领域可持续发展的金融创新尝试的总称。国际上一般认为，可持续发展债券包括绿色债券、气候债券、社会责任债券，以及各类与可持续发展相关的创新品种，如扶贫债券、疫情防控债券、小微企业债券等。

　　（1）绿色债券融资。绿色债券是指将募集资金专门用于支持符合规定条件的绿色产业、绿色项目或绿色经济活动，依照法定程序发行并按约定还本付息的有价证券，包括但不限于绿色金融债券、绿色企业债券、绿色公司债券、绿色债务融资工具和绿色资产支持证券（《绿色债券支持项目目录（2021 年版）》）。我国的绿色债券相关制度始于 2015 年中国人民银行发布的《绿色债券支持项目目录（2015 年版）》，其绿色债券支持项目包括节能、污染防

绿色债券支持项目目录
（2021 年版）

治、资源节约与循环利用、清洁交通、清洁能源、生态保护与适应气候变化六大领域。2015 年，国家发展改革委亦发布了《绿色债券发行指引》，重点支持节能减排技术改造项目、绿色城镇化项目、能源清洁高效利用项目、新能源开发利用项目、循环经济发展项目、水资源节约和非常规水资源开发利用项目、污染防治项目、生态农林业项目、节能环保产业项目、低碳产业项目、生态文明先行示范实验项目、低碳发展试点示范项目共 12 类。我国的绿色债券自 2016 年开始起步，截至 2021 年，共发行 1 006 只绿色债券。表 1-1 为我国绿色债券发行整体情况。

表 1-1　我国绿色债券发行整体情况　　　　　　　单位：只

年份	中期票据	企业债	公司债	可交换债	地方政府债	定向工具	短期融资券	资产支持证券	金融债	项目收益票据	合计
2016	0	1	4	0	0	1	0	5	0	0	11
2017	3	20	7	0	0	2	0	14	1	0	47
2018	5	18	10	0	0	0	0	8	2	0	43
2019	19	36	50	1	5	5	0	79	13	0	200
2020	32	45	86	0	3	3	0	29	9	1	208
2021	161	37	113	0	2	8	15	125	30	0	491
合计	220	157	270	1	10	17	15	260	55	1	1 006

数据来源：Wind 数据库。

---

　　① 李刚. 债券市场微观结构变化和制度规范[J]. 债券，2023(5)：21-24.

从表 1-1 可知，我国绿色债券发行数量整体呈现逐年上升趋势，并在 2019 年开始加速，到 2021 年达到 491 家。按 Wind 债券分类，主要为公司债（270）、资产支持证券（260）、中期票据（220）和企业债（157）。其中，公司债和资产支持证券由中国证监会管理，企业债由国家发展改革委管理，中期票据由中国银行间市场交易商协会（以下简称"交易商协会"）管理。

对于绿色债券募集资金的使用，绿色企业债要求在偿债保障措施完善的情况下，企业可以使用不超过 50% 的债券募集资金用于偿还银行贷款和补充营运资金；绿色公司债要求将不低于 70% 的募集资金用于绿色领域；绿色债务融资工具则要求将募集资金 100% 用于绿色领域，包括绿色项目建设、运营、购置，偿还适用于绿色项目的债务。由此可见，绿色债券募集资金侧重绿色专项用途，可以确保企业发行绿色债券后开展绿色行动，完成自身转型，并增强市场声誉。这也是绿色债券吸引投资者和持续取得市场信赖的基础。绿色债券有助于投资者履行社会责任，对冲环保政策风险。

从绿色债券发行的制度设计机制分析，相对于普通债券，我国现有的绿色债券审批优先级更高。同时，绿色债券的委托成本通常低于普通债券，可选择的发行期限更长。因此，与普通债券相比，绿色债券无论是在发行资金成本还是时间成本上均具有优势（吴晓璐和郭冀川，2022）。绿色债券的发行，还有助于提升发行主体的绿色声誉，为其奠定合法性地位，这向社会传递了企业募集资金投向绿色项目的信号，表明企业环境治理的态度倾向，有助于企业树立绿色声誉，在转型升级中获得更多的利益相关者支持。

（2）转型类债券融资。转型金融概念最早由经济合作与发展组织（OECD）于 2019 年提出，其将"转型"定义为实现联合国可持续发展目标和追求可持续发展的路径。在借鉴国际经验的基础上，我国结合现有规律和自身实际情况，在转型类债券领域积极探索，推出了一系列创新债券产品。根据债券产品结构和募集资金用途，可将上述债券分为挂钩债券和转型债券两大类别。目前，我国债券市场上发行流通的转型类债券产品包括由交易商协会推出的可持续发展挂钩债券和转型债券，以及由上海证券交易所推出的低碳转型挂钩债券和低碳转型债券。挂钩债券通过特殊的债券结构设置，将债券条款与发行人的可持续发展/转型目标挂钩。若关键绩效指标在约定时限未达到（或达到），则触发债券条款的调整。债券条款的调整包括但不限于票面利率调升（或调降）、提前到期、一次性额外支付等。与挂钩债券相比，转型债券在债券结构设计上相对简单，即在传统的债务融资工具或公司债券基础上限制募集资金使用的范围。其中，交易商协会要求转型债券募集资金应专项用于企业的低碳转型领域，重点推动传统行业转型升级；上交所则要求全部或 70% 以上的资金用于低碳转型领域。

近两年，我国持续开展转型类债券创新。2021 年，交易商协会推出可持续发展挂钩债券。2022 年，上交所和交易商协会分别推出低碳转型债券、低碳转型挂钩债券和转型债券试点。其中，可持续发展挂钩债券与低碳转型挂钩债券都属于前述第一类转型债券工具，其募集资金无特殊要求；低碳转型债券和转型债券试点则属于第二类转型债券工具，均要求募集资金专项用于低碳转型领域。我国转型类债券的相关要求详见表 1-2。

从全球视角来看，2022 年，我国转型类债券发行规模和数量均居全球前列。根据气候债券倡议组织（CBI）的数据，2022 年全球符合 CBI 定义的可持续发展挂钩债券发行规模为 7.64 亿美元，其中，我国的发行规模约为 94 亿美元，仅次于意大利、法国和美国，居

表 1-2　我国转型类债券的相关要求

转型债券工具	定　义	募集资金用途	
可持续发展挂钩债券（交易商协会推出）	将债券条款与发行人可持续发展目标挂钩的债务融资工具	一般用途，无特殊要求	
低碳转型挂钩债券（上交所推出）	将债券条款与发行人低碳转型目标挂钩的公司债券		
转型债券试点（交易商协会推出）	为支持适应环境改善和应对气候变化，募集资金专项用于低碳转型领域的债务融资工具	限定募集资金用途	专项用于企业的低碳转型领域，重点推动传统行业转型升级。试点领域包括电力、建材、钢铁、有色、石化、化工、造纸、民航 8 个行业
低碳转型债券（上交所推出）	募集资金用于推动企业绿色低碳转型的公司债券		应符合国家低碳转型相关发展规划或政策文件及国家产业政策要求，用于投向低碳转型领域的金额一般不应低于募集资金总额的 70%

资料来源：根据公开资料整理。

全球第四位；我国的发行数量为 48 只，居全球首位。2022 年，全球符合 CBI 定义的转型债券发行规模为 35 亿美元，其中，我国的发行规模约为 12 亿美元，仅次于日本，居全球第二位。

从境内市场来看，我国各类转型债券累计发行规模超过 1 000 亿元。截至 2023 年第一季度末，我国境内市场各类贴标转型债券累计发行规模合计 1 184.2 亿元。其中，可持续发展挂钩债券、低碳转型挂钩债券、低碳转型债券和转型债券累计分别发行 882 亿元、223.9 亿元、27 亿元和 51.3 亿元。

实际上，对于转型类债券目前国内外尚无统一、明确的概念界定，现有转型类债券业务实践主要关注低碳转型经济活动。在管理上，我国监管部门应该立足当下，明确转型类债券环境效益指标、目标和信息披露标准。一方面，应突出阶段性重点，特别是在能源、工业、建筑、交通和循环经济等领域，围绕中央提出的"碳达峰十大行动"和具体行动任务，对照定性和定量指标要求，参考中债绿色债券环境效益指标体系，构建转型类债券环境效益指标体系和信息披露标准，加速推进相关业务实践；另一方面，需结合企业转型发展实际情况，设定合理的且具有一定挑战性的可持续发展绩效目标及相关债券条款调整方案，既要避免目标设定过低流于形式，也需避免目标设定过高给发行人带来短期难以承受的转型压力。

（3）债券市场的刚性兑付。刚性兑付是一种债务偿付方式，其特点是债务人必须按时足额地向债权人偿还债务。长期以来，中国债券市场，尤其是地方政府融资平台与国企的债券一直是刚性兑付，导致债券投资人存在刚性兑付的预期心理，几乎认为债券不会违约，就算发生违约，还会有政府、国家协助偿还。刚性兑付导致市场不能进行有效的风险区分和确定合理的风险溢价，错误地抬高了无风险收益率，也让整个市场失去风险判断的能力而出现风险积累。

2014 年 3 月 4 日晚，*ST 超日（全名：上海超日太阳能科技股份有限公司）董事会发布公告称，"11 超日债"本期利息将无法于原定付息日 2014 年 3 月 7 日按期全额支付。至此，"11 超日债"开启中国信用债市场违约先河，打破刚性兑付惯例，债券违约逐步进入常态化（图 1-3）。截至 2022 年年末，我国境内累计违约的债券数量超过 900 只，违约金额超过 9 000 亿元。债券违约数量的增多推动债券市场法律、法规不断健全，以切实保障发行人和投资人的利益。目前，我国境内债券违约的处置方式主要包括破产诉讼、债务重组（困境债务置换）、自筹资金偿付、第三方代偿、抵押物处置、诉讼仲裁、实物抵偿等。截至 2022 年年末，违约债券平均回收率为 19.6%，比例较低。深化债券发行制度改革，优化债券产品结构，健全风险预防预警机制，成为债券市场高质量发展的重中之重。

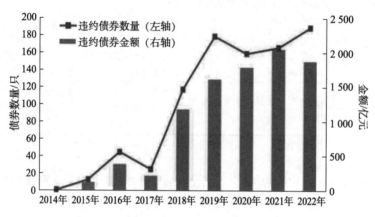

图 1-3　我国境内债券违约数量及规模

3. 海外市场与企业融资

改革开放以来，资本市场的稳步扩大不断推动着我国经济发展。特别是 2008 年以来，中国资本大规模进入海外市场。一方面，本土企业在海外股权市场上市融资规模不断扩大；另一方面，对外直接投资规模高速增长。此举不仅推动中国企业打开国际市场，还从海外获取了自然、科技等生产要素，满足了国内发展需求。在经济全球化背景下，海外融资给企业带来了更多可能性，让企业可以自由灵活地选择适合自己发展需求的市场上市融资，同时促进地区间的经济金融交流。在中国资本市场建设初期，以国企为代表的中国企业成为探索海外融资的先锋队，美国、新加坡、英国、德国等国际市场均可见中国企业的身影。近 10 年来，中国香港市场和美国市场在中国企业海外融资过程中占据越发重要的地位，形成两足鼎立的局面。然而，2020 年，美国发布《外国公司问责法案》，对在美上市境外企业增设了更加严格的审计监管要求，使得多数在美上市的中概股企业面临退市风险，增加了后续中国企业在美上市的难度，也引发了对中概股后续发展路径以及未来中国企业上市选择的思考。截至 2024 年 3 月 25 日，美国资本市场共有 318 家中概股。其中，纳斯达克有 241 家，占比高达 75.79%；纽交所有 66 家，占比 20.75%；美国证券交易所有 11 家，占比 3.46%。1994—2023 年中概股上市企业数量变化趋势如图 1-4 所示。

对于赴美上市，中国坚持以企业发展为重，始终与海外监管方保持真诚合作的态度，探究双方互利互惠、携手共进的道路。证监会积极同美方沟通合作，推动跨境监管审计合作，已取得了较好的成果。2022 年 4 月，证监会就修订《关于加强在境外发行证券与上市相关保密和档案管理工作的规定》公开征求意见，提出基于双多边合作机制的跨境监管合作机制，为安全、高效开展包括联合检查在内的合作提供制度保障，力争为中概股企业在美上市铺设一条畅通的道路。

中国内地与以香港市场为首的其他海外市场合作，互联互通政策持续加码，为中概股

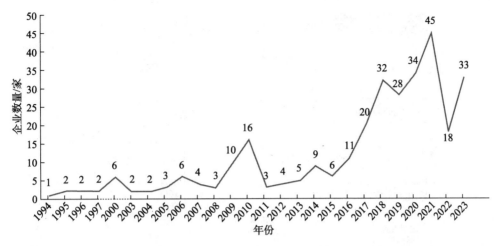

图 1-4　1994—2023 年中概股上市企业数量变化趋势

回流、内地企业赴港上市和赴其他海外市场上市提供了友好、便利的环境。中国香港作为国际化自由贸易港，拥有完善的市场制度体系和自由度较高的投融资生态环境，允许双重股权架构、可变利益实体（VIE）架构公司上市，是中国内地企业境外上市数量最多、规模最大的海外市场。自 2018 年港交所上市制度改革以来，部分中概股便陆续寻求在香港上市，以规避海外政治风险。如阿里巴巴和京东为代表的企业完成在港二次上市，以理想汽车和小鹏汽车为代表的企业完成在港"双重主要上市"。

2018 年 10 月 12 日，证监会发布《关于上海证券交易所与伦敦证券交易所互联互通存托凭证业务的监管规定（试行）》，正式建立上交所与伦敦证券交易所互联互通的机制（简称"沪伦通"）。"沪伦通"机制开通后，已有包括华泰证券、中国太保、国投电力、长江电力在内的四家 A 股公司在伦敦交易所发行了全球存托凭证（global depository receipts，GDR），为 A 股上市公司海外融资、境外投资者投资 A 股上市公司提供便利。全球存托凭证由存托人签发，以沪深 A 股为基础在境外发行，是代表中国境内基础证券权益的证券。在 GDR 机制下，A 股上市公司无须在境外直接发行股票即可获得融资，境外投资者可以通过持有 GDR 间接投资该公司。GDR 可以被简单理解为一种异地交易的资产或者证券的凭证，即海外上市股票的"替代品"。比如，A 股一家上市公司想去海外融资，但不是直接发行股票，而是先把一定数额的公司股票委托给中间机构（主要是银行），接着在当地发行代表该公司股份的存托凭证，最后存托凭证可以在海外的证券交易所进行自由交易。

存托凭证互联互通机制改革后，首批 A 股上市公司 GDR 在瑞交所、伦交所发行。2022年 3 月，"沪伦通"正式拓展完善，设立存托凭证互联互通机制，中国资本市场再次加快国际化发展进程。图 1-5 为存托凭证 GDR 工作流程。

1.3.2　我国资本市场演进与经济发展

资本市场或者说广义的证券市场，是实现资本合理配置的重要场所，它能够引导资本流向产生高收益的企业或行业，从而尽可能地提高资本效率，做到资源合理配置。正因为如此重要，资本市场在经济体系中也处于核心位置，是国民经济的"晴雨表"，在金融运行中具有牵一发而动全身的作用。它能够灵敏地反映社会政治、经济发展的动向，为经济

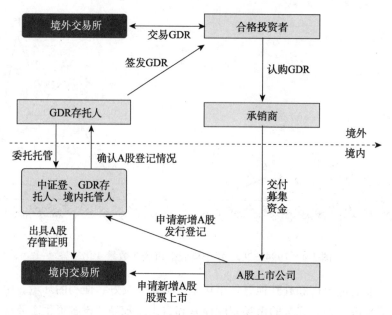

图 1-5　存托凭证 GDR 工作流程

分析和宏观调控提供依据。资本市场从流动性、分散风险、获取信息、增强企业约束等方面有助于提高经济运行效率。这些主要是通过股票市场在经济运行中的价值来实现的。

中国资本市场自 20 世纪 90 年代初建立以来，就承担起满足社会直接融资需求的重任，并始终肩负为中国实体经济服务的使命。这是由中国的经济体制和所处的发展阶段决定的。多年以来，无论股票发行、对外开放等制度性变革，还是法律制度、多层次资本市场等基础设施建设，中国资本市场长期顺应经济发展战略需要，既为经济高速发展提供了增长动力，又为高质量发展模式转型提供重要支撑，推动着科技不断创新与进步。随着社会主义市场经济的蓬勃发展，中国资本市场制度上的一些缺陷和不足慢慢显露出来。这既制约了市场自身的发展，又限制了市场功能的发挥。从中国实践来看，资本市场的发展既顺应了金融"脱媒"的趋势，推动着金融结构朝着更加市场化的方向变革，又不断适应着不同发展阶段的经济战略需要，使得资本市场在规模、结构、功能、国际影响力等方面发生了实质性的变化。现阶段，中国资本市场服务实体经济的重心已经从传统工业企业转向科创型和成长型企业，政府也从顶层制度设计者逐步向维护市场秩序的监管者角色转变，不断朝市场化、法治化、国际化方向推进改革步伐。①

1. 功能演进：从融资为主到投融资并重

沪深交易所创设以来，中国资本市场主要的功能是满足社会融资需要，尤其是国有企业的融资需求（图 1-6）。早期上市的企业多是传统工业企业，该类企业生产方式相对落后、规模及成长有限、创新能力不足，加上股权分置问题的存在，市场整体缺乏价值和成长性，投资属性难以得到充分体现。股权分置改革以后，中国股市进入全流通时代，一批大型蓝筹股回归 A 股市场，资本市场的财富管理功能开始凸显出来。很多有成长性的企业开始出现，资本市场的发展活力增加，为居民提供了更多的投资渠道。

---

① 吴晓求，何青，方明浩. 中国资本市场：第三种模式[J]. 财贸经济，2022（5）：19-35.

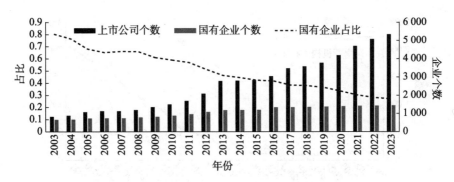

图 1-6　2003—2023 年国企数量及占比

2. 资源配置：从行政审批到市场优化

中国资本市场制度改革中，最为核心的内容就是发行制度的演进，先后实行了审批制、核准制、注册制，共经历了六个阶段（图 1-7），实现了从行政统揽到市场主导资源配置的有效转变（吴晓求、方明浩，2021）。审批制是典型的行政主导型的资源配置方式，带有计划经济的色彩。核准制在市场化的道路上迈出了一大步，但仍是市场化制度的过渡性安排。注册制是高度市场化的发行审核制度，它不再简单地以发行人为中心进行审核，如发行人的盈利能力、与大股东的关联交易等，而是加强对披露内容完整性和真实性的核查与判断，同时注重不同时间进入公司的股东之间的平等交易，促进不同投资者之间的公平。以发行制度为基础的市场化改革，需要进一步完善与注册制相匹配的一系列法律制度，包括信息披露、交易、退市等基础性制度，特别是处理内部人交易问题和严重违法违规企业的强制退市。随着资本市场各项制度的逐步完善，市场有效配置资源的能力得到进一步提升，行政机构逐步成为维护市场合法秩序的有力保障。

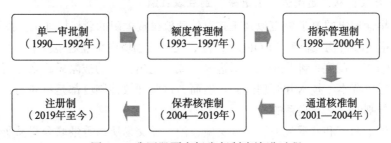

图 1-7　我国股票市场发行制度演进过程

3. 法治建设：从行政规范到依法治市

法治建设一直是资本市场发展的重点，其重要性随市场配置资源能力的提升而不断得到加强。中国发展资本市场，采取行政规范先行的办法，并按照从无到有、由粗到细、先地方后全国的思路，制定和修改相关法律法规，成熟一条就修改补充一条。在资本市场初创时期，率先形成的法律规范多服务于探索中的资本市场建设，具有较强的实践性，表现出"先发展、后规范"的特征。因此，初期形成的法律规范缺乏一定的系统性与稳定性，呈现较浓的行政化与政策化色彩，有些规则甚至存在互相脱节和矛盾的问题。随着证券法的颁布与多次修订，中国资本市场法治建设已初步形成全方位的法律体系，涉及证券法律制度、行政法律制度、民事法律制度、刑事法律制度，并按照"建制度、不干预、零容忍"的指导原则依法治市，处理的违规事件数日益增加（图 1-8），市场法治水平不断提高。

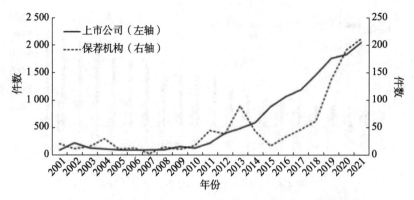

图 1-8　2001—2021 年上市公司和保荐机构违规处罚案件数

然而，中国资本市场的法治和透明度建设仍存在一些明显的不足。①资本市场监管立法规范较为庞杂，相关文件的法律位阶较低，缺乏上位法的支撑。②资本市场相关规范的制定过程存在透明度不足的问题，例如大量的法律规范并非通过立法程序形成，授权立法存在被授权主体的规范性文件制定活动不符合立法的诸多要素的问题，缺乏对规范性文件的司法审查制度。③资本市场监管权的运行缺乏一定的可预期性、透明度与制约性。这与中国资本市场发展时间较短有关。监管者往往会承担更多的市场发展任务，被赋予更多的权威与权力，容易引发对资本市场活动"父爱主义"式的事先干预。④股票发行、信息披露等制度的透明度建设不足，存在资本市场信息披露参与主体单一、对信息披露质量的监督力量匮乏等问题，且存在信息堆积现象，如内幕交易案件。⑤在为投资者提供高透明度的救济规范方面，有关投资者保护的制度安排仍有待完善。

4. 对外开放：从"走出去、引进来"到互联互通

无论是早期推出的 B 股制度以及正式对外开放投资大门的合格境外机构投资者（QFII）和人民币合格境外机构投资者（RQFII）制度，还是鼓励境内企业赴境外上市和合格境内机构投资者（QDII）制度，都是按照"引进来"或"走出去"的战略思路来运用外资发展经济，为企业提供资本、技术和管理经验。然而，这些开放性制度都是单向的、管道式的，彼此之间是分割的、互不联系的。

随着"沪港通"和"深港通"相继实施，沪、深交易所与香港联合交易所建立起互联互通的双向开放机制双向开放机制与陆股通机制不同，双向应该包括去港股和进入沪深股市两类。目前，通过陆股通机制进入内地市场的资本已经远超 QFII 的规模（图 1-9）。

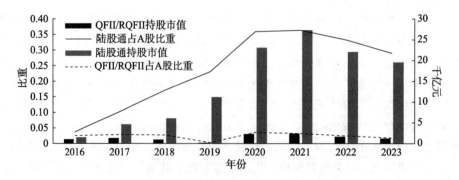

图 1-9　2016—2023 年 QFII/RQFII 和陆股通市值及占 A 股比重

这既增强了股票市场的流动性，又完善了上市公司的治理机制。在债券市场上，香港与内地通过债券通建立互联互通机制，"北向通"和"南向通"相继上线。此外，"沪伦通""沪日通"等机制正在逐步建立和完善。互联互通机制的建立和运行，是中国资本市场加快开放的重要举措，为国际金融中心建设和资本市场扩大开放提供了有利条件。

5. 监管者角色转换：从顶层制度设计者到市场秩序维护者

中国资本市场的各项制度不是在漫长的历史演进过程中慢慢形成的，而是适应市场经济快速发展的结果。对于发展中国家而言，要建立起一套较为完善的资本市场秩序，仅依赖市场短时间内的自发形成是难以实现的。尽管法治约束和市场自律的有机融合对于市场秩序的建设极为重要，但法律制度的形成和完善是一个十分缓慢的过程。中国政府充分发挥了其在规则制定上权威性、强制性和普遍适用性的优势，为资本市场的快速建立和初具规模做出了积极的努力和贡献。政府作为制度和规则的设计者、制定者，一方面表现出提供公共物品的积极作用，另一方面可能会因为公权力较大，出现"父爱主义"式干预。

随着金融结构、功能和风险的变化，资本市场监管的逻辑也会发生改变，由此推动监管模式的转变。在法治逐步完善的过程中，法治的威慑力和约束力日益显著，市场自律机制也随之慢慢形成，行政机制则将资源配置的主导地位交还给市场，更多地承担起维护和监管市场合法秩序的重任。中国证券化金融资产规模与占比（图 1-10）以及违法违规案件的快速增长，对资源配置效率和监管效率提出了更高的要求，需要市场和政府在资源配置和监管方面各自发挥优势。特别地，现代金融体系下的风险由资本不足为主演变为透明度与资本不足并存，监管模式也从以资本监管为主向资本监管和透明度监管并重转变，而透明度监管意味着监管重心后移，从事前、事中监管向事中、事后监管转移。

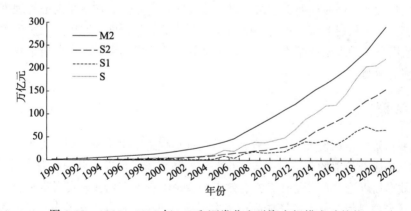

图 1-10　1990—2022 年 M2 和证券化金融资产规模变动趋势

注：（1）2011 年 10 月起，货币供应量 M2 已包括住房公积金中心存款和非存款类金融机构在存款类金融机构的存款。（2）S1 表示股票类金融资产，S2 表示债券类金融资产，S = S1 + S2 表示证券类金融资产。
资料来源：中国人民银行、国家统计局、Wind 数据库。

总之，中国资本市场在设立之初就注重顶层设计，与不同阶段的经济战略密切联系，按照市场化、法治化和国际化的发展理念逐步推动市场发展。到目前为止，作为发展较快的新兴经济体，与发达国家相比，中国资本市场发展的历史较短、相对落后，在制度、功能、效率等方面都存在一定的差距。以美国的注册制为例，其历史可以追溯到 1911 年堪萨斯州制定的证券法，即"蓝天法"和 1933 年美国联邦证券法，由此形成了双重注册制（沈朝晖，2011）。归根到底，中国资本市场存在诸多不足的根本原因主要是尚未建立起一套全面且细致的资本市场法律体系以及配套的市场化监管体系，有待形成一个法治具有威慑力、执法严格公正、市场能够自律且互相监督的规范秩序。

中国资本市场从地方性自发市场到全国性规范市场，从单一市场到多层次市场，法治建设从无到有、从粗到细，逐步推动对外开放，处处体现了政府在资本市场顶层设计中的作用。重视顶层设计是中国经济发展模式的一个显著特征，也是中国经济发展的重要经验（吴晓求，2021）。现阶段，中国经济正面临从高速增长向高质量发展的转变，从要素驱动向创新驱动的转变，从规模扩张向结构优化的转变。创新成为引领高质量发展的第一动力。由于资本市场的功能和特性兼容科技创新投入的风险特征，它能够更好地发挥金融对科技创新和新兴产业的支撑作用。当前，监管部门尤为重视"建制度、不干预、零容忍"的指导原则，来满足市场化改革的需要。但中国经济面临严峻的内外压力，要求资本市场的发展与国家发展战略相联系，为中国经济向高质量发展转型提供有力的支持。因此，中国资本市场需要在顶层设计上强调科技创新的地位和作用，同时顺应经济发展规律进行改革，逐步形成符合中国发展实际的新模式。

本章小结

现代财务管理理论与实务所蕴含的具体内容随着管理科学的发展、管理过程的优化以新型财务实践的出现而不断变化。财务管理理论与实务以企业价值最大化目标为出发点，强调财务分析技术和决策模型的量化管理方法，以落实财务战略为基础，完善组织体系，分析企业价值增长的驱动因素，通过公司治理、风险管控、资本运作、并购重组等手段促进公司高质量发展，同时还要关注跨国财务管理的具体方法。这些是财务管理理论与实践的基本内容。本章从财务管理理论基础出发，总结了财务管理实践中的大量现象和实践，阐述了现代财务管理理论的基本特征及基本框架，并从资本市场视角分析了我国财务管理实践中面临的问题。

复习思考题

1. 从我国资本市场发展历程来看，你认为如何促进资本市场高质量发展？

2. 你认为企业价值的创造过程应该更关注商品市场还是资本市场？为什么？

3. 有效市场理论的含义是什么？有效市场理论给资本市场或投资者带来怎样的启示？

4. 市场异象是何含义？你还能列出资本市场中的哪些异象，并做出一定的解释。

5. 拼多多 2024 年 8 月 26 日发布第二季度财报，该季度实现营收约 971 亿元，同比增长 86%，但仍不及市场预期，非通用会计准则下（Non-GAAP）净利润同比增长 125%至约 344 亿元。而拼多多第一季度实现营收 868 亿元，同比增长 131%，非通用会计准则下（Non-GAAP）净利润同比增长 202%至 306 亿元。拼多多股价大跌 28.51%，最新市值 1 389 亿美元，较盘前蒸发 554 亿美元。请从有效市场理论视角去解释拼多多在第二季度财报公布后的股价表现。你认为这种表现是一种市场异象吗？为什么？

6. 你认为大数据、人工智能、移动互联网、云计算、区块链对企业财务管理理论与实践提出了哪些挑战？该如何应对"大智移云区"对企业财务管理理论与实践的挑战呢？

即测即练

自学自测　　扫描此码

第 2 章

风险与收益

> 无人能预测资本市场的走势，能做的只有一遍一遍地分析历史，试图在不断变化的资本世界中找到不变的逻辑。资本市场投资的实践说明，投资的风险与收益呈正相关关系，各种资产定价模型中考虑的核心变量都有风险因素。本章从单项资产开始探讨风险与收益的关系，通过经典的资产组合理论、资本资产定价模型和套利定价理论论述投资者在投资决策时考虑的经济环境变量，进而分析实践中风险与资本成本的逻辑关系以及具体应用。

"木头姐"的坚落与反击：高利率背景下的高科技股价值重估

美国方舟投资公司创始人、素有"女版巴菲特"之称的凯茜·伍德（又称"木头姐"）正在遭遇近几年来最严峻的管理资金规模缩水危机。投资者对交易基金 ARK ETFs 逐渐失去耐心，本质上折射出投资者对美股部分高科技公司的谨慎。

单单就这一周来看，"木头姐"就完美演绎了一场"蹦床游戏"——先是旗下基金被投资者大举卖出，后来火速迎来"反击时刻"，并一度牵引海外科技上市型开放式基金（LOF）大涨。这种高弹跳背后的底层资产则是来自以特斯拉为代表的高科技公司。当前 ARK ETFs 管理的资产总额为 110 亿美元，较 2021 年峰值下降约 80%。成也萧何，败也萧何。长期以来，"木头姐"一直将特斯拉列为其最重要的持仓股，但 2024 年以来，特斯拉股价下跌逾 41%，严重影响了其管理基金的业绩表现。

近期特斯拉负面舆情连连，降价、裁员等消息不绝于耳。而在中国市场，大量新锐车企对特斯拉发起挑战。作为特斯拉的坚定多头，"木头姐"旗舰 ETF、方舟创新 ETF 最新持仓特斯拉权重为 9.45%，居仓位第二。

就在一众负面声音中，特斯拉股价在美国时间 4 月 24 日突然大涨超过 12%。在业绩电话会上，特斯拉展示了将集成到特斯拉产品中的叫车程序，并宣布将提早发布新车型，其正在开发的机器人出租车网络进展也不错。马斯克还强调，特斯拉是人工智能（AI）机器人公司，而不是汽车公司。由此，"木头姐"迅速迎来"反击时刻"。不过目前看来，这种"反击"能否持续依然是个谜题。截至目前，方舟基金仍然处于被投资者卖出的状态。

"木头姐"的跌落与反击，背后是市场对于美国部分高科技公司估值的再判断。特斯拉、Roku、Unity Software 等"木头姐"重仓公司，2024 年跌幅都较大。这些公司股价表现的好坏不仅决定了"木头姐"神话能否持续，还决定了投资者对其基金的去与留，而且从某种程度上决定着美国科技股泡沫的高光时刻能否继续维持。

毕竟在美国持续高利率的背景下，一方面，相较于权益类资产，高收益债券往往更具吸引力；另一方面，对于尚未盈利的科技公司来说，未来现金流也有可能大打折扣。

（资料来源：《证券时报》2024 年 4 月 27 日第 A03 版，记者王小伟，内容有删减。）

资产定价始终是财务管理的核心任务之一。各种资产定价模型总是试图找出投资者在投资决策时的相关经济环境变量，由这些变量来解释股票的收益差异。从资本市场投资的研究来看，有两个核心启示：第一，投资者愿意承担风险，意味着投资会有报酬；第二，投资者期望获得的报酬越大，风险也就越高。

图 2-1 统计了美国股市自 1801 年至 2001 年的实际总体收益率指数，并将这个收益与其他资产进行了对比。[①]

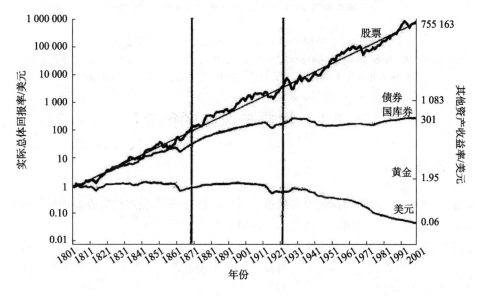

图 2-1　美国股市自 1801 年至 2001 年的实际总体收益率指数
（注：图中收益都是扣除通货膨胀后的结果，因此可以看到美元是贬值最严重的。）

可以看出，美国资本市场中，收益最高的品种是股票投资。以 1801 年为基数 1，经过 200 年后，股票指数达到 755 163，高于债券，远超黄金的 1.95 和美元的 0.06。这说明美元整体上是贬值的。再以我国沪深 300 指数为样本，观察我国股票市场上市公司的整体表现。具体见图 2-2。

按照沪深 300 的基日 2004 年 12 月 31 日计算，其指数值从 1 000 点涨到了 2023 年 12 月 29 日的 3 431 点，19 年上涨了超 2 倍。由于这里没有考虑通货膨胀的影响，因此中国股市的货币价值年均回报为 5.072%。

①　数据与图片来源于西格尔教授著作《股市长线法宝》的第一章。

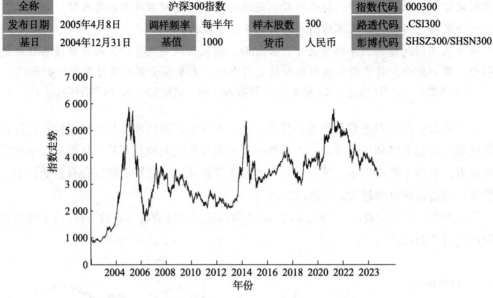

全称		沪深300指数		样本股数	300	指数代码	000300
发布日期	2005年4月8日	调样频率	每半年			路透代码	.CSI300
基日	2004年12月31日	基值	1000	货币	人民币	彭博代码	SHSZ300/SHSN300

图 2-2　沪深 300 从 2004 年到 2023 年的指数变化

注：沪深 300，沪深 300 指数由沪深市场中规模大、流动性好、最具代表性的 300 只证券组成，于 2005 年 4 月 8 日正式发布，以反映沪深市场上市公司证券的整体表现。

2.1　收益与风险的衡量

2.1.1　收益

收益（报酬）一般是指初始投资的价值增量，如 1 年期股票投资收益主要包括股利和资本利得（股票市场价格相对于初始购买价格的升值）两部分。

【例 2-1】　年初 HW 公司股票的销售价格是每股 20 元，投资者购买了 1 000 股。如果该年度 HW 公司宣布派发现金股利，每股 2 元。年末 HW 公司股票价格提升到每股 30 元，则投资者的收益如何？

【解析】　该例中，投资者的收益由两部分组成，即股利和资本利得。

股利 = 1 000 × 2 = 2 000（元）

资本利得 = 1 000 × （30 − 20）= 10 000（元）

收益（报酬）总额 = 股利 + 资本利得 = 2 000 + 10 000 = 12 000（元）

需要注意的是，投资者持有股票的资本利得与是否出售股票无关。投资者持有股票（未"实现"利得）或出售股票，资本利得都应该像股利一样，属于投资者年度收益的一部分。

衡量投资者的收益有绝对额和相对数两种表示方法。通常情况下，用百分比相对数表示收益的信息比绝对数金额更加方便和常用。在资本市场分析投资收益时，需要注意期望收益（报酬）率、必要收益（报酬）率、实际收益（报酬）率三者之间的联系与区别。

期望收益率是指各种可能预测收益的加权平均数。如银行存款的期望收益率就是银行标定的利率；股票投资的期望收益率则取决于公司未来的股利支付和股票价格，它反映了投资者在购买股票时能够获得的关于该股票的信息。

投资者还要考虑在某项特定投资中他们必须得到多大的收益，即股票投资要求得到的必要收益率。必要收益率与投资风险有关。如果该家公司陷入困境的可能性很大，或者说它导致较低收益率或投资损失的可能性很大，那么该公司股票的投资者就会要求得到一个较高的期望收益率。必要收益率反映了投资者要求的最低收益率，通常由无风险收益和风险报酬两部分构成。在一个完美的资本市场中，期望收益率等于必要收益率。

实际收益率是在特定时期实际获得的收益，它是已经发生的，不可能通过决策而改变。由于未来的不确定性，投资存在风险，实际收益率很少与期望收益率相同。这两者之间的差异越大，风险就越大；反之风险越小。实际收益率与必要收益率之间没有必然的联系。

1. 历史收益率的计算

证券投资收益是投资者为持有证券的支出和因持有证券而获得的收入之差，包括资本利得及分红或股息。

1）简单收益率法

简单收益率法是持有证券期间所获得的收益与购买证券的价格之比。一般称为普通收益率。计算公式为

$$R_t = \frac{P_t - P_{t-1} + D_t}{P_{t-1}} \tag{2-1}$$

其中：P_t 是第 t 期证券的卖出价，P_{t-1} 是第 $t-1$ 期证券的买入价，D_t 是第 t 期至第 $t-1$ 期持有证券所获得的分红或利息。

在【例 2-1】中，该投资者的 $R_t = \dfrac{30 - 20 + 2}{20} \times 100\% = 60\%$。

根据不同的管理目的或研究要求，单期收益率可分为日收益率、周收益率、季收益率和年收益率。

2）复合收益率的计算

复合收益率是持有证券期间（如年或月）若干个较短时期（如周或日）价值率的连乘积减去 1，其中价值率是（1 + 投资收益率）。

由于证券投资的流动性或变现性极高，收益率不但和持有证券的时间（如年、月、日）有关，而且和再投资假设有关。显然，年收益率与月收益率有关，月收益率与日收益率有关。如果对持有证券期间各期所获得的收益再投资，那么持有证券期间收益率的计算公式是：

$$
\begin{aligned}
1 + R_t &= (1 + R_1)(1 + R_2) \cdots (1 + R_n) \\
R_t &= (1 + R_1)(1 + R_2) \cdots (1 + R_n) - 1
\end{aligned}
\tag{2-2}
$$

其中：$R_i (i = 1, 2, \cdots, n)$ 是持有证券期间各期的投资收益率，$(1 + R_i)$ 是持有证券期间各期的投资回报率，R_t 是投资收益率。

2. 多期平均收益率的计算

多期平均收益率是多个单期收益率的平均数，一般采用简单算术平均数法、几何算术平均数法来度量。

1）算术平均收益率计算

以简单算术平均数法计算，多个单期算术平均收益率是 n 个单期收益率的简单算术平均数，即

$$R_t = \frac{\sum R_i}{n} \tag{2-3}$$

其中：R_t 是第 t 期的单期收益率，n 是期数。

2）几何平均收益率计算

以几何算术平均数法计算的多期平均收益率是 n 期年复合收益率（$1 + R_t$）连乘积的 n 次方根减去 1，即

$$R_t = \sqrt[n]{(1+R_1)(1+R_2)\cdots(1+R_n)} - 1 \tag{2-4}$$

【例 2-2】 假设 HW 股票第 1 年至第 5 年的收益率分别为 8%、6%、–5%、10%和 6%，其算术平均收益率和几何平均收益率是多少？

【解析】

$$算术平均收益率 = \frac{8\% + 6\% - 5\% + 10\% + 6\%}{5} = 5\%$$

$$几何平均收益率 = \sqrt[5]{(1+8\%)(1+6\%)(1-5\%)(1+10\%)(1+6\%)} - 1 = 4.865\%$$

一般来说，算术平均收益率要大于几何平均收益率，每期的预期收益率差距越大，两种平均数方法计算结果的差距越大。相对而言，几何平均收益率可以较为准确地衡量投资（股票、基金）表现的预期年化收益情况。因此，人们通常用几何平均收益率来衡量投资（股票、基金）过去期间的年化收益情况，算术平均收益率则更多地被用来估计未来的预期年化收益率。

2.1.2 风险统计

1. 风险性与不确定性

风险是个非常重要的经济概念。理财活动中的风险与时间价值一样是一种客观存在，对公司实现理财目标有重要的影响。一般来说，风险是指一定条件下和一定时期内可能发生结果的确定性。简单地讲，如果做一件事有几种可能的结果那就有风险，如果做一件事只有一个预知的结果那就没有风险。理论上说，同一笔资金如果用于买股票就有风险，如果用于购买国库券就没有风险。[①]

风险和不确定是有一定区别的。两者事先都不能肯定，不过风险发生的各种概率是客现存在的，决策者事先可以了解到某种情况发生的概率。如掷硬币，对全部结果是知道的，对正面出现的可能性也是知道的，只是每次掷硬币后的结果（正面或反面）不能肯定，这就叫风险。不确定性则是由于各种原因对全部结果并不了解，因此也就无法确定。如公司将 500 万元资金投入寻找与公司生产有关的矿藏这件事上，是否找到矿藏无法确定，也不能对其进行计量。这种既不能确定又无法计量未来事件的结果，就是不确定性。

无论是风险还是不确定性，从公司理财的角度来看，它都表现为无法达到预期报酬的可能性。而且，在公司理财中，对不确定性事件进行决策时一般也规定一个主观概率对其

---

① 国库券投资本质上也有风险，只是相较公司债券和企业债券，它以国家信用背书，风险小。理论上将国库券投资视为无风险投资。

进行定量分析。因此，在实务上，对风险和不确定性往往不加区分。

2. 单项资产的风险衡量

从数学的角度分析，投资风险可以用未来可能收益水平的离散程度表示，或者说风险可以直接表示为未来可能收益水平围绕期望收益率变化的区间，因此可以通过方差和标准差衡量期望收益率的风险。单项资产风险的度量指标有方差、标准差、变异系数（标准离差率）等。其具体步骤为：

（1）确定资产收益率的概率分布；

（2）计算资产期望收益率；

（3）计算方差和标准差；

（4）计算变异系数（标准离差率）。

【例 2-3】　财务分析师认为未来宏观经济将出现四种状况：萧条、衰退、正常、繁荣。每种状态出现的概率为 10%、25%、40%、25%。A 项目属于传统食品企业，B 项目为高科技企业。根据表 2-1 的信息，求解出两种资产预期收益的方差、标准差和变异系数，具体见表 2-2。

表 2-1　两种资产预期收益的概率分布

经济状况	概率	A 项目 K	B 项目 K
萧条	10%	−6%	−10%
衰退	25%	5%	5%
正常	40%	8%	10%
繁荣	25%	10%	20%

表 2-2　两种资产收益率的均值、方差、变异系数计算结果

经济状况	概率（P_i）	A 项目 K_i	$P_i K_i$	$\sum P_i(K_i - \overline{K_A})^2$	B 项目 K_i	$P_i K_i$	$\sum P_i(K_i - \overline{K_B})^2$
萧条	10%	−6%	−0.006	0.001 5	−10%	−0.01	0.003 7
衰退	25%	5%	0.012 5	0.000 0	5%	0.012 5	0.000 5
正常	40%	8%	0.032	0.000 1	10%	0.04	0.000 0
繁荣	25%	10%	0.025	0.000 3	20%	0.05	0.002 9
期望收益率 $\overline{K}$			0.063 5			0.092 5	
方差				0.002 0			0.007 1
标准差				0.044 9			0.084 1
变异系数		A 项目：0.706 5			B 项目：0.908 9		

从表 2-2 中可以看到，尽管 A 项目的收益标准差为 4.49%，小于 B 项目的收益标准差 8.41%，但不能判断说 A 项目的风险高于 B 项目，因为 A 项目的期望收益率为 6.35%，也小于 B 项目的期望收益率 9.25%，因而采用相对指标变异系数来评价。

因为 A 项目的变异系数小于 B 项目的变异系数，因而 A 项目的风险小于 B 项目。从风险收益的权衡视角看，A 项目优于 B 项目。

2.1.3　投资组合的收益与风险

1. 资产组合的期望收益

资产组合的报酬率是组合中各单项资产期望报酬率的加权平均值。权数是各单项资产在投资组合中所占的比重。资产组合期望报酬率的计算公式如下：

$$R_p = \sum_{i=1}^{n} W_i K_i \tag{2-5}$$

式中：R_p——资产组合的期望报酬率；K_i——第 i 种资产的期望报酬率；W_i——第 i 种资产在资产组合中所占的比重。

【例 2-4】　假设某资产组合由 A、B 两种资产构成，A、B 两种资产的期望报酬率分别为 22% 和 15%，A、B 所占的比重分别为 60% 和 40%，则该资产组合的期望报酬率为

$$R_p = 60\% \times 22\% + 40\% \times 15\% = 19.2\%$$

2. 资产组合的风险

资产组合的风险通常是用期望报酬率的方差或标准差来度量的。资产组合的方差或标准差不是把组合中单个证券的方差或标准差进行简单的加权平均而得的，它们之间存在着更为复杂的数量关系。

为便于说明问题，首先以两种资产的组合说明其风险的度量，然后在此基础上说明多种资产组合的风险度量问题。

1）两种资产组合风险的计算公式

假设由 Ⅰ、Ⅱ 两种资产组成的资产组合中，资产 Ⅰ 和资产 Ⅱ 的方差分别为 δ_1^2 和 δ_2^2，在资产组合中所占的比重分别为 w_1 和 w_2，则该资产组合方差（δ_p^2）的计算公式如下

$$\delta_p^2 = w_1^2 \delta_1^2 + w_2^2 \delta_2^2 + 2w_1 w_2 \delta_{12} \tag{2-6}$$

相应地，资产组合标准差（δ_p）的计算公式为

$$\delta_p = \sqrt{\delta_p^2} = \sqrt{w_1^2 \delta_1^2 + w_2^2 \delta_2^2 + 2w_1 w_2 \delta_{12}} \tag{2-7}$$

式中，δ_{12} 表示资产 Ⅰ 和资产 Ⅱ 预期报酬率之间的协方差。

可见，资产组合的方差不是组合中单个资产方差的加权平均。若只是将单个资产的方差进行加权平均，则会忽略资产收益之间的相互关系，即协方差。

2）协方差及其计算

协方差是衡量两个变量（如资产收益）同向变动程度的统计量。若两项资产收益的变化趋势一致，即一项资产收益大于（小于）其期望值，另一项资产收益也大于（小于）其期望值，则两项资产收益的协方差为正值。相反，若两项资产收益的变化趋势相反，即一项资产收益大于（小于）其期望值，另一项资产收益小于（大于）其期望值，则两项资产收益的协方差为负值。若表明两项资产收益不一起变动，即两项资产收益的变动方向既不一致，也不相反，则两项资产的协方差为零。

协方差的计算公式如下：

$$\delta_{12} = \sum_{i=1}^{n} P_i (k_{1i} - \overline{k}_1)(k_{2i} - \overline{k}_2) \tag{2-8}$$

式中，δ_{12}——资产 I、资产 II 收益之间的协方差；P_i——不同经济状况下的概率；$\overline{k}_1$、$\overline{k}_2$——资产 I、资产 II 的期望报酬率；k_{1i}、k_{2i}——资产 I、资产 II 在不同经济状况下的报酬率。

【例 2-5】 假设 A、B 两种资产未来各种情况的概率分布如表 2-2 所示，表 2-3 列示了 A、B 两种资产期望报酬率以及 A、B 两种资产协方差的计算过程。

表 2-3　两种资产协方差的计算

P_i	资产 A			资产 B			$P_i(k_{Ai}-\overline{k}_A)(k_{Bi}-\overline{k}_B)$
	k_{Ai}	$\overline{k}_A$	$k_{Ai}-\overline{k}_A$	k_{Bi}	$\overline{k}_B$	$k_{Bi}-\overline{k}_B$	
0.3	40%		18%	10%		−5%	−0.002 7
0.5	18%	22%	−4%	16%	15%	1%	−0.000 2
0.2	5%		−17%	20%		5%	−0.001 7
							$\delta_{AB}=-0.004\,6$

计算结果表明，资产 A 和资产 B 的协方差为 −0.004 6，说明两种资产收益的变动方向是不一致的。协方差会影响资产组合的风险，但不会影响资产组合的期望收益率。资产收益率之间的协方差使有关资产组合风险的计算复杂化，但协方差的存在使资产组合在不减少潜在收益的同时可能降低风险。

3）相关系数及其计算

相关系数是衡量两个变量之间线性相关程度的标准统计量。相关系数与协方差之间存在着如下关系。

$$r_{ij}=\frac{\delta_{ij}}{\delta_i\delta_j} \tag{2-9}$$

式中：r_{ij}——资产 i、资产 j 收益之间的相关系数；δ_{ij}——资产 i 和资产 j 收益之间的协方差；δ_i——资产 i 的标准差；δ_j——资产 j 的标准差。

将资料代入式（2-9）即可计算资产 A 和资产 B 构成的资产组合的相关系数。

$$r_{AB}=\frac{\delta_{AB}}{\delta_A\delta_B}=\frac{-0.004\,6}{0.127\,6\times0.036\,1}=-1$$

相关系数的取值范围在 −1.0 和 +1.0 之间。如果两种资产收益的相关系数为 +1.0，说明它们呈完全正相关；如果两种资产收益的相关系数为 −1.0，说明它们呈完全负相关；若相关系数为零，则表明两种资产的收益是不相关的。如果两种资产完全正相关，说明它们收益变化的方向和幅度完全相同，一起上升或下降，将两种完全正相关的资产组合在一起不能抵消任何风险；如果两种资产完全负相关，说明它们收益变化的方向和幅度完全相反，将两种完全负相关的资产组合在一起，可以最充分地抵消风险，甚至抵消掉全部的风险。

3. 资产组合的方差和标准差，以及多种资产组合的有效集

假设资产组合有两个风险资产（注意：仅考虑风险资产），则资产组合收益为两种资产期望收益率的加权平均数。

组合的风险为

$$\delta_p^2 = w_1^2\delta_1^2 + w_2^2\delta_2^2 + 2w_1w_2\,\mathrm{COV}(R_1, R_2) = w_1^2\delta_1^2 + w_2^2\delta_2^2 + 2w_1w_2r_{12}\delta_1 \times \delta_2$$ （2-10）

$$\delta_p = \sqrt{w_1^2\delta_1^2 + w_2^2\delta_2^2 + 2w_1w_2r_{12}\delta_1 \times \delta_2}$$

当两个资产间相关系数为 1 时，

$$\delta_p = \sqrt{w_1^2\delta_1^2 + w_2^2\delta_2^2 + 2w_1w_2r_{12}\delta_1 \times \delta_2} = \sqrt{(w_1\delta_1 + w_2\delta_2)^2} = w_1\delta_1 + w_2\delta_2$$

当两个资产间相关系数小于 1 时，

$$\delta_p = \sqrt{w_1^2\delta_1^2 + w_2^2\delta_2^2 + 2w_1w_2r_{12}\delta_1 \times \delta_2} < w_1\delta_1 + w_2\delta_2.$$

当两个资产间相关系数等于 –1 时，

$$\delta_p = \sqrt{w_1^2\delta_1^2 + w_2^2\delta_2^2 + 2w_1w_2r_{12}\delta_1 \times \delta_2} = |w_1\delta_1 - w_2\delta_2|$$

因为只有两个资产，所以 $w_2 = 1 - w_1$，式（2-10）可以看作关于权重的线性方程。见图 2-3 最右边边界 $r=1$ 的情况，当其中一个资产为 100%的时候，就是上下两个顶端端点，波动率和收益也是线性关系。

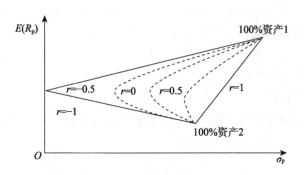

图 2-3　两种资产组合下的风险与收益关系

当相关系数 r 逐渐变小的时候，如果对 $w_2 = 1 - w_1$ 进行替换，观察式（2-10），根号项里面便有了平方项，此时波动率变化就不是线性的情况，导致波动率和收益率的变化呈现弧形往左侧收缩。

当 r 等于 – 1 时，调整两个资产权重，可以使得式（2-10）等于 0，即两个资产负相关，从而抵消组合的波动，构建一个类似无风险的组合，从图形上看就构成了最左边的端点。当权重变化为其他情况，就是上下两条边界。

4. 多种资产组合的有效集

以上是存在两个风险资产的情况，形状类似一个三角形。如果风险资产继续增加到一定数量时，将会变为图 2-4 的情况。

图 2-4 中，曲线区域内及边界上的组合都是可以构建的投资组合，我们把整个边界（实线和虚线）称为最小方差边界，将边界内的组合称为无效组合（inefficient portfolios）。很显然，在相同的风险下，理性投资者肯定选择更高预期收益的组合，所以主要考虑的是上半部分的实线边界，我们将这个边界称为马科维茨有效边界（Markowitz efficient frontier）。在图形的最左侧能找到一个最小方差的组合，我们称之为全局最小方差组合（global minimum-variance portfolio）。有效边界之上的区域是无法实现的区域。有效边界可以理解

为市场能提供的最优风险资产投资组合。

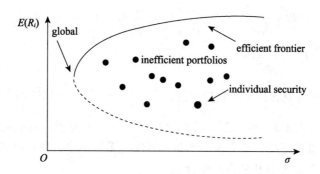

图 2-4　多种资产组合时的风险与收益关系

5. 资本市场线

假设存在无风险资产，新的资产组合需要将风险资产和无风险资产放在一起考虑。则新的资产组合收益为

$$R_p = w_f R_f + w_r R_r \qquad (2\text{-}11)$$

其中，R_f 为无风险资产收益率，w_f 为无风险资产比例，R_r 为风险资产收益率，w_r 为风险资产比例。

【例 2-6】 假设投资者考虑投资 YL 公司的股票，还可以按照无风险利率借入或贷出。投资者目前仅有 10 000 元，准备投资 8 000 元购买 YL 股份，2 000 元购买国债。其他具体数据如表 2-4 所示。

表 2-4　投资组合数据

	YL 公司股票	国债
期望收益	16%	8%
标准差	0.2	0

思考问题：（1）该组合的期望收益、组合风险是多少？

（2）假设投资者以无风险利率借入 2 000 元，共 12 000 元都投资到 YL 公司的股票上，（1）的结果如何？

（3）如果借入无风险利率高于投资国债的无风险利率，（1）的结果又如何？

【解析】

（1）组合收益 $= 80\% \times 16\% + 20\% \times 8\% = 14.4\%$

　　组合方差 $= 80\% \times 0.2 = 0.16$

（2）组合收益 $= 120\% \times 16\% + （-20\%）\times 8\% = 17.6\%$

　　组合方差 $= 120\% \times 0.2 = 0.24$

（3）如果借入无风险利率高于投资国债的无风险利率，则组合收益会因为借款利率提升而下降，但组合风险没有变化。

将【例 2-6】进行推广，对于无风险资产，它和风险资产之间没有必然关联，所以一般认为风险资产和无风险资产的相关系数为零。由于无风险的 δ_f 也是 0，则 $\delta_p = w_r \delta_m$，

$w_r = \delta_p / \delta_m$，代入式（2-11）中，有：

$$R_p = w_f R_f + \frac{\delta_p}{\delta_m} R_m = \left(1 - \frac{\delta_p}{\delta_m}\right) R_f + \frac{\delta_p}{\delta_m} R_m = R_f + (R_m - R_f) \frac{\delta_p}{\delta_m}$$

$$= R_f + \frac{R_m - R_f}{\delta_m} \cdot \delta_p \qquad (2\text{-}12)$$

其中，$\dfrac{R_m - R_f}{\delta_m}$ 被称为夏普比率。它描述的是每承受一单位的总风险所产生的超额报酬。

根据式（2-12）可以建立资产配置线（CAL）公式，它根据投资者的无差异曲线来确定，因为毕竟资产配置要满足投资者需求。于是，可以将无差异曲线和 CAL 线放到一张图中，两条线相切的点就是需要寻找的资产组合。

如图 2-5 所示，无差异曲线 2、3 与 CAL 相交，其中无差异曲线 3 与 CAL 分别交于 a，b 点，但 a，b 却不是最优的组合，因为无差异曲线 2 与 CAL 相切于 c 点，且位于曲线 3 上方，说明无差异曲线 2 的效用更高，c 才是最优的组合点。寻找最优的组合必须找到无差异曲线与 CAL 的切点，如果是相交于两个或者多个点，就会出现一个更高的无差异曲线与之相切，这才是最优的情况，所以需要找的是切点。

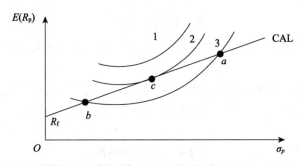

图 2-5　无差异曲线与投资者风险收益偏好

在同一 CAL 上的无差异曲线，越往左侧，越是风险厌恶，厌恶系数的值也就越大。图 2-5 中，左侧的无差异曲线有更大的厌恶系数，说明该投资者更加厌恶风险。需要注意的是，CAL 不止一条，如果需要找到满足投资者需求的最优组合，就需要找到与无差异曲线相切的 CAL。

由于每个投资者对市场都有不同的预期，那么对于预期收益、风险资产收益的相关系数、标准差都会有不同的看法，就会产生很多 CAL 和最优风险资产组合。

在现代投资组合理论中，为了简化分析，我们假设一致预期，即所有投资者对证券的评价和经济局势的看法是一致的。这样，投资者对于投资资产收益率的概率分布预期是一致的，所有投资者证券收益的期望收益率与协方差矩阵相等，从而投资者有一样的有效边界、CAL 和最优风险资产组合。当满足一致预期假设后，最优资产组合也可以被叫作市场组合（market portfolio）此时 CAL 也被称为资本市场线（capital market line，CML）。此时

$$E(R_p) = R_f + \frac{E(R_m) - R_f}{\delta_m} \cdot \delta_p \qquad (2\text{-}13)$$

其中，R_m、δ_m 分别为市场组合的收益率和标准差。$E(R_m) - R_f$ 实际上就是市场组合的风险溢价，为了赚取更多收益，就可以用 R_f 来借入资金，将其投入市场组合中。资本市场线揭

示了有效组合的收益和风险之间的均衡关系，如图 2-6 所示。

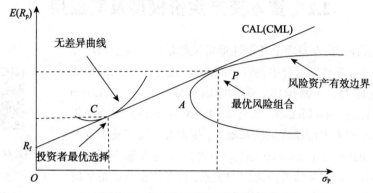

图 2-6　CAL 和最优风险资产组合

如图 2-7 所示，$0 < w_r < 1$，如果投资者的风险厌恶程度高，他的无差异曲线 I_1 与 CML 将切于 F 点和 P 点之间的线段上，如 P_1 点，此点代表的证券组合包括无风险贷款和风险证券组合。

P 点右上方的点集是投资者卖空无风险资产后，将借入资金连同本金全部投入风险资产组合 P 的情况，即 $w_r > 1$。这种投资策略既增加了新的资产组合的收益，也增加了新的资产组合的风险，表明投资者愿意冒险。无差异曲线 I_2 与有效边界切于 P 点以上的 CML 上，此时的证券组合 P_2 包括无风险借款和风险证券组合。

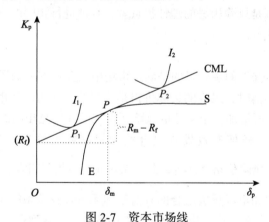

图 2-7　资本市场线

通过以上分析，可以总结资本市场线的两个重要特点。

（1）任何投资者在组合中持有的风险资产总是 P 点。无论投资者的风险承受力如何，他既不会选择风险资产有效集（曲线 EPS）中的其他点，也不会选择可行区域内部的任何点。个人效用偏好与最佳风险资产组合相独立（相分离），即分离原则。分离原则表明企业管理层在决策中不必考虑每位股东对风险的态度。

（2）如果能以无风险利率借贷，即投资者可以构造风险资产组合（P）与无风险资产的组合。$0 < Q < 1$ 时，投资者在 CML 左侧的 P 点投资；$Q > 1$ 时，投资者在 CML 右侧投资。投资者选择无风险资产所处的位置，也就是他选择直线上的位置，是由投资者个人的内在特征，如风险承受能力决定的。

2.2　资本资产定价模型及其应用

马科维茨的均值–方差理论开创性地将风险量化，使金融投资理性化。但是它要求计算组合中各资产的均值、方差及它们的相关系数，计算量庞大，不易操作。美国学者威廉·夏普（William Sharpe）、林特纳（John Lintner）和莫辛（Jan Mossin）等于 1964 年在资产组合理论和资本市场理论的基础上，提出并发展了资本资产定价模型（capital asset pricing model，CAPM），主要研究证券市场中资产预期收益率与风险资产之间的关系，以及均衡价格是如何形成的。它是现代金融市场价格理论的支柱，被广泛应用于投资决策和公司理财领域。

马科维茨投资组合理论

2.2.1　资本资产定价模型

对于 CAPM 来说，它需要满足以下假设。

（1）在一个充分竞争的市场中，所有投资者都可以买卖所有风险资产。

（2）存在一笔无风险资产，可以按无风险利率进行无限量借入借出。

（3）关于未来收益率的概率分布函数的信息对所有投资者透明，且所有投资者对信息的推论，尤其是收益率期望向量和收益率协方差矩阵，持相同观点。

（4）每个投资者都是风险厌恶的理性投资者，且都进行相同的投资组合最优化过程。

（5）不存在交易成本。

（6）市场达到均衡。

假设（3）到假设（6）的主要目的是确定市场中只存在唯一的风险投资组合。

当资本市场达到均衡时，风险的边际价格是不变的，任何改变市场组合的投资所带来的边际效果是相同的，即增加一个单位的风险所得到的补偿是相同的。

资本市场线说明，任何有效投资组合的期望超额收益为一个常数乘以它的风险 $\dfrac{E(R_\mathrm{m}) - R_\mathrm{f}}{\delta_\mathrm{m}}$，此常数为风险价格。注意，此关系对非有效投资组合，如单个股票，不成立。单个股票的期望收益率和市场投资组合的收益率和无风险收益率的关系由证券市场线给出（图 2-8），按照 β_i 的定义，代入均衡的资本市场条件下，得到资本资产定价模型：

$$E(R_i) = R_\mathrm{f} + \beta_i \cdot (R_\mathrm{m} - R_\mathrm{f}) \tag{2-14}$$

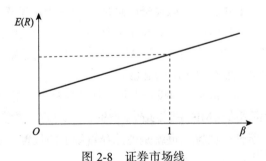

图 2-8　证券市场线

证券市场线为评估投资业绩提供了基准。给定一项投资，以 β 值来测度风险，证券市场线就能得出投资者为了补偿风险所要求的期望收益和货币的时间价值。

2.2.2 系统性风险与非系统性风险

系统性风险指市场中无法通过分散投资来消除的风险，也被称作市场风险。比如利率、经济衰退、战争等，这些都属于不可通过分散投资来消除的风险。非系统性风险也被称作单个证券风险，这是属于个别股票的自有风险，投资者可以通过变更股票投资组合来消除。从技术的角度来说，非系统性风险的回报是股票收益的组成部分，但它所带来的风险是不随市场的变化而变化的。现代投资组合理论指出，非系统性风险是可以通过分散投资来消除的。而对于系统性风险即使投资组合中包含了所有市场的股票，系统性风险亦不会因分散投资而消除。在计算投资回报率的时候，系统性风险是最难以计量的风险。

作为高度分散化资产组合部分的单项资产的风险测度并不是资产的标准差或方差，而是该资产对资产组合方差的贡献程度，即 β 系数。β 系数是用于度量一项资产系统风险的指标，是衡量一种证券或一个投资组合相对总体市场波动性的一种风险评估工具。用公式衡量 β 系数则为

$$\beta_i = \mathrm{cov}(R_i, R_\mathrm{m}) / \delta_\mathrm{m}^2$$

也就是说，如果股票的价格和市场的价格波动性是一致的，那么这个股票的 β 系数就是 1。如果股票的 β 系数是 1.5，就意味着当市场上升 10% 时，该股票价格则上升 15%；市场下降 10% 时，股票的价格亦会下降 15%。

资本资产定价模型的说明如下：①单个证券的期望收益率由两部分组成，无风险利率以及对所承担风险的补偿——风险溢价。②风险溢价的大小取决于 β 系数的大小。β 系数越高，单个证券的风险越高，所得到的风险补偿也就越高。③β 系数度量的是单个证券的系统性风险，非系统性风险没有风险补偿。

2.2.3 资本资产定价模型的应用

在严格的 CAPM 假设下，证券市场线不是一个回归表达式，而是一个先验的、对于投资者预期的、确定成立的限制。表达式中的方差和协方差都是由 2.2.1 节假设（3）得到的先验值。CAPM 作为对现实资本市场投资行为的理论概括，自问世以来学者们就开始对其进行实证检验。在实证检验中，可以用线性回归模型来估计 β_i 的值。

$$R_i - R_\mathrm{f} = \beta_i \cdot (R_\mathrm{m} - R_\mathrm{f}) + \varepsilon \tag{2-15}$$

实证研究结果显示，CAPM 从理论上证明了证券的平均收益是其收益系统性风险的线性函数，事实上证券的价格和收益还受其他因素的影响。在实践中，资本资产定价模型的应用也非常广泛，主要体现在以下几个方面。

（1）资本结构优化决策中权益资本成本率的确定是资本资产定价模型基本的应用，根据公式即可得到。资本资产定价模型其他的应用均是围绕该基本应用延展开来的。

（2）证券投资决策中证券市场价值的确定方面，资本资产定价模型主要被用来判断证券是否被市场错误定价。资本资产定价模型是基于风险资产期望收益均衡基础上的预测模型，根据它计算出来的预期收益是资产的均衡价格，这一价格与资产的内在价值是

一致的。当现实的市场价格低于均衡价格时，说明该证券的价值被低估，应当购买该证券；相反，若现实的市场价格高于均衡价格，则应当卖出该证券，将资金转向其他被低估的证券。

（3）有助于资产分类，进行资金配置。不同类别的股票具有不同的收益特征，利用资本资产定价模型中股票的风险因子 β 对股票进行分类，然后根据投资者的要求或风险偏好进行资产组合管理，从而优化资金配置。

从理论上说，一个有效的投资组合只受系统性风险的影响，实际上并不是所有的投资组合都是有效的。但总体上，CAPM 作为反映投资行为的理论，不但具有重要的理论意义，更具有现实意义。

2.2.4　Fama-French 三因素模型

1. 三因素模型

在截面回归的实践中，CAPM 越来越难以解释一些市场异象，比如小市值超额收益、一月效应。Fama 和 French 于 1992 年在 *Journal of Finance* 中刊发论文《股票预期回报的横截面》（*The Cross-Section of Expected Stock Returns*），并在 1993 年于 *Journal of Financial Economics* 期刊发表的论文《股票和债券回报的共同风险因子》（*Common Risk Factors in the Returns on Stocks and Bonds*）对 CAPM 提出强烈的质疑。他们的研究发现：第一，在 1941—1990

Fama-French 三因素模型

年，市场平均收益与 β 系数的关系十分微弱，而在 1963—1990 年，市场平均收益与 β 系数实际上没有关系。第二，单个股票的平均收益率与市盈率（P/E）和市值对面值比（M/B）成反比关系。

Fama 和 French 三因素模型的表达式为

$$R_{it} - R_f = \alpha_i + \beta_{1i}(R_{mt} - R_f) + \beta_{2i}\mathrm{SMB}_t + \beta_{3i}\mathrm{HML}_t + \varepsilon_{it} \qquad (2\text{-}16)$$

其中：R_{it} 代表资产收益率，R_f 代表无风险收益率，$R_{it} - R_f$ 为超额市场收益率，SMB_t 代表市值规模因子，HML_t 代表账面市值比因子，β_{1i}、β_{2i}、β_{3i} 分别为 $R_{mt} - R_f$、SMB_t、HML_t 的系数，ε_{it} 为残差项，α_i 为截距项。

Fama-French 三因素包括：①市场风险溢价，即市场组合的收益减去无风险利率；②规模因素，即公司市值；③账面市值比因素，即 B/M。

2. 三因素模型的实证证据

Fama-French（1992）的研究表明，小公司以及那些高账面市值比的公司股票收益高于平均收益，有证据表明这些因素与公司的盈利能力相关。也许它们的确反映了简单的资本资产定价模型所未能反映的因素。Fama-French 的三因素可以解释两个实证现象：小市值公司的股票平均收益率更高（size premium）；市净率低的公司，平均收益更高（value premium）。

Fama 和 French（1996）研究发现，证券过去的表现对未来收益具有预测作用，存在着不能由公司基本面因素所解释的动量效应。在此基础上，Carhart（1997）和 Novy-Marx（2012）构建了不同期限结构的动量因子，提出了包含中期惯性效应的资产定价模型。

Fama 和 French 在引入系统性风险的基础上，加入了公司规模、净市率、财务杠杆率、盈价比，利用横截面回归检验了以上 5 种因子对预期收益率的解释力，即五因素模型。他们发现在控制公司规模因素后，股票贝塔系数与预期收益率不相关。该研究引发了对 CAPM 理论与现实世界相宜性的激烈争论。以中国资本市场为研究对象，范龙振（2002）和杨炘（2003）的研究均认为 Fama-French 的三因素模型能够充分解释我国股票的收益率。赵胜民（2016）以 1995—2014 年中国上市公司为样本，发现五因素模型不适合中国，反而是三因素模型效果更好。

3. 三因素模型的争议：β 死了吗

以上研究都说明 β 系数不再是解释股票期望收益率的唯一因素，导致了学术界对 β 系数是否"死亡"的讨论。在这些争论性研究中，Kothari 等提出了与 Fama 针锋相对的讨论。Kothari 等的发现主要有两点：①当使用个股年度收益率而非月度收益率估计 β 系数时，资产的系统性风险存在显著的风险溢价；②Fama 和 French 所发现的市净率效应主要是由 Compustat 数据库中小市值公司的幸

Is Beta Dead?

存者偏差所导致，使用标普工业数据库则仅发现微弱的市净率效应。因此，Kothari 等为 CAPM 的合意性进一步提供了实证支持。

然而，Fama 和 French 对于 Kothari 等的结论，则提出了针锋相对的研究结论。针对系统性风险溢价是否为正，Fama 和 French 继续使用月度收益率估计资产 β，采用 β-市值双重独立分组方法控制了公司市值对 β 系数和预期收益率关系的影响，仍然没有发现支持风险溢价为正的结论。针对市净率效应是否由 Compustat 数据库中小市值公司的幸存者偏差所造成，Fama 和 French 重点援引了其他学者的研究予以反驳，证明市净率效应的存在与小市值公司的幸存者偏差无关。据此，Fama 和 French 饶有趣味地为文章取名《无论生死，CAPM 正在被通缉》，这也是学界"β 死了吗"的由来。

2.3 套利定价理论

通过资本资产定价模型可知：单个证券的期望收益率与该证券的 β 系数线性相关且唯一相关。问题是：β 从何而来？1976 年，美国学者斯蒂芬·罗斯（Stephen Ross）在《经济理论杂志》上发表了经典论文《资本资产定价的套利理论》，提出了套利定价理论（arbitrage pricing theory，APT），将证券的收益归结为受多种共同因素（宏观因素）影响。

套利是模型建立的基础，APT 建立在多因素模型之上，并且认为市场上存在套利行为。套利的概念通常用套利机会来描述，即一般认为投资者在期初投资为零的情况下，能在期末取得非负的收益，就认为存在套利机会。套利机会的存在势必会引起市场行为，这就会引起资产价格的变动，从而联动地影响每种资产的平均收益和风险，直到套利机会消失，即市场不存在套利机会，处于均衡状态，因此套利定价模型是均衡定价理论模型。套利行为主要受市场完备性的影响，它要求市场上有充分的流动性，资本市场比较活跃，套利者和投资者都能很快地购买或者抛售资产，因此套利机会通常是非常短暂的，若不能及时抓住就会失去套利机会。

资本资产定价模型介绍了一个过度简化的定价模型，其中资产收益率的风险来源只有一个，即市场风险。由罗斯提出的套利定价理论是对 CAPM 的改进，它的假设不再那么严格，尤其是它不再假设所有投资者都进行同样的最优化过程，不再假设存在唯一的风险投资组合，即市场投资组合。

在 APT 中，资产的收益率有多种风险来源，它们由未知数量的因子相联系，而对于一个充分多元化的大组合，只有几个共同因素需要补偿。比如，可能的系统性风险有通货膨胀、GNP 和利率。每种股票有与这三种系统风险有关的 β 系数。与资本资产定价模型一样，套利定价模型也是基于假设提出的。套利定价模型的假设主要有以下几个。

（1）收益率由共同因素和与代表公司特征的特有因素共同决定，也就是收益的产生过程。

（2）资本市场是完全的，即不存在交易成本等因素。

（3）市场允许卖空，即初始投资额为零的交易可以进行。

在这一系列假设的基础之上，收益生成过程可以用下列式子来表述。

$$R = \bar{R} + U = \bar{R} + m + \varepsilon = \bar{R} + \beta_I F_I + \beta_{GNP} F_{GNP} + \beta_r F_r + \varepsilon \qquad (2\text{-}17)$$

其中：U 为未预期的部分，可以分为系统性和非系统性。m 为市场风险，ε 为残差项。F_I 为通货膨胀因子，F_{GNP} 为 GNP 因子，F_r 为利率因子。

【例 2-7】 假设年初预测通货膨胀为 5%，GNP 为 2%且利率预期不变，$\beta_I = 2$，$\beta_{GNP} = 1$，$\beta_r = -1.8$。本年实际情况是通货膨胀为 7%，GNP 上涨 1%，利率下跌 2%。再假设某公司研发成功新产品，该未预期到的研发成功对收益的贡献是 5%。求该公司股票的风险收益。若无风险收益率为 4%，则该公司股票的总收益率是多少？

【解析】

（1）系统风险对股票收益的影响 $= \beta_I \cdot F_I + \beta_{GNP} \cdot F_{GNP} + \beta_I \cdot F_r = 2\times（7\% - 5\%）+ 1\times（1\% - 2\%）+（-1.8）\times（-2\% - 0）= 6.6\%$。

（2）该股票的所有风险收益 $= 6.6\% + 5\% = 11.6\%$。

（3）若无风险收益率为 4%，则该股票的总收益 $= 4\% + 11.6\% = 15.6\%$。

套利定价模型是罗斯在资本资产定价理论的基础上提出的，两者存在显著区别。首先，套利定价模型和资本资产定价模型的假设条件不同。总的来说，资本资产定价模型的假设条件较多，而且假设也较严格，甚至有些假设条件是不现实的或者很难实现的，套利定价模型的假设条件则相对少得多，并且对诸如投资者对价格的估计相同等假设是不做规定的。其次，两者对风险的解释角度不同。资本资产定价模型认为证券或资产的风险只与该证券或资产的收益与市场组合收益间的系统风险 β 相关，并且它只能求出一个数值，不能再将其分解，从而无法了解某一证券或资产的风险具体来源于哪些方面。套利定价模型则认为影响证券或资产收益的风险是由多个因素所决定的，并不仅仅由市场组合所决定。最后，资本资产定价模型和套利定价模型两者保持市场均衡的原理不同，资本资产定价模型中的市场均衡状态是市场上所有证券供求关系达到平衡，而套利机会在 APT 处于均衡时是不存在的。换句话说，如果有套利机会，那么总是会有投资者利用这个套利机会进行高抛低吸的市场行为，最终还是会归于均衡。

套利定价理论道出了与资本资产定价模型相似的一种市场关系。套利定价理论以收益率形成过程的多因素模型为基础，认为证券收益率与一组因素线性相关，这组因素代表证券收益率的一些基本因素。事实上，当收益率通过单一因素（市场组合）形成时，将会发现套利定价理论形成了一种与资本资产定价模型相同的关系。因此，套利定价理论可以被认为是一种广义的资本资产定价模型，为投资者提供了一种替代性的方法来理解市场中风险与收益率间的均衡关系。套利定价理论与现代资产组合理论、资本资产定价模型、期权定价模型等一起构成现代金融学的理论基础。

2.4　风险与资本成本

在投资决策中，决定风险项目的现金流以何种折现率折现，是影响项目是否可接受的关键因素。项目的资金来源包括权益融资和债务融资。在分析时需要估计各种来源资金对应的资本成本，以确定项目恰当的折现率。本节分别讨论权益资本成本、债务资本成本以及加权平均资本成本的计算，以及每种资本成本应用的适应性。

2.4.1　权益资本成本

只有当项目的期望收益率大于与风险水平相当的金融资产的期望收益率时，项目投资才应该进行。

资本预算法则：项目的折现率应等于同样风险水平金融资产的期望收益率。

折现率通常叫作项目的必要报酬率。项目折现率可以采用项目的资本成本，也可以使用投资者要求的必要报酬率来代表。

1. 用资本资产定价模型估计权益资本成本

可以用资本资产定价模型（CAPM）来估计项目投资的必要报酬率。

根据 CAPM，股票的期望收益率可以表示为

$$R_i = R_f + \beta_i \cdot (R_m - R_f) \tag{2-18}$$

其中，R_f 为无风险资产收益率，$R_m - R_f$ 实际是市场组合的期望收益率与无风险利率之差，这个差值通常叫作期望超额市场收益率或市场风险溢价。需要注意的是，在 CAPM 中，R_i 和 R_m 的本质是期望收益。

股票期望收益率基于用 β 系数度量的股票风险，即这个期望收益率是建立在风险基础上的股票必要报酬率。同样，这个期望收益率可以被看作公司股权的资本成本。在实践中，3/4 左右的美国公司在资本预算中使用 CAPM，这意味着实务界已经在很大比例上采用这种方法。

1）无风险收益率

CAPM 是一个单期模型，估算时使用一个短期收益率是比较好的选择，实践中经常用一年期的国债收益率作为无风险收益率的替代。多期应用可以使用预期一年期国债的平均收益率代表。

另一种符合实际的方法是选择一个到期时间与项目到期时间匹配的国债。这个匹配必须非常准确，因为虽然国债可能非常接近无风险，但它们还是有利率风险，甚至存在到期风险。对于那些长期来看有多个现金流的项目来说，一个可以接受的经验法则是用现金流的平均到期时间对应国债收益率。如果想做跨国估值，常见的做法是用当地货币表示的政

府债券作为无风险收益率。当然，有些政府债券实际上不是无风险的。

2）市场风险溢价

证券交易所股价指数是指由证券交易所编制的表明股票市场变动的一种供参考的指示数字，以交易所挂牌上市的股票为计算范围综合确定。计算证券交易所股价指数的收益率可以反映市场预期报酬率 R_m 的水平。一般情况下，国内证券市场主要用来反映股市的证券交易所股价指数为上证综指、深证成指，可以选取上证综指、深证成指分别按几何平均值和算术平均值计算的指数收益率再平均作为反映市场预期报酬率 R_m 的指标。

方法 1：使用历史数据估计。

可以使用历史数据作为市场风险溢价的估计值。Aswath Damodaran（2010）提出了基于历史数据的估计方法。具体地，市场风险溢价计算过程如下。

基本模型：市场风险溢价 = 成熟股票市场的市场风险溢价 + 国家风险溢价。

成熟股票市场的市场风险溢价可以取 1928—2023 年美国股票与国债的算术平均收益的差来计算。

国家风险溢价 = 国家违约补偿额 × （$\sigma_{股票}/\sigma_{国债}$）。

方法 2：使用股利折现模型（dividend discount model，DDM）估计。

如果公司的股利预计以一个固定比例 g 增长，则股票价格 P 可以写作：

$$P_0 = \frac{D_1}{K_s - g} \tag{2-19}$$

其中，D_1 是下一年预期的每股股利，K_s 是折现率或者股权资本成本，g 是股利的固定年增长率。这个公式可以推导出：

$$K_s = \frac{D_1}{P_0} + g \tag{2-20}$$

从这个公式可以看出，股票的期望收益率等于下一年的股利收益率加上股利年预期增长率的总和。

右边的第一项很容易估计，因为许多平面媒体和网络媒体会计算股利收益率。投行、资金管理公司、独立研究组织的证券分析师会分析每个证券、每个行业和市场的情况。作为工作的一部分，他们除了推荐股票外，还会预测股利和净利润。

测算市场风险溢价时，在计算方法、样本数据等方面都存在差异。一是计算方法，存在参照中国证券市场数据计算、采用其他成熟国家证券市场数据加中国国家风险补偿等不同情形。二是样本数据，参照中国证券市场数据计算时，样本数据在指数类型、时间跨度、数据频率、平均方法等方面均存在不同情形。如指数类型存在上证综指、沪深 300、深证成指、上证 180、深证 100 等，数据频率存在日数据、周数据、月数据等，平均方法都存在几何平均和算数平均等不同情形。

3）估计 β

第一，估计 β 的方法。估算上市公司 β 的基本方法是利用标准回归方法，使用个股月（日）收益率与市场月（日）收益率之间的关系，进行大样本 OLS 回归估计。估计模型为

$$R_i = \alpha + \beta_i R_m + \varepsilon \tag{2-21}$$

使用标准回归方法，可以通过所有的 β 点回归出一条直线。这条线被称为证券的特征线。特征线的斜率就是该公司的 β 值。但利用 OLS 回归估计 β 存在以下问题：

（1）β 可能随时间的推移而发生变化。

（2）样本容量可能太小。

（3）β 受财务杠杆和经营风险变化的影响。

对于前两个问题，可通过采用更加复杂的统计技术加以缓解。对于第三个问题，可以根据财务风险和经营风险的变化对 β 做相应的调整。同时，需要注意同行业类似企业的平均 β 估计值。

非上市公司的股权 β 系数通常由多家可比上市公司的平均股权 β 系数调整得到。在确定 β 系数时，应当遵循以下要求。

一是应当综合考虑可比公司与被评估企业在业务类型、企业规模、盈利能力、成长性、行业竞争力、企业发展阶段等方面的可比性，合理确定关键可比指标，选取恰当的可比公司并充分考虑可比公司数量与可比性的平衡。

二是应当结合可比公司数量、可比性、上市年限等因素，选取合理时间跨度的 β 数据。

三是应当充分披露可比公司的选取标准及公司情况、β 系数的确定过程及结果、数据来源等。

第二，β 系数的稳定性。企业的 β 系数会变化吗？多数分析人士认为当企业不更改行业时，β 系数一般情况下都会保持稳定。但产品系列的变化、技术的变迁或者市场的变化都有可能影响 β 系数。一家企业财务杠杆的提高（比如公司的债务规模扩大），也会使该企业的 β 系数增大。

Blume（1971）基于 1927—1968 年间美国的若干股票分期估计其 β 系数，结果表明，随着时间的推移，多数公司股票的 β 系数发生显著的变动。Blume 最终的研究结果表明：就整个市场或投资组合的平均值而言，β 系数的估计值是相对稳定的，但个体证券与市场的相关性显著下降。

第三，行业的 β 系数。如果认为企业的经营与所在行业其他企业的经营十分类似，也可以用行业 β，这样可以降低估计误差；但如果认为企业的经营与行业内其他企业的经营有着根本差别，则应选择企业的 β。

第四，收入的周期性。有些企业的收入具有明显的周期性。也就是说，这些企业在商业周期的扩张阶段经营很好，在商业周期的紧缩阶段则经营很差。由于 β 是个股收益率与市场收益率的标准协方差，所以周期性强的股票有较高的 β 值。需要指出的是，周期性不等于变动性。

4）β 值与经营杠杆、财务杠杆

第一，β 与经营风险、财务风险的关系。基于对经营风险和财务风险双重影响的考虑，美国经济学家 Robert Hamada（1972）将 CAPM 与修正的 MM 模型结合起来，其观点是：不论企业有无负债，经营风险都是一种客观存在。有负债经营的企业受经营风险和财务风险的双重影响。因此，在建立资本结构模型时，必须体现这两类风险所要求的补偿报酬率。

资本资产定价模型（CAPM）从理论上反映了投资者对经营风险补偿的期望，修正的 MM 理论的风险报酬命题则从理论上反映在负债经营下所要求的税后财务风险补偿报酬。

第二，经营杠杆与 β。拥有高固定成本和低变动成本的企业通常被认为拥有高的经营杠杆；反之，拥有低固定成本和高变动成本的企业则被认为拥有低的经营杠杆。企业收入的周期性对贝塔起决定性作用，而经营杠杆又将这种作用放大了。也就是说，当生

产过程中的固定成本替代了变动成本时，一个拥有给定销售周期性的企业的 β 值将会提高。

第三，财务杠杆与 β。财务杠杆反映了企业对债务融资的依赖程度。杠杆企业是指资本结构中有负债的企业，不论其销售情况如何，都要支付利息。所以，财务杠杆与企业固定的财务费用有关。

财务杠杆的增大（负债增加）也会使得 β 增大。为了说明这一点，可以考虑一家在其资本结构里拥有一部分债务和一部分权益的企业。那么，这个由资产和负债共同构成的企业组合的 β 系数是多少呢？与任何其他组合一样，这个组合的贝塔系数等于组合中每个单项贝塔的加权平均。

假定 B 代表企业债务部分的市场价值，S 代表企业权益部分的市场价值，有以下公式：

$$\beta_{资产} = \frac{S}{B+S} \times \beta_{权益} + \frac{B}{B+S} \times \beta_{负债} \tag{2-22}$$

式中，$\beta_{权益}$ 是杠杆企业权益的 β。可以发现，式中 $\beta_{负债}$ 乘以负债在资本结构中的百分比，即 $\frac{B}{B+S}$。同样，$\beta_{权益}$ 乘以权益在资本结构中的百分比。这个组合包括企业的负债和权益，所以组合 β 就是资产贝塔 $\beta_{资产}$。前面已经讲过，对于全部以权益融资的企业，$\beta_{资产}$ 可以看作普通股的 β。

在实践中，负债的市场风险很小，其 β 很低，通常假设 $\beta_{负债}$ 为 0，则：

$$\beta_{资产} = \frac{S}{B+S} \times \beta_{权益} \tag{2-23}$$

对于杠杆企业，$\frac{S}{B+S}$ 一定小于 1，所以 $\beta_{负债} < \beta_{权益}$，将上式变形，有：

$$\beta_{权益} = \beta_{资产} \times \left(1 + \frac{B}{S}\right) \tag{2-24}$$

在有财务杠杆的情况下，$\beta_{权益}$ 一定大于 $\beta_{资产}$（假设 $\beta_{资产}$ 为正）。换句话说，一个有负债企业的 $\beta_{权益}$ 总是大于其他权益企业的 $\beta_{权益}$。

如果考虑公司所得税的影响，即公司所得税税率为 T 时，公式为

$$\beta_{资产} = \frac{S}{B(1-T)+S} \times \beta_{权益} \quad 或 \quad \beta_{权益} = \beta_{资产} \times \left(1 + \frac{B(1-T)}{S}\right)$$

【例 2-8】 假设一家名为 BDD 的公司从事新能源开发，目前无负债，100%权益融资，贝塔值为 0.6。公司决定扩大规模，借款融资，使公司资产负债率为 40%。

【解析】 假设 $\beta_{负债}$ 为零，$\beta_{权益}$ 为 0.6，因为 100%权益融资，$\beta_{资产}$ 也为 0.6，根据公式：

$\beta_{权益} = \beta_{资产} \times \left(1 + \frac{B}{S}\right)$，将相关数字代入公式：$\beta_{权益} = 0.6 \times (1 + 4/6) = 1$。

如果公司的资产负债率为 60%，则 $\beta_{权益} = 0.6 \times (1 + 6/4) = 1.5$。

无杠杆贝塔，即资产 β，仅反映公司或资产的经营风险（评估的项目与可比公司的风险大致相同中时，其风险也近指无杠杆的经营风险），而未考虑评估项目的财务风险，财务风险又与资本结构有关，所以想要全面反映被投资项目的整体风险，就必须在无杠杆 β 的基础上加入财务杠杆的因素，得到反映其整体风险的杠杆贝塔。去杠杆 β 的计算公式如下：

$$\beta_{资产} = \frac{S}{B(1-T)+S} \times \beta_{权益} \tag{2-25}$$

在计算得到每家公司的去杠杆 β，即 $\beta_{资产}$ 后，一般取这些去杠杆 β（$\beta_{资产}$）的平均值来做进一步的计算，用被评估公司的所得税率和债务权益比率来为 β 重新加回杠杆，以此来体现被评估公司的所得税税率（T）和资本结构对其资本成本的影响。

再杠杆 β 的计算公式如下：

$$\beta_{权益} = \beta_{资产} \times \left(1 + \frac{B(1-T)}{S}\right) \qquad (2\text{-}26)$$

在计算再杠杆 β 时，所用到的公司所得税率 t 和债务股本比率 B/S 均为被评估公司（项目）的数据。

【例 2-9】 某大型联合企业 A 公司拟开始进入飞机制造业。A 公司目前的资本结构为负债/权益为 2/3，进入飞机制造业后仍维持该目标结构。在该目标资本结构下，债务税前成本为 6%。飞机制造业的代表企业是 B 公司，其资本结构为债务/权益成本为 7/10，权益的 β 值为 1.2。已知无风险利率为 5%，市场风险溢价为 8%，两个公司的所得税税率均为 30%。

【解析】（1）将 B 公司的 $\beta_{权益}$ 转换为无负债的 $\beta_{资产}$：

$$\beta_{资产} = 1.2 \div \left[1 + (1 - 30\%) \times (7/10)\right] = 0.805\,4$$

（2）将无负债的 β 值转换为 A 公司含有负债的股东权益 β 值：

$$\beta_{权益} = 0.805\,4 \times \left[1 + (1 - 30\%) \times 2/3\right] = 1.181\,3$$

（3）根据 $\beta_{权益}$ 计算 A 公司的权益成本：

$$权益成本 = 5\% + 1.181\,3 \times 8\% = 5\% + 9.450\,4\% = 14.45\%$$

如果采用股东现金流量计算净现值，14.45% 是适合的折现率。

（4）计算加权平均资本成本：

$$加权平均资本成本 = 6\% \times (1 - 30\%) \times (2/5) + 14.45\% \times (3/5)$$
$$= 1.68\% + 8.67\% = 10.35\%$$

如果采用实体现金流量法，10.35% 是适合的折现率。

尽管可比公司不是一个完美的方法，但它在估算项目的系统风险时还是比较有效的。

第四，部门和项目的资本成本。实践中，公司还可能需要对每一个项目计算等同于其自身风险的折现率。对于部门和项目资本成本的计算来说，估算逻辑是相同的。如果一个公司拥有很多部门，每个部门处于不同的行业中，则每个部门使用相同的折现率进行估值也是错误的。

实务工作者应当关心以下三个问题。第一，必须选择合适的行业。但问题在于公司通常会有不同的业务线。第二，在一个特定行业中的所有公司可能都是单一业务公司，但是新的项目往往受经济环境变化的影响较大。所以，新项目的 β 可能会大于同行业中现有企业的 β。为了体现其额外的风险，新项目的 β 应在行业 β 的基础上调高一些。这种调整很特殊，没有公式可循，但却是实际工作中普遍运用的方法。第三，对于处于新兴行业的项目来说，决定 β 的因素有三个：收入的周期性、经营杠杆和财务杠杆。将这三个影响因素对于本项目的价值与其对于其他公司的价值进行对比，可以提供确定 β 的一般性方法。

2. 股利折现模型法（DDM 法）

1）DDM 估计方法

除了利用 CAPM 估计公司权益资本成本外，还可以利用股利折现模型（DDM）预测市场整体的预期收益率，将其作为市场风险溢价的估计值。DDM 模型的公式如下：

$$K_s = \frac{D_1}{P_0} + g$$

式中，P_0 是每股价格，D_1 是下一年将获得的每股股利，K_s 是折现率，g 是每股股利的年期望增长率。

证券分析师通常会对很多只股票的下一年股利支付进行预测。或者将下一年的股利支付定为前一年股利乘以（$1+g$），$D_1 = D_0 \times (1+g)$。

关键的问题是：怎么估计股利的预期增长率？g 从何来？目前的估计方法如下。

首先，从过去的数据中获得该公司的历史股利增长率。

其次，股利增长率可以用以下公式获得：

下一年的盈利 = 本年的盈利 + 本年留存收益 × ROE

两边同除以本年盈利，则

$$\frac{\text{下一年的盈利}}{\text{本年盈利}} = \frac{\text{本年盈利}}{\text{本年盈利}} + \frac{\text{本年留存收益}}{\text{本年盈利}} \times \text{ROE}$$

$$1 + g = 1 + \text{留存收益比率} \times \text{ROE} \qquad (2\text{-}27)$$

$$g = \text{留存收益比率} \times \text{ROE}$$

式中，留存收益比率是未分配利润和利润的比值，ROE 是净资产收益率。所有用来计算留存收益比率的变量都可以从公司的利润表和资产负债表中获得。

最后，证券分析师通常会对未来增长率进行预测。虽然分析师预测的是未来 5 年利润的增长率，但 DDM 法需要的是股利的长期增长率。

2）DDM 和 CAPM 的比较

无论是股利折现模型还是资本资产定价模型，它们都是具有内部一致性的模型。虽然如此，学术界更青睐资本资产定价模型。另外，一项调查指出，有近 3/4 的公司使用 CAPM 对权益资本成本进行估计。CAPM 有两个优点。第一，它明确地对风险进行了调整。第二，对于不分红或者股利增长很难估计的公司来说更为实用。DDM 法主要的优点在于其简单性。不幸的是，DDM 法只对稳定支付股利的公司有效，对于完全不支付股利的公司则毫无用处。DDM 的另一个缺点是没有明确地将风险纳入考虑。因而，DDM 法比 CAPM 法存在更多的估计误差。

2.4.2 固定收益证券的资本成本

1. 债务资本成本的计算

债务的违约风险通常较低，其当前到期收益率可以作为投资者期望回报率的较好估计，同时也可以作为贷款成本。一家公司通常可以通过查询公开交易债券的收益率或者同商业投资银行从业者交流获得这些信息。

如果一家公司是第一次发行债券，则投资银行家可以告诉经理未来债券的收益率应该是多少，该收益率就是债务成本。抑或一家公司直接从商业银行进行贷款，同样地，贷款利率就是债务成本。

债务的税后成本可以写成：

税后债务成本 K_b = 贷款利率 × （1 - 所得税税率）

对债务成本进行税收调整，而不对权益成本进行调整。那是因为利息是可以免征税款的，股利支付则不能免除征收。

2. 优先股成本的计算

由于优先股以永续年金形式支付股利，因此使用永续年金公式进行计算。优先股的价值 $P_0 = \dfrac{D}{K_P}$，其中 P_0 是优先股的价值或者现价，D 是每年获得的优先股股利，K_P 是收益率，或者说投资者要求的回报率。重新整理可得：

$$K_P = \frac{D}{P_0} \tag{2-28}$$

这里不像对债务成本进行税收调整一样对优先股成本进行调整。这是因为优先股的股利支付也不能免除征税。

3. 加权平均资本成本的计算

假定某企业运用债务和权益融资来投资，企业按 K_b 借入债务资本，按 K_s 取得权益资本。对公司来说，利息是可以抵税的。加权平均资本成本是以各单项资本在资本总额中所占的比重为权数计算的加权平均数，其计算公式为

$$K_W = \sum_{i=1}^{n} W_i K_i \tag{2-29}$$

式中，W_i 为每种资本占全部资本的比重，K_i 为每种资本的资本成本。W_i 可以采用账面价值权重、市场价值权重和目标市场权重表示。通常情况下，市场价值权重比账面价值权重更合适，因为证券市场价值更接近于证券出售所得到的金额。目标市场权重适用于新筹资本的加权平均资本成本的计算，体现期望的资本结构，但实践中，目标市场权重难以准确地确定。

本章小结

本章从单项资产开始探讨风险与收益的关系，通过经典的资产组合理论、资本资产定价模型和套利定价理论论述投资者在投资决策时考虑的经济环境变量，进而分析实践中风险与资本成本的逻辑关系以及具体应用。在投资决策中，决定风险项目现金流以何种折现率折现是项目是否可接受的关键因素。项目的资金来源包括权益融资和债务融资，在分析时需要估计各种来源资金对应的资本成本，以确定项目恰当的折现率。本章最后一节分别讨论权益资本成本、债务资本成本以及加权平均资本成本的计算以及每种资本成本的实际应用。

复习思考题

1. 假设股票 A 和股票 B 的期望收益和标准差分别为 $E(R_A) = 0.13$，$E(R_B) = 0.19$，$\delta_A = 0.38$，$\delta_B = 0.62$。

（1）若股票 A 和股票 B 的相关系数为 0.5 时，计算 45% 股票 A 和 55% 股票 B 组合的期望收益和标准差。

（2）若股票 A 和股票 B 的相关系数为 -0.5 时，计算 40% 股票 A 和 60% 股票 B 组合的期望收益和标准差。

2. 市场组合的期望收益是 12%，标准差是 19%，无风险利率是 5%。

（1）一个标准差为 7%，充分多元化的组合的期望收益是多少？

（2）一个期望收益为 20%，充分多元化的组合的标准差是多少？

3. 假设无风险利率是 5%，市场组合的期望收益是 10%，方差是 0.075。投资组合 A 与市场组合的相关系数是 0.35，投资组合的方差是 0.156，根据资本资产定价模型，组合 A 的期望收益率是多少？

4. 分析以下三只股票的信息，如表 2-5 所示。

表 2-5　股票信息

经济状况	发生的概率	经济状况发生时的收益率		
		A 股票	B 股票	C 股票
繁荣	0.3	0.2	0.4	0.5
正常	0.5	0.15	0.12	0.16
萧条	0.2	0.05	-0.3	-0.4

（1）如果你的组合中股票 A、股票 B、股票 C 投资的比例分别是 30%、40%、30%，则组合的期望收益率是多少？组合的方差是多少？标准差是多少？

（2）如果国库券的期望收益率是 4.5%，则组合的预期风险溢价是多少？

5. 一个由无风险资产和市场组合构成的投资组合的期望收益为 10%，标准差是 12%。无风险利率是 5%，且市场组合的期望收益是 11%。假定资本资产定价模型有效，一个证券与市场组合的相关系数是 0.3，标准差是 0.5，这个证券的期望收益是多少？

6. 假设投资收益可以用三因素模型解释，即 $R = \bar{R} + \beta_1 F_1 + \beta_2 F_2 + \beta_3 F_3 + \varepsilon$。假定不存在公司特有的风险，每只股票的相关信息如表 2-6 所示。

表 2-6　股票信息

股票	β	β_2	β_3
股票 A	1.3	1.25	0.6
股票 B	0.8	1.6	-0.3
股票 C	0.75	-0.15	1.56

三个因素的风险溢价分别是 5%、4%、6%。如果投资者建立了一个 30% 投资于股票 A、30% 投资于股票 B、40% 投资于股票 C 的投资组合，则该组合的收益是多少？如果无风险利率是 4%，则该组合的期望收益率是多少？

7. 甲公司主营电池生产业务，现已研发出一种新型锂电池产品准备投向市场。为了评价该锂电池项目，需要对其资本成本进行估计。有关资料如下。

（1）该锂电池项目拟按照资本结构（负债/权益）为 30/70 进行筹资，税前债务资本成本预计为 9%。

（2）目前市场上有一种还有 10 年到期的已上市政府债券，面值为 1 000 元，票面利率为 6%，每年付息一次，到期一次性归还本金，当前市价为 1 120 元，刚过付息日。

（3）锂电池行业的代表企业是乙、丙公司，乙公司的资本结构（负债/权益）为 40/60，股东权益的 β 系数为 1.5；丙公司的资本结构（负债/权益）为 50/50，股东权益的 β 系数为 1.54。权益市场风险溢价为 7%。

（4）甲、乙、丙三家公司适用的企业所得税税率均为 25%。

要求：

（1）计算无风险利率。

（2）使用可比公司法计算锂电池行业代表企业的平均 $\beta_{资产}$、该锂电池项目的 $\beta_{权益}$ 与权益资本成本。

（3）计算该锂电池项目的加权平均资本成本。

即测即练

自学自测　　扫描此码

第 3 章

资产估值理论与实务

估值，估就是评估、估计的意思，是一个模糊的判断；值就是价值，是企业的内在价值，也是经济价值，即内在的经济价值。价值包括两方面内容：资产所能获得的未来收益以及未来收益面临的风险。这就像一枚硬币的两面，所有的价值必须同时考虑这方面。估值就是在追求现有信息和约束条件下的一个模糊的正确。在估值过程中，不要过多地迷恋技术细节，而要回到投资的本质。格雷厄姆说，投资就是一门生意。这门生意能发展到什么程度？投资能有多大的回报？生意的风险有多大？这些就是现金流折现（DCF）模型需要考虑的全部，也是评估企业内在价值的核心。

数据资产入表将启　企业资产价值重构

数据作为新时代重要的生产要素之一，数据资产化的相关工作正在提速。自 2023 年 10 月 1 日起，中国资产评估协会制定的《数据资产评估指导意见》（以下简称《指导意见》）正式施行。在业内看来，《指导意见》有效解决了业界在过去一段时间内面临的数据资产定价方法不统一、定价公允性难保障、交易信息不对称等问题，也为下一步的数据资产入资产负债表（以下简称"数据资产入表"）奠定了重要基础。

明确数据价值评估机制

浪潮卓数大数据董事长张帆告诉记者，《指导意见》明确了数据资产的属性定义、评估对象、操作要求、评估方法和披露要求等，让数据资产价值评估工作有了政策上的依据，在一定程度上将消除"各自为政"的地方评估实践，让数据资产价值评估在全国范围内有了统一标准，推动建立数据资产价值评估机制，构建数据资产定价指标体系，进一步明确数据价值评估规范。乔亲旺则表示，数据资产入表是数据资产化的重要一环，也是当前数据富集型企业的关注焦点。以入表的形式对企业数据资产进行确认，可以更加显性化体现企业资产价值，增厚企业表内资产，改善表观资产负债率，满足融资需求。乔亲旺进一步表示，从宏观层面来看，数据资产入表可以更加真实地反映经济运行状态，进一步激发数据要素市场供需主体的积极性，促进数据要素的流通交易，壮大数据要素产业生态，为进一步探索数据财政奠定扎实基础。

机会与挑战并存

可以想象的是，数据资产入表将给数据要素市场带来巨大想象空间。在张帆看来，未来将有大量企业开始重视数据资产，参与到数据要素的流通交易中。这将极大地激活数据要素的活力，数据要素产业市场有望迎来井喷式发展。专家李可顺还提到，数据资产入表也为数据要素市场的衍生产品提供了新的可能性，例如数据资产估值的金融产品等。王鹏提到，除了资产自身入表之外，后续也可以通过债券、股权等形式实现资产价值化。不过，这一过程需要金融机构、资产评估机构等介入，机构与企业之间如何协调等还有待探索。与此同时，相关团队的专业性和经验仍需要积累，资产评估的相关人员与机构的从业资质也需要统一。此外，在价值确认方面，数据资产价值如何得到公允客观度量、如何得到金融证券机构的认可；在安全治理方面，如何解决数据资产会计信息披露和商业秘密及个人隐私保护的冲突；在资产管理方面，如何构建与之相适应的公共数据资产管理体系，满足公共数据资产保值增值的要求……这些都是亟待进一步解决的问题。

（资料来源：《中国经营报》2023 年 10 月 16 日，记者蒋牧云、何莎莎，内容有删减。）

3.1　企业价值评估原理

3.1.1　企业价值评估中的价值概念

作为客观存在的经济社会中的实体，企业通过集合土地、劳动力、技术、资本、企业家等要素为社会生产产品或提供服务，从而获取利润。因此，企业生存和发展的关键在于它对资源的利用和获利能力，这是企业价值的基础。在市场经济环境下，企业也可以和其他商品一样，通过并购、上市等形式进行买卖，此时企业的价值表现为它在市场上的价格。

企业价值是由企业未来的持续获利能力所决定的。因此，影响企业未来持续获利能力的因素都会影响企业价值的大小，包括生产能力、行业前景、盈利模式、产品生命周期、技术研发水平、经营水平、管理能力、企业文化、客户关系、企业并购、资本市场成熟度等，既有外部因素，也有内部因素。同时，企业价值既然是基于企业的未来现金流，那么还需要考虑风险和时间问题。企业价值强调的是在一定风险水平和收益均衡条件下企业长期、可持续获取现金流量的能力。

企业价值有多种表现形式，每一种价值形式都有其合理性和适用性。在这里主要介绍四种企业价值表现形式。

（1）市场价值。市场价值是指双方在自愿且理性的情况下，评估对象在评估基准日进行正常公平交易的价值估计数额，这个价值由市场选择形成。它适用的前提是市场是活跃的，即任何一项资产在任何时候都是公开可得的。由于市场是瞬息万变的，因此市场价值受多种因素影响，包括市场的有效性、买卖双方的行为等，是企业资产在市场上的价值体现。市场价值一般不等于账面价值，本质上，市场价值也是由内在价值决定的，是内在价值的外在表现形式。但现实中受诸多因素的影响，市场价值往往会偏离内在价值，投资人会在市场上寻求被低估的企业以此获取价差空间。因此，如何准确判断企业内在价值是问题的关键。

（2）内在价值。内在价值也叫内涵价值，是对企业预期未来产生的现金流量以适当的折现率进行折现的现值之和。对股票、债券、项目投资的价值评估也是以内在价值作为决策依据的。内在价值受预期未来现金流水平和投资人要求的风险影响，现金流水平归根到底是企业收益能力的反映。因此，内在价值是企业未来收益和风险的综合体现。

（3）账面价值。账面价值是以会计的历史成本原则为计量依据所确认的企业价值，在企业资产负债表中以资产总额直接体现出来，是投资人（债权人和股东）对企业资产所有权的价值加总。

（4）清算价值。当出现破产清算时，企业被迫出售或快速变卖所有资产，预计能够收到的变现金额，是基于企业处于非持续经营条件的一种特殊价值类型。

3.1.2 企业价值评估的特点

企业价值评估是以企业整体为对象，对企业未来产生现金流量的长期、可持续能力做出估算，能为投资者和管理层等相关主体提供改善决策的信息。企业价值评估具有以下几个特点。

1. 评估注重企业整体性

企业价值评估要突出企业作为一个整体的价值，即在这个整体内强调各资源要素之间互相作用所带来的企业整体价值提升，而不只是对企业各项资产的简单相加。

2. 评估过程具有综合性

企业价值受多种因素的影响，在评估过程中要综合考虑影响企业持续获利能力的所有内部要素、外部环境以及投资者主观预期等因素。只要是对企业持续发展潜力和投资价值有影响的因素都应当考虑。因此，企业价值评估具有综合性。

3. 评估结果具有不精确性

企业价值评估是评估人员在综合各方面因素后得到的一个相对合理的结果，评估过程不可避免地会受到评估人员主观判断的影响。而任何一个影响企业价值因素的变动都会影响到价值评估结果，因此企业价值评估的结果不可能完全精确。企业价值评估不只是一门科学，更像是一门艺术，即便过程再规范、方法再科学，也不可能会得到一个绝对准确的数值。

3.1.3 企业价值评估的意义

1. 价值评估可用于投资分析

价值评估是投资分析的核心内容。对于投资者特别是价值型投资者，价值评估在投资决策中起到了十分关键的作用。价值型投资者一般认为公司价值可以通过财务指标反映出来，而偏离公司内在价值的股票价格最终会回归内在价值，投资者由此寻找被低估的股票作为他们投资的重点。

2. 价值评估可用于企业并购

在企业并购过程中，科学的价值评估对交易双方进行正确的分析和做出准确的决策起到了非常关键的作用。并购前，并购公司或个人应该评估目标公司的合理价位；目标公司也应当对自身公司有一个合理的价值估计。此外，并购过程中的一些特殊问题，如并购公司和目标公司并购后是否能够提升整体价值，管理变革和目标公司资产重组是否会影响以及如何影响公司价值等，这些都需要通过价值评估来确定。总之，对企业价值进行合理评估，有助于并购双方获得企业前景、存在风险等方面全面、清醒的认识，准确把握交易机会，掌握交易主动权，尽可能降低可能带来的风险。

3. 价值评估可用于经营管理

价值评估有利于公司内部的经营管理层进行决策，提高管理效率。现代企业经营管理的新方向是以开发公司潜在价值为目的的价值管理。公司价值管理更加注重对公司整体获利能力的分析和评估，制订和实施合适的经营发展计划以确保公司的经营决策有助于增加公司价值。在这一趋势下，企业管理人员将不再满足于反映企业历史的财务数据，而是更多地运用企业价值评估信息展望公司未来，以提高公司未来的盈利能力。

3.1.4　企业价值评估的一般程序

不同的评估对象和评估目的对应的评估程序不尽相同，但大体包含以下程序。

1. 开展价值评估的基础工作

基础工作是整个价值评估耗时最长也是最关键的步骤，主要包括以下几个方面：①了解目标企业所处的宏观经济环境及金融、市场、监管、政策环境；②了解目标企业所处的行业环境、行业特征、行业发展态势；③了解目标企业在行业中的竞争力等，包括地位、声誉、市场占有率、竞争优势、增长点、营销渠道、潜在的机会等；④了解目标企业的技术革新能力；⑤了解目标企业的治理结构、控制权。除此之外，任何可能影响企业持续盈利能力进而影响价值评估的因素都应当被考虑进来。

2. 实施绩效预测

绩效预测的主要目的是明确企业价值的关键驱动因素——增长率和投资资本回报率。首先，根据前述环节收集的资料评估企业的战略地位；其次，为企业设置不同的环境和情境，定性说明影响企业绩效的主要事件并做出合理预测；最后，对企业未来现金流量的构成要素和现金流量的分布概率进行估计，也可以结合预测期限和通货膨胀影响预估企业未来财务报表和现金流量，进而对投资资本回报率等其他关键驱动因素进行预测。

3. 选择企业估值模型

企业价值评估模型各有特点，选择模型时需要根据评估目的、被评估企业的特点进行考虑。例如，初创期的互联网公司和成熟期的制造型企业二者的估价模型肯定是不一样的。因此在实践中要充分考虑企业自身的特点及所处环境，避免估值模型选择不当带来不准确的评估结果。

4. 结果检验和解释

企业估值的最后阶段是检验企业的价值，并结合有关决策对评估结果做出解释。企业评估结果出来后，要将企业价值与其价值驱动因素、关键的营业假定进行对照，以检验结果的合理性。对企业不同情境下的价值及对应关系进行全面考察，可以保证企业价值评估结果的准确性，帮助相关信息使用者做出正确决策。

3.2　企业价值评估的方法

企业价值评估的方法有很多，目前主张将其归为三类：收益法、市场法和资产基础法。其中，收益法是以一定的折现率对企业未来收益进行折现来评估企业价值的方法，具体包括企业自由现金流量折现模型、股权自由现金流折现模型、股利折现模型、经济利润折现模型等。市场法又称相对估值法，其将评估对象与可比上市公司或可比交易案例进行比较以确定评估对象价值，一般包括上市公司比较法、交易案例比较法。资产基础法又称成本法，是以估算获得标的资产的现实成本进行估价的一种方法。实践中，上述方法可以单独使用也可以交叉使用。

本书主要介绍现金流量折现模型和相对价值评估模型，分别属于收益法和市场法。由于资产基础法的基本原理是将企业资产、负债的历史成本调整为现实价值进行估值，会涉及企业会计准则的具体内容，因此本书不做具体介绍。

3.2.1　现金流量折现模型

现金流量折现模型是以反映现金流量风险的折现率对未来时间预计的现金流量进行折现，以确定其资本化价值的方法。该模型是企业价值评估中使用最广泛、理论最健全的模型，还原了企业价值的本质，即企业未来经营现金流量的折现值。现金流量折现模型的基本公式如下：

$$价值 = \sum_{t=1}^{n} \frac{\mathrm{CF}_t}{(1+r)^t}$$

式中：n 为资产的收益年限，CF_t 为第 t 年的现金流量；r 为反映现金流量风险的折现率。

1. 现金流量折现模型的参数

将现金流量折现模型用于企业估值，需要估计企业产生的自由现金流量金额、时间分布以及相应的折现率。

1）自由现金流量

自由现金流量（free-cash-flows，FCF）代表的是企业全部现金流入扣除成本费用和必要投资后的"剩余"部分现金流量，企业在一定期间内可以自由地将这部分现金流量分派给企业所有的索偿权持有人，包括短期、长期债权人和股权持有人。在持续经营的前提下，企业应当在保证正常生产经营条件下产生更多的现金流量，也就是有正的自由现金流量。长久以来，不同的学者对自由现金流量的理解不尽相同，没有一个统一的定义。但从他们解释自由现金流量的共同之处可以发现以下几点：①都是在不危及公司生存与发展的前提下可供分配给股东（和债权人）的最大现金额；②都考虑了企业的持续经营或必要的投资增长对现金流的要求，即为了保持其持续发展所必需的现金流量支出，也就是资本性支出；③对资本性支出的界定虽然比较明确，但在实际应用中很难在报表中取得比较精确的数据；④自由现金流量的具体计算方法没有绝对的统一，可能因人而异。

自由现金流量的形成原理如图 3-1 所示。

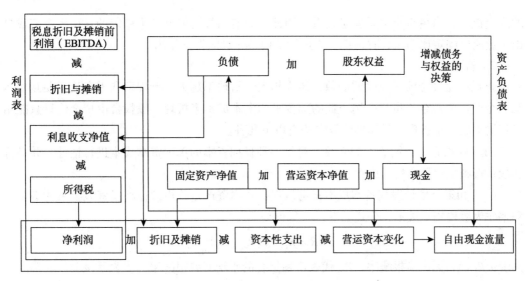

图 3-1　自由现金流量的形成原理

自由现金流量外延的分类方法很多，本书根据现金流量的口径不同，将自由现金流量分为企业自由现金流量和股权自由现金流量。为了便于理解，这里界定了企业经营性现金流量的概念。

（1）经营性现金流量。经营性现金流量是经营活动（包括商品销售和提供劳务）所产生的现金流量，不包括筹资性支出、资本性支出或营运资本净增加等变动。计算公式如下。

$$经营性现金流量 = 营业收入 - 营业成本费用付现成本 - 所得税$$
$$= 息税前利润（EBIT）\times（1 - 所得税税率）+ 折旧$$

需要注意的是，上述公式将营业收入、营业成本费用视为现金流量指标。在财务管理教材中，为了方便起见，通常假设权责发生制下的数据等同于收付实现制下的数据。没有这个前提，计算结果只具备账面利润性质，不具备现金流量性质。

（2）企业自由现金流量。企业自由现金流量是在扣除税收、必要的资本性支出和营运资本增加额后，能够支付给股东和债权人的现金流量。计算公式如下。

$$企业自由现金流量 = 息税前利润（EBIT）\times（1 - 所得税税率）+$$
$$折旧摊销 - 资本性现金支出 - 营运资本增加额$$

（3）股权自由现金流量。股权自由现金流量是在满足资本支出、营运资本、债务清偿的需要后，可以作为股利全部发放给股东的现金流量，因此金额上等于企业自由现金流量减去债权人的自由现金流量。公式如下。

$$股权自由现金流量 = 企业自由现金流量 - 债权人的自由现金流量$$
$$= 息税前利润（EBIT）\times（1 - 所得税税率）+ 折旧摊销 -$$
$$资本性现金支出 - 营运资本增加额 -（新借入的债务 - 偿还的债务）$$

斯蒂芬·彭曼（Stephen Penman）在《财务报表分析与证券估值》一书中写道：自由现金流量难以准确计算得出，只能大致预测，无法衡量一段时期经营活动所增加的价值，也不能体现由非现金流因素所产生的价值；它是一种投资或清算概念，经营活动通过卖出商品使现金流入，而投资活动会使现金流出，如果公司资产投资所花费的现金流出大于经营的现金流入，自由现金流量就是负数。因此，只有当投资能够产生稳定的自由现金流或自由现金流以固定比率增长时，现金流量折现模型才最能发挥作用。

2）折现率

折现率是现金流量风险的函数，风险越大，折现率越大。折现率和现金流量要互相匹配，企业自由现金流量只能用企业的加权平均资本成本来折现，股权自由现金流量只能用股权资本成本来折现。具体的测算方法有以下几种。

（1）根据企业长期成本的来源，对每一种长期资本的单项资本成本进行估计，并进行加权，得到加权平均资本成本。

（2）如果是估计股权资本成本，可以根据资本资产定价模型，将投资人要求的必要报酬率作为股权资本成本，公式如下：

$$R = R_f + \beta(R_m - R_f)$$

其中：R_f 代表无风险报酬率，R_m 代表市场组合的平均必要报酬率，β 表示该公司股票的系统风险。

（3）为了方便，也可以使用被估值企业所属行业的平均投资报酬率作为折现率。

3）时间

这里指的是产生现金流量的时间。企业产生现金流量的时间应当与企业的寿命是一致的。但企业寿命是不确定的，在持续经营假设条件下，企业可以无限期存续下去。

需要注意的是，贴现率作为现金流折现（DCF）模型进行贴现的分母其非常敏感。在股权自由现金流量折现模型中，常用 CAPM 来确定贴现率。CAPM 集中反映了贴现率的三个特点：①贴现现金流的风险；②资本的预期收益率水平；③对应资本的机会成本。这三个特点也约束了贴现率的边界。

模型中，R_f 是无风险利率，通常用当下的十年期国债收益率表示；β 是风险系数，用来衡量单一投资的系统性风险，通过对股票的历史收益率和市场收益率的线性关系进行回归分析得出；（R_m-R_f）是市场风险溢价，指的是预期市场有价证券组合回报率与无风险利率之间的差额。实践中，这个数据一般用一个区间（3.5%～5.5%）来确定。

实践中，可以直接采取经验值——约 8% 的折现率和约 5% 的永续增长率进行假设。[①]对于难以确定 5% 以上永续增长率（西格尔教授研究结论中的长期债券名义收益率）的企业，估值要大幅降低。

在实务中，只需要明白企业贴现率的意义、决定区间的因素，明白不同行业、不同市场地位、不同财务结构的企业需要采取不同的贴现率来反映其风险特征就可以了。需要指出的是，不必迷信贴现率的公式计算。巴菲特曾说："要进行成功的投资，你不需要了解 β 值、有效市场理论、现代投资组合理论、期权理论，或者新兴市场，实际上，你最好一无所知。"

2. 现金流量折现模型的种类

现金流量折现模型假设企业产生现金流量的时间是无限的。在模型中，根据自由现金流量增长态势假设的不同，其具体有如下两种类型。

---

① 西格尔教授《股市长线法宝》一书中对美国市场长达两百多年的股票和长债收益率的研究结论。

1）永续增长模型

永续增长模型假设自由现金流量按照固定的增长率稳定、持续增长。以计算企业价值为例，假设永续增长率为 g，加权平均资本成本为 k_{w} 且不变，企业价值可以表示为

$$企业价值 = \frac{预测期第一期期末的企业自由现金流量}{k_{\mathrm{w}} - g}$$

【例 3-1】　A 公司在 2023 年的自由现金流量为 5 000 万元，从 2024 年起，公司进入稳定增长率，预计增长率为 5%，公司的加权平均资本成本为 10%，则 A 公司的价值为

$$V = \frac{5\,000 \times (1 + 5\%)}{10\% - 5\%} = 105\,000\,(万元)$$

2）两阶段增长模型

企业自由现金流量也可以有不同的增长速度。为了方便计算，假设现金流增长分为两个阶段：第一阶段为调整阶段，此时企业增长不稳定，可能是高速增长，也可能是不规则增长；第二阶段为稳定增长阶段，企业开始稳定、持续地增长。这就是两阶段增长模型。计算时需要分别对这两个阶段的现金流量进行折现，得到现值总和。同样，假设永续增长率为 g，加权平均资本成本为 k_{w}，企业价值可以表示为

$$企业价值 = \sum_{t=1}^{n} \frac{企业自由现金流_t}{(1 + k_{\mathrm{w}})^t} + \frac{稳定阶段第一期期末的企业自由现金流}{k_{\mathrm{w}} - g} \times \frac{1}{(1 + k_{\mathrm{w}})^n}$$

【例 3-2】　B 公司是一家高新技术企业，具有领先同业的优势，其 2020 年的自由现金流量为 1000 万元，预计 2021—2023 年的自由现金流量如表 3-1 所示，自 2024 年开始公司进入稳定增长期，增长率为 4%。企业的加权平均资本成本为 10%，计算目前 B 公司的价值。

表 3-1　B 公司价值计算

	年份				
	2020	2021	2022	2023	2024
自由现金流量/万元	1 000	1 200	1 450	1 600	1 800
折现系数		0.909 1	0.826 4	0.751 3	
折现值/万元	3 491.28	1 090.92	1 198.28	1 202.08	
稳定增长期价值/万元	22 539			30 000	
公司价值/万元	26 030.28				

2021 年年末，稳定增长期的企业价值为

$$V_{后续} = \frac{1800}{10\% - 4\%} = 30\,000\,(万元)$$

折现得

$$V_{现} = 30\,000 \times 0.751\,3 = 22\,539\,(万元)$$

2019—2021 年的企业价值为

$$V_{前} = 1\,200 \times 0.909\,1 + 1\,450 \times 0.826\,4 + 1\,600 \times 0.751\,3 = 3\,491.28\,(万元)$$

因此，B 公司的总体价值为

$$V_{总} = 22\,539 + 3\,491.28 = 26\,030.28\,(万元)$$

3.2.2 相对价值评估模型

相对价值评估模型用类似企业的市场定价对目标企业进行估值,通过一些共同的变量,例如净利润、收入、账面价值、现金流等来比较两家公司。例如,用行业平均市盈率来评估公司价值,要先确定可比较的类似企业,计算市盈率,再用市盈率乘以目标企业的净利润,这样得到的是目标企业的股权价值。如果要评估企业整体价值,还需要加上债券价值。

有效应用相对价值评估模型的前提和关键是选择适当的可比公司以及合适的参照比率。在选择可比公司时,要选同行业的其他企业,并且产品类型、市场地位、财务指标、资产结构大体相同;选择参照比率时,可以根据企业基本面进行选择,将评估企业的比率与企业的基本面相联系,解释这些比率与企业特征之间的关系,使评估人员能够随着企业特征的变化预测比率的变化。

与现金流量折现模型相比,相对价值评估模型的优点是操作简单,能够迅速评估公司价值,特别是在市场中有大量可比公司且市场能够被正确评价的情况下。但正因如此,相对价值评估模型更容易被滥用和操纵,尤其是在选择可比公司比较困难的情况下。

相对价值评估模型分两大类:一类是以股票价格为基础的模型,包括每股市价/每股收益、每股市价/每股净资产、每股市价/每股销售收入等,估计的是目标公司的每股市价,进而可以计算出股权价值;另一类是以企业实体价值为基础的模型,包括实体价值/税后经营净利润、实体价值/息税前利润、实体价值/实体现金流量等,估计的是目标公司的实体价值。模型原理大体相同,本书只介绍五种常见的评估模型。

1. 市盈率法

市盈率是指普通股每股市价与每股收益的比率。运用市盈率估值的模型如下:

$$目标公司每股价值 = 可比公司平均市盈率 × 目标公司的每股利润$$

该模型假设每股市价是每股收益的一定倍数,每股收益越大,每股价值越大。同类公司有类似的市盈率,所以目标公司的每股价值可以用每股收益乘以可比公司市盈率计算。

根据股利折现模型,处于稳定状态企业的每股价值为

$$P_0 = \frac{每股股利_1}{股权资本成本 - 股利增长率}$$

两边同时除以每股收益$_0$,就可以得到市盈率

$$\frac{P_0}{每股收益_0} = \frac{每股股利_1 / 每股收益_0}{股权资本成本 - 股利增长率}$$

$$= \frac{每股收益_0 × (1+股利增长率) × 股利支付率 / 每股收益_0}{股权资本成本 - 股利增长率}$$

$$= \frac{股利支付率 × (1+股利增长率)}{股权资本成本 - 股利增长率}$$

$$= 本期市盈率$$

因此,市盈率的驱动因素是企业的增长潜力、股利支付率和风险(股权资本成本与风险有关)。这三个因素类似的企业才有类似的市盈率。

【**例 3-3**】C 公司准备进行企业整体评估,评估人员采用市盈率法评估公司的股权价值,评估基准日为 2024 年 12 月 31 日。评估人员在同行业公司中选择了 6 家可比上市公司,如

表 3-2 所示，分别计算了可比公司 2024 年的平均市盈率。C 公司 2024 年的净利润为 2 000 万元。

表 3-2 6 家可比公司的市盈率

可比公司	甲	乙	丙	丁	戊	己
市盈率	18.8	20.3	17.5	38.1	22.4	19.4

6 家可比公司 2024 年的平均市盈率为 22.75，其中，丁公司的市盈率明显高于其他公司，为避免给评估造成影响，应将其从可比公司中剔除。剔除后其余 5 家公司的平均市盈率为 19.68。

$$C 公司的股权价值 = 19.68 \times 2\,000 = 39\,360（万元）$$

市盈率法数据易得、计算简便，并且将价格和收益联系起来，反映了投入与产出的关系。但市盈率法不适用于亏损的企业，因为收益如果为负的话，市盈率没有任何意义。因此，市盈率法适合连续盈利的企业。

市盈率法估值需要以每股收益除以每股市价来计算，很重要的指标每股收益需要以利润计算为基础。但需要注意的是，如果以利润表为估值方法，所有对利润表有贡献的资产得到体现，但公司的隐蔽资产却可能没在利润表上体现。彼得·林奇说，隐蔽资产就是对企业的利润表没有贡献，但是资产价值非常大的资产。比如，中国国家铁路集团有限公司铁路沿线的土地，当初取得成本非常低甚至是无偿划拨，账面价值几乎为零，但是目前这些账面价值为零的资产市场价值可能非常昂贵。不过，由于这些资产是按历史成本法记账的，在企业的利润表和资产负债表中并不能看出其价值。

2. 市净率法

市净率是指每股市价和每股净资产的比率。这种方法假设股权价值是净资产的函数，类似企业有相同的市净率，净资产越大，股权价值越大。因此，目标公司的每股价值可以用每股净资产乘以可比公司市净率计算。

$$目标公司每股价值 = 可比公司市净率 \times 目标公司每股净资产$$

两边同时除以同期每股净资产$_0$，就可以得到市净率。

$$\frac{P_0}{每股净资产_0} = \frac{每股股利_0 \times (1+增长率) / 每股净资产_0}{股权资本成本 - 增长率}$$

$$= \frac{\dfrac{每股股利_0}{每股收益_0} \times \dfrac{每股收益_0}{每月净资产_0} \times (1+增长率)}{股权资本成本 - 增长率}$$

$$= \frac{股利支付率 \times 权益净利率 \times (1+增长率)}{股权资本成本 - 增长率}$$

$$= 本期市净率$$

市净率法克服了市盈率法中无法对亏损企业进行评估的缺陷，因为市净率很少为负。此外，净资产账面价值数据易得，且不像利润那样容易被人为操纵。市净率法的缺陷在于账面价值受会计政策选择的影响，如果企业执行的会计标准或政策不同，市净率将失去可比性。对于一些行业，如服务行业、高新技术行业，其本身固定资产很少，净资产和公司价值关系不大，因此这类企业不适合市净率法。个别企业的净资产为负，市净率没有意义，无法用于比较。因此，市净率法适用于拥有大量资产且净资产为正的企业。

3. 市销率法

市销率是指每股市价和每股营业收入的比率。市销率法假定影响每股价值的是营业收入，每股价值是每股营业收入的函数，每股营业收入越大，每股价值越大。因此，目标公司每股价值可以用每股营业收入乘以可比公司市销率来表示，公式如下：

目标公司每股价值 = 可比公司平均市销率 × 目标公司的每股营业收入

两边同时除以同期每股收入$_0$，就可以得到市销率。

$$\frac{P_0}{每股收入_0} = \frac{每股股利_0 \times (1+增长率)/每股收入_0}{股权资本成本-增长率}$$

$$= \frac{\dfrac{每股股利_0}{每股收益_0} \times \dfrac{每股收益_0}{每股收入_0} \times (1+增长率)}{股权资本成本-增长率}$$

$$= \frac{股利支付率 \times 销售净利率 \times (1+增长率)}{股权资本成本-增长率}$$

$$= 本期市销率$$

上述公式表明，驱动市销率的因素有销售净利率、股利支付率、增长潜力和风险。

市销率法的最大优点是它不会出现负值，即便是亏损企业和资不抵债的企业，也可以计算出一个有意义的市销率。此外，市销率对价格政策和企业战略变化敏感，可以反映这种变化的后果。缺点在于不能反映成本的变化，而成本是影响企业现金流量和价值的重要因素。因此，这种方法主要适用于销售成本率较低的服务类企业，或销售成本率趋同的传统行业企业。

由于企业的个体差异始终存在，如果仅仅采用单一指标进行评估，在某些情况下可能会影响评估结果的准确性。因此，在使用相对价值评估模型进行评估时，除了选取多个可比公司样本外，还可以采用多种可比指标进行综合评估。

【例 3-4】 D 公司准备进行企业整体评估，评估人员分别采用市盈率法、市净率法、市销率法来评估公司的股权价值，评估基准日为 2023 年 12 月 31 日。评估人员在同行业公司中选择了 4 家可比上市公司，分别计算了可比公司 2023 年的平均市盈率、市净率和市销率，如表 3-3 所示。

表 3-3 4 家可比公司 2023 年的市盈率、市净率和市销率

	可比公司				
	甲	乙	丙	丁	平均值
市盈率	15.2	14.6	16.1	15.5	15.35
市净率	3.1	2.5	2.9	3.4	2.98
市销率	1.3	0.9	1.5	1.4	1.28

已知 D 公司 2023 年的净利润为 2 800 万元，年末账面净资产为 14 000 万元，年销售额为 40 000 万元，则利用可比公司平均比率可以计算出 D 公司的股权价值，如表 3-4 所示。

表 3-4 D 公司股权价值评估

D 公司项目/万元		可比公司平均比率	D 公司股权价值/万元
净利润	2 800	14.6	40 880
净资产	14 000	2.5	35 000
年销售额	40 000	0.9	36 000

将三种方法得到的股权价值进行平均,得到 D 公司股权价值为 37 293.33 万元。

4. 市现率法

市现率(price to cash flow,P/CF)法是一种评估公司股票价值的财务分析方法。它通过将公司的市值与其现金流量进行比较来计算。

$$市现率 = \frac{每股市价}{每股自由现金流}$$

市现率越小,表明上市公司每股现金增加额越多,经营压力越小。一只股票的市价除以每股现金流量得到的数字,就可以表征从这只股票上用现金收回投资成本的时间长短。市现率越低,说明收回成本的时间越短,它就越值得投资。市现率法适用于保守型投资策略,该方法通常受到谨慎性投资者的青睐。市现率法的优点是它考虑了公司的现金流,而不仅仅是盈利能力,因为现金流是公司运营和成长的关键。此外,市现率法对那些盈利波动较大或暂时不盈利的公司也适用。

市现率法的局限在于它不考虑公司的资本支出、债务水平和其他财务杠杆因素对公司价值的影响。此外,对于一些特定行业,如资本密集型行业,市现率可能不是最佳的估值工具,因为这些行业的公司可能需要大量的资本支出来维持运营。在使用市现率法时,投资者通常会将公司的市现率与同行业其他公司的市现率进行比较,以判断其估值是否合理。

5. 市盈增长比率

市盈增长比率(PEG 值)是从市盈率衍生出来的一个比率,由股票的未来市盈率除以每股收益(EPS)的未来增长率预估值得出。一般地,PEG 值越低,股价遭低估的可能性越大。一个公司的市盈率水平应该和公司的利润复合增长率一致。Jim Slater(1960)发现,计算 PEG 值所需的预估值一般取市场平均预估值,即根据公司业绩分析师预测所得到的预估平均值或中值。在实际应用时,可以采用近 3~5 年的净利润复合增长率来替代预测值。以 2019—2024 年每股收益复合增长率为例,近 5 年公司每股收益(EPS)复合增长率(G)的计算公式为

$$G = \left(\sqrt[5]{\frac{\text{EPS}_{2024}}{\text{EPS}_{2019}}} - 1 \right) \times 100\%$$

复合增长率是一个统计学概念,指一定年限内平均每年增长的速度。

(1)公式:PEG 是用公司的市盈率(PE)除以未来 3~5 年的每股收益复合增长率乘以100,即

$$\text{PEG} = \frac{\text{PE}}{G \times 100}$$

(2)指标评价:当 PEG 等于 1 时,表明市场赋予这只股票的估值可以充分反映其未来业绩的成长性。如果 PEG 大于 1,则这只股票的价值就可能被高估,或市场认为这家公司

的业绩成长性会低于市场预期。例如，上市公司 A 的市盈率为 20，未来 5 年盈利复合增长率为 10%，则 A 公司的 PEG 值为 2，代表股价明显被高估，可以卖出股票。在美股投资家彼得·林奇看来，最理想的股票投资标的，其 PEG 值应该低于 0.5。

（3）指标适用范围：该指标考虑了企业业绩的增长情况，适合成长股或基本面变化较大的股票估值。但只有当投资者有把握对未来 3 年以上的业绩表现做出比较准确的预测时，PEG 的使用效果才会体现出来，否则反而会起误导作用。

综上，不同的估值方法、估值指标都存在一定的优点或缺点。通常认为市盈率估值法是常用的指标，市净率估值法适用于对重资产企业的估值，市现率估值法是保守、可靠的低估值方法，市销率估值法适用于服务类企业的估值，DCF 估值法被称为理论上很完美但实践中不实用的方法。同时，在实践中不要单一地去看某一个指标，也不能单一使用某一个估值法，而是要综合考虑多重估值法，进行多指标的对比分析，从而客观理性地做出投资决策。任何估值方法或指标都不能包打天下，在投资过程中还得结合国际市场、宏观经济、产业政策、行业景气度等多种因素综合评价。特别在估算股票的投资价值时，应坚持这样的评估理念，即"宁愿模糊的正确，不要精准的错误""要先定性后定量，定性比定量重要"。

3.2.3　基于 Ohlson 剩余收益模型的股权估值法

1938 年，Preinreich 提出了剩余收益估价模型（residual income valuation model，RIM），它是直接基于股利定价模型而建立的模型，又被称为 Edwards-Bell-Ohlson 模型（EBO 模型），经由 Ohlson（1995）、Feltham 和 Ohlson（1995）等进行了一系列分析性研究，逐渐发展，才真正确立了剩余收益估价模型的地位。

Ohlson 剩余收益模型的核心观点认为期初净资产与潜在剩余收益的现值共同构成企业的自身价值。该模型的会计原理可以理解为企业价值由期初净资产和剩余收益组成，剩余收益为企业经营利润与投资者收益的差值。企业产生的未来剩余收益（residual income，RI）现值的和决定了企业价值。

RIM 的基本表达式如下：

$$V_0 = \text{BV}_0 + \sum_{t=1}^{\infty} \frac{E(\text{RI}_t)}{(1+r)^t}$$

其中：V_0 代表 0 时刻的企业价值，BV_0 是 0 时刻净资产的账面价值，RI_t 是第 t 期的剩余收益，r 为市场要求的回报率，E 是数学期望符号。

剩余收益估值模型将股权的内在价值分为两部分之和：当前净资产的账面价值和预期未来剩余收益的现值。其中，剩余收益的定义式是：

$$\text{RI}_t = X_t - r \times \text{BV}_{t-1}$$

其中：X_t 是第 t 期的综合收益。剩余收益的含义是本期的综合收益减去资本的资金成本，即企业创造的高于市场平均回报的收益。所以，RIM 的实质意义是公司的价值是由现有的净资产的账面价值与未来剩余收益的贴现值所确定的。

一家产生的收益超过其获得资本成本的公司，也就是一个剩余收益为正的公司，就是在创造价值。相反，如果一家公司没有产生足够的收入来支付其资本成本，也就是一家剩余收益为负的公司，就是在破坏其价值。因此，在其他条件相同的情况下，较高（较低）的剩余收益应该与较高（较低）的估值相关联。

RIM 的最大贡献就在于它将公司的价值来源建立在价值创造而不是价值分配的理论之上。经济附加值（economic value added，EVA）是剩余收益概念的商业实现。EVA 的目的是产生一个与经济利润很接近的值，从税后净营业利润开始计算剩余收益。

3.3　期　　权

传统的估值方法，例如贴现现金流量法，依赖预测的投资和不同时期的回报，以固定的资本成本贴现。现实中，管理层会对新信息或不断变化的市场条件做出反应。在认识到新的战略性优劣之后，管理层会相应改变其策略。实际上，用于反映投资开始时已知情况和事实的传统估值模型，无法反映这种随时间推移而改变过程的管理灵活性。传统估值模型会产生不充分的或负面的价值，它的结论往往是，在考虑到投资风险的情形下，估值中用到的预测收益是准确的或不充分的。实物期权将投资视为一系列选择，而不是单一的决定。金融期权理论，主要是布莱克–斯科尔斯（Black-Scholes）期权定价模型，用来确定股票期权的均衡价值。这些选择给予买家权利，而不是义务，让他们在约定的日期之前以商定的价格购买。因此，有了期权，投资者就有机会分享投资业绩的上行潜力，同时限制了下行风险。投资者只有在考虑到初始投资无法得知未来信息之后才会选择行使期权。如果在到期日存在不利条件，期权将不被行使，期权成本也将被没收。本节主要讲解期权的相关概念。

BS 期权定价模型

3.3.1　期权的相关概念

期权是指一种合约。该合约赋予持有人在某一特定日期或该日期之前的任何时间以固定价格购买或出售一种资产的权利。比如你现在想要买一套房子，但手上没有足够的现金，于是你与房主协定在未来三个月内用 100 万元的价格购买此房。房主考虑了周边的地段与房屋状况后认为 100 万元是可以接受的价格，于是同意你的提议，但同时约定为了取得这项选择的权利你需要现在支付 3 万元，这就是一个房屋期权。其中，你是期权的购买人，房主是期权的出售人，交易完成后，你成为期权持有人。

结合上述例子对期权的几个重要概念进行说明。

1. 执行期权

执行期权是期权持有人根据期权合约购买或出售标的资产。值得注意的是，这是期权赋予持有人的权利，但不是必须履约的义务。持有人可以选择执行或者不执行该权利。只有在执行期权对持有人有利时才会执行它，否则持有人将会放弃执行该期权。从某种意义上讲，期权对持有人是一种只享有权利、不承担义务的"特权"。

在上述例子中，假设 1 个月后政府要在房子附近开通一条地铁线并建设一个公园，周边房子纷纷涨价，你要买的这套房子涨到 130 万元，于是，3 个月到期时你选择执行期权，可以实现 27（130 - 100 - 3）万元的利润。假设 1 个月后，房子附近建了一个火电厂和垃圾处理厂，你认为这个房子连 50 万元都不值，3 个月后，你选择不执行期权，但同时损失了购买期权而付出的 3 万元。

2. 执行价格

执行价格是持有人根据合约购买或出售标的资产的价格。执行价格的确定基于期权买卖双方对未来预期的判断。上述例子中双方约定的 100 万元就是执行价格。

3. 到期日

到期日是指期权到期的那一天，过后视为持有人放弃执行该期权，期权失效。上述例子中，到期日就是 3 个月后的那一天。

4. 标的资产

标的资产是指选择购买或出售的资产，包括股票、政府债券、货币、股票指数、商品期货、房地产等。期权是标的物衍生出来的，因此被称为衍生金融工具。很多情况下，期权出售人并不一定拥有标的资产。例如，出售微软公司股票期权的人本身可能并不拥有微软公司的股票，而期权购买人也未必真正想拥有该公司股票。在期权到期时，双方不一定进行股票的实物交割，只需按价差补足价款即可。

目前我国期权市场还处于探索发展阶段，已经上市了上证 50ETF 金融期权、豆粕期权和白糖期权等，这些期权的上市对完善我国资本市场起到了积极作用。

3.3.2 期权的类型

按照执行时间，期权分为欧式期权和美式期权。欧式期权只能在到期日执行，美式期权可以在到期日或到期日之前的任何时间执行。

按照合约给予期权持有人权利的类别，期权分为看涨期权和看跌期权两大类。

1. 看涨期权

看涨期权是指期权赋予持有人在到期日或到期日之前，以固定价格购买标的资产的权利。其授予权利的特征是"购买"，因此看涨期权也被称为"买入期权"或"买权"。

股票期权是交易所常见的期权类型。例如，你可以从芝加哥期权交易所购买微软公司的股票期权，但微软公司本身并不出售其普通股股票的看涨期权，也不能从期权市场募集资金，那些机构投资者或个人投资者才是微软普通股股票看涨期权的购买者和出售者。

那么，如何确定期权在到期日的价值呢？假设 XYZ 公司股票的看涨期权约定购买人可以在 20××年 6 月 1 日以 20 元的价格购买 XYZ 公司股票，那么这份合约在到期日的价值就取决于 XYZ 公司股票在到期日的价值。

设想，如果 6 月 1 日 XYZ 公司的股票价格为 30 元，期权购买人有权以 20 元的价格购买 XYZ 公司的股票，这样可以获得 10 元的差价，此时期权在到期日的价值为 $10(30-20)$ 元。当然，股票价格越高，期权到期日价值也就越大，股票价格高于执行价格，看涨期权处于实值状态。假如 XYZ 公司 6 月 1 日的股票价格为 10 元，则股票价格低于执行价格，看涨期权处于虚值状态，期权购买人选择不执行期权，此时期权没有价值。

2. 看跌期权

看跌期权与看涨期权正好相反，它是赋予持有人在到期日或到期日之前，以固定价格出售标的资产的权利。其授予权利的特征是"出售"，因此看跌期权也被称为"卖出期权"或"卖权"。

假设 XYZ 公司股票的看跌期权约定购买人可以在 20××年 6 月 1 日以 20 元的价格出售 XYZ 公司股票，同样，这份看跌期权的到期日价值同样取决于 XYZ 公司股票在到期日的价值。

假设 6 月 1 日 XYZ 公司的股票价格为 10 元，期权购买人有权以 20 元的价格出售 XYZ 公司的股票，这样可以获得 10 元的差价，此时期权到期日的价值为 10（30－20）元。当然，股票价格越低，期权到期日价值也就越大，股票价格低于执行价格，看跌期权处于实值状态。假如股票价格为 30 元，则股票价格高于执行价格，看跌期权处于虚值状态，期权没有价值，期权购买人选择不执行期权。

对比看涨期权和看跌期权可以发现，对于看涨期权的持有人，股价越高，对其越有利，看跌期权的持有人则是股价越低对其越有利。

3.3.3　期权的到期日价值和损益

那么，如何评估期权的到期日价值呢？上述例子都是站在购买方角度分析的，但无论是看涨期权还是看跌期权，交易都涉及买卖双方，到期日价值的计算对购买人和出售人也是不一样的。也就是说，期权交易包括买入看涨期权、卖出看涨期权、买入看跌期权、卖出看跌期权四种类型。以下针对这四种类型的期权到期日价值进行分析。简便起见，假设各种期权为欧式期权，即必须在到期日执行，并忽略交易成本。

1. 买入看涨期权

买入看涨期权形成的金融头寸被称为"多头看涨头寸"。以下通过几个例子来说明看涨期权的价值、股价以及持有人损益之间的关系。

【例 3-5】 某人购买一份股票看涨期权，标的股票市价目前为 100 元，执行价格为 100 元，到期日为 3 个月后的某一天，期权价格为 5 元。

假设到期日的股价分为以下几种情况：

①股价为 110 元，持有人会执行期权，获得收入为 10（110－100）元，即期权到期日价值为 10 元，扣除持有人支付的期权费，净损益为 5（10－5）元。

②股价为 105 元，持有人会执行期权，获得收入为 5（105－100）元，即期权到期日价值为 5 元，扣除持有人支付的期权费，净损益为 0（5－5）元。

③股价为 103 元，持有人会执行期权，获得收入为 3（103－100）元，即期权到期日价值为 3 元，扣除持有人支付的期权费，净损益为－2（3－5）元。

④股价为 100 元，持有人可以选择执行，也可以选择不执行期权。如果执行，获得收入为 0（100－100）元，即期权到期日价值为 0 元，扣除持有人支付的期权费，净损益为－5（0－5）元；如果不执行，则损失支付的期权费，净损益为－5 元。

⑤股价为 95 元，持有人不会执行期权，期权价值为 0，损失支付的期权费，净损益为－5 元。

总结以上几种情况，多头看涨期权的到期日价值及损益可以表示为

当股票市价＞执行价格时，多头看涨期权到期日价值＝股价－执行价格；

当股票市价≤执行价格时，多头看涨期权到期日价值=0。

多头看涨期权的净损益=多头看涨期权的到期日价值-期权费用。

多头看涨期权的损益状态如图 3-2 所示。

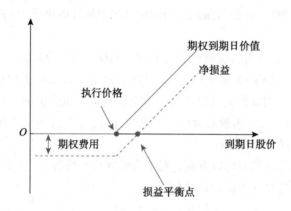

图 3-2　多头看涨期权的损益状态

由图 3-2 可以看出，只要股价超过 105 元，多头看涨期权就有正的损益，且收益随股票价格增长而同数量增加。即便股价低于 105 元，最大的损失也不过是购买期权时支付的费用，因此，对购买方而言，看涨期权是一种"有限责任工具"，净损失有限，而净收益潜力巨大。

与购买股票相比，购买期权似乎能获得更高的收益。这是否意味着购买期权就一定比购买股票更好？下面举例说明。假如你有 100 元，有两个投资方案：①投资上述例子中的期权，可以买 20 份；②购买股票，可以买 1 股。如果到期日股价为120元，方案1的净损益=20×（120-100-5）=300元，方案2的净损益=120-100=20元；如果到期日股价为 80 元，方案 1 的净损益=-100，方案 2 的净损益=-20。由此可见，期权有巨大的杠杆作用，在股价上涨时，期权能够获得比股票更高的回报率；但在股价下降时，一旦股价低于执行价投资者将血本无归，但股票只要不降为 0，就还有一定的价值。因此，投资期权比投资股票风险大得多。

2. 卖出看涨期权

看涨期权的出售人通过收取期权费，成为或有负债的持有人，此时出售者处于空头状态，持有看涨期权空头头寸。当多头方选择执行合约时，空头方有履约的义务，也就是说必须履行合约。

【例 3-6】 卖方售出 1 股看涨期权，其他数据与前例相同。

假设到期日的股价分为以下几种情况：

股价为 110 元，持有人会执行期权，出售人损失 10（110-100）元，加上持有人支付的期权费，净损益为-5（-10+5）元；

股价为 105 元，持有人会执行期权，出售人损失 5（105-100）元，加上持有人支付的期权费，净损益为0（-5+5）元；

股价为 103 元，持有人会执行期权，出售人损失 3（103-100）元，加上持有人支付的期权费，净损益为 2（-3+5）元。

股价为95元，持有人不会执行期权，出售人获得期权费，净损益为5元。

总结以上几种情况，空头看涨期权的到期日价值及损益可以表示为

当股票市价>执行价格时，空头看涨期权到期日价值＝执行价格－股价；

当股票市价≤执行价格时，空头看涨期权到期日价值＝0。

空头看涨期权的净损益＝空头看涨期权的到期日价值＋期权费用。

空头看涨期权的损益状态，如图3-3所示。

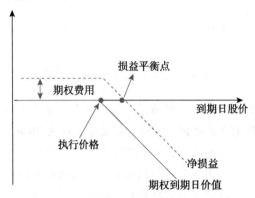

图3-3 空头看涨期权的损益状态

从图3-2和图3-3可以看出，买入看涨期权损益状态图是卖出看涨期权损益状态图的镜像，出售方的损失就是购买方的收益，出售方的收益就是购买方的损失，也就是说，期权是一项零和博弈。那么，看涨期权的空头方亏损无穷大，收益却是有限的（期权费），那是不是就亏了呢？实际上，在实务中，空头方可以通过提高期权费用或做现货对冲来作为风险补偿，而且空头往往是赚钱的。

3. 买入看跌期权

看跌期权的买方拥有以执行价格出售股票的权利，买入看跌期权形成的金融头寸被称为"多头看跌头寸"。

【例3-7】 某人购买一份股票看跌期权，标的股票市价目前为100元，执行价格为100元，到期日为3个月后的某一天，期权价格为5元。假如到期日股票价格为80元，购买人可以从市场上买入一股股票，然后以100元的价格将其卖出，获得20元的收益。如果股票价格大于或等于100元，购买人则放弃执行期权，期权价值为0，购买人损失了5元的期权费。

多头看跌期权的到期日价值及损益可以表示为

当执行价格>股票市价时，多头看跌期权到期日价值＝执行价格－股价；

当执行价格≤股票市价时，多头看跌期权到期日价值＝0。

多头看跌期权净损益＝多头看跌期权到期日价值－期权费用。

多头看跌期权的损益状况，如图3-4所示。

4. 卖出看跌期权

看跌期权的出售人收取期权费，成为或有负债的持有人，负债的金额不确定，此时出售者处于空头状态，持有看跌期权空头头寸。当多头方选择执行合约时，空头方有履约的

义务。

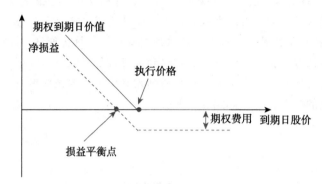

图 3-4 多头看跌期权的损益状况

【例 3-8】 接例 3-7，站在出售人的角度，假如到期日股票价格为 80 元，购买人执行期权，期权出售人必须按照 100 元的执行价格购进股票，损失 20 元；如果股票价格大于或等于 100 元，购买人则放弃执行期权，出售人赚取 5 元期权费。

总结以上几种情况，空头看跌期权的到期日价值及损益可以表示为

当股票市价 > 执行价格时，空头看跌期权到期日价值 = 0；

当股票市价 ≤ 执行价格时，空头看跌期权到期日价值 = 股价 - 执行价格。

空头看跌期权的净损益 = 空头看涨期权的到期日价值 + 期权费用。

空头看跌期权的损益状况如图 3-5 所示。

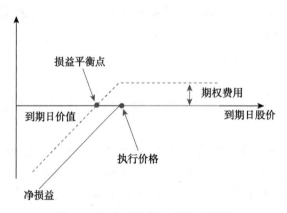

图 3-5 空头看跌期权的损益状况

总之，如果标的股票的价格上涨，对于多头看涨期权和空头看跌期权的投资者有利；如果标的股票的价格下降，对于空头看涨期权和多头看跌期权的投资者有利。

5. 期权组合

上述几种情形是单一股票期权的损益状态。理论上，期权可以有任意形式的组合，用于控制风险。例如，购买一份股票看跌期权，同时购进一股股票，这样当股价高于执行价格时，看跌期权价值为 0，期权组合的价值等于普通股股票的价值；当股价低于执行价格时，看跌期权价值为股价的增长值，但同时股价下降，二者正好抵消，从而有效降低风险，如图 3-6 所示。这种购买看跌期权的同时购买标的股票的策略称为保护性看

跌期权。

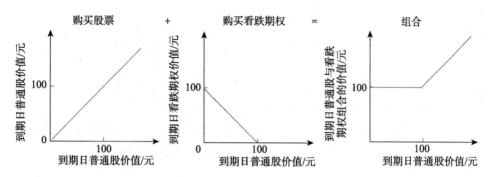

图 3-6 同时购买看跌期权和股票组合的损益状况

这里再形成一个投资策略，购买一份看涨期权，同时购买一张与该期权同时到期、面值为 100 元的零息债券，组合的损益状况如图 3-7 所示。

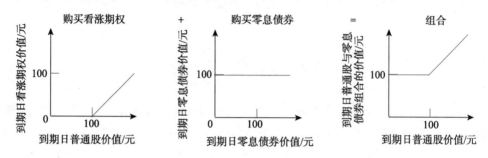

图 3-7 同时购买看涨期权和零息债组合的损益状况

可以看出两种组合的价值是完全一样。也就是说，无论标的股票的价格发生什么变化，投资者都可以从以下两种投资策略中获得同样的收益。

（1）购买看跌期权并购买标的股票。

（2）购买看涨期权并购买零息债券。

既然两项策略能为投资者带来相同的收益，那么对于理性的投资者，为这两项策略所付出的成本必然是相同的，结论如下：

标的股票价格 + 看跌期权价格 = 看涨期权价格 + 执行价格的现值

这就是买卖期权平价关系等式，它是基础的期权关系之一。成立的前提是，看跌和看涨期权要有相同的执行价格和到期日，零息债券的到期日也要和期权的到期日一致。

除了保护性看跌期权策略外，投资者还喜欢在买进股票的同时卖出看涨期权，这样股价下降给投资人带来的损失会因看涨期权价值的增加而弥补，或因看涨期权价值为 0 损失的期权费也会因股票价格的上涨而弥补。这种投资策略被称作抛补性看涨期权。

那么，进一步将等式变换，

标的股票价格 - 看涨期权价格 = - 看跌期权价格 + 执行价格的现值

根据买卖期权评价关系，也可以为抛补性看涨期权建立一个有同样效果的投资策略，即在卖出看跌期权的同时买进零息债券，如图 3-8 所示。

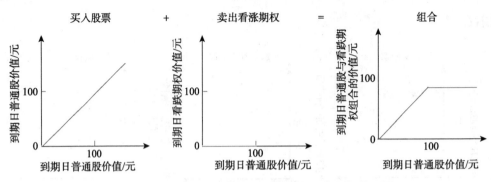

图 3-8　同时购买股票和卖出看涨期权组合的损益图

实务中，还可以通过同时买进同一只股票的看涨期权和看跌期权，或同时卖出同一只股票的看涨期权和看跌期权的策略来有效规避风险，分别叫作"多头对敲"和"空头对敲"。与保护性看跌期权和抛补性看涨期权一样，根据期权平价关系等式，可以为这些组合找到其他组合方式以达到同样的效果。也就是说，任何期权策略都可以通过两种不同的组合方式达到同样的效果。

3.4　期 权 定 价

实际上，与期权的到期价值相比，人们更关心期权的当前价值。这一节主要介绍期权的定价公式。在这之前需要先了解一下期权价值的界定范围和影响因素。

3.4.1　期权价值的界定范围

1. 看涨期权的下限

以美式看涨期权为例。假设股票价格是 120 元，执行价格为 100 元，在这种情况下，期权是不能以低于 20 元的价格售出的。因为假设期权以 15 元的价格卖出，购买者可以以执行价格 100 元买入标的股票，在市场上以 120 元卖出，获得 20 元的差额收益，再扣除期权费用，购买者还有 5 元的净收益，这个收益被称为套利利润。套利利润来自无风险且无成本的交易，它不可能在完善的金融市场上有规律地出现，否则市场上的投资者都会去购买期权，从而抬高期权的价格。

2. 看涨期权的上限

期权价格的上限就是标的股票的价格，也就是说，购买普通股股票期权的价值不可能超过标的股票本身的价值，否则投资人会选择买入股票。

因此，看涨期权的价值必须在画线区域内，看跌期权也同理，如图 3-9 所示。

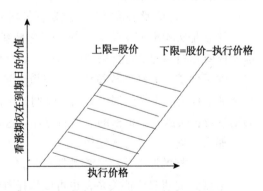

图 3-9　看涨期权的上限和下限

3.4.2　期权价值的影响因素

影响期权价值的因素主要包括执行价格、到期日、股票价格、股票价格的波动性及利率。

1. 执行价格

执行价格越高，看涨期权的价值越低。假设同一股票分别有执行价格为 80 元和 90 元的两份看涨期权，合约期内某一日股票价格为 100 元，那么前者的价值为 20 元，后者的价值为 10 元，也就是说执行价格的提高会降低看涨期权的价值。相反，执行价格越高，看跌期权的价值也越高。

2. 到期日

对美式期权而言，相同类型的期权期限越长，意味着持有人有更多执行期权的时间，价值一般会更高。

3. 股票价格

在其他条件相同时，股票价格越高，看涨期权的价值也越高，看跌期权的价值则越低。

4. 股票价格的波动性

股票价格的波动性越大，期权越有价值。下面举例说明。假定看涨期权即将到期前的股票价格为 100 元的概率为 0.5，为 80 元的概率为 0.5，如果执行价格为 110 元，则看涨期权的价值为 0，因为无论在哪一种情况下，股票的价格都低于执行价格。

假设股票的波动性变大，股票价格为 120 元的概率为 0.5，为 60 元的概率为 0.5，此时股票价格的期望值没有改变，都是 90 元（$100 \times 0.5 + 80 \times 0.5 = 90 = 120 \times 0.5 + 60 \times 0.5$），但看涨期权却因有一半概率股票价格增加而变得有价值。也就是说，标的股票波动性的增加使看涨期权的市场价值增加。

下面用图 3-10 来说明。两种股票 A 和 B 的价格都服从正态分布，显然，股票 B 比股票 A 波动性大。这意味着股票 B 既有较大的异常高收益概率，也有较大的异常低收益概率。假定二者的执行价格相同，对期权持有人而言，如果股票价格低于执行价格，那么两种期权的价值都为 0，如果股票价格高于执行价格，显然 B 股票期权从概率分布右侧获得更高收益的概率比 A 股票期权要大，也就是说，B 股票期权的到期价值会更高。

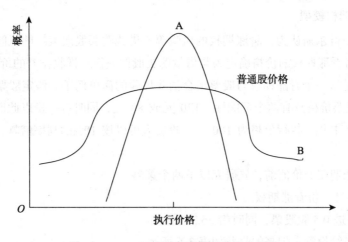

图 3-10　A、B 股票在到期时的股价分布

5. 利率

利率水平也会影响期权价格。一般认为，假设股票价格不变，高利率会导致执行价格的现值降低，增加看涨期权的价值；而对看跌期权来说情况则相反。

3.4.3　期权定价公式

根据上文中期权价值的影响因素，可以认为看涨期权是以下五个变量的函数，如表3-5所示。

表 3-5　影响期权价值的因素

变量增加	欧式看涨期权	欧式看跌期权	美式看涨期权	美式看跌期权
股票价格	+	−	+	−
执行价格	−	+	−	+
股票价格的波动性	+	+	+	+
利率	+	−	+	−
距到期日时间	不一定	不一定	+	+

根据这五个因素得出期权的定价公式即布莱克－斯科尔斯期权定价模型。需要说明的是，该公式的推导非常复杂，不适合在本书中进行详细阐述。因此，介绍该模型的基本原理后，本书将直接给出该公式。

前面讲述了使用现金流量折现模型计算净现值来进行项目投资评价、债券价值评估、股票价值评估等。那么，现金流量折现模型是否也可以用于期权的定价呢？现金流量折现中一个非常关键的问题是确定合理的折现率，而期权的风险要比标的股票的风险大得多，且无法合理地估计，因此，现金流量折现模型无法在期权定价中使用。

为方便理解，本章对于期权价值评估的例子都以股票期权为例，其他类型的期权可以参照股票期权进行估值。

1. 二叉树期权模型

布莱克和斯科尔斯认为，看涨期权的风险等于借钱购买股票策略的风险。若股票价格已知，就可以将看涨期权的价格确定为与借款购买股票获得一样收益时的价格。

因此，这里举一个看涨期权与股票组合消除风险的简单例子。假定股票现在的市价为100元，年末股票价格只有两个可能性，120元或80元，同时有一份以此股票为标的的看涨期权，期限是1年，执行价格为100元。投资人可以按10%的利率借款，目标是确定看涨期权的价值。

在评估看涨期权的价值前，先研究以下两个策略。

策略1：买进一份看涨期权。

策略2：买进0.5股股票，同时借36.37元。

这两种策略给投资人带来的收益如表3-6所示。

表 3-6　两种策略下投资人的收益　　　　　　　单位：元

	股票价格为 120 元	股票价格为 80 元
策略 1	$120 - 100 = 20$	0
策略 2	股票 $0.5 \times 120 = 60$ 还贷款 $-36.37 \times 1.1 = -40$ 合计 $60 - 40 = 20$	股票 $0.5 \times 80 = 40$ 还贷款 $-36.37 \times 1.1 = -40$ 合计 $40 - 40 = 0$

可以看出，两种策略在年末给投资人带来的损益是完全一样的，那么理性的投资人愿意付出的成本也应该是一样，所以二者的初始成本相同，否则就存在套利的可能性。其中，策略 2 的初始成本为 13.63 元，即借入的 36.37 元减去买股票的成本 50 元得到 −13.63 元。由于到期日看涨期权与策略 2 的收益相同，那么看涨期权的成本也应该是 13.63 元，这是看涨期权在不存在套利利润市场上的价值。

那么，应当如何确定这两个策略中的初始借款额和买入股票数量呢？

（1）确定购买股票数量。由于看涨期权在年末的价格是 20 元或者 0 元，而股票价格是 120 元或 80 元，也就是说，看涨期权价格的波动为 20 元，而股票价格的波动为 40 元，相当于股价 1 元的波动会带来看涨期权 0.5 元的波动。如果试图用股票复制看涨期权的话，应当让二者的风险相同，这样买 1 个看涨期权和 0.5 股股票的风险应该是相同的。

因此，购买股票数量可以用以下比率来表示：

$$德尔塔系数 = \frac{看涨期权的波动}{股票的波动}$$

这一比率被称为看涨期权的德尔塔系数。

（2）确定决定借贷量。买 0.5 股股票的期末价值为 60 元或 40 元，比看涨期权的 20 元或 0 元还要多 40 元。为了实现两个策略的现金流一致，需要借入一定量的资金归还 40 元的本息，借款量是 40 元的现值，即 36.37（40/1.1）元。

再来检验一下：

$$100 \times 0.5 - 36.7 = 13.63（元）$$

（3）风险中性评估。从上面的例子可以发现，即便不知道股价上升或下降的可能性，也完全可以确定期权的价值。

假如有些人认为股价上升的可能性很高，有些人认为股价上升的可能性很低，最后也可以达到相同的期权价格。也就是说，期权价格最后的确定与股价变动的概率没有关系。原因在于当前 100 元的股价已经平衡了这些人的所有观点。这时，期权反映的平衡是因为它的价值依存于股价。

这实际上提供了评估看涨期权的另一种方法。如果不需要概率就可以评估看涨期权的价值，那么选用任意概率都能够获得正确的答案。

假定股票收益等于无风险利率 10%，分别有一定概率上涨 20% 和下跌 20%，那么可以得到股票收益为 10% 时的股价上涨概率。

$$10\% - 上涨概率 \times 20\% + （1 - 上涨概率） \times （-20\%）$$

得到上涨概率为 75%，下跌概率为 25%。把结果用于看涨期权，可以得到期权一年后的期望价值为 $75\% \times 20 + 25\% \times 0 = 15$（元），期权的现值为 $15/(1 + 10\%) = 13.63$（元）。

与前面复制方法的结果一样。

为什么要选择股票期望收益率等于 10%的概率呢？这就是风险中性评估。也就是说，假设投资者是风险中性的，无论资产的风险如何，投资者都不对超出无风险收益之外的部分提出附加补偿。

如果假定股票的期望收益大于无风险利率呢？看涨期权的价值仍然是 6.82 元，但是计算将比较困难。例如，前面例子中股票的期望收益率为 11%，就需要计算看涨期权的期望收益，尽管算出来的看涨期权的期望收益率肯定比 11%要高，但是计算过程将非常复杂。因此，大多数的财务学家假定风险是中性的。

综上所述，看涨期权的价值可以用以下两种方法进行评估。

（1）确定复制一个看涨期权策略的策略，这种策略是通过部分借款并投资部分股票。

（2）在假定风险中性的条件下，计算股价上涨和下跌的概率，并与无风险收益率结合，对看涨期权在到期日的期望收益进行折现。

2. 布莱克–斯科尔斯模型

上面二叉树模型的主要原理就是复制策略。单期的定价模型假设股价只有两种可能，显然在实务中不可能会有这样的情况，特别是时间越长，股价的可能性就越多。那么，假设时间期限可以缩短，例如在上述例子中将到期时间分割成半年、季度、月甚至天，股价的可能性就越来越少，情况就会好很多。利用这个原理，可以做出两期、四期、六期、十二期，甚至是三百六十五期的二叉树模型，只要复制够相应的次数即可。

但这还是不够。试想如果将时间分割得无限小，股价变动的可能性被压缩到最小，股价就成了连续分布，这就是布莱克–斯科尔斯模型的基本前提。通过股票和借款的特定组合，人们可以复制无限小时间水平上的看涨期权。一个时刻的股票价格变动，会引起股票和借款特定组合来复制下一个时刻的看涨期权，从而连续地复制看涨期权。通过此公式可以：①确定任何时刻的复制组合；②评估基于这个复制策略的期权价值。对此，只要说明动态策略，其能够在现实世界中对期权进行估值，就像用二叉树模型对期权进行估值一样，布莱克–斯科尔斯模型的原理也正是如此。当然，对布莱克–斯科尔斯模型公式的实际推导要远远超出本书的范围，这里直接给出公式：

$$C = SN(d_1) - Ee^{-Rt}N(d_2)$$

$$d_1 = [\ln(S/E) + (R + \sigma^2/2)t]/\sqrt{\sigma^2 t}$$

$$d_2 = d_1 - \sqrt{\sigma^2 t}$$

看涨期权价格 C 的公式是整个财务学中最复杂的公式之一，包含 5 个参数。

（1）S——现行股价。

（2）E——看涨期权的执行价格。

（3）R——年无风险收益率，连续复利计算。

（4）σ^2——股票连续收益的方差（每年）。

（5）t——至到期日的时间（单位：年）。

此外，还有几个概念。

$N(d)$——标准正态分布随机变量将小于或等于 d 的累积概率，可通过 Excel 中的 normsdist 函数进行计算。

e——自然对数的底数，约等于 2.718 3。

$\ln(S/E)$——S/E 的自然对数。

以下通过具体例子来说明看涨期权价值的计算。

【例 3-9】　假定股票现在的市价为 98 元，执行价格为 100 元，该期权还有 3 个月到期，年无风险利率为 5%，相当于连续复利的无风险利率为 $\ln(1.05)=4.879\%$，该公司股票连续收益的方差为 $\sigma^2=0.09$。

根据以上资料计算期权价格如下：

$$d_1 = \frac{\ln(98/100)+(4.879\%+0.09/2)\times 0.25}{0.3\times\sqrt{0.25}} = 0.021\,63$$

$$d_2 = 0.021\,63 - 0.3\times\sqrt{0.25} = -0.1284$$

$$N(d_1) = 0.508\,6$$

$$N(d_2) = 0.448\,9$$

$$C = 98\times 0.508\,6 - 100\times e^{-4.879\%\times 0.25}\times 0.448\,9 = 5.5\,(元)$$

现在来看一下布莱克—斯科尔斯公式背后的含义，公式的第一行为

$$C = SN(d_1) - Ee^{-Rt}N(d_2)$$

二叉树模型的式子为

看涨期权价值 = 股价×德尔塔系数 − 借款额

对比发现，$N(d_1)$ 相当于德尔塔系数。在本例中，$N(d_1)$ 等于 0.508 6，$Ee^{-Rt}N(d_2)$ 相当于投资者为了复制看涨期权需要的借款量，本例为 44.35 元。该模型表明能通过以下策略来复制例子中的看涨期权，即买入 0.508 6 股股票，同时借入 44.35 元。

上述参数中，现行股价 S、看涨期权的执行价格 E、至到期日的时间 t 都容易取得，比较难估计的是无风险收益率和报酬率方差。

（1）无风险收益率。无风险收益率通常以国库券利率来表示，要选择与期权到期日一致的国库券利率。例如还有 3 个月到期，就选择 3 个月到期的国库券利率。如果没有时间相同的，就选择时间最接近的国库券利率。另外，要注意此处的国库券利率是市场利率而不是票面利率。在公式中使用时注意将其转换为连续复利利率。假设市场利率为 r，那么连续复利为 $\ln(1+r)$。

（2）报酬率方差。确定股票从购买日到到期日的报酬率方差不是一件容易的事情，因为这涉及预测股票未来的走势，因此交易者常通过历史数据来估计方差。

3. 几个特殊问题

1）看跌期权

以上是针对看涨期权，那么如何确定看跌期权的价值呢？这需要用到前面介绍过的期权平价关系等式。

标的股票价格 + 看跌期权价格 = 看涨期权价格 + 执行价格的现值

变换等式后可以得到：

看跌期权价格 = 看涨期权价格 − 标的股票价格 + 执行价格的现值

因此，要计算看跌期权价格需要先计算看涨期权价格再根据上述公式推导出来。

2）美式期权

前面的例子中大多以欧式期权为例，那么是不是布莱克—斯科尔斯模型只适用于欧式期权呢？实际上，与欧式期权比，美式期权在到期前的任意时间都可以执行，有提前执行

的优势。因此，美式期权的价值应至少等于相应欧式期权的价值，在某些情况下比欧式期权的价值更大。

3）派发股利的股票期权定价

布莱克—斯科尔斯模型一般假设了在期权持有期内买方期权标的股票不发放股利，那么如果在标的股票派发股利的情况下应当如何对期权进行估值呢？

股利的现值是股票价值的一部分，但是只有股东享有该收益，期权持有人是不享有的。因此，在期权估值时要将期权到期日前所派发全部股利的现值从股价中扣除，此时模型建立在调整后股票价格而不是实际价格的基础上。

考虑派发股利的期权定价模型公式如下：

$$C = Se^{-\delta t} N(d_1) - Ee^{-Rt} N(d_2)$$

$$d_1 = [\ln(S/E) + (R - \delta + \sigma^2/2)t] / \sqrt{\sigma^2 t}$$

$$d_2 = d_1 - \sqrt{\sigma^2 t}$$

这个公式加入了一个新的参数 δ，其余参数与前面的公式一样。δ 表示标的股票的年股利报酬率。如果标的股票的年股利报酬率 δ 为 0，则该公式跟前述模型相同。

3.5 期权在财务管理中的运用

前面已介绍了期权的概念、类型、定价等问题，那么期权在公司财务管理中有什么作用呢？本节将从期权在合并和多元化及资本预算中的作用进行介绍。

3.5.1 合并和多元化

实践中，多元化经常是公司合并的理由。那么，公司合并是否一定会提升公司价值，给投资人带来更多财富呢？首先看下面的例子。

【例 3-10】 A 公司是一个生产泳装的公司，B 公司是一个生产羽绒服的公司，显然，这两个公司的业务具有季节性，在各自的旺季都有着很高的现金流。如果两个公司能够合并的话，直观上公司应该会有一个更稳定的现金流量。假设这两个公司的运营模式区别很大（表 3-7），合并不能够带来"协同效应"或其他创造价值的可能性。

表 3-7 A、B 公司合并前的数据

	A	B
资产的市场价值/百万元	30	10
企业零息债券面值/百万元	12	4
债务期限/年	3	3
资产回报标准差/%	50	60

连续复利计算的无风险利率为 5%。那么，可以将两个公司的股票看成一个看涨期权，用布莱克—斯科尔斯模型计算出下列数值来确定权益的价值（表 3-8）。

表 3-8　A、B 公司股权和债券价值

	A	B
股权的市场价值/百万元	20.414	7.001
债券的市场价值/百万元	9.576	2.999

合并后公司的资产是合并前两个公司资产价值的加总，即 4 000 万元。同样，债务总面值现在为 1 600 万元，但合并后公司的资产回报标准差为 40%，这是多元化的结果。以下是合并后的公司数据（表 3-9）。

表 3-9　A、B 公司合并后的数据

	合并后的公司
资产的市场价值/百万元	40
企业零息债券面值/百万元	16
债务期限/年	3
资产回报标准差/%	40

根据表 3-9 数据再来计算合并后的股权和债券价值（表 3-10）。

表 3-10　合并后公司的股权和债券价值

	合并后的公司
股权的市场价值/百万元	26.646
债券的市场价值/百万元	13.354

对比后可以发现，股权的市场价值变成 2 664.6 万元，而原来两个公司的股权市场价值之和为 2 041.4 + 700.1 = 2 741.5 万元，也就是说合并使得股权价值减少了。同时，债券的市场价值反而上升了。这说明这次合并没有创造价值，也没有损失价值，但一部分价值从股东转移到了债权人手中。

这个例子说明，多元化降低了公司资产回报的波动性，降低公司的违约风险，使债券持有人受益，因此债券的市场价值上升。

但多元化却不一定能给股东带来益处，因为从另一种方式来看，股票是一种看涨期权，特定资产受益变动方差降低了股票的价值。合并降低了公司的风险，违约甚至破产的可能性大大减小，对债权人是件好事，但对于股东而言，破产的权利是一个有价值的期权，而单纯的财务合并降低了这一期权的价值。

3.5.2　资本预算

在财务管理中，对项目投资进行评价常用的方法就是对项目未来预期的现金流量进行折现，得出该项目的投资净现值（NPV），计算 NPV 时通过调整折现率来处理风险。那么，假如项目寿命期内还有其他投资经营决策，应该如何处理呢？下面举例说明。

【例 3-11】　某石油公司正考虑购买一个油田。该油田的出售者打算以 10 万元出售，并且急于卖出。初始钻探成本为 500 万元，预期在数十年内每年可以采油 10 000 桶。由于日期比较久远且难以估计，公司将该现金流量视为永续年金，每桶油的价格按 500 元、成本按 460 元计算,那么每桶油的净利润为 40 元。假设折现率为 10%,不考虑税金,判断该公司是否应该购买这个油田。

$$NPV = -100\,000 - 5\,000\,000 + (40 \times 10\,000)/10\% = -1\,100\,000$$

显然,按照 NPV 的计算结果,该公司不应该购买这个油田。

但是该公司的财务顾问进行了更加详细的分析。他认为石油价格有望以通货膨胀率上涨。不过,他指出明年是非常关键的一年,一方面,OPEC 正考虑一个未来在一定期限内将油价提高到每桶 650 元的长期协议;另一方面,电动汽车的关键技术有望迎来突破性发展,一旦落地,将全面用于市场,未来很长时期内石油的价格将被定为 350 元。这两方面的信息都将在一年后披露。

如果油价提高到每桶 650 元,那么项目的 NPV 为

$$NPV = -100\,000 - 5\,000\,000 + (190 \times 10\,000)/10\% = 13\,900\,000$$

如果油价降到每桶 350 元,那么项目的 NPV 会比之前的更小。

因此,财务顾问向公司提出建议:应该购买该油田;是否钻探应该推迟到有关 OPEC 新协议和技术开发的信息发布之后。

这样购买油田付出 10 万元的成本,假如立即开始钻探,NPV 就是 −110 万元,如果将是否钻探的决策留到新信息披露之后,能做出更合适的决策。如果油价降至 350 元,则停止钻探,该项目损失 10 万元的成本;如果油价上涨至 650 元,则立即开始钻探,这时 NPV 将为 1 390 万元。无论是哪种决策都能够获得比直接钻探更高的现金流。

这个例子为进行投资评价提供了一个新的思路。上述例子中,购买油田类似于购买一个有钻探油田权利的看涨期权,执行价格为 500 万元。如果未来标的资产价值上升(即油价上升),这时再执行该期权;如果未来标的资产价值下降(油价下降),则放弃执行该期权,损失了期权费(购买油田的 10 万元)。

这实际上也指出了在经典资本预算时的一个严重缺陷。NPV 计算忽视了现实中公司决策的灵活性。在上述例子中,按照之前的 NPV 计算结果显然是不可接受的,然而换一种思路,让公司可以根据未来的市场态势来选择投资政策,可以更容易证明购买这个油田是合理的。

本章小结

本章从企业价值的概念出发展开讨论,阐述了企业价值评估的含义,系统介绍了企业价值评估的两大模型:现金流量折现模型和相对价值模型。这也是本章的重点。在价值评估的基础上,企业要坚持价值导向,将企业价值最大化的理念贯穿在财务管理中。之后,又从价值规划、价值控制和价值评价三个方面阐述了价值应如何在财务管理中发挥作用。接着,全面介绍了期权的概念、特点和类型,并针对不同的期权交易形式探讨了期权的到期日价值。根据期权价值的五个因素构建二叉树模型,引出期权价值的评估公式——布莱克-斯科尔斯模型。同时,还探讨了期权在公司财务管理中的应用,如合并、资本预算,为期权在财务管理中的应用提供了思路。

复习思考题

1. 你能从市盈率(PE)指标中看到什么信息?不同行业间的 PE 差异性说明了什么?

请以互联网企业、高科技企业、制造业、金融业（银行、保险）、农业（养猪、种子、稻米）等行业为例说明。

2. 市梦率，顾名思义，如果当一个企业股票的市盈率高得吓人的时候，就可以说是"梦"了，这就是"市梦率"。试分析我国科创板的兴起、繁荣与市梦率的关系。

3. 2018 年年初，甲投资基金对乙上市公司普通股股票进行估值。乙公司 2017 年销售收入 6 000 万元，销售成本（含销货成本、销售费用、管理费用等）占销售收入的 60%，净经营资产 4 000 万元。该公司自 2018 年开始进入稳定增长期，可持续增长率为 5%。目标资本结构（净负债∶股东权益）为 1∶1；2018 年年初流通在外普通股 1 000 万股，每股市价 22 元。该公司股权资本成本为 10%。为简化计算，假设现金流量均在年末发生，利息费用按净负债期初余额计算。

（1）预计 2017 年乙公司税后经营净利润、实体现金流量、股权现金流量。

（2）计算乙公司股权资本成本，使用股权现金流量法估计乙公司 2018 年初每股价值，并判断每股市价是否高估。

4. 丙企业的每股收益为 0.5 元，股票价格为 15 元。假设同行业上市企业中，增长率、股利支付率和风险与丙企业类似的有 3 家，它们的市盈率如表 3-11 所示。用市盈率法评估，丙企业的股价被市场高估还是低估了？

表 3-11 3 家公司市盈率

企业名称	A	B	C
本期市盈率	28.9	32.1	34.5

5. 丁企业是一个汽车制造企业，表 3-12 列出了 2017 年汽车制造业 6 家上市企业的市盈率和市净率，以及全年平均实际股价。请你用这 6 家企业的平均市盈率和市净率评价丁企业的股价，哪一个更接近实际价格？为什么？

表 3-12 6 家公司股票信息

公司名称	每股收益/元	每股净资产/元	平均价格/元	市盈率	市净率
A	0.4	3.65	10.25	25.63	2.81
B	0.35	4.21	7.95	22.71	1.89
C	0.27	2.36	8.16	30.22	3.46
D	0.55	5.24	19.2	34.90	3.66
E	0.9	4.98	13.45	14.94	2.70
F	0.38	3.47	8.19	21.55	2.36

6. Cham 公司股价一年后将会是 53 元或 67 元。看涨期权一年后到期，国债利率为 5%。假设目前 Cham 公司股价是 58 元，如果行权价为每股 50 元，看涨期权的价值为多少？

7. 假设 Cham 公司股票的市场价格为 110 美元，其一个行权价格为 110 美元一年期的看涨期权的市场价格为 15 美元，其同等条款的看跌期权的市场价格为 5 美元，根据这些条件，市场的无风险利率是多少？

8. 某股票目前的价格为每股 47 元，3 个月后到期，行权价为 50 元的看涨期权售价为

3.8 元。如果无风险利率按复利计算为年息 2.6%，具有相同行权价的看跌期权为多少元？

9. 具有以下特征的看涨期权和看跌期权的价值应该是多少？

股票价格 = 57 元、行权价 = 60 元、无风险利率（按复利计算）= 6% 年利率

期限 = 4 个月、标准差 = 54%/年

10. Cham 公司股价到年底将会是 65 元或 85 元。看涨期权一年后到期，国债利率为 6%。

（1）看涨期权的内在价值是什么？看跌期权呢？如何解释这一价值？

（2）假设 Cham 公司目前股价为 70 元，如果行权价为每股 60 元，看涨期权的价值为多少？

（3）假设情况（2）中的行权价为 80 美元，则看涨期权的价值是多少？

11. 某人拥有一套住房，目前闲置。同小区相同户型和楼层最近卖了 130 万元。在过去的 5 年中，该地区房屋价格的增长率达到了平均每年 12%，每年标准差为 30%。最近有人想买这套房子，提出想要在未来 12 个月内以 145 万元购买这套房子的期权。连续复利计算的无风险利率为 5%，你认为这个期权应该定多少钱？

即测即练

自学自测　扫描此码　第3章

第 **4** 章

公司治理：理论与我国实践

公司治理，从广义角度理解，是研究企业权力安排的一门科学；从狭义角度上理解，是居于企业所有权层次，研究如何授权给职业经理人并针对职业经理人履行职务行为、行使监管职能的科学。企业管理是建构在企业经营权层次上的一门科学，研究的就是企业所有权人向经营权人授权，经营权人在获得授权的情形下，为实现经营目标而采取一切经营手段的行为。与此相对应，公司治理则是建构在企业所有权层次上的一门科学，研究的是科学地向职业经理人授权，科学地对职业经理人进行监管。

国有企业公司治理是实现国有资产保值增值、提高国有经济竞争力的需要。法人治理结构是现代企业制度的核心，也是国有控股公司领导体制演变的新形态。党组织治理是中国特色公司治理运行机制的重要创新，其在领导体制、决策机制等方面的创新具有积极的治理作用。

福耀玻璃公司治理实践案例

福耀玻璃于 1987 年在中国福州注册成立，是专注于汽车安全玻璃的大型跨国工业集团。1993 年，公司股票在上海证券交易所挂牌，成为中国同行业首家上市公司，股票简称"福耀玻璃"，股票代码为 600660。2015 年，福耀玻璃 H 股成功上市，形成兼跨境内外两大资本平台的"A+H"模式。公司严格规范约束控股股东及其关联方行为。一是公司建立了防范大股东利益侵占的专项制度。公司董事会建立对大股东所持股份"占用即冻结"的机制，即发现控股股东侵占资产的立即申请司法冻结，凡不能以现金清偿的，通过变现股权偿还侵占资产。为保障这一制度执行，公司设立专人专岗负责申请对股东股权的司法冻结，并对该岗位的履职设定了处罚条款，即该工作人员未按照要求在发现占用后及时申请冻结控股股东股权的，将被处以大额罚款等措施。二是公司与控股股东在人员、资产、财务、机构和业务方面严格做到了"五分开"，各自独立核算，独立承担责任和风险，并创新探索定期对"五分开"情况开展检查和巡检。多年来，控股股东严格按照公司法与公司章程的规定依法行使出资人的权利并承担义务，行为规范，控股股东与公司不存在同业竞争。

（资料来源：中国上市公司协会"2023 年公司治理最佳实践案例分享"。）

4.1　公司治理的概念与框架

4.1.1　公司治理问题的产生

"治理"一词源于拉丁语"gubernare"，意即"统治"或"掌舵"。所谓治理，就是运用权力去指导、控制，以及用法律来规范和协调影响人们利益的行为。公司治理问题源于公司所有权与经营权的分离，以及由此产生的代理关系问题。在企业发展历程中，当企业规模和经营范围不断扩大以至于所有者自己管理企业不再具有效率时，两权分离就是必然的选择。这种建立在现代公司制基础上的委托代理经营，一方面提高了企业运营效率，降低了社会交易成本，促进了经济发展和社会财富的增加；另一方面，相对两权合一的企业，也产生了很多代理问题，从而产生了代理成本，如代理人选择风险、代理人道德风险、信息不对称和内部人控制、经营不善的成本和破产风险、内部利益关系冲突等。

公司所有者与经营者的目标效用函数不同。公司所有者的目标是股东财富最大化，作为经营者的管理层则更多地追求个人利益最大化，如更高的薪酬、更多的闲暇时间、更舒服的办公条件等，他们的利益不完全趋于一致。因而，经营者可能为了自身利益最大化而从事损害投资者利益的行为，包括在职消费的增加、规模偏好下的过度投资行为、转移公司资源到自己拥有或控制的企业等。这些所有权和经营权分离产生的代理问题（第一类代理问题）引发探究如何合理设计企业的权力配置与组织架构，从而使经营者能够以股东利益为目标进行有效决策。除此之外，由于效用函数和信息不对称所产生的代理问题还存在于股东与债权人之间，股东为追求利润最大化和财富最大化目标，更愿意投资高风险高收益的项目，而以银行为代表的债权人在公司中仅拥有以固定利息为主的"固定索取权"，但要承担高风险投资带来的损失。这种收益和风险承担不对称现象，必然会使得债权人通过限制性条款等形式来约束和监督公司行为，从而产生代理成本。

不同于英美发达资本市场中上市公司股权分散，第一大股东持股比例较少，大多数发展中国家（包括我国）上市公司的股权相对集中，第一大股东拥有绝对控股权。这类公司的代理问题还表现为大股东与中小股东的代理问题（第二类代理问题），控股股东利用控制权可能对中小股东进行利益侵占。大股东侵占小股东利益的方式包括：利用关联交易、资金占用、关联担保、夺取投资机会等把上市公司资源转移到其控股的其他公司。这些行为被形象地称为"隧道挖掘"或"利益输送"。要解决这些问题，就要考虑如何设计良好的权责利对等的公司治理及组织架构，建立健全的规章制度，构建高效的运作体系，在采取有效的监管和约束措施的基础上，公平合理地在企业各利益集团之间分配利益。

4.1.2　公司治理的含义

1999 年，经济合作与发展组织（OECD）制定的《公司治理结构原则》对公司治理做了这样描述：公司治理是一种据以对工商业公司进行管理和控制的体系；公司治理明确规定公司各个参与者的责任和权力分布，诸如董事会、经理层、股东和其他利害相关者，

OECD 公司治理结构原则 1999

并且清楚地说明决策公司事务时所应遵循的规则和程序；同时，它还提供一种结构，使之用于设置公司目标，也提供了达成这些目标的监控运营的手段。

从经济学角度看，企业有两个权：所有权和经营权。现代公司制企业中，两者是分离的。公司管理是构建在企业"经营权层次"上的一门科学，研究的是企业所有权人向经营权人授权，经营者在获得授权的情形下，为实现经营目标而采取一切经营手段的行为。与此相对应，公司治理则是构建在企业"所有权层次"上的一门科学，研究的是科学地向经营者授权，科学地对经营者进行监管。牛津大学 R.I.Tricker（1984）认为公司管理是经营业务，公司治理则是确保这种运营处于正确的轨道上。两者的区别如图 4-1 所示。

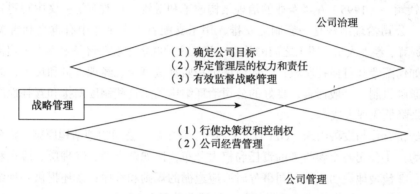

图 4-1　公司管理与公司治理的区别

尽管不同学者或机构对公司治理的描述不尽相同，但其内涵大同小异。

（1）吴敬琏（1994）认为公司治理结构是指由所有者、董事会和高级执行人员即高级经理人员三者组成的一种组织结构。在这种组织结构中，上述三者形成一定的制衡关系。通过这一结构，所有者将自己的资产交由公司董事会托管；公司董事会是公司的最高决策机构，拥有对高级经理人员的聘用、奖惩以及解雇权；高级经理人员受雇于董事会，组成董事会领导下的执行机构。要完善公司治理结构，就要明确划分股东、董事会、高级经理人员各自的权力、责任和利益，从而形成三者之间的关系。

（2）林毅夫（1997）是在论述市场环境的重要性时论及这一问题的。他认为，所谓的公司治理结构，是指所有者对企业的经营管理和绩效进行监督和控制的一整套制度安排，并引用了米勒（1995）的定义作为佐证。他还指出，人们通常所关注或定义的公司治理结构，实际指的是公司的直接控制或内部治理结构。

（3）美国学者布莱尔（Blair，1995）将公司治理分为狭义和广义两种。狭义的公司治理主要集中于股东所有权和管理者经营权分离而导致的管理者对股东利益损害的问题，因此狭义的公司治理就是公司股东为确保投资收益，在董事会决策中权力的安排方式。广义的公司治理则可以归纳为一种法律、文化和制度性安排的有机整合。公司不仅仅对股东，而且要对更多利益相关者的预期做出反应，包括债权人、经理层、雇员、顾客、供应商、政府和社区等。这些多元的利益需要协调平衡，才能实现公司长期的价值最大化。因此，广义的公司治理被视为一种利益相关者价值观（stakeholder value perspective）。

（4）张维迎和李维安都认为公司治理（或公司治理结构）有广义和狭义之分。张维迎（1999）的观点是，狭义的公司治理结构是指有关公司董事会功能与结构、股东的权力等方面的制度安排。广义地讲，指有关公司控制权和剩余索取权分配的一整套法律、文化和制度性安排，这些安排决定公司的目标、谁在什么状态实施控制、如何控制、风险和收益如何在不同企业成员之间分配这样一些问题，并认为广义的公司治理结构是企业所有权安排的具体化。李维安（2000）认为狭义的公司治理，是指所有者（主要是股东）对经营者的一种监督与制衡机制。其主要特点是通过股东大会、董事会、监事会及管理层所构成的公司治理结构的内部治理；广义的公司治理则是通过一套包括正式或非正式的内部或外部的制度或机制来协调公司与所有利益相关者（股东、债权人、供应者、雇员、政府、社区）之间的利益关系。

（5）钱颖一（1995）在《企业的治理结构改革和融资结构改革》一文中写道：在经济学家看来，公司治理结构是一套制度安排，用于支配若干在企业中有重大利害关系的团体——投资者、经理人员、职工之间的关系，并从这种联盟中实现经济利益。公司治理结构包括：①如何配置和行使控制权；②如何评价和监督董事会、经理人员和员工；③如何设计和实施激励机制。一般而言，良好的公司治理结构利用这些制度安排和互补性质，选择一种结构来降低代理人成本。

（6）经济合作与发展组织（OECD）（1999）制定的《公司治理结构原则》将公司治理明确描述为：①公司各个参与者的责任和权力分布，诸如董事会、经理层、股东和其他利害相关者；②清楚地说明决策公司事务时所应遵循的规则和程序；③还提供一种结构，使之用于设置目标，也提供达成这些目标的监控运营的手段。

（7）Shleifer 和 Vishny（1997）在关于公司治理的经典论述中提出，公司治理是保证融资供给方（投资者）享有自身投资收益的方式。由于代理问题，外部投资者担心自己的利益在现实中会由于经理的败德行为而遭到侵占。经理能够采用哪种机制得到外部投资者的融资？或者说，如何能够保证给予外部投资者应有的收益？这就需要给予外部投资者一些权利：一种是给予外部投资者强有力的法律保护；另一种是所有权集中，也就是形成大投资者（大股东）。这就是公司治理的两种主要模式。

我国现行法律规范也对公司治理做出明确说明。如 1999 年的《中共中央关于国有企业改革和发展若干重大问题的决定》指出：公司法人治理结构是公司制的核心。要明确股东会、董事会、监督会和经理层的职责，形成各司其职、协调运转、有效制衡的公司法人治理。所有者对企业拥有最终控制权。董事会要维护出资人权益，对股东会负责，董事会对公司的发展目标和重大经营活动做出决策，聘任经营者，并对经营者的业绩进行考核和评价。发挥监事会对企业财务和董事、经营者行为的监督作用。

2024 年 7 月 1 日起施行的《中华人民共和国公司法》对公司治理结构下的定义为：所谓公司治理结构，是指由公司的股东会、董事会、监事会和高级管理人员构成的一种框架式组织结构，是对公司控制权、决策权、经营权和监督权有效配置的制度性安排。简单来说，在公司法的语境下，公司治理结构主要指对"三会一层"制度性安排的统称。其中，"三会"通常指股东会（含股东大会）、董事会和监事会，在公司治理中分别承担着公司权力机

《中华人民共和国公司法》（2023 年修订）

构、公司决策机构和公司监督机构的职能。"一层"是指经理层，通常由董事会决定聘任或者解聘。

4.1.3　公司治理的框架

基于广义公司治理概念，本书将公司治理分为内部治理和外部治理两方面。如图 4-2 所示，外部治理包括制度层面与市场层面的企业外部环境因素，具体包括政治、法律、经理人市场、资本市场、产品市场等外部环境因素。内部治理是指以公司所有权结构为起点、以治理结构为表现形式、以内部治理机制为内在核心的一系列制度安排。内部治理与外部治理相互作用，共同构成现代公司治理的基本框架。

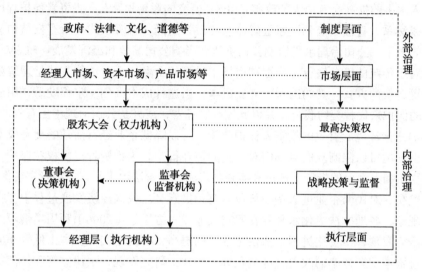

图 4-2　公司治理框架

1. 外部治理

外部治理由治理环境构成，包括政府、法律、文化、道德等正式或非正式制度因素，以及经理人市场、资本市场、产品市场等市场因素。把制度因素引入公司治理领域的相关研究最有影响力的源于 La Porta、Lopez-de-Silance、Shleifer 和 Vishny（简称 LLSV）的文章。制度环境是通过治理机制发挥作用的。治理机制是指为保护投资者利益而做出的一系列制度安排，通常分为外部治理机制和内部治理机制。外部治理机制是指通过外部治理环境，包括控制权市场、经理人市场和产品竞争市场等，对公司内部控股股东和管理人员的约束机制。内部治理机制是通过内部权力配置与制度安排实现对管理人员的激励与约束。外部治理机制的涵盖范围非常广泛，典型的外部治理机制如下。

1）法律制度

法律、执法机制和法律制度支配着金融交易。契约安排是开展金融活动的基础。与不支持债权人、股票持有者权利或不能有效执行契约的司法体系相比，保护投资者和履行契约的司法体系能够促进并激励金融发展。经典的 LLSV（1998）文章中，它以世界上 49 个国家和地区为研究样本，考察了产权保护程度的法律及其实施质量与法律渊源的关系。他们按照不同的法律渊源将 49 个国家和地区分为不同的组别，确立了横向比较的对象。数据回归得出的结论显示，正是各国和地区的法律渊源不同，决定了各国和地区对投资者产权保护程度的差异，从而最终导致了各国和地区金融发展水平的差异，即好的法律渊源、金融制度安排决定了一国高的金融发展水平。在金融发展尤其是资本市场发展与法律和监管基础设施之间存在很强的相关性。从法律渊源上看，LLSV的研究结果表明：①尽管在大多数国家和地区倾向于为投资者提供有限的权利，但法律保护强度却具有很大不同。普通法系国家传统偏向私有财产所有者，通常对投资者有最强的保护，法国法系国家通常最弱，德国法系国家和斯堪的纳维亚法系国家通常居中。②全世界法律实施质量有很大的不同。德国法系和斯堪的纳维亚法系国家有最好的法律实施质量。法律实施质量在普通法系国家也很强，然而在法国法系国家中最弱。法律实施质量与法律权利本身不同，随着所在国家和地区收入水平的提高会有很大的改善。LLSV研究的逻辑思路是：投资者保护程度源于不同的法源或法系，直接影响到国家金融体系的模式选择，融资模式和所有权结构又决定了公司治理的水平，公司治理水平影响公司价值，影响公司绩效和经济发展。LLSV（2000）指出，相对于传统的区分银行主导型和市场主导型的金融体系，法律方法是理解公司治理及其改革更有效的方式。契约的履行需要成本，当这种成本大到一定程度后，用法律制度对投资者的保护来代替契约履行，并以此控制管理者，或许是公司治理中更有效的手段。

完善的法治环境、有效的投资者保护政策，可以降低企业经营活动的交易成本。良好的法律制度环境可以限制政府等部门对私企的掠夺行为，为投资者提供权益保护，从而促进私企在物质和人力上的投资。理论和实践都表明，完善法治水平，提高投资者保护水平，消除行业壁垒，对民营企业进入垄断行业具有积极意义。我国经济发展过程中存在区域发展不平衡现象，各地区法治化水平存在着较大差异。方军雄（2006）利用樊纲等的市场化指数实证研究发现，市场化进程、法治化水平的提高，有助于实现资本由低效率向高效率转变，促进资本配置效率的改善。许金花等（2018）研究发现，法律监管和外部审计作为公司外部治理机制，与上市公司章程指引的内部治理之间表现出一定程度的替代效应。在法律监督较弱和外部审计质量较低的环境下，反收购条款对掏空的抑制作用更强，公司章程条款的内部治理效应也更大。

2）资本市场的治理机制

资本市场的治理机制主要体现在两个方面：一是控制权市场；二是债权人治理。

（1）控制权市场。控制权市场，又称接管市场（takeover market），它是指通过收集股权或投票代理权取得对企业的控制，达到接管和更换不良管理层的目的。这种收集可以是从市场上逐步买入小股东的股票，也可以是从大股东手中协议购入。在有效资本市场中，证券价格能够反映公司的管理水平与经营业绩，良好的经营业绩会带来股票价格上升以及股东对管理层的支持；反之，管理层的偷懒、能力欠缺、个人营私行为最终会反映在公司业绩上，股票价格下降，公司往往成为兼并收购对象，随之而来的必然是管理层的更迭，现有的管理者就会面临失业的风险和声誉的损失。在这种并购，特别是敌意并购的外在压力下，管理层存在为股东利益服务、努力提升股东价值的强烈动机。控制权市场对管理层行为的约束机制主要体现在两方面。首先，从微观层面上讲，通过公司控制权市场，企业可以形成对不良管理者进行替代的持续性外部威胁。这种外部威胁在美英模式的公司治理体制中发挥着非常重要的作用。Manne（1965）指出，公司控制权市场的存在大大削弱了所谓的所有权与控制权的分离问题，这个市场把小股东在公司事务中的与其拥有的权益相当的权力与应受到的保护移交给他们。Fama（1980）也指出，即使仅仅存在被接管的可能，低股价也会给管理层施加压力，使其改变方式，并且忠于股东利益。其次，从宏观层面上讲，公司控制权市场是一国调整产业结构、改善行业结构的主要场所。Jensen 和 Ruback（1983）的研究表明：基于市场准则的收购兼并有利于资源配置的优化。这一市场运作可以促进存量资本的合理流动和调整，使公司资产转移到那些能最有效地运用它们的人的手中。公司控制权市场可以以三种方式运行：代理投票权竞争、善意兼并和敌意接管。其中，代理投票权竞争一般被认为不能很好地发挥监督约束的功能，收购（包括善意兼并和敌意接管）则被认为是最为有效的控制机制。外来者对公司的收购不但不会损害公司股东的利益，实际上还会给收购双方股东带来巨大的财富（Jensen，1984）。但无论如何，以代理投票权竞争、收购为代表的外部公司控制权市场在公司治理中有着重要的作用。正是由于它的存在，才给管理者带来不安和威胁感，使其行为不致偏离公司利益太远，从而在一定程度上缓解了代理问题。

公司控制权市场作为一种外部公司治理机制，对管理者具有一定的约束作用，但在现实中其有效发挥存在着很多限制。主要表现在以下几个方面。

①"搭便车"问题。股东在收购中同样存在"搭便车"现象。尤其在股权分散的大公司，现有股东更有强烈的欲望去搭那些计划增加公司价值的收购者的"便车"（Grossman and Hart，1986）。一方面，当股东预计收购后的股价会高于现在的出价时，就不想出售股票给收购者而指望别人出售；另一方面，由于许多股东有可能采取这种行动，则收购者为使收购成功，只有不断提高出价，这使得收购后的净收益降低，若考虑到各种费用，净收益还有可能为负数，从而使一些收购不可能发生或发生后也会失败。

②管理层反收购行为。管理者有强烈的动机阻挠市场中的收购行为，以保住工作和保护管理层利益。为使收购失败，他们会采取多种反收购措施，例如毒丸计划、金色降落伞、董事会交叉选举、双重股权结构、白衣骑士、绿色邮件及焦土政策等。其中，"毒丸计划"是指在收购事件中董事会赋予股东以超低价购买公司股票的权利；"金色降落伞"是董事会章程规定，当管理人员因控制权改变选择（或被迫）离职时向管理层提供巨额补偿的契约协议；董事会交叉选举确保每年仅有一部分董事（常常是三分之一）被取代，所以即使收购者获得所有投票权，也要花费一定时间控制董事会；双重股权结构，也称为二元股权结构、双重股权制，是一种通过分离现金流和控制权而对公司实行有效控制的有效手段。区别于同股同权的制度，在双重股权结构中，股份通常被划分为高、低两种投票权。高投票权的股票拥有更多的决策权。国内外诸多公司设置了该种股权结构，包括谷歌、阿里巴巴、百度、京东等。2017 年以来，新加坡交易所和中国香港联交所均允许上市公司 IPO 中采用双重股权结构。"白衣骑士"是指成为被接管目标的企业，与另一"友好"企业签订协议，在接管威胁出现时，让该"友好"企业以较低价格收购目标企业。绿票讹诈(greenmail)，又称溢价回购，由 green（美元的俚称）和 blackmail（讹诈函）两个词演绎而来，指的是单个或一组投资者大量购买目标公司的股票，其主要目的是迫使目标公司溢价回购上述股票（进行讹诈）。出于防止被收购的考虑，目标公司以较高的溢价实施回购（给付赎金），以促使上述股东将股票出售给公司，放弃进一步收购的打算。这种回购对象特定，不适用于其他股东。"焦土政策"指目标公司为了避免被其他公司收购所采取的一些会对本身造成严重损害的行为，比如出售公司优良资产，来达到降低自己吸引力的目的。很显然，这些反收购措施会直接或间接加大收购的成本，使一些应发生的收购难以出现或出现后失效。

③多个收购者之间的竞争。假设开始确认收购目标花费的沉淀成本很高，一旦宣布开

始收购，别的收购方会意识到这一目标很诱人，也会加入投标，而后加入的收购方没有前期花费，因此，成本相对于最初的收购者来说大大降低，从而会使最初的收购者受到损失，影响收购成果。这亦使一部分收购失败。如我国在 2017 年，万科股权之争中就出现了宝能系、华润集团、深圳地铁等竞相收购的现象。

（2）债权人治理。债权人的存在对公司治理也具有重要作用。债权人对公司息税前收益享有固定要求权，即按照债务契约要求债务人偿付固定金额的利息；当企业的盈利不能支付债权人的利息费用时，债权人主要通过破产程序或重组手段取得公司控制权。企业的债务融资既是一种资源来源方式，也可以起到抑制经营者道德风险、降低代理成本的作用。因为，第一，经营者的道德风险受经营者持股比例影响，经营者持股比例越低，与外部股东之间的利益冲突越严重，道德风险也越高。债务融资的增加可以减少新股发行数量，避免产生股权稀释，使经营者的持股比例相对上升，从而降低经营者的道德风险行为。第二，当企业拥有较多自由现金流时，管理层有动机扩大公司规模，甚至投资一些 NPV 小于零的项目，以获得公司规模扩大带来的社会声誉、地位提升等个人利益。管理层的这种行为被称为过度投资，它会增加公司的代理成本。债务融资由于采用的是固定的本息支付方式，可以一定程度上减少公司管理层可支配的自由现金流，抑制管理层过度投资冲动，减少公司代理成本。第三，债权人对公司具有相机治理的权利。所谓相机治理，是指公司控制权随公司经营状态的变化而变化。当公司经营状况恶化，无力偿付债务时，公司债权人可以申请破产清算，公司的控制权便由股东转移给债权人。当公司处于破产清算时，管理层会面临丢失工作、社会地位下降、声誉毁损等不利结果。管理层预期存在这种破产威胁，会更加努力地为股东创造价值以避免公司破产清算，从而形成了对管理层的激励约束机制。第四，债权人治理机制的存在会推动公司治理的完善，因为公司治理直接影响着会计信息的质量，债权人治理机制的强化对于保障和提高会计信息质量起到了积极的作用。债权人可以发挥监督会计信息披露的作用。一旦债务融资形成，当公司需要再融资，或其财务状况及经营活动出现债务契约中规定的限制情况时，债权人便有权对公司财务状况进行审查，强制其披露相关财务信息，从而增加了会计信息的透明度，加大了会计信息舞弊的难度，一定程度上保障了会计信息质量的可靠性。

（3）经理人市场的治理机制。在以公司制为主体的市场经济中，经理人市场是指基于企业家的竞争机制促使经理人为实现股东利益最大化去做出最优决策。Fama（1980）指出，经理人未来薪酬现金流的现值影响着其人力资本的价值。但是对其人力资本价值的估计是困难的。一个有效的市场通常会按照他当前的经营业绩来持续判断和修正对他的人力资本价值的估计。因此，当将他的人力资本放入职业经理人市场上进行交易时，他获取的薪酬会受到过去经营行为的影响。当经理人做出利益侵占行为，损害股东利益时，市场会评估这种行为导致他在经理人市场中的人力资本价值损失，因而对经理人的道德风险行为形成了约束。Fama 还指出，经理人市场对经理人的行为约束作用受到经理人工作年限的影响。当经理人预期不久将退出职业生涯时，其约束作用会被削弱。因此，经理人市场对经理人的约束可以看作重复博弈中的纳什均衡。经理人在做出决策时，会考虑到跨期收益的影响。万华林和陈信元（2010）给出了另一个重复博弈中的经理人行为约束因素，即国有企业经理人政治晋升的激励。由于经理人市场机制建设不完善，国有企业经理人未来的晋升机会成为当前决策的重要考虑因素。当国有企业经理人年龄增加，接近退休而缺乏晋升机会时，他就会倾向于对企业进行利益侵占，"59 岁现象"因而产生。有效经理人市场类同于资本市场中的有效市场理论，管理层的过去经营行为、经营结果以及声誉变化等作为公开信息，会立刻反映到经理人的人力资本价值中，从而对经理人产生一定的约束和激励作用。当然，这种约束和激励机制的效果取决于经理人市场的完善程度。

（4）产品市场的治理机制。产品市场是个显示屏，企业的绩效会在这里显示无遗，没有什么能掩盖经营者的出类拔萃或平庸无能。竞争性的产品与要素市场作为一种"硬预算约束"（hard budget constraint）和激励机制（Hart，1983），不时考验着企业的生存能力，并淘汰不合格企业，给经理们造成了极大的外在压力。另外，竞争的产品市场还可服务于一种信号机制，可以作为企业业绩评价的标准（林毅夫，1996），因为公司治理内在结构的最终结果反映在公司产品的市场竞争力上。所以，产品市场竞争的治理机制主要体现产品竞争市场的约束效应和信息效应上。首先，产品市场通过对生产同类产品的企业和消费者的选择，也包括新进入者、替代产品及供应商对企业所施加的压力，对公司治理产生影响。在一个充分竞争的产品市场里，如果公司的产品和服务因质量或形式深受市场的欢迎，那么该公司产品或服务的市场占有率和盈利水平会上升，否则，企业会被市场竞争所淘汰。所以，竞争性的产品市场能够对企业的产品和服务做出公正的裁决，从而给经理人经营公司带来外在压力，起到约束经理人行为的作用，即为约束效应。其次，公司在产品市场上的表现也是衡量经营者努力程度和经营能力的标志。股东可以通过公司产品的价格、质量、市场占有率和盈利水平等指标去判断经营者履行职责的状况。因此，竞争性的产品市场对经营者有很强的激励和约束作用，它可以提供企业经营绩效和经营者努力程度的信息，委托人可以据此实施对代理人的评价和奖惩，即为信号效应。产品市场的竞争越激烈，对经理人的压力就越大。如果企业经营绩效不佳，经理人就会有被解雇的危险，或者导致企业破产，也会使经理人丢掉饭碗。因而，产品市场的压力会迫使经营者努力降低成本，以便以更低的价格与其他企业竞争，这样就会大大缩小经营者用扩大成本开支来满足个人效用的可能性，从而降低代理成本。

（5）信息披露制度。信息披露制度，又称公开披露制度，是上市公司为保障投资者利益、接受社会公众监督而依照法律规定必须将其自身的财务变化、经营状况等信息和资料向证券管理部门和证券交易所报告，并向社会公开或公告，以便使投资者充分了解情况的制度。它既包括发行前的披露，也包括上市后的持续信息公开，主要由招股说明书制度、定期报告制度和临时报告制度组成。信息透明度是公司治理体系运作的基本要素。公司及时向利益相关者披露信息是提高公司透明度的主要手段。资本市场中的信息不对称要求上市公司能够充分、准确、及时、清晰地向投资者披露相关信息。提高上市公司的透明度，不仅有助于市场效率的改善，而且可以借助信息披露制度加强对上市公司控股股东行为的监督，从而有效保护中小股东的利益，增强社会公众投资人对资本市场的信心和认可度。

加强和改进信息披露，可以使公司向股东提供更有价值的信息，减少信息不对称，从而有效节约代理成本。会计信息披露是监督公司管理层行为和与管理层签订契约的核心，是约束管理层行为的必要手段。同时，提高信息透明度是为了保护投资人的利益，通过提供更加准确和清晰的信息以帮助投资者做出正确的决策，避免因低透明度给投资人决策带来的误导。但是，透明度对投资者利益的保护并不意味着对其提供绝对利益保障，投资者还需要依靠其自身的决策能力对投资选择进行判断。

按照我国公司法和证券法等相关规定，上市公司需要披露的信息包括但不限于三大部分：一是财务会计信息，包括企业的财务状况、经营成果、股权结构及其变动、现金流量等。财务会计信息主要被用来评价公司的获利能力和经营状况。二是非财务会计信息，包括企业经营状况、企业目标、政策、董事会成员和关键管理人员及其薪酬、重要可预见的风险因素、公司治理结构及原则等。非财务会计信息主要被用来评价公司治理的科学性和有效性。三是审计信息，包括注册会计师的审计报告、监事会报告、内部控制制度评估等。审计信息主要被用于评价财务会计信息的可信度及公司治理制衡状况。具体地，上市公司应当至少披露以下重要信息：①公司财务和业绩状况；②公司经营目标；③主要股权和投票权；④对董事会成员和关键经营人员的薪酬政策和董事会成员的信息；⑤关联交易；⑥可预期的风险因素；⑦关于员工和其他利益相关者的问题；⑧治理结构和政策，包括公司治理规范或政策的详细内容，以及它们实施的程序。

按照是否受到法规的强制性规范，上市公司的信息披露行为分为强制性信息披露和自愿性信息披露。强制性信息披露是指按照法律法规的要求，公司必须对外披露财务报表、报表附注、董事会工作报告、公司治理状况、公司重大事项等信息。自愿性信息披露是指管理层根据市场环境自愿向外部投资者公开披露的信息，比如管理层的分析与讨论。作为上市公司管理层的决策结果，自愿性信息披露往往是管理层对信息披露收益与信息披露成本进行权衡的结果。在市场并非完全有效的情况下，公司将会理性对待自愿性披露的成本和效益，以形成对投资者的最佳信息披露水平。

2. 内部治理

内部治理是法律所确认的正式的公司治理的制度安排，是公司治理的基础。它主要指股东（会）、董事（会）、监事（会）和经理之间的博弈均衡安排及其博弈均衡路径。其主要特征表现在两个方面：一是自我实现性，主要通过董事会、监事会和股东来实现；二是在所有者和经营者博弈中注重设计理性，即从股东角度出发设计制度安排来激励、约束经营者。股东大会、董事会、监事会、执行层等机构形成公司内部治理的基本框架。内部治理包含公司治理结构和内部治理机制两方面内容。治理结构是指公司治理活动中所形成的机构设置和权力结构，内部治理机制则体现了治理结构中权利和责任的配置。可以说，在公司治理实践中，完善的治理结构是基础和平台，而良好的治理机制是公司治理的灵魂。为实现内部治理的有效运行，必须具备以下条件：①一个责任划分明确的组织；②一个衡量管理绩效的制度；③一个有效的激励机制。

内部治理机制实质上就是一种契约制度下的权力安排。它通过一定的治理手段，合理配置剩余索取权和控制权，形成科学的自我约束机制和相互制衡机制，以协调利益相关者之间的利益和权力关系，促进它们长期合作，保证企业的决策效率。在公司治理结构中，股东大会、董事会、监事会和管理层之间形成各司其职、互相激励与约束的关系。其中，股东大会是公司最高权力机构，它由具有投票权的全体股东组成，股东作为所有者，享有决定公司经营方针和投资计划、发行股票和公司债券，以及公司合并或解散等公司重大决策时的投票权，享有公司剩余索取权。董事会是由股东大会选举出来的由全体董事所组成的常设公司日常决策机构和领导机构。董事会受股东大会的委托，负责公司财产的经营管理，代表全体股东的利益，向股东大会负责，与股东大会是一种信托关系。董事会作为公司的日常决策机构享有广泛的权力，如对公司经营方针和投资方案拥有决定权，拥有对公司管理层的聘任和罢免权等。公司董事会为了加强管理公司的活动，通过与管理层签订合约，聘用经理人员负责企业的生产经营管理活动。为了保证董事和经理正当、诚信地履行职责，公司治理结构还专设了监事会，其主要职责是监督董事和管理层的活动，如检查公司财务的真实性，对董事和经理人员执行公司职务时违反法律、法规和公司章程的行为进行监督等。

4.1.4　公司治理模式的选择

由于各国政治、经济、社会、文化等的差异，公司治理在不同的国家表现不同的形式，形成不同类型的公司治理模式。当前，在世界各国的公司治理实践中，逐渐形成了三种比较典型的模式：以美国、英国为代表的市场导向型即"英美模式"，以日本、德国为代表的银行导向型即"德日模式"，以及以东亚国家为代表的家族控制模式。"英美模式"又被称为股东治理模式。由于这种制度对于公司信息的披露有着严格要求，也称"以信息披露为基础的制度"（Nestor and Thompson，1999）。"德日模式"突出银行在公司治理中的核心地位，法律法规经常是禁止投机性活动而不是坚持严格的信息披露，主要借助主银行或全能银行的外部化相机治理机制与不同利益主体共同参与的内部治理机构，被认为更接近利益相关者治理模式。东亚国家为代表的家族控制治理模式是指公司所有权与经营权没有实现分离，公司与家族合二为一，公司的主要控制权在家族成员中配置的一种公司治理模式。

还有一种治理模式称为转轨经济模式。这种模式主要存在于俄罗斯和中东欧等转轨经济国家，它们的共同特点是存在数量众多、规模庞大的国有企业需要进行重组，同时又继承了原有较为混乱的法律体系。在转轨经济国家中，公司治理最突出的问题是内部人控制，而内部人控制最典型的国家就是俄罗斯。由于企业内部人持有多数股份，所以，企业内部人的利益得到了强有力的体现，经理层事实上依法掌握了企业的控股权（青木昌彦，1995）。内部人员（一般为经理层，波兰则为工人）把持或控制着公司的多数股份后，成为新的"所有者"。他所代表的就是他自己或本集团的利益，而不是普通股东的利益。

LLSV（1998）使用 49 个国家和地区的数据区分出四种传统法律体系来解释不同公司治理模式，将全球公司治理模式分为盎格鲁-撒克逊模式（包括美国、英国及前英殖民地）、法国模式（包括法国、西班牙、葡萄牙殖民地影响范围）、德国模式（包括中欧和日本）和斯堪的纳维亚模式（主要包括北欧国家）四种类型。

1. 英美模式

英美国家公司治理结构模式的特点表现为典型的股东主导型。这种模式的产生有其深厚的社会经济制度基础。英美国家长期以来是在传统的自由放任的资本主义经济制度下发展起来的。这种传统的自由放任的资本主义经济制度有两个重要特点：一是都有高度发达的证券市场。早在 19 世纪后期，证券市场就发展得非常成熟。证券市场的发达使得公司股份得以极为分散，流动性极高。二是都有反对金融势力聚集的传统。特别是 1929 年金融危机以后，这些国家认为金融垄断是导致经济危机的重要原因。1933 年，美国通过格拉斯-斯蒂格尔法案。该法案规定投资银行和商业银行必须分立。此外，商业银行只能经营七年以内的中短期贷款，这样使得企业长期资金主要依赖证券市场提供，而且银行与企业间的渗透不像日本、德国那样深入。正是在这样的传统自由放任的资本主义经济制度下，形成了英美国家公司的融资结构特点。一方面，在企业总资产中，以股权资本为主，资产负债率低；另一方面，在股权资本中，股份极为分散。英美国家的股东主权型公司治理结构正是在这样的企业融资结构下形成的，其主要特点如下。

（1）由于公司融资以股权资本为主，这就决定了股东在公司治理上的控制权。但同时又由于公司的股权结构是高度分散的，这就容易造成股东之间"搭便车"。这样，对经营者的激励和约束就成为公司治理结构所要解决的首要问题。而在自由放任的资本主义经济制度下发展起来的高度发达的证券市场对这一问题的解决发挥了重要作用。一方面，证券市场使得公司股份流动极为方便。当股东"用手投票"不起作用时，自然可以"用脚投票"，这就是在众多分散股东难以联合起来对经营者进行有效约束时，就会在企业外部通过证券市场形成一个有效的经营者约束机制，即收购接管机制。另一方面，借助证券市场设计对经营者的经理股票期权计划。收购接管的约束机制和经理股票期权计划的激励机制成为英美国家公司治理结构的重要特点。

（2）股东大会决议。其主要是通过少数大股东的联合，在股东大会上提出决议，通过表决推翻经营者已做出的决定，甚至"用手投票"撤换经营者。

（3）机构大股东对公司的直接指导。即机构大股东对公司董事会进行某种约定，并建立起维护股东利益的相关规则。比如美国加州政府雇员退休基金会对其所投资的公司"约法三章"，要求这些公司吸收更多的外部董事、董事长不得兼任总经理，以及建立对董事会工作的评价系统，等等。

（4）通过建立健全法律法规体系来保护投资者利益和保障信息披露。美国和英国都较早地对上市公司的股东权利和信息披露等进行立法。如美国 1933 年证券法规定，上市公司保障投资者能够知道与上市证券有关的财务信息和其他重要信息，禁止证券交易中的操纵市场、内幕交易等行为。美国和英国的公司法律和章程规定了董事会和董事的权利和义务，以保护股东权利。

2. 德日模式

1）商业银行是公司的主要股东

目前，德日两国的银行处于公司治理的核心地位。在经济发展过程中，银行深深涉足其关联公司的经营事务中，形成了颇具特色的主银行体系。所谓主银行，是指某企业接受贷款中居第一位的银行，而由主银行提供的贷款叫作系列贷款，包括长期贷款和短期贷款。日本的主银行制是一个多面体，主要包括三个基本层面：一是银企关系层面，即指企业与主银行之间在融资、持股、信息交流和管理等方面结成的关系；二是银银关系层面，即指银行之间基于企业的联系而形成的关系；三是政银关系，即指政府管制当局与银行业之间的关系。这三层关系相互交错、相互制约，共同构成一个有机的整体，或称为以银行为中心的、通过企业的相互持股而结成的网络。在德国，政府很早就认识到通过银行的作用来促进经济的增长。开始时，银行仅仅是公司的债权人，只从事向企业提供贷款的业务，但当银行所贷款的公司拖欠贷款时，银行就变成了该公司的大股东。银行可以持有一家公司多少股份，在德国没有法律的限制，但其金额不得超过银行资本的 15%。一般情况下，德国银行持有一家公司股份总额 10%以下的股份。商业银行虽然是德日公司的最大股东，呈现公司股权相对集中的特征，但是二者仍然存在一些区别。在日本的企业集团中，银行作为集团的核心，通常拥有集团内企业较大的股份，并且控制了这些企业外部融资的主要渠道。德国公司则更依赖大股东的直接控制。由于大公司的股权十分集中，大股东有足够的动力去监控经理层。另外，由于德国公司更多地依赖内部资金融通，所以德国银行不像日本银行那样能够通过控制外部资金来源对企业施加有效的影响。

2）法人持股或法人交叉持股

法人持股，特别是法人相互持股是德日公司股权结构的基本特征。这一特征在日本公司中更为突出。第二次世界大战后，股权所有主体多元化和股东数量迅速增长是日本企业股权结构分散化的重要表现。但在多元化的股权结构中，股权并没有向个人集中，而是向法人集中，由此形成了日本企业股权法人化现象，成了法人持股的一大特征。由于德日在法律上对法人相互持股没有限制，因此德日公司法人相互持股非常普遍。法人相互持股有两种形态：一种是垂直持股，如丰田、住友公司，它们通过建立母子公司的关系，达到密切生产、技术、流通和服务等方面相互协作的目的；另一种是环状持股，如三菱公司、第一软银集团等，其目的是相互之间建立起稳定的资产和经营关系。总之，公司相互持股加强了关联企业之间的联系，使企业相互依存、相互渗透、相互制约，在一定程度上结成了"命运共同体"。

3）严密的股东监控机制

德日公司的股东监控机制是一种"主动性"或"积极性"的模式，即公司股东主要通过一个信赖的中介组织或股东当中有行使股东权力的人或组织，通常是一家银行来代替他们控制与监督公司经理的行为，从而达到参与公司控制与监督的目的。如果股东们对公司经理不满意，不像英美两国公司那样只是"用脚投票"，而是直接"用手发言"。

3. 家族控股治理模式

在这种治理模式下，公司所有权主要控制在由血缘、亲缘和姻缘为纽带组成的家族成员中，公司主要经营权也由家族成员把持，公司决策程序由家族程序进行。家族控制型公司治理模式是从内部人体系中派生出来的。企业的创立家族通过复杂的交叉持股取得公司的绝对控制权，国家则通过控制金融系统在微观经济运行中发挥重要作用，政府官员以国家名义对公司事务直接干预。其特点是公司大股东"一股独大"，经理人容易通过大股东控制公司的重要决策，而侵犯小股东和其他利益相关者的利益，造成对"内部人控制"的失控。这种公司治理模式在东亚的韩国，东南亚的新加坡、马来西亚、泰国、印度尼西亚、菲律宾等国家盛行。这种公司治理模式曾经被广泛认为是东亚经济增长的"发动机"。然而，在东亚经济危机以后，大量研究表明，这种公司治理模式是导致东亚经济危机的一个重要原因。这种公司治理模式在韩国最为典型。其主要特点如下。

1）企业所有权和经营管理权主要由家族成员控制

在韩国和东南亚的家族企业中，家族成员控制着企业的所有权和经营管理权，主要分两种情况：一种情况是所有权和企业经营管理权主要由有血缘关系的家族成员控制；另一种情况是所有权和企业经营管理权主要由有血缘关系的家庭成员和有亲缘、姻缘关系的家族成员共同控制。

2）企业决策家长化

由于受儒家伦理道德准则的影响，在韩国和东南亚家族企业中，企业的决策被纳入了家族内部序列，企业的重大决策如创办新企业、开拓新业务、人事任免、决定企业接班人等都由家族中的同时是企业创办人的家长一人做出，家族中其他成员做出的决策也须得到家长的首肯。即使这些家长已经退出企业经营的第一线，但由家族第二代成员做出的重大决策，也必须征询家长的意见或征得家长的同意。当家族企业的领导权传递给第二代或第三代后，前一代家长的决策权威也同时赋予第二代或第三代接班人，由他们做出的决策，前一辈的其他家族成员一般也必须服从或遵从。但与前一辈的家族家长相比，第二代或第三代家族家长的绝对决策权威已有所降低。这也是家族企业在第二代或第三代出现矛盾或冲突的根源所在。

3）经营者激励和约束双重化

在韩国和东南亚的家族企业中，经营者受到了来自家族利益和亲情的双重激励和约束。对于家族第一代创业者而言，他们的经营行为往往是为了光宗耀祖或使自己的家庭发展得更好，以及为子孙后代留下一份产业。对于家族企业第二代经营者来说，发扬光大父辈留下的事业、保值增值作为企业股东的家族成员的责任、维持家族成员的亲情，是对他们经营行为进行激励和约束的主要机制。因此，与非家族企业经营者相比，家族企业经营者的道德风险、利己的个人主义倾向发生的可能性较低，用规范的制度对经营者进行监督和约束并不是必要行为。但这种建立在家族利益和亲情基础上的激励和约束机制，使家族企业经营者所承受的压力更大，并为家族企业的解体留下了隐患。

4）企业员工管理家庭化

韩国和东南亚的家族企业不仅把儒家关于"和谐"和"泛爱众"的思想用于家族成员的团结上，而且还推广应用于对员工的管理上，在企业中创造和培育一种家庭式的氛围，使员工产生一种归属感和成就感。例如，马来西亚的金狮集团，在经济不景气时不辞退员工。如果员工表现不佳，公司不会马上开除，而是采取与员工谈心等形式来分析问题和解决问题。这种家庭式的管理氛围在公司中产生了巨大的力量。印度尼西亚林绍良主持的中亚财团，对工龄在25年以上的超龄员工实行全薪退休制，使员工增强了对公司的忠诚度。再如，韩国的家族企业会为员工提供各种福利设施，如宿舍、食堂、通勤班车、职工医院、浴池、托儿所等。韩国和东南亚家族企业对员工的家庭式管理，不仅增强了员工对企业的忠诚度，提高了企业经营管理者和员工之间的亲和力与凝聚力，而且还减少和削弱了员工和企业间的摩擦和矛盾，保证了企业的顺利发展。

5）来自银行的外部监督弱

在东南亚，许多家族企业涉足银行业。一些家族企业的最初创业就始于银行经营，然后把企业的涉足领域再拓展到其他产业；也有一些家族企业虽然初始创业起步于非银行领域的产业，但当企业发展到一定程度后，再逐步把企业的事业领域拓展到银行业。作为家族系列企业之一的银行与家族其他系列企业一样，都是实现家族利益的工具，因此，银行必须服从于家族的整体利益，为家族的其他系列企业服务。所以，属于家族的银行对同属于家族的系列企业基本上是软约束。许多没有涉足银行业的家族企业一般采取由下属的系列企业相互担保的形式向银行融资。这种情况也使银行对家族企业的监督力度受到了削弱。在韩国，银行作为政府干预经济活动的一个重要手段，是由政府控制的。一个企业的生产经营活动只有符合政府的宏观经济政策和产业政策要求，才会获得银行的大量优惠贷款，否则就很难得到银行的贷款。所以，韩国的家族企业为了生存和发展，都纷纷围绕政府的宏观经济政策和产业政策从事经营活动。这种情况使得韩国的家族企业得到了没有银行约束的源源不断的贷款。除筹资功能外，银行在韩国只是一个发放贷款的工具，而对贷款流向哪些企业，获得贷款企业的金融体制是否健康则很少关心。这使得韩国家族企业受到来自银行的监督和约束力度较小。

6）政府对企业的发展有较大的制约

韩国和东南亚的家族企业在发展过程中都受到了政府的制约。在东南亚国家，家族企业一般存在于华人中间，而华人又是这些国家的少数民族（新加坡除外），且掌握着国家的经济命脉；华人经济与当地土著经济之间存在着较大的差距。因此，华人家族企业经常受到政府设置的种种障碍的限制。为了企业发展，华人家族企业被迫采取与政府及政府的公营企业合作、与政府公营企业合资，以及在企业中安置政府退休官员和政府官员亲属任职等形式，来维护与政府的关系。而在韩国，政府对家族企业的制约主要表现在政府对企业发展的引导和支持上。凡家族企业的经营活动符合国家宏观经济政策和产业政策要求的，政府会在金融、财政、税收等方面给予各种优惠政策进行引导和扶持；反之，政府会在金融、财政、税收等方面给予限制。因此，在韩国和东南亚，家族企业的发展都受到了政府的制约。但在东南亚，政府对家族企业采取的主要措施是限制；在韩国，政府对家族企业采取的主要措施则是引导和扶持。

是否存在最佳治理模式？世界上有没有"最好"的公司治理模式？OECD《公司治理结构原则》指出：好的或有效的公司治理制度是具有国家特性的，它必须与本国的市场特征、制度环境以及社会传统相协调。以上各种公司治理模式的差异源于不同的市场经济模式及其中的公司经营导向、法律环境和文化理念等诸多因素的区别。各国公司治理的差异在于对股东权益保护不同。LLSV（1998）对此做出解释，普通法系国家给予外部投资者（股东和债权人）最强的保护，法国法系国家对外部投资者保护最弱，德国法系国家和斯堪的纳维亚法系国家则介于两者之间，投资者保护较弱的国家中公司控制权更为集中，而在投资者保护较强的国家中，伯利–米恩斯式公司即股东分散及职业经理控制公司的现象更为普遍。

英美国家的市场导向型公司治理模式主要是根植于自由市场经济，崇尚自由竞争，信奉股东财富最大化，自由竞争的环境有赖于完善的市场制度，在很大程度上依赖市场的监管。日德国家的银行导向型公司治理模式则更多形成并发展于混合市场经济，长期利益和集体主义是其得以产生的文化理念支撑，在实务中更多地体现为相关组织机构的内部监管。东亚国家的家族控制型公司治理模式则受到儒家文化的影响，企业的控制来自家族或家庭。这几种公司治理模式的区别源于其各自形成与发展的制度环境，本身没有优劣之分，都是在一定文化传统下的产物。

4.2　公司治理结构

4.2.1　公司治理结构的含义

所谓公司治理结构，是指为实现资源配置的有效性，所有者（股东）对公司的经营管理和绩效进行监督、激励、控制和协调的一整套制度安排。它反映了决定公司发展方向和业绩的各参与方之间的关系。全体股东认同一个价值趋向，以现金或其他出资方式为衡量股份权益形成契约而成立有限公司形式，企业的安全性和成长性均取决于该公司内部治理结构是否积极、有效地履行职能。

4.2.2 公司内部治理结构的基本框架

典型的公司治理结构是由所有者、董事会和执行经理层等形成的有一定相互关系的框架。根据国际惯例，规模较大的公司，其内部治理结构通常由股东会、董事会、经理层和监事会组成，它们依据法律赋予的权利、责任、利益相互分工并相互制衡。其中，股东（大）会作为公司价值聚焦"顶点"；为了让公司实现最佳经营业绩，公司价值投射向董事会、总经理和监事会三个利益"角位点"，此三个利益"角位点"相互制衡形成"三角形"。"顶点"和"三角形"构成"锥形体"，各治理机构之间形成的权责配置构成了公司内部治理的基本框架，如图 4-3 所示。

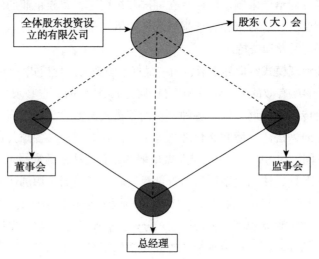

图 4-3 公司内部治理框架

1. 股东大会

股东大会，是指由全体股东组成的、决定公司经营管理重大事项的机构。它是公司最高权力机构，其他机构都由它产生并对它负责。股东大会职权与有限责任公司股东会职权相同。股东大会对公司重大事项进行决策，有权选任和解除董事，并对公司的经营管理有广泛的决定权，企业一切重大的人事任免和经营决策一般都经过股东大会认可和批准方才有效。根据我国公司法的规定，股东的权利可以归纳为：①投票表决权；②知情权和质询权；③股权转让权；④新股优先认股权；⑤股利分配请求权；⑥剩余财产分配权。

作为经营单位最普遍和最先进的组织形式——公司制，股东的组成类型非常广泛，可以有个人、机构投资者、公司法人、政府以及外资机构等。这些个人和组织地区分散，要求各异，也无法同时参与到公司的经营管理中，因此需要专门的权力机构代表全体股东行使权利，这个权力机构就是股东大会。

1）股东大会的职权

根据我国公司法的规定，股东大会行使下列职权：①决定公司的经营方针和投资计划；②选举和更换非由职工代表担任的董事、监事，决定有关董事、监事的报酬事项；③审议批准董事会的报告；④审议批准监事会或者监事的报告；⑤审议批准公司的年度财务预算方案、决算方案；⑥审议批准公司的利润分配方案和弥补亏损方案；⑦对公司增加或者减少注册资本做出决议；⑧对发行公司债券做出决议；⑨对公司合并、分立、解散、清算或者变更公司形式做出决议；⑩修改公司章程；⑪公司章程规定的其他职权。

2）股东大会的形式

股东大会分为年度股东大会和临时股东大会。年度股东大会应当每年召开一次年会，应当依照公司章程的规定按时召开。代表十分之一以上表决权的股东，三分之一以上的董事，监事会或者不设监事会的公司的监事提议召开临时会议的，应当召开临时会议。有下列情形之一的，公司应当在两个月内召开临时股东大会：①董事人数不足公司法规定人数或者公司章程所定人数的三分之二时；②公司未弥补的亏损达实收股本总额三分之一时；③单独或者合计持有公司百分之十以上股份的股东请求时；④董事会认为必要时；⑤监事会提议召开时；⑥公司章程规定的其他情形。

有限责任公司设立董事会的，股东会会议由董事会召集，董事长主持；董事长不能履行职务或者不履行职务的，由副董事长主持；副董事长不能履行职务或者不履行职务的，由半数以上董事共同推举一名董事主持。有限责任公司不设董事会的，股东会会议由执行董事召集和主持。董事会或者执行董事不能履行或者不履行召集股东会会议职责的，由监事会或者不设监事会的公司的监事召集和主持；监事会或者监事不召集和主持的，代表十分之一以上表决权的股东可以自行召集和主持。

3）投票表决制度

股东会会议由股东按照出资比例行使表决权，股东大会投票表决一般采用多数通过的议事规则，即必须经过出席会议的股东所持表决权过半数通过。但股东会议做出修改公司章程、增加或者减少注册资本的决议，以及公司合并、分立、解散或者变更公司形式的决议，必须经代表三分之二以上表决权的股东通过。

股东投票的基本原则是一股一票，但随着经济的发展和管理事项的日益复杂，原有的一股一票制度已不再适应新形势的需要，目前很多国家设计了更加灵活的投票方式。

（1）累计投票制度。累计投票是指在选举董事会或监事人选时，股东所持的每一股份都拥有与当选的董事和监事总人数相等的投票权，股东既可以把所有的投票权集中选举一人，亦可分散选举数人，最后按照得票多少决定当选的董事和监事。此举目的是防止在董事会和监事会选举中，董事和监事的代表完全被第一大股东所控制，第二大股东、第三大股东等可以利用累积投票制度来推荐自己选择的董事和监事的人选。我国公司法规定，股东大会选举董事、监事，可以依照公司章程的规定或者股东大会的决议，实行累积投票制，股东大会选举董事或者监事时，每一股份拥有与应选董事或者监事人数相同的表决权，股东拥有的表决权可以集中使用。

（2）同股不同权制度。不同于一元制下的一股一票制度，股权不同权采用的是二元制，又称双重股权结构、AB 股结构。在双重股权结构中，管理层试图以少量资本控制整个公司，故而将公司股票分为高、低两种投票权。高投票权的股票每股具有 2~10 票的投票权，称为 B 类股，主要由管理层持有，普遍为创始股东及其团队；低投票权的股票由一般股东持有，1 股只有 1 票甚至没有投票权，称为 A 类股。作为补偿，高投票权的股票一般流通性较差，一旦流通出售，即从 B 类股转为 A 类股。

双重股权结构有利于成长性企业直接利用股权融资，同时又能避免股权过度稀释，造成创始团队丧失公司话语权，保障此类成长性企业能够稳定发展。著名的谷歌以及我国在美国纳斯达克上市的百度、阿里巴巴、京东等均为 "AB 股结构"。2018 年 4 月 30 日，港交所发布文件支持同股不同权。2018 年 7 月 9 日，小米公司成为第一家在港交所上市的采取同股不同权的公司。

（3）利用一致行动人协议和委托投票制。一致行动人是指投资者通过协议、其他安排，与其他投资者共同扩大其所能够支配的一个上市公司股份表决权数量的行为或者事实的人。比如，创始股东之间、创始股东与投资人之间可以通过签署一致行动人协议加大创始股东的投票权权重。投票权委托类似于一致行动人协议，创始股东可以通过其他股东与其签订的投票权委托来实现对公司的控制权。

2. 董事会

董事会是介于公司股东（股东大会）与执行层（管理层）之间的治理结构，是公司治理的核心环节。董事会由股东大会选举产生，是股东大会的代表和受托人。董事会负责执行股东大会的决议，并在股东大会授权范围内行使决策权。

1）董事会的职责

从各国的实践来看，董事会的职能大致分成两类，即监督职能和建议职能。通常情况下，董事会会议由董事长召集和主持；董事长不能履行职务或者不履行职务的，由副董事长召集和主持；副董事长不能履行职务或者不履行职务的，由半数以上董事共同推举一名董事召集和主持。董事会决议的表决，实行一人一票制度。我国公司法规定，董事会对股东大会负责，行使下列职权：①召集股东会会议，并向股东会报告工作；②执行股东会的决议；③决定公司的经营计划和投资方案；④制订公司的年度财务预算方案、决算方案；⑤制订公司的利润分配方案和弥补亏损方案；⑥制订公司增加或者减少注册资本以及发行公司债券的方案；⑦制订公司合并、分立、解散或者变更公司形式的方案；⑧决定公司内部管理机构的设置；⑨决定聘任或者解聘公司经理及其报酬事项，并根据经理的提名决定聘任或者解聘公司副经理、财务负责人及其报酬事项；⑩制定公司的基本管理制度；⑪公司章程规定的其他职权。

2）董事会的构成

高效董事会设立的根本基础是董事会成员的"利益趋同"，从而"理念趋同"。我国公司法规定，有限责任公司设董事会，其成员为三人至十三人。董事任期由公司章程规定，但每届任期不得超过三年。董事任期届满，连选可以连任。两个以上的国有企业或者两个以上的其他国有主体投资设立的有限责任公司，其董事会成员中应当有公司职工代表；其他有限责任公司董事会成员中可以有公司职工代表。董事会中的职工代表由公司职工通过职工代表大会、职工大会或者其他形式民主选举产生。董事会决策的过程依赖一个可选择的组织形式，包括非委员会制度和委员会制度。我国上市公司董事会下设委员会制度建立于 2002 年初。中国证监会、国家经贸委发布了《上市公司治理准则》，要求上市公司董事会按照股东大会的有关决议，设立战略决策、审计、提名、薪酬与考核等专门委员会。随后，中国证监会发布了《董事会专门委员会实施细则指引》。目前，我国上市公司基本上采用委员会制度。其中，最重要和常见的是审计委员会、提名委员会和薪酬委员会。

董事会审计委员会是董事会按照股东大会决议设立的专门工作机构，主要负责公司内、外部审计的沟通、监督和核查工作。审计委员会成员由三至七名董事组成，独立董事占多数，委员中至少有一名独立董事为专业会计人士。审计委员会的主要职责权限为：①提议聘请或更换外部审计机构；②监督公司的内部审计制度及其实施；③负责内部审计与外部审计之间的沟通；④审核公司的财务信息及其披露；⑤审查公司内控制度，对重大关联交易进行审计；⑥公司董事会授予的其他事宜。审计委员会对董事会负责，委员会的提案提交董事会审议决定。审计委员会应配合监事会的监事审计活动。

提名委员会的主要职责是研究董事、经理人员的选择标准和程序，并向董事会提出建议；广泛搜寻合格的董事和经理人员的人选，对候选人和经理人进行审查并提出建议。提名委员会的主要职责权限为：①根据公司经营活动情况、资产规模和股权结构对董事会的规模和构成向董事会提出建议；②研究董事、经理人员的选择标准和程序，并向董事会提出建议；③广泛搜寻合格的董事和经理人员的人选；④对董事候选人和经理人选进行审查并提出建议；⑤对须提请董事会聘任的其他高级管理人员进行审查并提出建议；⑥董事会授权的其他事宜。

薪酬与考核委员会是董事会按照股东大会决议设立的专门工作机构，主要负责制定公司董事及经理人员的考核标准并进行考核；负责制定、审查公司董事及经理人员的薪酬政策与方案，对董事会负责。薪酬与考核委员会成员由三至七名董事组成，独立董事需要占多数。薪酬与考核委员会的主要职责权限为：①根据董事及高级管理人员管理岗位的主要范围、职责、重要性以及其他相关企业岗位的薪酬水平制订薪酬计划或方案；②薪酬计划或方案主要包括但不限于绩效评价标准、程序及主要评价体系，奖励和惩罚的主要方案和制度等；③审查公司董事（非独立董事）及高级管理人员的履行职责情况并对其进行年度绩效考评；④负责对公司薪酬制度执行情况进行监督；⑤董事会授权的其他事宜。

我国资本市场于 2001 年首次在上市公司治理结构中引入审计委员会制度。2018 年中国证监会《上市公司治理准则》将审计委员会确定为上市公司必设机构。目前，所有上市公司均设置了审计委员会。审计委员会在强化公司内部控制、财务信息监督等方面发挥了积极作用。2023 年 4 月，为进一步优化上市公司独立董事制度，国务院办公厅印发《国务院办公厅关于上市公司独立董事制度改革的意见》，明确要求上市公司董事会应当设置审计委员会。上市公司董事会设立的审计委员会的性质，与董事会设立的战略委员会、提名委员会、薪酬与考核等相关专门委员会无异，均属于协助董事会行使职权的辅助机构。非上市公司在董事会中设置由董事组成的审计委员会，其性质属于公司治理结构中的监督机构，行使公司法规定的监事会的职权。

3. 监事会

监事会是股东大会领导下的公司常设监察机构，执行监督职能。监事会与董事会并立，独立行使对董事会、总经理等管理层的监督权。监事会对股东大会负责，对公司的经营管理进行全面的监督，包括调查和审查公司的业务状况，检查各种财务情况，并向股东大会或董事会提供报告，对公司各级经理人员的行为实行监督等。有限责任公司设监事会，其成员不得少于三人。监事会应当包括股东代表和适当比例的公司职工代表，其中职工代表的比例不得低于三分之一，具体比例由公司章程规定。监事会中的职工代表由公司职工通过职工代表大会、职工大会或者其他形式的民主选举产生。监事会设主席一人，由全体监事过半数选举产生。监事会主席召集和主持监事会会议；监事会主席不能履行职务或者不履行职务的，由半数以上监事共同推举一名监事召集和主持监事会会议。其中，董事、高级管理人员不得兼任监事。监事的任期每届为三年。监事任期届满，连选可以连任。

监事可以列席董事会会议，并对董事会决议事项提出质询或者建议。监事会、不设监事会的公司的监事行使下列职权：①检查公司财务；②对董事、高级管理人员执行公司职务的行为进行监督，对违反法律、行政法规、公司章程或者股东会决议的董事、高级管理人员提出罢免的建议；③当董事、高级管理人员的行为损害公司的利益时，要求董事、高级管理人员予以纠正；④提议召开临时股东会会议，在董事会不履行公司法规定的召集和主持股东会会议职责时召集和主持股东会会议；⑤向股东会会议提出提案；⑥按照公司法相关规定，对董事、高级管理人员提起诉讼；⑦公司章程规定的其他职权。

4. 新公司法下的董监高的责任

2023 年 12 月 29 日，全国人大常委会审议通过了修订后的新公司法。新公司法亮点之一是强化了公司"董监高"的责任和义务，其赔偿责任之重，已完全超越了以往的公司法规定，也与其他国家公司法大不相同。与 2018 年公司法相比，新公司法新增和修改了 228 个条文，其中实质性修改条文 112 个，这是 1993 年颁布公司法以来规模最大的一次修订。一定程度上，在新公司法背景下，"董监高"的法律风险无处不在。稍有不慎，"董监高"将可能承担巨额的赔偿责任，甚至是连带赔偿责任（见表 4-1）。

表 4-1　新公司法中规定的"董监高"责任一览

序号	责任类型	具体含义	责任主体
1	违反法律、行政法规和公司章程规定，应向公司和股东赔偿损失	给公司造成损失的，应当承担赔偿责任；损害股东利益的，股东可以向人民法院提起诉讼	董监高
2	给他人造成损害的过错赔偿责任	存在故意或者重大过失的，也应当承担赔偿责任	董事、高管
3	忠实义务	应当采取措施避免自身利益与公司利益冲突，不得利用职权谋取不正当利益。违反本法忠实义务，所得的收入应当归公司所有	董监高
4	勤勉义务	执行职务应当为公司的最大利益尽到管理者通常应有的合理注意	董监高
5	关联交易报告和表决回避义务，不得利用关联关系损害公司利益	向董事会或者股东会报告，并按照公司章程的规定经董事会或者股东会决议通过。关联董事不得参与表决，其表决权不计入表决权总数。违反所得的收入应当归公司所有	董监高
6	不当利润分配的连带赔偿责任	给公司造成损失的，股东及负有责任的董事、监事、高级管理人员应当承担赔偿责任	董监高
7	对股东抽逃出资的连带赔偿责任	负有责任的董事、监事、高级管理人员应当与该股东承担连带赔偿责任	董监高

续表

序号	责 任 类 型	具 体 含 义	责任主体
8	不当减资的连带赔偿责任	给公司造成损失的，股东及负有责任的董事、监事、高级管理人员应当承担赔偿责任	董监高
9	催缴出资义务	董事会应当对股东的出资情况进行核查	董事
10	清算义务	董事为公司清算义务人，应当在解散事由出现之日起十五日内组成清算组进行清算。清算义务人未及时履行清算义务，给公司或者债权人造成损失的，应当承担赔偿责任	董事
11	董事会决议给公司造成损失的，应承担赔偿责任	董事会的决议违反法律、行政法规或者公司章程、股东会决议，给公司造成严重损失的，参与决议的董事对公司负赔偿责任；经证明在表决时曾表明异议并记载于会议记录的，该董事可以免除责任	董事
12	董事法定经营管理职责	董事会行使 10 项职权。公司章程对董事会职权的限制不得对抗善意相对人	董事
13	监事法定监督职权	监事会行使 7 项职权	监事
14	提议和召集股东会	三分之一以上的董事或者监事会提议召开临时会议的，应当召开临时会议。每年召开一次年会。特定情形下，两个月内召开临时股东会会议	董事、监事
15	定期召开董事会、监事会	董事会每年度至少召开两次会议，代表十分之一以上表决权的股东、三分之一以上董事或者监事会，可以提议召开临时董事会会议。监事会每年度至少召开一次会议，监事会决议应当经全体监事的过半数通过	董事、监事
16	特定情形下辞任后应继续履行职务	在改选出的董事/监事就任前，原董事/监事仍应当依照法律、行政法规和公司章程的规定，履行董事/监事职务	董事、监事
17	接受股东质询	董事、监事、高级管理人员应当列席并接受股东的质询	董监高
18	接受监事的质询或者建议，向监事会提交执行报告	董事、高级管理人员应当如实向监事会提供有关情况和资料，不得妨碍监事会或者监事行使职权	董事、高管
19	聘任或者解聘经理	董事会决定聘任或者解聘	董事
20	聘用、解聘会计师事务	公司聘用、解聘承办公司审计业务的会计师事务所，由股东会、董事会或者监事会决定	董事、监事
21	可按规定设置审计委员会	股份有限公司、有限责任公司可以按照公司章程的规定在董事会中设置由董事组成的审计委员会，行使本法规定的监事会的职权，不设监事会或者监事	
22	股份公司持股申报义务	公司董事、监事、高级管理人员应当向公司申报所持有的本公司的股份及其变动情况，在就任时确定的任职期间每年转让的股份不得超过其所持有本公司股份总数的百分之二十五；所持本公司股份自公司股票上市交易之日起一年内不得转让。上述人员离职后半年内，不得转让其所持有的本公司股份	董监高
23	股份公司财务资助合规义务	公司不得为他人取得本公司或者其母公司的股份提供赠与、借款、担保以及其他财务资助；给公司造成损失的，负有责任的董事、监事、高级管理人员应当承担赔偿责任	董监高
24	国有独资公司不得兼职	国有独资公司的董事、高级管理人员，未经履行出资人职责的机构同意，不得在其他有限责任公司、股份有限公司或者其他经济组织兼职	董事、高管

续表

序号	责 任 类 型	具 体 含 义	责任主体
25	代表诉讼	有限责任公司的股东、股份有限公司连续一百八十日以上单独或者合计持有公司百分之一以上股份的股东，可以书面请求监事会向人民法院提起诉讼；监事有前条规定的情形的，前述股东可以书面请求董事会向人民法院提起诉讼	董事、监事

4.3　国有企业公司治理

公司治理是一种对公司进行管理和控制的结构性制度安排。其通过所有权与经营权基于信托关系而形成的相互制衡，能够有效解决内部利益冲突，降低交易成本。国有企业的经营实践同样离不开有效的公司治理机制，良好的公司治理是实现国有资产保值增值、提高国有经济竞争力的需要。国有企业完善公司治理机制是我国全面推进依法治企、国家治理体系和治理能力现代化的内在要求，是现代企业实现高质量发展的根本保证。

4.3.1　我国国有企业公司制改革历程

1978 年以来，中国国有企业改革先后经历了扩大企业自主权、实行两权分离、建立现代企业制度这三个渐次深化的发展阶段，每次递进都顺应了改革实践的需要。改革初衷是要让国有企业走向市场，削弱政府对企业的行政干预，实行政企分开。40 多年来，我国国有企业的公司治理模式，逐步从政企不分的行政型治理，向市场导向的经济型治理转变，呈现出行政型治理逐渐弱化、经济型治理逐步加强的过程。从我国国有企业改革实践看，我国国有企业公司制改革的发展历程了以下几个阶段。

1. 1978—1992 年，初步探索阶段

此阶段的国企改革重点体现在扩大企业自主权上。党的十一届三中全会明确指出，我国经济管理体制的一个严重缺陷就是权力过于集中，应该大胆下放，让地方和企业有更多的经营管理自主权。这一阶段，国企改革开始扩权让利，主要集中在两个方面：一是以计划经济为主，同时充分重视市场调节的辅助作用，调整国家与企业的关系（打破政企不分）；二是扩大企业自主权，并且把企业经营同职工的物质利益挂钩，着眼于调动企业和职工的积极性、主动性。

2. 1993—2002 年，制度创新阶段

1993 年 11 月，党的十四届三中全会通过了《中共中央关于建立社会主义市场经济体制若干问题的决定》，明确指出我国国有企业的改革方向是建立"适应市场经济和社会化大生产要求的、产权清晰、权责明确、政企分开和管理科学"的现代企业制度，要求通过建立现代企业制度，使企业成为自主经营、自负盈亏、自我发展、自我约束的法人实体和市场竞争主体。其间，国企在两个领域发生了根本性的改变，并开始对资本市场产生重大影响：一是产权清晰、权责明确开始落到实处，股份合作制成为推动国企改革的主要形式，国有小型企业被出租或者出售给集体或者个人；二是除了公开出售以外，地方性国企或者集体企业通过管理者收购（MBO）方式成为民营企业。此阶段实践证明，公司制是现代企业制度的有效组织形式，是建立中国特色现代国有企业制度的必要条件。国企改革在此期间释放出巨大红利，民营经济占国民经济的比重开始迅速提升，造就了具有活力的经济体系，山东和广东也因此成为国内民营经济重镇。2000 年，国有企业改革与脱困三年目标基本实现，国有企业实现利润 3 786 亿元。国务院国资委统计表明，截至 2003 年年底，全国 4 223 家国有大中型骨干企业中，有 2 514 家实施了公司化改制，改制面近 60%；国家重点企业中的 2 524 家国有及国有控股企业，有 1 331 家改制为股权多元的股份制企业，改制面约为 52.7%。

3. 2003—2013 年，纵深推进阶段

在党的十六大之后，现代企业制度建设继续深化、国有资产管理方式变化和资本市场改革，使我国的国企改革进入了新的阶段。主要体现在要求中央和省（自治区、直辖市）两级政府设立专门的国有资产管理机构，改变部门分割行使国有资产所有者职能。各级国资委依照公司法等法律和行政法规履行出资人职责，推进国有企业的现代企业制度建设，完善公司治理结构。

公司制国有企业，其出资人是全体人民，但由国家代表全体人民出资，由国务院行使国有资产所有权，各级政府分别履行出资人职责。国务院建立国有资产监管机构，授权其对国有企业履行出资人职责。因此，国有资产监管机构既履行出资人职责，又要履行国有资产监管职责，其履责的对象是国有企业。2003 年 4 月，国有资产管理委员会成立。此阶段，国有及国有控股企业资产总额从 2002 年年初的 8.34 万亿元上升至 2013 年的 34.27 万亿元。资产总额同比增速连年增长，2008 年最高达到 18.4%；2013 年，进入世界 500 强的国企上升至 95 家。

4. 2014—2023 年，持续深化阶段

党的十八届三中全会明确提出完善我国国有资产管理体制，改革国有资本授权经营体制，组建若干国有资本运营公司，支持有条件的国有企业改组为国有资本投资公司。在这一阶段，明确了国有企业分类改革的发展目标，进一步完善国有企业公司治理结构，加快发展混合所有制经济，推动国资监管模式从管资产向管资本转变。2016 年 10 月，习近平总书记在全国国有企业党的建设工作会议上指出，中国特色现代国有企业制度，"特"就特在把党的领导融入公司治理各环节，把企业党组织内嵌到公司治理结构之中，明确和落实党组织在公司法人治理结构中的法定地位，做到组织落实、干部到位、职责明确、监督严格。2020 年 6 月，《国企改革三年行动方案（2020—2022 年）》通过中央全面深化改革委员会审议。这标志着，我国国企改革将在国企混改、重组整合、国资监管体制改革等方面进入新阶段。其中，混合所有制改革的重点是完善公司治理，转换经营机制，探索建立有别于国有独资、全资公司的治理机制和监管制度。对国有资本不再绝对控股的混合所有制企业，探索实施更加灵活、高效的监管制度。2023 年 6 月，实施"新三年行动"（《国有企业改革深化提升行动方案（2023—2025 年）》）。

5. 2024 年至今，公司治理结构的重构阶段

于 2024 年 7 月 1 日起施行的新《公司法》在原有基础上做了大幅修改，其重点修改内容包括但不限于公司注册资本制度、公司治理结构、国家出资公司组织机构的特别规定，

以及"董监高"信义义务等。其中，公司治理结构是公司制度的核心，新《公司法》对现行公司治理结构的重构，既是对我国过去数十年公司治理发展理论与法律实践的系统总结和提炼升华，也为我国未来五至十年乃至更长时间发展及完善中国特色现代企业制度建设指明了方向和道路，意义重大、影响深远。这个阶段的公司治理结构，特别是国有企业治理结构的变化主要如下。

1）党对国有企业的领导正式法定化

新《公司法》第 170 条规定，国家出资公司中中国共产党的组织，按照中国共产党章程的规定发挥领导作用，研究讨论公司重大经营管理事项，支持公司的组织机构依法行使职权。自此，党对国有企业的领导地位从政策层面上升到法律层面，将党对国有企业的领导正式法定化。这也意味着对于国家出资公司而言，公司治理结构由通常的"三会一层"实际上变为"四会一层"。本次公司法修订，积极吸收和充分反映了我国近年来深化国有企业改革、完善中国特色现代国有企业制度的重要改革成果和举措，同时也为全面加强党对国有企业的领导提供了法律依据和制度支撑。

新《公司法》第 168 条还进一步明确了"国家出资公司"的定义，是指国家出资的国有独资公司、国有资本控股公司，包括国家出资的有限责任公司、股份有限公司。从国有独资公司到国家出资公司的变化，反映了新《公司法》对近年来我国国企改革成果的认可和确认。此外，根据新《公司法》第 169 条的规定，国务院或地方人民政府代表国家依法履行出资人职责，可以授权国有资产监督管理机构或其他部门、机构代表本级人民政府对国家出资公司履行出资人职责，扩充了授权履行出资人职责的机构范围。

2）引入单层制公司治理结构，监事会或监事不再是公司治理结构的必需选项

根据新《公司法》第 69 条和第 121 条第一款的相关规定，有限责任公司和股份有限公司，均可以选择在董事会中设置审计委员会，依法行使监事会的职权，不设监事会或者监事。自此，我国《公司法》正式引入了单层制公司治理结构，监事会或监事不再是公司治理结构的必需选项，公司治理结构进入了单双层并行的时代。单层制在英美法系国家中较为普遍，通过合并和内化监督职能于董事会，简化了公司内部的治理结构，被认为是一种有效的公司治理模式。引入单层制公司治理结构是对域外优秀公司治理制度的吸收借鉴，一方面有利于与国际上的公司治理实践相接轨，另一方面有利于改善我国现行双层制公司治理结构中监事会监督效率低下甚至形同虚设的现状。

新《公司法》中对公司治理结构的重构，特别是单层制公司治理结构的引入，以及股东人数较少或者规模较小公司治理结构的精简，丰富了公司治理结构的多样性和灵活性，为市场主体自行选择符合其公司发展实际情况的治理结构提供了更大的制度空间。但是，从双层制公司治理结构到单双层制公司治理结构并行的转变能否真正发挥预设的制度价值，以及精简的公司治理结构是否真正有利于规模较小或者股东人数较少的公司提高治理效率等有关问题，尚需等待公司治理实践的检视和反馈。

4.3.2　国有控股公司治理结构的基本特征

法人治理结构是现代企业制度的核心，也是国有控股公司领导体制演变的新形态。目前，国有控股公司的治理结构与国外公司治理结构模式已经呈现出明显不同，与国企改革建立现代企业制度初期的"新三会""老三会"的模式业已有了很大的差异。按照我国现

行的法律法规和相关制度规定，国有企业特别是国有控股公司普遍建立了党委会、董事会、监事会、经理层的"四会一层"的公司法人治理结构。我国国有企业治理结构的基本特征如下。

1. 明确的国企属性

国有控股企业是中国企业的一种特殊形式，具有一般公司和国有企业的双重特性，在公司运行中存在诸多不同于非国有控股企业的治理要求和实践特点。国有控股企业无论是绝对控股企业还是相对控股企业，由于国家资本股本占比都较高，它们最终都是由国家实际控制的企业。目前，除了极少数的国有企业仍然为国有独资企业外，绝大多数的国有企业已经普遍改制为国有控股公司，国有控股公司已经成为国有企业的主要形式。

2. 独特的治理架构

按照传统的公司治理理论，在公司治理构架中，公司治理主体为董事会、监事会、经理层。股东大会由于是非常设机构，一般不被视为法人治理结构的日常治理主体。目前，无论是从政策的发展看，还是从企业的实践看，我国国有控股公司已经突破了传统意义上的"三主体"模式的公司治理框架，构建起由党委会、董事会、监事会、经理层四个治理主体共同构成的"四主体"公司治理新结构。"四主体"治理结构（党组织嵌入式治理结构）的构成主体有四个，即党委会、董事会、监事会、经理层，其中最重要的是党委会和董事会。"四主体"治理结构模式在具有"三主体"治理结构模式常规特征的同时，还具有两个新特征：一是党委会被定义为公司治理结构主体之一，内嵌到法人治理结构之中；二是党委会根据治理规则发挥相应的作用。党组织嵌入公司治理结构并履行治理职责后，原有的治理关系随之被重构，这对公司治理的日常运行和最终效能都将产生深刻影响。

3. 创新的决策机制

建立现代企业制度的国有控股公司逐步形成了不同于西方公司治理结构的决策规则和程序。其中，最具创新意义的是讨论前置决策程序。讨论前置是指在国有及国有控股公司的决策程序上，党组织研究讨论是董事会、经理层决策重大问题的前置程序，重大经营管理事项必须经党组织研究讨论后，再由董事会和经理层做出决定。

讨论前置决策程序具有以下特点：涉及多方主体，包括党委会、董事会、监事会、经理层等；适用的范围主要是重大问题，包括"三重一大"事项（重大事项决策、重要干部任免、重要项目安排、大额资金使用）等；主要目的在于发挥党组织在国有控股公司中的领导作用，把方向、管大局、保落实。讨论前置决策程序重构了党组织和其他治理主体之间的关系，塑造了党委会与董事会，以及监事会、经理层在决策程序上的顺序链条，同时对各治理主体的权责边界进行重新划分。讨论前置是国有控股公司落实坚持党的领导和建立现代企业制度"两个一以贯之"的有效探索，是把加强党的领导和完善公司治理统一起来的重要举措。讨论前置决策程序有利于在发挥党组织领导作用的同时，充分发挥董事会的决策作用、监事会的监督作用、经理层的经营管理作用，成为中国特色现代企业制度决策机制的关键探索。

当前，讨论前置决策程序作为中国特色现代企业制度的重要决策制度安排，正在国有控股公司中积极推行、落地实施。

4. 特色的领导体制

把党的领导融入公司治理各环节，是中国特色现代企业制度的一个基本要求，也体现了推进国有企业改革在制度设计方面的一个重要理念。一般认为，传统"三主体"的公司治理模式，由董事会、监事会、经理层分别行使决策权、执行权、监督权，形成了分权制衡、相互监督的治理关系。因此，把党的领导融入公司治理各环节，就要融入董事会的决策、经理层的执行、监事会的监督之中，而且要融入公司治理的全过程。

在建设现代国有企业制度过程中，国有控股公司已经探索出了"双向进入、交叉任职"的领导体制，通过在党委会、董事会、监事会、经理层等治理主体之间进行"贯通式"的人事安排，推进治理主体在成员层面上的相融合，将党组织的影响力导入企业决策、执行、监督的环节。"双向进入、交叉任职"的具体做法是：符合条件的党组（党委）领导班子成员可以通过法定程序进入董事会、监事会、经理层，董事会、监事会、经理层成员中符合条件的党员可以依照有关规定和程序进入党组（党委）；党组（党委）书记、董事长一般由一人担任。

现代企业制度下国有企业的公司治理架构如图 4-4 所示。

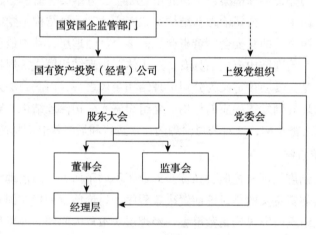

图 4-4 国有企业的公司治理架构

4.3.3 党组织嵌入公司治理及其效果

可以说，党组织治理是中国特色公司治理运行机制的重要创新。党组织在国有企业的地位作用被显著强化的同时，国有企业公司治理结构的领导体制、决策机制等也都有了创新，"融入"与"内嵌"相结合的公司治理模式初步形成。2015 年 8 月 24 日，《中共中央、国务院关于深化国有企业改革的指导意见》在重申充分发挥企业党组织政治核心作用的基础上，对公司董事会、监事会、经理层、党组织等治理主体的作用分别界定为，"充分发挥董事会的决策作用、监事会的监督作用、经理层的经营管理作用、党组织的政治核心作用"，并提出"创新国有企业党组织发挥政治核心作用的途径和方式"。2016 年 10 月 10 日，全国国有企业党的建设工作会议提出，党对国有企业的领导是政治领导、思想领导、组织领导的有机统一，国有企业党组织发挥领导核心和政治核心作用，赋予了党组织在国有企业"把方向、管大局、保落实，依照规定讨论和决定企业重大事项"的职责权限。

在领导体制方面，"双向进入、交叉任职"的领导体制已经形成。符合条件的党组织领导班子成员可以通过法定程序进入董事会、监事会、经理层，董事会、监事会、经理层成员中符合条件的党员可以依照有关规定和程序进入党组织领导班子；经理层成员与党组织领导班子成员适度交叉任职；董事长、总经理原则上分设，党组织书记、董事长一般由一人担任。在决策程序方面，明确提出

《中共中央、国务院关于深化国有企业改革的指导意见》

"党组织研究讨论是董事会、经理层决策重大问题的前置程序，重大经营管理事项必须经党组织研究讨论后，再由董事会和经理层做出决定"，强调要"进一步完善公司法人治理结构，充分发挥章程在公司治理中的统领作用，依法厘清股东（大）会、董事会、监事会、经理层的职责边界，明确履职程序"，"健全党组织参与重大决策机制"。

较多研究发现国有企业党组织嵌入公司治理结构具有积极的治理作用。一方面，会对高管个人产生影响，如降低超额薪酬、缩小高管和员工的薪酬差距、降低代理成本、抑制高管隐性腐败、降低高管预算松弛程度等；另一方面，党组织嵌入公司治理结构会对企业整体产生影响，如提高国有企业出售时的溢价水平、聘用更大规模的会计师事务所、提高国有企业内部控制水平、提高董事发表异议的概率等。也有研究认为应注意规避具体实施不到位可能产生的负面效果。例如，国有企业可能会因政治干预的加深而增加冗余雇员、党组织过多参与公司经营管理将会对公司治理水平和内部控制有效性产生负面影响，最终降低商业类国有企业绩效（吴秋生和王少华，2018）。

4.3.4　国有企业混合所有制改革对公司治理的影响

由于国企在我国国计民生中的历史地位和特殊作用，国企改革一直是我国经济体制改革的主要内容，甚至成为我国 40 多年改革开放的缩影。由于预算软约束、模糊诚信责任、多目标激励冲突和中国式内部人控制等问题的存在，国有企业既没有摆脱"家庭手工作坊式"的控制权对经营权的干预，无法利用社会专业化分工提高效率，又没有很好解决家庭手工作坊并不存在的代理问题。混改作为当下国企改革的突破口在新一轮国企改革中被普遍采用。

理论上，混合所有制改革包括发展混合所有制经济改革与发展混合所有制企业改革。始于 2013 年的混合所有制改革把国有企业股份制改革推到一个新高度，实行国有企业改制、国有企业所在领域产业经营同时向民资外资开放。民资外资既可以参与国有企业发展混合所有制企业的股份制改革，也可以参与国有企业所在领域产业开放的发展混合所有制经济改革。

1. 国企混改模式和实现路径

2013 年开始的国企混改实质性操作的一个重要方向是"分类、分层实施"。国务院国资委将国有企业分为三大类：公益性、商业 I 类和商业 II 类。杨瑞龙（2014）认为，应从国有企业所处行业的特性及其所提供产品的性质两个维度来客观确定功能导向的分类方法，对不同类型的国有企业选择不同的改革模式，即提供公共产品的国有企业宜选择国有国营模式，垄断性国有企业宜选择国有国控模式，竞争性国有企业一部分宜进行产权多元

化的股份制改造、一部分宜实行民营化。目前，我国国有企业有 5 类混合所有制改革模式，即开放式改制重组、整体上市、设立政府引导基金（产权制度改革）、引入战略投资者和员工持股。

实践中，本轮国企混改的核心内容集中在两个层面：一是在实体经济层面，通过引入民资背景的战略投资实现所有制的混合，改善治理结构，转变经营机制；二是在国有资产管理体系层面，从"管人管事管企业"向"管资本"转变，实现国资"保值增值"目的。为了实现上述两个层次的混改目的，在混改实践中，存在三条实现路径。①

1）路径之一：在实体经济层面引入外部投资者

在实体经济层面引入外部投资者的力度与该国企所处的行业是否属于基础战略性行业密切相关。国家选择不同行业的国企进行分类改革。对于基础战略性行业，即使大比例引进外部投资者，国资依然需要保持控股；对于那些非基础战略性行业，则可以让渡控股权给民资背景的战投。国企混改在实体经济层面引入外部投资者的混改路径存在两种典型模式：一是被誉为"央企混改第一股"的中国联通模式；二是来自天津地方国企混改实践的"北方信托模式"。前者既是央企混改的案例，也是基础战略性产业国企混改的案例，后者则是地方国企混改和非战略基础性产业国企混改的典型案例。

2）路径之二：在实体经济对外引入外部投资者的同时对内推出员工持股计划

国务院国资委、财政部和中国证监会于 2016 年 8 月联合下发了《关于国有控股混合所有制企业开展员工持股试点的意见》，鼓励混改的国有企业同时推出员工持股计划，改善治理结构，转化经营机制。员工持股计划作为中国联通混改方案的"最后一块拼图"于 2018 年 3 月 21 日推出。中国联通向包括董秘和财务负责人在内的 7 855 名公司中层管理人员、核心管理人才和专业人才授予不超过 84 788 万股限制性股票，约占当前公司股本总额的 2.8%。

3）路径之三：在国有资产管理体制改革上，通过国有资产的资本化，监管职能实现"从管企业到管资本"的转变

所谓管资本，就是改革经营性国有资产的实现形式，由实物形态的国有企业专项价值形态，转变为可以用财务语言清晰界定、有良好流动性、可以进入市场运作的国有资本。设立或改组作为"政府和市场之间界面"的投资运营机构和对原国有企业的公司制改造，旨在实现"国有资产的资本化"。国有资本投资运营机构成为国务院国资委监管对象，经过"国有投资运营机构的隔离"，国务院国资委与国有资本投资运营公司参与投资的实体企业"不再有直接产权关系，也无权穿越投资运营机构干预其投资的公司，政企分开顺理成章"。

2. 国企混合所有制改革对公司治理改革的影响

从混合所有制改革实践看，混合所有制改革对公司治理改革的影响体现在以下几个方面。其一，国企通过混合所有制改革改善了董事会治理效果，混改后外资民资股东通过委派董事促进了董事会决策机制的转变，强化了董事会的制衡监督作用；其二，国企通过混合所有制改革改善了管理团队治理效果，混改后管理团队的部分成员实行公开招聘，程度不同地促进了管理团队的职业化；其三，国企通过混合所有制改革改善了经营机制，混改

---

① 郑志刚. 国企混改的逻辑、路径与实现模式选择[N]. 中国经济报告，2020（1）：54-67.

后的经营更加市场化，依托市场竞争加快国企所拥有资源的产业化进程。

在案例研究以及实践中，如何分析混改动因及其经济效应，需要结合企业的混改目标和公司治理目标，探求其选取不同混改路径的动因，进而分析各混改路径和公司治理产生何种混改绩效，以及分析混改路径和公司治理如何相互影响。图 4-5 是混合所有制改革的分析框架。①

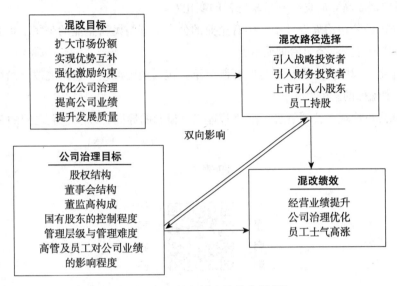

图 4-5　混合所有制改革的分析框架

本章小结

公司治理分为内部治理和外部治理两方面。外部治理包括制度层面与市场层面的企业外部环境因素。内部治理是指以公司所有权结构为起点、以治理结构为表现形式、以内部治理机制为内在核心的一系列制度安排。内部治理与外部治理相互作用，共同构成现代公司治理的基本框架。在世界各国的公司治理实践中，存在三种比较典型的模式：以美国、英国为代表的市场导向型即"英美模式"，以德国、日本为代表的银行导向型即"德日模式"，以及以东亚国家为代表的家族控制模式。公司治理结构是指为实现资源配置的有效性，所有者（股东）对公司的经营管理和绩效改进进行监督、激励、控制和协调的一整套制度安排，它反映了决定公司发展方向和业绩的各参与方之间的关系。典型的公司治理结构是由所有者、董事会和执行经理层等形成的具有一定相互关系的框架。

国有企业的经营实践同样离不开有效的公司治理机制，良好的公司治理能够实现国有资产保值增值、提高国有经济竞争力。党组织治理是中国特色公司治理运行机制的重要创新，其在领导体制、决策机制等方面的创新具有积极的治理作用。国企混合所有制改革通过改善国企治理结构，转变经营机制，实现国有资产的保值增值。

---

① 沈昊，杨梅英. 国有企业混合所有制改革模式和公司治理——基于招商局集团的案例分析[J]. 管理世界，2019（4）：171-182.

复习思考题

1. 国际上有不同类型的公司治理模式，我国公司治理结构采用了哪种模式？我国公司治理有何特点？

2. 2024 年 7 月 1 日起施行的《中华人民共和国公司法》会给我国公司治理带来哪些变化？对公司"董监高"的责权利带来怎样的变化？

3. 在我国的公司治理设计中，国有企业的公司治理与民营企业的公司治理有怎样的区别？如何提高国有企业公司治理质量？

4. 近几年，我国大力推行混合所有制改革，包括逆向混改。逆向混改会给民营企业的治理绩效带来怎样的影响？

5. 分析公司治理、公司管理、战略管理三个概念的异同，以及它们之间的关系。

即测即练

自学自测　扫描此码

第 5 章

企业筹资与资本结构

2023 年 7 月 17 日，中国恒大一次性补发 2021 年度、2022 年上半年和 2022 年度三份业绩财报。财报显示，中国恒大两年亏损超 8 120 亿元，总负债超 2.4 万亿元。2024 年 1 月 29 日，香港高等法院正式公布，对中国恒大颁布清盘令。根据本次判决书，中国恒大已严重资不抵债，无力偿还债务，这是不争的事实。在被呈请清盘期间，中国恒大曾发起过债务重组，但最终因恒大销售不及预期、恒大地产（中国恒大的主要附属公司）被立案调查等而无法重组。由此引发思考，逐年增加的负债会诱发破产风险，那么企业负债水平是否存在临界值？资本结构是否存在最优水平？企业进行负债融资应该主要考虑哪些因素？本章就围绕这些问题展开讨论。

哪吒汽车赴港上市融资

在经历近一年半的销量低谷后，造车新势力哪吒汽车终于决定向港股 IPO 发起冲刺。2024 年 6 月 26 日，哪吒汽车母公司合众新能源汽车股份有限公司向港交所主板递交上市申请。招股书显示，2021—2023 年，哪吒汽车营收 50.87 亿元、130.50 亿元和 135.55 亿元；毛利润分别为 –17.48 亿元、–29.39 亿元和 –20.14 亿元；净亏损 48.40 亿元、66.66 亿元、68.67 亿元，三年累计亏损达 183.73 亿元。巨额亏损往往源于前期研发、生产设施建设和市场推广等方面的高投入，而收入尚未达到足以覆盖成本的程度。

《中国经营报》记者注意到，在营收增速放缓以及持续亏损之下，高端化和出海仍是哪吒汽车选择的两条发展道路。根据灼识咨询报告，公司整体平均售价从 2021 年的 7.1 万元上升至 2024 年前 4 月的 11.3 万元。同时，根据上险量计，2023 年哪吒汽车是东南亚新能源乘用车排名前三的品牌。公司将持续推出新车型并实行快速产品迭代，专注于售价较高的产品。同时，进一步拓展海外市场，根据每个海外市场的特点及客户需求定制产品、服务及策略，从而提升收入及盈利能力。

哪吒汽车较为依赖外部资金。哪吒汽车毛利率虽有所改善但仍未转正。招股书显示，报告期内，哪吒汽车毛利率分别为 –34.4%、–22.5% 和 –14.9%。哪吒汽车表示，整体毛利率之所以有所改善，主要是由于产品组合优化、更专注于平均售价增加的智能新能源汽车车型、国际销售增加，以及通过成本控制措施而提高了成本效益。目前，正提升产量及交付量以实现规模经济。这也导致哪吒汽车对外部资金较为依赖。2023 年 8 月，哪吒汽车宣布已完成总额为 70 亿元人民币的 Crossover 轮融资，而这也被认为是 IPO 前的"过桥融资"。2024年2月，香港特别行政区政府与哪吒汽车签约，为其提供2亿港元补贴，并协助基石轮投资2亿美元；4月，哪吒汽车又获得桐乡市国有资本投资运营有限公司、宜春市金合股权投资有限公司、南宁民生新能源产业投资合伙企业（有限合伙）三方国资不少于50亿元融资。三方"协调相关资源，支持合众汽车尽快实现IPO"。另据招股书披露，自2017年以来，合众汽车共完成10轮融资，融资总额达228.44亿元。其前五位的股东包括宜春实体、合众汽车董事长方运舟及控制实体、南宁基金、华鼎资本和三六零安全等明星资本。

赴港上市为哪吒汽车提供了一个重要的资本补充渠道，可以缓解其财务压力，为其后续发展提供必要的资金支持。通过上市筹集的资金，哪吒汽车有望进一步扩大生产规模，提升技术研发能力，加强供应链管理和市场拓展，从而加速其实现盈利的步伐。

（资料来源：《中国经营报》2024年7月15日第C07版，记者郭阳琛、石英婧，内容有删减。）

所有公司都需要获得资本，尽管时间有所不同。为了筹集资本，一家公司要么借钱（债务融资），要么出售部分股权，或者二者兼而有之。公司如何筹集资本取决于很多因素，包括公司规模、生命周期所处阶段和成长前景。本章主要介绍企业筹资与资本结构相关的问题。首先，阐述企业筹资的基本原理，不仅探讨企业筹资的生命周期，而且讨论企业首次公开发行股票和再融资。其次，分析实务中常见的企业筹资基本方式。再次，阐释资本结构理论的简要发展脉络。最后，探讨企业资本结构决策与我国资本市场实践。

5.1　企业筹资的基本原理

5.1.1　企业筹资的生命周期

企业筹资的生命周期是指企业在存在的各个发展阶段，基于自身的成长特性、市场定位、竞争状况、财务状况以及未来的发展战略，系统性地选择和实施不同的融资方式和策略，以满足资本需求、优化资本结构、降低融资成本、提高财务稳健性，并最终支持企业的战略目标实现和持续发展。这一过程通常包括但不限于以下几个阶段。

（1）种子期。该阶段企业刚刚成立，通常由创始人或创始团队出资。资金主要用于产品研发、市场调研和初步的商业模式构建。此时需要筹集一小笔资金以证实一个概念或开发一款产品，尚不考虑营销问题。筹资来源可能包括个人储蓄、亲友支持、天使投资人等。还有一些企业可能会寻求政府的创业资助、补贴或贷款等。

（2）初创阶段。企业开始形成产品或提供服务，并进行市场测试。在导入期，为在过去一年内成立的公司提供融资，资金用于市场与产品开发。随着企业开始成长，风险投资（venture capital，VC）开始介入，风险投资者为企业提供资金以换取公司股权。风险资本的主要目的是帮助这些企业成长和发展，最终实现资金的增值回报。例如，北京字节跳动科技有限公司就是由风险投资提供资金的。第一轮融资，对那些已经花光了导入期投资并开始产品销售和制造的企业进行追加投资；第二轮融资，典型的情况是为那些在进行产品销售但仍旧亏损的企业提供营运资金；第三轮融资，对那些至少实现了盈亏平衡并考虑扩张的企业提供融资，也称夹层融资；第四轮融资，对那些有希望在半年内上市的企业提供资金，也称过桥融资。

（3）成长阶段。企业在市场上站稳脚跟，开始快速增长，需要更多的资金来扩大生产规模、增加营销力度、拓展市场等。筹资方式可能包括债务融资（如银行贷款）、股权融资（如私募股权）。对于一些非上市企业，私募股权投资可能是一个重要的资金来源。

（4）成熟阶段。企业增长放缓，市场地位稳固，筹资需求可能减少，更多关注于维持运营和提高效率。成熟企业可能会通过首次公开募股在资本市场上市，向公众出售股票来筹集资金，也会发行债券或通过银团贷款筹集资金。此外，为了进一步扩大市场或引入新技术，企业还可能会寻找战略投资者。

（5）衰退或转型阶段。随着市场的变化或技术的发展，企业可能面临衰退。面对财务困境，企业需要筹资来支持转型，或与债权人协商重组债务，或寻求新的投资者，以适应新的市场环境。此外，企业还可能会出售非核心资产来筹集资金。

企业筹资的生命周期是一个动态的过程。在整个生命周期中，企业需要根据自身的财务状况、市场环境和长期战略来选择合适的筹资方式。同时，企业还需要考虑到筹资成本、风险和对企业控制权的影响。有效的筹资策略可以帮助企业在各个阶段顺利过渡，实现持续发展。因此，合理规划和适时调整筹资策略对企业可持续发展至关重要。

5.1.2　首次公开募股

首次公开募股（initial public offering，IPO）是指公司通过证券交易所首次公开向社会公众投资者发行股票，以筹集权益资金的过程。IPO 是公司第一次将其股票在公开市场上向社会公众销售。IPO 之后，公司股票可以实现在证券交易所挂牌交易。

首先，IPO 是一种公开筹集权益资本的运作方式。通过向社会公众公开发行股票，筹集大量权益资本，企业可以迅速扩大规模，解决发展的资金瓶颈。其次，IPO 将促进公司管理平台的升级。公司 IPO 上市以后，管理将从原来的产业平台进一步发展到资本平台，从原来只关注产业、市场变化发展到更要关注资本市场、社会公众投资者利益。公司的管理层导向将发生重要转变，对企业管理水平提出更高要求。再次，在 IPO 过程中，公司的历史沿革、规范运作、治理结构等方面都需要进行清晰的梳理和规范，这有助于促进公司在规范管理方面实现重要跨越。最后，IPO 过程也是风险投资和企业投资者的重要退出机制，上市后产生的财富效应对风险投资者、企业创业者而言都具有巨大的吸引力。因此，对公司长远发展而言，IPO 是一项重要的里程碑式事件。

一家公司上市可以有很多选择，图 5-1 简要列示了主要的选择路径。从方式上看，公司可以选择直接上市或间接上市。所谓间接上市，主要是指借壳上市。本节主要分析通过国内 IPO 直接上市的企业行为。

2023 年 2 月 17 日，中国证监会发布全面实行股票发行注册制相关制度规则，自公布之日起施行。上海证券交易所、深圳证券交易所、北京证券交易所、全国中小企业股份转让系统有限责任公司等配套规则同步发布实施。

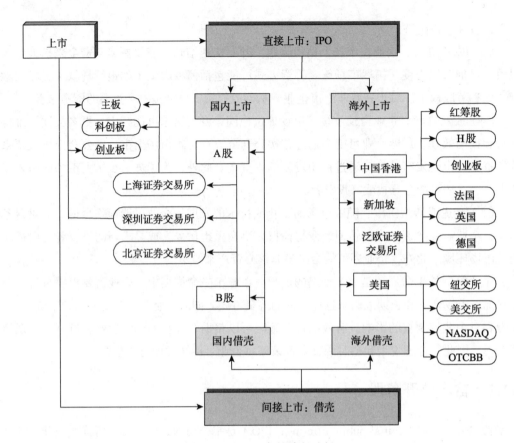

图 5-1　企业上市的路径选择

这次全面注册制改革统一了各市场板块的注册制安排，清晰呈现四大板块的市场定位，使得不同规模、不同行业以及处于不同发展阶段的优质企业，选择合适的发行上市板块，增强了资本市场的多样性。各板块实现了差异化定位：主板突出"大盘蓝筹"特色，科创板突出"硬科技"属性，创业板主要服务成长型创新创业企业，北交所主要服务创新型中小企业，共同构成我国多层次资本市场。在 IPO 发行条件方面，主板、科创板、创业板基本适用统一的发行条件。北交所虽然与沪深板块发行条件不同，但整体原则保持一致。

IPO 发行价格是新股发行过程中关键的决策之一。发行价格决定了企业的融资额和发行风险，关系到发行人、投资者、承销商等多方利益，甚至还会影响到股票发行后二级市场的平稳性。IPO 发行价格主要取决于 IPO 定价机制（或称发售机制）。目前，全球范围内主要有四种 IPO 定价机制，包括固定价格机制、拍卖机制、累计投标机制和混合定价机制。其中，累计投标机制较为常用，以美国、英国为代表的主要境外成熟市场大多采用该种方式对新股进行定价；固定价格机制主要应用于新兴市场国家，如马来西亚、泰国等；拍卖机制主要应用于日本、法国，以及中国台湾地区等。

IPO 抑价（IPO underpricing）是指 IPO 发行的新股上市之后，二级市场上首日交易价格大于一级市场发行价格的现象。相对于更高的二级市场交易价格，人们称一级市场的发行价格存在抑价。抑价问题的直接表现即为上市首日收益率为正。图 5-2 为 1990—2023 年我国 IPO 首日收益率情况，纵向坐标轴左侧是 IPO 数量，右侧是 IPO 首日收益率。

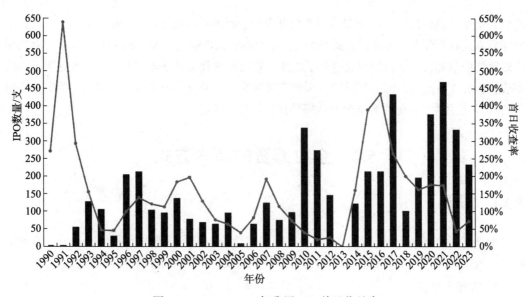

图 5-2　1990—2023 年我国 IPO 首日收益率

资料来源：Qian Y M, Ritter J R, Shao X J, et al. Initial public offerings Chinese style[J]. Journal of Financial and Quantitative Analysis, 2024(1): 1-38.

　　IPO 抑价现象几乎存在于所有国家的资本市场。针对这种现象，财务管理理论给出了许多解释。这些理论解释中，通常可以分为两类：一类从新股发行价过低的角度解释，如赢者诅咒假说、信号假说、承销商风险规避假说；另一类则从新股上市首日的过度反应角度解释，如投机泡沫假说。

5.1.3　再融资

　　公司上市以后，随着经营规模的扩大，投资机会相应增多，但仍会面临资金难题。利用资本市场进行再融资是其快速扩张和解决资金难题的一项重要措施。所谓再融资，是指上市公司通过配股、增发、发行可转换债券和优先股等方式在证券市场上进行的直接融资。再融资对上市公司的发展起到了较大的推动作用，我国证券市场的再融资功能越来越受到有关方面的重视。

　　从中国股权再融资监管制度的变革历史来看，1998 年以前，配股是上市公司再融资的唯一方式。2000 年以来，增发成为上市公司另一种再融资方式。2001 年开始，可转债融资成为上市公司追捧的对象。2005 年 4 月 29 日，中国证监会发布《关于上市公司股权分置改革试点有关问题的通知》，正式启动股权分置改革试点工作。同年 5 月 10 日，我国上市公司拉开了股权分置改革的序幕。股权分置改革以来，为保持市场的稳定和健康发展，上市公司再融资功能处于暂停状态。2006 年的《上市公司证券发行管理办法》和 2007 年的《上市公司非公开发行股票实施细则》引入了定向增发这一非公开发行股票的融资方式。正式确立了公开增发、定向增发、配股、可转债并存的统一再融资监管体系。自 2006 年起，上市公司的股权再融资市场蓬勃发展。特别是中国证监会在 2011 年根据《关于修改上市公司重大资产重组与配套融资相关规定的决定》修订非公开发行股票实施细则。此后，定向增发这一股权再融资方式逐渐成为再融资市场主流。但由于上市公司非理性过度融资，股权再融资市场过热，2017 年，证监会对非公开发行股票的标准做了更加严格的规定。自此，定向增发方式有所降温，可转债方式开始成为主要的股权再融资方式。2020 年，监管层对再融资政策特别是非公开发行股票又进行了放宽，定向增发数量又开始回升。从非金融类上市公司股权再融资情况看，2006 年前股权再融资通常为公开融资，2006—2016 年大多为非公开融资，2017 年后为公开融资和非公开融资并存且数量级接近。

5.2　企业筹资的基本方式

5.2.1　股票

股票包括普通股和优先股。本节一方面关注普通股股东权利和股利分配，另一方面解释优先股中的"优先"含义，并讨论优先股应该被视为债务还是权益的问题。

1. 普通股特征

普通股通常指那些在股利支付和公司破产时不具任何特殊优先权的股票。

（1）股东权利。股东推选董事，再由董事选聘公司高层人员。因此，股东通过选拔董事来行使对公司的控制权。通常来说，只有股东拥有这样的权利，公司董事要由出席年会且拥有多数股份的股东投票选举产生。不同公司的选举机制不完全相同，最重要的差别在于所采用的投票制度是累积投票制还是简单多数投票制。

（2）委托代理投票权。在股东年会中，股东可以亲自投票，也可以将投票权转移给其他人。委托代理投票权是股东授权他人代理其行使投票表决权的一种法定权利。

（3）股票种类。有些公司发行两类以上的普通股。不同类别的普通股具有不同的表决权。这也称双重股权结构，是一种通过分离现金流和控制权而对公司实行有效控制的手段。区别于同股同权的制度，在双重股权结构中，股份通常被划分为高、低两种投票权。高投票权的股票拥有更多决策权。2018 年，4 月 24 日，港交所发布 IPO 新规，允许双重股权结构公司上市。例如，2018 年，小米集团以双重股权结构在港交所 IPO 上市。小米集团股权结构采用同股不同权架构，即 AB 股。小米在港交所上市前，创始人雷军作为最大股东仅占 31.41%的股份，而企业前五大股东合计占到 75%左右的股份，按照传统一股一权的股权设计，第一大股东雷军无法完全掌握小米的控制权。在小米集团实施双重股权结构上市后，它将企业股本划分为 A 类股和 B 类股，除某些保留事项外，A 类股持有人每股有 10 票的表决权，而 B 类股持有人每股有 1 票的表决权。在双重股权架构下，雷军正式成为小米集团的实际控制人。这是由于 AB 股的设置，雷军持股比例超过 50%，完全掌握企业控制权。尽管不平等表决权的议题备受争议，但这种做法在世界范围内通行。

（4）其他权利。公司普通股的每股价值与股东拥有的一般权利直接相关。除了投票选举董事的权利外，股东一般还享有以下几项权利。

①按比例分享公司支付股利的权利。股份有限责任公司的显著特征是发行股票以及依法向股票持有人发放股利的权利。给股东支付股利是公司对股东直接或间接投入公司资本的回报。股利发放完全取决于董事会的决策。股利具有下列特点：一是除非公司董事会已经宣布发放股利，否则股利发放不会成为公司的一项义务。公司对并未宣告发放的股利不

存在所谓的"拖欠"问题，因此，公司不会因为没有支付股利而被迫"破产"。股利额及股利发放都取决于董事会在对公司经营状况评判基础上所做出的决策。二是股利是以公司税后现金流来支付的，股利支付不构成公司的费用，所以股利无法实现抵扣公司税收的目的。简言之，股利是利用公司税后利润支付的。

②公司破产清算时，在公司债务得以清偿后，股东有权按比例分享剩余资产。

③对那些需要在年会或特别会议上商议决定的重大事务如兼并，股东具有投票表决权。另外，公司有时候会给股东优先认购权（preemptive right）。该权利让打算发行股票的公司必须先将股票卖给现有股东，然后才发行给普通公众。优先认购权的目的是给予股东保护自身在公司中所有权比例的机会。

2. 优先股特征

优先股（preferred stock）按照股票份额分发现金股利。它不同于普通股，在股利支付和公司破产清偿时的财产索取方面都具有优先权。从法律和税务的角度来看，优先股归属公司的权益，但是很重要的一点是优先股通常没有投票权。优先股既像债券，又像股票，其"优先"主要体现在：一是通常具有固定的股息（类似债券），并须在派发普通股股息之前派发；二是在破产清算时，优先股股东对公司剩余资产的权利先于普通股股东，但在债权人之后。优先股一般没有到期日。

优先股通常具有以下四个特征：固定收益、先派息、先清偿、权利小。

优先股具有票面清偿价值，通常是每股 100 元。优先股的股利以每股多少元的形式表述。优先股股利不同于债券利息。董事会有权决定不对优先股发放股利，而且董事会的决策可以同公司当前的净利润状况没有任何联系。优先股的应付股利既可以是"可累积"的，也可以是"非累积"的。如果优先股股利属于可累积的，而且某一年的股利没有发放，那么这些股利可以向前结转。通常，在普通股股东分配股利前，必须将（往年）已累积的优先股股利连同当年的股利一并支付给优先股股东。未付的优先股股利不属于公司债务，因此由普通股股东选举产生的董事会，就有可能无限期地推延优先股股利的支付日期。

优先股实际上是债券吗？优先股股东只收取既定的股利，一旦公司破产，他们可以按面值获得既定的价值补偿。优先股通常伴随着信用评级，这看起来更像债券。有时候，优先股可以转换成普通股。此外，优先股通常是可赎回的，意味着发行人可以以一定的价格全部或者部分赎回，也就是回购。例如，2014 年 11 月 28 日，中国农业银行成功发行了 400 亿元的优先股，这是境内资本市场首支优先股。优先股的推出，是国家深化金融体制改革、构建多层次资本市场的一项重要举措，对于商业银行融资创新和多元化资本市场建设具有里程碑意义。

5.2.2　债券

公司发行的证券可以粗略分成权益性证券和债务性证券。根据"债"最初的意思，它表示应该返还的东西，债是借款行为带来的结果。当公司借入资金时，它们便承诺定期支付利息以及归还原始借款额（即本金）。放款人或放款公司被称为债权人或贷方，借款公司称作债务人或借方。从财务角度分析，负债与权益最主要的差别如下：①负债不属公司的所有者权益，因此债权人通常没有表决权；②公司对债务所支付的利息被视为一种费用，具有完全的抵税作用，分给股东的股利是不能抵税的；③未偿债务是公司的一项责任。如果公司不履行支付义务，那么债权人就可以依据相应的法律程序向公司索取资产，债权人的这种行为将会导致公司的"清算"或"重组"。因此，公司借债的代价就是会令公司存在财务危机的可能性，而使用权益资本是不会发生这种危机的。

债券是政府、金融机构、工商企业等机构直接向社会借债筹措资金时，向投资者发行的，承诺按一定利率支付利息并按约定条件偿还本金的债权债务凭证。债券本质上是债的证明书，具有法律效力。债券购买者与发行者之间是一种债权债务关系，债券发行人即债务人，投资者（或债券持有人）即债权人。

债券市场是发行和买卖债券的场所，包括一级市场（发行市场）和二级市场（流通市场）。目前，我国债券市场包括交易所市场、银行间市场、商业银行柜台市场三个子市场。其中，银行间市场占主导地位。中国债券市场格局如图 5-3 所示。

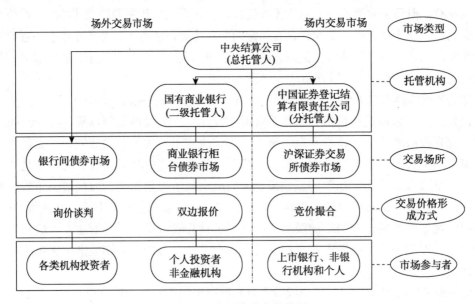

图 5-3　中国债券市场格局

中国债券市场按照交易场所结构和托管结构分别形成以下状态。从交易场所看，中国债券市场可以分为场外交易市场和场内交易市场。其中，场外交易市场主要指银行间债券市场和商业银行柜台交易市场，场内交易市场指交易所债券交易市场（包括上海证券交易所和深圳证券交易所）。从交易量看，银行间债券市场是中国债券市场交易的主体场所，在中国债券市场上发挥主导作用。从托管体系看，中央结算公司是中国债券市场的总托管人，直接托管银行间债券市场参与者的债券资产，而中证登公司作为分托管人托管交易所债券市场参与者的债券资产，国有商业银行作为二级托管人托管柜台市场参与者的债券资产。

在债券市场发行债券是企业常见的融资方式之一。目前，我国企业主要的债务融资方式包括企业债券、公司债券、短期融资券、中期票据等。据中国人民银行统计，2021 年我国社会融资规模增量累计为 345.48 万亿元，其中，直接融资总量 43.78 万亿元，占比约为

12.7%。截至 2023 年 6 月底，社会融资总规模存量中，直接融资（债券、股票）比重仅占 29%，间接融资（银行贷款等）占比超过 70%。间接融资占比居高不下，表明我国目前的金融结构依然偏向以银行信贷融资为主。

（1）公司（企业）债券。

2023 年 3 月，中共中央、国务院印发《党和国家机构改革方案》，明确提出"强化资本市场监管职责，划入国家发展和改革委员会的企业债券发行审核职责，由中国证券监督管理委员会统一负责公司（企业）债券发行审核工作"。4 月 21 日，中国证监会、国家发展改革委发布关于企业债券发行审核职责划转过渡期工作安排的公告，6 个月过渡期开始。4 月 23 日，中国证监会核发首批企业债券注册批文。中国证监会对国家发展改革委移交的 34 个企业债券项目依法履行了注册程序，同意核发注册批文。公司债和企业债对比如表 5-1 所示。

表 5-1 公司债和企业债对比

特 征	债 务	
	公 司 债	企 业 债
发行主体	公司发行，由股份有限公司或有限责任公司发行	由央企、国企或国有控股企业发行
发行利率及期限	公开发行，利率以询价或公开招标等市场化方式确定，期限一般 3~10 年，以 5 年为主；非公开发行，利率没有具体限制，期限 1 年以上	利率：不高于银行相同期限居民定期储蓄存款利率的 40%；期限：一般 3~20 年，以 10 年为主
资金用途	由发行人自行决定，限制较少，不强制和项目挂钩，可以用于借新还旧	只能用于固定资产投资和技术革新改造等，与政府部门审批的项目直接挂钩
监管方式	公开发行的，注册发行，由中国证监会审核并同意发行；非公开发行的，备案发行，由发行人向证券业协会进行	采用注册发行的方式，由国家发展改革委指定相关机构负责企业债券的受理、审核

根据《企业债券管理条例》的规定，企业债券是指中国境内具有法人资格的企业在境内依照法定程序发行、约定在一定期限内还本付息的有价证券，但金融债券和外币债券除外。

《公司债券发行与交易管理办法》规定，公司债券是指公司依照法定程序发行、约定在一定期限还本付息的有价证券。公司债券可以公开发行，也可以非公开发行。发行公司债券，发行人应当依照公司法或者公司章程相关规定对以下事项做出决议：①发行债券的金额；②发行方式；③债券期限；④募集资金的用途；⑤其他按照法律法规及公司章程规定需要明确的事项。

从发行人的角度，公司债券与企业债券都属于一种对外公开发行的长期债券。公司债券公开发行的价格或利率以询价或公开招标等市场化方式确定。发行人和主承销商应当协商确定公开发行的定价与配售方案并予公告，明确价格或利率确定原则、发行定价流程和配售规则等内容。

非金融企业短期融资券业务指引（2021 版）

2023 年 6 月 21 日，中国证监会发布《关于深化债券注册制改革的指导意见》，以及《关于注册制下提高中介机构债券业务执业质量的指导意见》，这意味着债券注册制改革全面落地。这两个指导意见的出台，是贯彻落实党的二十大关于"健全资本市场功能，提高直接融资比重"重大部署的具体举措，有利于深化债券市场功能，提升债券市场服务实体经济质效，推动债券市场高质量发展，更好服务构建新发展格局。

经过多年发展，我国债券市场已成为全球第二大市场，债券市场正由"量的扩张"转向"量质并重"的发展新阶段。尤其是2020年新证券法修订发布，公开发行债券实施注册制，提高了债券发行审核工作的效率和可预期性，激发了市场创新发展活力。中国证监会在总结近年来债券审核注册、日常监管和风险处置等工作经验基础上，制定了指导意见，进一步提高债券发行审核注册工作的制度化、规范化和透明化水平，加强全链条监管，提升服务实体经济的质效。

（2）短期融资券。短期融资券是企业在银行间债券市场发行和交易、约定在一定期限内还本付息、最长期限不超过一年的有价证券。作为一种短期债务融资方式，它是银行短期贷款的一种替代融资方式，通常采用市场化的方式确定发行利率和发行价格，具有发行速度快、发行规模大的特点。其投资人主要为商业银行、证券公司等金融机构。短期融资券的发行门槛比较低，没有资本金规模限制，也没有对发行企业盈利能力和偿债能力的硬性指标限制，只要求详细披露公司的相关信息，透明度是其主要的核心条件。

非金融企业中期票据业务指引（2021版）

（3）中期票据。中期票据是指具有法人资格的非金融企业在银行间债券市场按照计划分期发行的、约定在一定期限还本付息的债务融资工具。与短期融资券一样，中期票据也没有资本金的最低限制，也没有对盈利能力和偿债能力的硬性条件，充分披露信息是其核心要求。尽管如此，从目前中期票据的发行主体来看，主要是资质较好的大型国有企业。

（4）国际债券。欧洲债券（Eurobonds）是指在多个国家和地区发行，但是由单一货币计价的债券，通常使用发行公司所在国的货币进行结算。比如，美国公司可能以美元发行在其他多个国家和地区进行销售的债券。这样的债券已经成为很多国际公司和政府融资的重要方式。欧洲债券通常不受发行公司或政府所在国的发行管制限制。伦敦金融市场是欧洲债券联合发行和交易的主要场所，但是实际的交易却可能发生在全世界任何有需求的地方。欧洲债券早在1999年就已经出现了，早于欧元区的成立。人们可能会认为欧洲债券就是由欧元进行计价的，为了进行区分，很多人把欧洲债券叫作国际债券（international bonds）。

外国债券（foreign bond）不像欧洲债券，它是在单一国家发行同时由单一货币结算的债券。例如，一家加拿大公司可能在日本发行以日元结算的债券。当然，日本也会对这一类的外国债券与本国公司发行的债券区别对待，比如差异化的税率、发行数额的限制和更严格的披露法规等。外国债券通常以发行所在国的特点来取昵称，比如扬基债券（美国）、熊猫债券（中国）、武士债券（日本）、伦勃朗债券（荷兰）、公牛债券（英国）。由于较严格的规定和披露要求，在过去的时间里，外国债券市场并没有像欧洲债券市场一样发展迅猛。

5.2.3　银行贷款

除了发行债券外，公司还可以直接向银行贷款。涉及银行贷款的两个重要概念是信用额度和银团贷款。

1. 信用额度

银行一般会向其公司客户提供一个信用额度，用于给其公司客户设定授信的最高限。公司可以在限额范围内根据需要从银行借款。如果银行承诺的信用额度构成法律义务，那么一般将其称为循环信贷额度。例如，有一个循环信贷额度为 9 500 万元，期限为 3 年。这意味着公司可以在未来 3 年内的任何时间从银行贷款，总额不超过 9 500 万元。对于循环信贷额度未使用部分，银行常常会收取承诺费。假设承诺费率为 0.25%，而公司某一年从银行贷款了 7 500 万元，那么剩余的 2 000 万元需要支付给银行的承诺费为 5 万元（0.25%×2 000 万元）。

2. 银团贷款

银团贷款业务起源于二战后的美国。20 世纪 60 年代，欧洲美元的诞生和跨国银行市场的发展导致不同国家的放款者组合到一起以银团的形式共同发放大额度的贷款，先是发放给政府，后逐渐扩大到公司信贷。银团贷款的基本技术首先是在国际范围内发展起来的，相对国内制度约束较少，发展速度更快。相较于国际，我国银团贷款市场起步较晚。1980 年，国务院批准中国银行组织或参加国际银团贷款。1986 年，中国银行筹组我国第一笔银团贷款。

银团贷款，又称辛迪加贷款，是指由两家或两家以上的银行联合起来，根据相同的贷款条件，按照约定的比例，共同向同一借款人提供资金的一种贷款方式。银团贷款通常用于大型资本项目或并购交易，涉及金额较大，单一银行可能难以承担全部贷款风险。按照国家金融监督管理总局 2024 年 3 月发布的《银团贷款业务管理办法（征求意见稿）》中的定义，银团贷款是指由两家或两家以上银行依据同一贷款合同，按约定时间和比例，通过代理行向借款人提供的本外币贷款或授信业务。

对于大型银行，其客户的贷款需求往往超出其供给能力。同时，一些小型的区域性银行在满足现有客户的借贷需求后，手头一般还会有多余的资金。一般来说，这些多余的资金又没有好项目可贷。大型银行可以组织银团向公司或国家贷款，并把其中的一部分卖给银团中的其他银行，这就是银团贷款。在银团贷款中，每家银行都与借贷者签订单独的贷款协议。银团一般由一家牵头行和若干参与行构成。牵头行起带头作用，负责发起贷款，并与借款人谈判协商具体条款，起草贷款协议，并协调各参与行之间的关系。参与行一般不参与谈判。牵头行与参与行协商贷款份额的分配，通常，牵头行往往贷出的份额最大。银团内所有参与者都会获得相应贷款的利息与本金，但是牵头机构会获得一笔前期费用以弥补其需要承担的责任。银团贷款是国际金融市场上的重要融资方式，对于促进国际贸易和资本流动具有重要意义。

下面简要对比中外银团业务发展现状。第一，我国银团贷款市场规模更加稳定。我国银团贷款虽然起步较晚，但发展迅速，规模持续保持正增长且增速稳定，与全球银团贷款市场规模的高波动形成较大差异。截至 2021 年，我国全市场银团贷款余额达 12.6 万亿元，同比增加 2.06 万亿元，增幅 19.55%，多年来持续保持上升趋势，增幅大于 15%。全球银团贷款市场方面，2021 年发生额达 5.63 万亿美元，同比上升高达 50.53%。全球银团贷款市场受多种宏观因素影响，规模波动较大，2019 年、2020 年连续出现同比下降，增势不稳，且增速大多低于我国银团贷款规模增速。第二，我国银团贷款投向领域更加集中，与国际市场投向结构差异较大。行业集中度方面，我国银团贷款投向行业集中度远超国际银团市场。2021 年，我国银团贷款投向最多的行业为交通运输、仓储和邮政业，占比超 30%，其次为房地产业、制造业，前 5 名集中度达 90.19%。对比全球银团贷款市场，占比第一的行业为金融业，前五名集中度约 66%，较我国低 24 个百分点。在投向结构方面，我国银团贷款投向领域较为单一，大多与基础设施建设、房地产相关，如高速公路建设、水利工程建设、城市更新等，而国际银团贷款市场更多地投向了金融业、消费品业、医疗健康业、通信业等。第三，我国银团贷款市场参与主体较为单一。当前我国银团贷款参与主体绝大部分为银行，仅有极小部分为财务公司、信托公司等非银金融机构。尤其在牵头筹组方面，根据银团贷款与交易专业委员会发布的《中国银团贷款行业发展报告 2022》，担任牵头行的机构几乎全为银行，主要体现商行的资金实力和信贷审批权限。对比国际银团贷款市场，虽然参与主体大部分仍为商业银行，但不乏专业投资银行等机构的身影。2020 年，全球牵头银团金额最高的金融机构为美银证券。此外，摩根士丹利、高盛、道明证券等专业投行排名也进入前 20 名，充分体现出银团筹组中投行路演分销能力。

5.3 资本结构理论[①]

5.3.1 资本结构问题与财务杠杆效应

1. 资本结构问题

一个公司如何选择它的负债权益比呢？一般而言，基本指导原则是选择使得每股价值最大化的措施。实质上，在资本结构决策中，使股票价值最大化和使公司价值最大化是一样的。本章将讨论限定在公司价值框架之内。

首先，分析公司价值和股票价值。下面通过一个案例说明使得公司价值最大化的资本结构政策是财务经理必须为股东选择的。假设 JS 公司的市场价值是 1 000 元，公司目前没有债务，而 JS 公司发行了 100 股股票，每股售价 10 元。进一步假设 JS 公司进行自我资本重组，筹借 500 元并将其作为额外股利发放给股东，每股为 500/100 = 5 元。这次重组将改变公司资本结构，最直接的影响就是增加债务而减少权益。但是，重组的最终影响是什么呢？表 5-2 说明了先前的无债务情况和另外三种可能的结果。注意，在情境Ⅱ下，公司价值没有改变，还是 1 000 元。而在情境Ⅰ下，公司价值上升到 1 250 元，在情境Ⅲ下降至 750元。接下来分析导致这些变化的原因。

表 5-2 公司的可能价值：无债务与债务加股利 单位：元

	无债务	债务加股利		
		情境Ⅰ	情境Ⅱ	情境Ⅲ
债务	0	500	500	500
权益	1 000	750	500	250
公司价值	1 000	1 250	1 000	750

公司的目标是使股东受益，表 5-3 列示了这些不同情境下对股东的净支付额。如果公司

---

① 参考资料：《公司理财（精要版）》（罗斯、威斯特菲尔德、乔丹，机械工业出版社，2020）第 16 章的内容。

价值停留在原来水平上，股东得到的额外股利会被资本损失抵消。这就是情境 Ⅱ 的情况。在情境 Ⅰ 中，公司价值上升到 1 250 元时，股东赚取了 250 元，也即在该方案下，重组的 NPV 是 250 元。情境 Ⅲ 的 NPV 为–250 元。

表 5-3　给股东可能的支付：债务加股利　　　　　　　　　　　　　单位：元

	债务加股利		
	情境 Ⅰ	情境 Ⅱ	情境 Ⅲ
权益价值变化	–250	–500	–750
股利	500	500	500
净效果	+250	0	–250

不难发现，公司价值的变化和对股东的净效果是一致的。因此，财务经理可以努力选择使得公司价值最大化的资本结构。

其次，分析资本结构和资本成本。加权平均资本成本（WACC），即公司整体资本成本是公司资本结构中各种不同组成部分成本的加权平均值。这里隐含着假设公司资本结构是给定的。那么，当改变债务融资的数额，也就是负债权益比时，资本成本将会如何变化？因为价值和贴现率反向变动，公司价值在 WACC 最小时是最大的，所以使得 WACC 最小化也就等于使得公司现金流量的价值最大化。公司想要选择使得 WACC 最小化的资本结构。只要在某个资本结构下加权平均成本会比其他情况要低，则该债务权益比代表最优资本结构。这个最优资本结构有时也称目标资本结构。

2. 财务杠杆效应

本节主要考察财务杠杆对股东回报的影响。财务杠杆是指一个公司对于债务的依赖程度。如果财务杠杆不能影响公司整体资本成本，则公司资本结构是不相关的，因为改变资本结构不会影响公司的价值。

为讨论方便，先忽略所得税的影响。这里通过考察财务杠杆对每股盈余（EPS）和权益报酬率（ROE）产生的影响来阐述财务杠杆的效果。

1）财务杠杆、EPS 和 ROE

举例说明，假设 AI 公司当前资本结构中是没有债务的。公司财务总监张建国正在考虑改变资本结构，计划在发行债务的同时利用发行所得回购一部分发行在外的普通股。表 5-4 呈现了当前和计划的资本结构。公司资产市值为 5 000 万元，有 2 000 000 股股票发行在外，每股价格为 25 元。

表 5-4　AI 公司当前和计划中的资本结构　　　　　　　　　　　　单位：元

	当前	计划
资产	50 000 000	50 000 000
债务	0	25 000 000
权益	50 000 000	25 000 000
负债权益比	0	1
股价	25	25
发行在外的股份	2 000 000	1 000 000
利息率	10	10

计划发行债务筹集 2 500 万元，利率为 10%。因为每股价格为 25 元，所以新债务的 2 500 万元将会被用来购买 2 500 万元/25 元 = 1 000 000 股，还有 1 000 000 股流通在外。这样 AI 公司的资本结构中将会拥有 50% 的债务，所以负债权益比为 1。注意，仍然假设股票价格为 25 元。

为评估该资本结构变化的影响，张建国编制了表 5-5，将当前和计划中的资本结构在三种情境下进行比较。这也反映了对公司息税前盈余（EBIT）的不同假设。在正常情境中，EBIT 是 600 万元；在衰退情境中，EBIT 下降至 400 万元；在扩张情境中，EBIT 上升至 800 万元。

表 5-5　AI 公司的资本结构情境　　　　　　　　　单位：元

当前资本结构：无债务			
	衰退	正常	扩张
息税前盈余（EBIT）	4 000 000	6 000 000	8 000 000
利息	0	0	0
净利润	4 000 000	6 000 000	8 000 000
权益报酬率（ROE）	8%	12%	16%
每股收益（EPS）	2.00	3.00	4.00
计划资本结构：债务为 2 500 万元			
息税前盈余（EBIT）	4 000 000	6 000 000	8 000 000
利息	2 500 000	2 500 000	2 500 000
净利润	1 500 000	3 500 000	5 500 000
权益报酬率（ROE）	6%	14%	22%
每股收益（EPS）	1.50	3.50	5.50

以扩张情境为例，EBIT 是 800 万元。在没有债务和公司税的情况下，净利润为 800 万元，流通在外股票有 200 万股，价值 5 000 万元。容易得出：

$$EPS = \frac{800万元}{200万股} = 4(元/股)$$

$$ROE = \frac{800万元}{5\ 000万元} \times 100\% = 16\%$$

当拥有 2 500 万元债务（计划资本结构）时，利息费用是 250 万元（利率是 10%）。EBIT 为 800 万元，不考虑税收时，扣除利息后的净利润为 550 万元。流通在外普通股有 100 万股，价值 2 500 万元，可以得到：

$$EPS = \frac{550万元}{100万股} = 5.5(元/股)$$

$$ROE = \frac{550万元}{2\ 500万元} \times 100\% = 22\%$$

此情境下（计划资本结构）的 EPS 和 ROE 均远高于当前资本结构中的 4 元/股和 16%。

2）EPS 与 EBIT

考察过资本结构变化对 EPS 和 ROE 的影响后，不难发现，杠杆的作用效果很明显，尤其是 EPS 和 ROE 在计划的资本结构中变化更大。这就说明了杠杆作用是如何放大股东收益和损失的。

图 5-4 展示了资本结构变化的影响。它分别画出了当前和计划中的资本结构下每股收益（EPS）和息税前盈余（EBIT）。标记为"无债务"的线代表着无杠杆。这条线从原点开始，意味着当 EBIT 为 0 时，EPS 也为 0。从这里开始，EBIT 每增加 200 万元，EPS 将增加 1元（因为有 200 万普通股在外流通）。另一条线代表着计划资本结构。如果 EBIT 为 0，则 EPS 为负数。因为公司每年都需要支付 250 万元的利息，只有 100 万股股票，所以 EPS 为-2.5元。以此类推，当 EBIT 为 250 万元时，EPS 为 0。

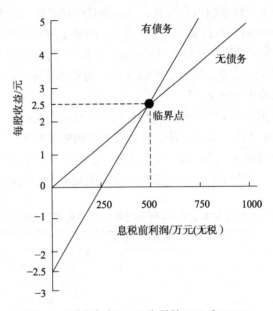

图 5-4　财务杠杆：AI 公司的 EPS 和 EBIT

有两点值得注意。

第一，图 5-4 中代表计划资本结构的线斜率更陡。实际上，EBIT 每增加 200 万元，EPS将增加 2 元，所以这条线的斜率是另一条的两倍。由于采用了财务杠杆，EPS 对 EBIT 的变化变得加倍敏感。

第二，图中两条线是相交的。在交点处，两个资本结构的 EPS 相同，即

$$\frac{EBIT}{2\,000\,000} = \frac{EBIT - 25\,000\,000 \times 10\%}{1\,000\,000}$$

$$EBIT = 5\,000\,000(\text{元})$$

当 EBIT 为 5 000 000 元时，EPS 在两种资本结构下都是 2.5 元。这就是图 5-4 中标示的临界点，即每股收益无差别点。如果 EBIT 高于这个水平，杠杆是有利的；如果它低于这个水平，则杠杆是不利的。还有一个更直观的方法可以看出为什么 500 万元是临界点。不难计算，当公司 EBIT 是 500 万元时，没有债务时的公司净利润也是 500 万元，则公司的 ROE 为 10%，刚好等于有债务情况下的利率水平，所以公司赚取的利润刚好可以支付利息。

3）公司借款与自制财务杠杆

基于表 5-4、表 5-5 以及图 5-4，张建国得出以下结论：第一，财务杠杆的效果取决于

公司的 EBIT。当 EBIT 相对高时，杠杆是有利的。第二，在正常情况下，杠杆会增加股东的回报，不管是用 ROE 衡量还是用 EPS 衡量。第三，在计划的资本结构下，股东将会面临更高的风险，因为在这种情况下，ROE 和 EPS 对 EBIT 的变化更加敏感。第四，由于财务杠杆对股东的预期回报和股票风险都有影响，资本结构是个重要因素。

这个结论的前三条很明显都是正确的，但第四个结论是否正确需要进一步讨论。股东可以通过自己借入和借出来调节杠杆。通过个人借款来调节杠杆程度的方法，叫作自制财务杠杆（home made leverage）。

无论 AI 公司是否采用计划的财务杠杆，都不会有任何差异，因为任何支持计划财务杠杆的股东都可以通过自制财务杠杆来创造它。表 5-6 的第 1 部分表明，如果采用计划的财务结构，购买 100 股 AI 公司股票、价值 2 500 元的股东将会受到怎样的影响。从表 5-5 可知，EPS 将会是 1.50 元、3.5 元或者 5.50 元，所以在计划的资本结构下，100 股股票的全部收益可能是 150 元、350 元或者 550 元。

现在，假设 AI 公司没有采用计划中的财务结构。在这种情况下，EPS 将会是 2 元、3 元或者 4 元。表 5-6 的第 2 部分描述了偏好计划资本结构的股东如何自制财务杠杆。这个股东可以自己按 10% 的利率借入 2 500 元，然后用这些金额连同原先的 2 500 元，一起购买 200份股票。如表 5-6 所示，净收益同计划资本结构带来的收益是一致的。

表 5-6　计划的资本结构 vs.自制财务杠杆下的原始资本结构　　　　单位：元

计划的资本结构			
	衰退	预期	扩张
EPS	1.50	3.50	5.50
100 股收益	150	350	550
净成本 = 100 股 × 25 元 = 2 500 元			
自制财务杠杆下的原始资本结构			
EPS	2.00	3.00	4.00
200 股收益	400	600	800
减：2 500 元借款产生的 10% 的利息	250	250	250
净收益	150	350	550
净成本 = 200 股 × 25 元 − 借入金额 = 5 000 − 2 500 = 2 500 元			

那么，如何知道需要借入 2 500 元，从而获得想要的回报呢？本部分试图在个人层面复制 AI 公司的计划资本结构。计划资本结构产生的负债权益比将会是 1。为了在个人层面复制这个资本结构，股东必须借入足够的钱以创造同样的负债权益比。因为这个股东已经投资 2 500 元，那么需要另行借入 2 500 元，使得个人的负债权益比为 1。

这个案例证明了投资者可以自己通过放大财务杠杆创造一个不一样的收益模式。这与 AI 公司的计划资本结构效果是一样的。

5.3.2　MM 资本结构理论

1. 无税时的 MM 理论

公司借款不会对公司的资本结构产生什么影响，因为投资者可以自己借入或者借出。

结果是，无论 AI 公司选择怎样的资本结构，股票价格都会是一样的。因此，AI 公司的资本结构与公司价值是不相关的。

前面所阐释的 AI 公司案例是 MM 第一定理中的一个特别案例，MM 第一定理强调的是，无论一个公司选择怎样的融资安排，都是无关紧要的。

1）MM 第一定理：饼图模型

说明 MM 第一定理的方法之一就是假设有两家公司，它们的资产负债表左边完全相同，资产和经营都是一样的，资产负债表右边则是由于两家公司有不同的融资方式而有所不同。在这种情况下，可以通过"饼图"模型来考察资本结构问题。图 5-5 展示了两种把一个饼图分成权益 E 和债务 D 的不同切法，即 40%：60% 和 60%：40%。然而，图 5-5 中两家企业的饼图大小相同，因为它们的资产价值是相等的。这就是 MM 第一定理所讲的：饼图的大小并不会因为切法不同而改变。

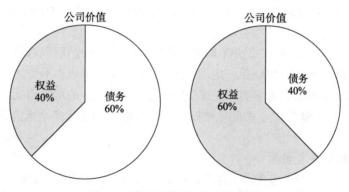

图 5-5　资本结构的两个饼图模型

2）权益成本和财务杠杆：MM 第二定理

虽然公司资本结构的改变不会影响公司整体价值，但是它确实引起了公司债务和权益的巨大变化。现在来考察利用债务和权益融资的公司，看看当负债权益比改变时将会发生什么。为了简化分析，本部分继续忽略所得税。

在不考虑公司所得税的情况下，加权平均资本成本（WACC）是

$$\text{WACC} = \frac{E}{V} \times R_E + \frac{D}{V} \times R_D$$

其中，$V=E+D$。WACC 即公司整体资产所要求的报酬率。假设用 R_A 来代表 WACC，则

$$R_A = \frac{E}{V} \times R_E + \frac{D}{V} \times R_D$$

由此得出权益资本成本为

$$R_E = R_A + (R_A - R_D) \times \frac{D}{E}$$

这就是著名的 MM 第二定理（M&M Proposition Ⅱ），它说明权益资本成本取决于三个因素：对公司资产要求的必要报酬率 R_A、公司债务成本 R_D，以及公司的负债权益比 D/E。

图 5-6 描绘出权益资本成本 R_E 和负债权益比 D/E 之间的关系。MM 第二定理表明权益成本 R_E 是一条斜率为 $(R_A - R_D)$ 的直线。纵轴截距对应的是一个负债权益比为零的公司，此

时 $R_A = R_E$。图 5-6 显示，当公司增加负债权益比时，杠杆增加会加剧权益的风险，从而提高权益的必要报酬率，或者说权益成本 R_E。

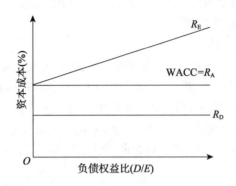

图 5-6 权益成本和 WACC：不考虑税的 MM 第一定理和 MM 第二定理

注意，在图 5-6 中，WACC 并不取决于负债权益比；无论负债权益比是多少，WACC 都保持不变。这再次证明了 MM 第一定理：公司加权平均资本成本不受其资本结构的影响。债务成本低于权益成本的这个事实正好被举债而造成权益成本的增加而抵消了。换句话说，资本结构权重（E/V 和 D/V）的变化被权益成本（R_E）的变化完全抵消，所以 WACC 保持不变。

【例 5-1】权益资本成本

RD 公司的加权平均资本成本（忽略税收）为 12%，它能够以 8% 的利率借入资金。假设 RD 公司的目标资本结构是 80% 的权益和 20% 的债务，那么权益成本是多少？如果目标资本结构是 50% 的权益，那么权益成本是多少呢？计算 WACC，用自己的答案证明两者是相同的。

【解析】根据 MM 第二定理可知权益成本为

$$R_E = R_A + (R_A - R_D) \times \frac{D}{E}$$

在第 1 种情况下，负债权益比是 $0.2/0.8 = 0.25$，所以权益成本为

$$R_E = 12\% + (12\% - 8\%) \times 0.25 = 13\%$$

在第 2 种情况下，可计算出负债权益比是 1.0，所以权益成本是 16%。现在计算 WACC，假定权益融资百分比为 80%，权益成本是 13%，则 WACC 为

$$WACC = \frac{E}{V} \times R_E + \frac{D}{V} \times R_D = 0.8 \times 13\% + 0.2 \times 8\% = 12\%$$

在第 2 种情况下，权益融资百分比是 50%，权益成本是 16%，则 WACC 为

$$WACC = \frac{E}{V} \times R_E + \frac{D}{V} \times R_D = 0.5 \times 16\% + 0.5 \times 8\% = 12\%$$

经过计算，这两种情况下，WACC 都是 12%。

3）经营风险和财务风险

MM 第二定理表明公司的权益成本可以分成两部分。第一部分，R_A 是公司总资产的必要报酬率，取决于公司经营活动的性质。公司经营活动内含的风险称为公司权益的经营风险。

经营风险取决于公司资产的系统风险。公司的经营风险越大，R_A越大，当其他因素不变时，公司的权益成本也会越大。第二部分，$(R_A - R_D) \times D/E$，由公司的资本结构决定。对于一个全权益型公司，这部分为 0。当公司开始依赖债务融资时，权益的必要报酬率开始上升，原因在于债务融资增加了股东风险。随着债务融资的使用而额外增加的风险称为公司股权的财务风险。

公司权益的总系统风险包括两部分：经营风险和财务风险。第一部分（经营风险）取决于公司的资产和经营，不受资本结构的影响。如果公司的经营风险（和债务成本）是给定的，则第二部分（财务风险）是完全由财务政策决定的。当公司增加财务杠杆时，公司权益成本增加，此时权益的财务风险上升而经营风险不变。

2. 有税时的 MM 理论

债务有两个显著特征：第一，债务利息可以税前扣除；第二，若无法偿还债务，会导致公司破产。为此，假设所有支付的利息都可以税前扣除，当考虑税负影响时，MM 第一定理和 MM 第二定理会有什么变化？假设有两家公司，即公司 U（无杠杆）和公司 L（有杠杆），这两家公司资产负债表左边是一样的，所以它们的资产和经营也相同。

设两家公司的 EBIT 都是无限期的每年 5 000 元，区别在于公司 L 发行了价值 5 000 元的永续债务，每年支付 8%的利息，因此每年利息为 0.08×5 000 元＝400 元。同样，假设公司所得税率为 25%。

对于两家公司 U 和 L，计算结果如表 5-7 所示。

表 5-7 公司 U 和 L 的净利润 单位：元

	公司 U	公司 L
EBIT	5 000	5 000
利息	0	400
含税收入	5 000	4 600
税费（25%）	1 250	1 150
净利润	3 750	3 450

1）利息税盾

为了简化分析，假设资本性支出和折旧均为 0，且营运资本（NWC）没有变化。在此前提下，资产所创造的现金流量直接等于 EBIT 减去税收。因此，公司 U 和公司 L 来自资产的现金流量如表 5-8 所示。

表 5-8 来自资产的现金流量 单位：元

	公司 U	公司 L
EBIT	5 000	5 000
−税收	1 250	1 150
总计	3 750	3 850

可以看到资本结构的作用导致公司 U 和公司 L 的现金流量是不同的。为探究原因，进一步计算流向股东和债权人的现金流量，如表 5-9 所示。

表 5-9　股东和债权人的现金流量　　　　　　　　单位：元

	公司 U	公司 L
流向股东	3 750	3 450
流向债权人	0	400
总计	3 750	3 850

很显然，公司 L 的现金流量要多 100 元。这是因为公司 L 的税费（现金流出）要少 100 元。因为利息是可以税前扣除的，产生了税费的节省，它等于利息支出（400 元）乘以公司税率（25%）：400 元 × 0.25 = 100 元。通常把这部分税费节省称为利息税盾（interest tax shield）。

2）税和 MM 第一定理

因为债务是永续的，所以每年都会产生 100 元税盾。公司 L 的税后现金流就是公司 U 赚得的 3 450 元加上 100 元的税盾。因为公司 L 的现金流量总是多 100 元，所以它的价值高于公司 U，差额就是 100 元永续税盾的价值。因为税盾是通过利息支付产生的，所以它和债务有着相同的风险，因此 8%（债务成本）是最合适的贴现率。因此，利息税盾的价值为

$$PV = \frac{100}{8\%} = \frac{5\,000 \times 8\% \times 25\%}{8\%} = 1\,250\,(元)$$

因此，利息税盾的现值可以写成

$$利息税盾现值 = (D \times R_D \times T_C) / R_D = T_C \times D$$

这就是考虑公司税负的 MM 第一定理。公司 L 的价值 V_L 超过公司 U 的价值 V_U，超过部分为利息税盾的现值，$T_C \times D$。因此，考虑税负的 MM 第一定理可以表述为

$$V_L = V_U + T_C \times D$$

在这种情况下，举债效果如图 5-7 所示。图中已经标出杠杆公司的价值 V_L 和对应的债务 D。考虑税负的 MM 第一定理暗示两者之间的关系可以由一条斜率为 T_C、截距为 V_U 的直线表示。在图 5-7 中，还有一条代表公司 U 价值 V_U 的水平线，两条线的距离为 $T_C \times D$，即利息税盾的现值。

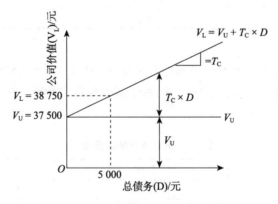

图 5-7　考虑公司税的 MM 第一定理

假设公司 U 的资本成本是 10%，将其称为无杠杆资本成本（unlevered cost of capital），用符号 R_U 来代替。将 R_U 看成完全没有债务公司的资本成本。公司 U 的现金流量是每年 3 750 元直到永久，且公司 U 没有债务，合适的贴现率为 $R_U = 10\%$。那么，无杠杆公司的价值为

$$V_{\mathrm{U}} = [\mathrm{EBIT} \times (1 - T_{\mathrm{C}})] / R_{\mathrm{U}} = 3\,750 / 0.1 = 37\,500 \text{（元）}$$

有杠杆公司的价值为

$$V_{\mathrm{L}} = V_{\mathrm{U}} + T_{\mathrm{C}} \times D = 37\,500 + 0.25 \times 5\,000 = 38\,750 \text{（元）}$$

如图 5-7 所示，每增加 1 元的债务，公司价值就增加 0.25 元。换句话说，债务每 1 元的现值为 0.25 元。在这种情况下，很难理解为什么会有公司不举债来使得价值最大化。这表明，如果考虑税，资本结构确实会有影响，但这会得出很不合逻辑的结论：最优资本结构为 100%债务。

3）税、WACC 和 MM 第二定理

通过考察加权平均资本成本，可以得出最优资本结构是 100%债务的结论。如果考虑税，则 WACC 为

$$\mathrm{WACC} = \left(\frac{E}{V}\right) \times R_{\mathrm{E}} + \left(\frac{D}{V}\right) \times R_{\mathrm{D}} \times (1 - T_{\mathrm{C}})$$

为了计算 WACC，需要知道权益成本。考虑税负的 MM 第二定理说明权益成本为

$$R_{\mathrm{E}} = R_{\mathrm{U}} + \frac{D}{E} \times (R_{\mathrm{U}} - R_{\mathrm{D}}) \times (1 - T_{\mathrm{C}})$$

回顾之前的例子，公司 L 的价值为 38 750 元。因为债务是 5 000 元，则权益应该是 $38\,750 - 5\,000 = 33\,750$ 元。公司 L 的权益成本为

$$R_{\mathrm{E}} = 0.1 + \frac{5\,000}{33\,750} \times (0.1 - 0.08) \times (1 - 0.25) = 0.1022 \text{，或 } 10.22\%$$

加权平均资本成本为

$$\mathrm{WACC} = \frac{33\,750}{38\,750} \times 10.22\% + \frac{5\,000}{38\,750} \times 8\% \times (1 - 25\%) = 9.68\%$$

无债务时，WACC 超过 10%；有债务时，WACC 为 9.68%。因此，债务对公司比较有利。

4）简要总结

图 5-8 总结了权益成本、债务税后成本和加权平均资本成本之间的关系。为了参考，这里把无杠杆资本成本 R_U 也包含进来。在图 5-8 中，横轴是负债权益比。注意，当负债权益比增加时，WACC 将下降。这再次表明，公司运用的债务越多，WACC 越小。表 5-10 总结了 MM 定理分析的关键结果。

由图 5-8 可看出，考虑税负的 MM 第一定理提示，当公司越来越依赖债务融资时，公司的 WACC 将越来越减少。

$$\mathrm{WACC} = \left(\frac{E}{V}\right) \times R_{\mathrm{E}} + \left(\frac{D}{V}\right) \times R_{\mathrm{D}} \times (1 - Tc)$$

考虑税负的 MM 第一定理提示，当公司越来越依赖债务融资时，公司的权益成本会增大。

$$R_{\mathrm{E}} = R_{\mathrm{U}} + (R_{\mathrm{U}} - R_{\mathrm{D}}) \times (D / E) \times (1 - Tc)$$

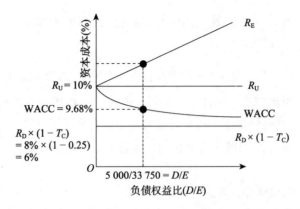

图 5-8　权益成本、债务税后成本和加权平均资本成本之间的关系

表 5-10　MM 定理的总结

Ⅰ 无税情形	含　义
第一定理：有杠杆公司的价值 V_L 等于无杠杆公司的价值 V_U $$V_L = V_U$$	1. 公司的资本结构是无关的 2. 公司的 WACC 也与公司如何分配债务融资和权益融资没有关系
第二定理：权益成本 R_E $$R_E = R_A + (R_A - R_D) \times \frac{D}{E}$$ 其中，R_A 是 WACC，R_D 是债务成本，D/E 是权益负债比	1. 当公司增加债务融资时，公司的权益资本成本上升 2. 权益风险取决于两个因素：公司运营的风险（经营风险）和财务杠杆的程度（财务风险），经营风险决定 R_A，财务风险则由 D/E 决定
Ⅱ 有税情形	含　义
考虑税负的第一定理：有杠杆公司的价值 V_L 等于无杠杆公司价值 V_U 加上利息税盾的现值 $$V_L = V_U + T_C \times D$$ 这里 T_C 是公司税率，D 则代表债务的金额	1. 债务融资是非常有利的，在极端情况下，公司的最优资本结构是 100% 的债务融资 2. 在公司更加依赖债务融资时，公司的 WACC 会减少
考虑税负的第二定理：权益成本 R_E $$R_E = R_U + \frac{D}{E} \times (R_U - R_D) \times (1 - T_C)$$ 这里 R_U 是无杠杆资本成本，也就是无债务公司的资本成本	

【例 5-2】权益成本和公司价值

这是一个很有代表性的案例，它阐释了到目前为止讨论过的大部分观点。假设 FM 公司的信息：EBIT = 133.33元，$T_C = 25\%$，$D = 500$元，$R_U = 0.2$。

假设债务的资本成本为 10%，那么 FM 公司的权益价值是多少？FM 公司的权益资本成本是多少？公司加权平均资本成本（WACC）是多少呢？

【解析】记住所有的现金流都是永久性的。没有债务的公司价值 V_U 是

$$V_U = (\text{EBIT} - 税)/R_U = [\text{EBIT} \times (1 - T_C)]/R_U = 100/0.2 = 500(元)$$

根据考虑税负的 MM 第一定理，有债务的公司价值为

$$V_L = V_U + T_C \times D = 500 + 0.25 \times 500 = 625(元)$$

因为公司总价值为 625 元，而债务价值为 500 元，所以权益价值为 125 元。

$$E = V_L - D = 625 - 500 = 125(元)$$

基于考虑税负的 MM 第二定理，权益成本为

$$R_E = R_U + \frac{D}{E} \times (R_U - R_D) \times (1 - T_C)$$

$$R_E = 0.2 + \frac{500}{125} \times (0.2 - 0.1) \times (1 - 25\%) = 0.5，或50\%$$

公司的 WACC 为

$$WACC = \frac{125}{625} \times 0.5 + \frac{500}{625} \times 0.1 \times (1 - 0.25) = 0.16，或16\%$$

注意，WACC 比无债务公司的资本成本（$R_U = 20\%$）要低得多，所以债务融资对公司是非常有利的。

5.3.3　最优资本结构理论

1. 破产成本

破产成本是影响公司可以使用债务额度的因素之一。当负债权益比增加时，公司无法向债权人偿还所承诺金额的概率也会增加。这会导致公司所有权从所有者手里转移到债权人手里。一般来说，当公司资产价值等于其债务价值时，公司会破产，此时权益成本价值为 0，股东将公司控制权交给债权人。这时候，债权人所拥有资产的价值正好等于债务的价值。在一个完美市场里，这种所有权的转移不会有成本，债权人不会丧失任何东西。但实务中破产的成本很大，大到可能抵消从杠杆中得到的税盾利得。

1）直接破产成本

当公司的资产价值等于债务价值时，由于权益已经没有价值，从经济意义上讲，公司已经破产了。但向债权人的正式资产转交是一种法律程序，而不是经济程序。破产时，会产生巨大的法律费用和管理费用。例如，2008 年 9 月 15 日，雷曼兄弟控股公司（Lehman Brothers Holdings Inc.）向法院申请了破产保护。这便是外界熟知的雷曼破产事件。2012 年 3 月，该公司脱离破产保护，开始进行清算工作，目的是出售资产并偿还债权人。直接破产成本是惊人的：针对它在美国和欧洲的经营，雷曼在律师、会计师、咨询师和检查机构等方面的花费超过 22 亿美元。实际上，雷曼花了 60 亿美元用了 10 年多以上的时间进行了企业的重组和清算。2008 年雷曼兄弟申请破产保护，到 2018 年还在重组。漫长的重组过程产生的成本对企业和整个行业经济都是有影响的。

因为破产成本的存在，债权人不会得到他们应得的全部。公司的部分财产会在破产程序中"消失"。破产过程中产生的法律费用和管理费用为直接破产成本。这些直接破产成本对债务融资是一种制约。如果一个公司突然破产，那么公司的一部分资产会消失，这就构成了破产"税"。所以，公司面临着权衡：举债可以通过帮公司节省税费来省钱，但是举债越多，公司就越有可能破产并要支付破产税。

2）间接破产成本

因为破产很贵，公司会花费很多资源避免破产。当公司在履行债务义务过程中遇到很严重的问题时，说明它正在经历财务困境。一些处于财务困境的公司最后申请破产，但是大部分没有，因为它们能够恢复或者以其他方式求得生存。财务困境公司为了避免破产而发生的成本，称为间接破产成本。一般用财务困境成本来表示所有因为破产或者为了避免

破产申请而发生的直接和间接成本。

当股东和债权人是不同群体时，财务困境引发的问题尤其严重，财务困境成本也因此更大。股东一直控制着公司，直到公司法定破产为止。他们当然会根据自身的经济利益来采取行动。因为在法定破产中，股东会被排除在外，因此股东有很强烈的动机去避免破产申请。另外，债权人更加关心对公司资产价值的保护，并将试图从股东手中抢到控制权。他们有强烈的动机促使破产来保护他们的利益，避免股东更进一步消耗公司的资产。斗争的后果就是旷日持久的、可能代价很高的法律战争即将开始。

当司法程序介入时，公司的资产价值也遭受了损失，这是因为管理者忙于试图避免破产而不是经营业务。不管这些公司最后是否破产，公司都会因债务融资而面临价值流失。正因为存在这种价值流失的可能，才制约着公司选择的债务融资数量。

2. 静态权衡理论

一个公司会因为税盾是有价值的而举债。当债务水平相对较低时，公司破产或者陷入财务困境的概率比较小，从债务中获得的好处会超过成本。当债务水平非常高时，债务融资的好处可能会被财务困境成本抵消。因此，最优资本结构就存在于某一个折中点上，该理论称为静态权衡理论。它说明公司债务会达到某一个点，在这个点上，每 1 元额外债务所产生的税盾正好等于财务困境概率的提高所产生的成本。之所以称其为静态权衡理论，是因为它假设公司的资产和经营都是固定的，只考虑负债权益比的可能变化。

图 5-9 阐释了静态权衡理论，显示了公司价值和对应的债务数量。图 5-9 对应 3 个不同的理论。第 1 种情况，不考虑税负的 MM 第一定理，就是从 V_U 延伸出来的水平线，表示公司价值不受资本结构的影响。第 2 种情况，考虑税负的 MM 第一定理，它是倾斜向上的直线。这两种情况都和图 5-7 中讨论的一样。第 3 种情况，就是公司价值在某点达到最大，超过那个点之后下降。这就是从静态权衡理论中得出的情形。在 D^* 点，公司价值达到最大值，该点代表举债的最优数量。公司的最优资本结构就是由价值 D^*/V_L^* 的债务和价值 $(1-D^*/V_L^*)$ 的权益组成。

需要注意的是，在图 5-9 中，根据静态权衡理论得到的公司价值和根据考虑税负的 MM 理论得到的公司价值之间的差异就是因可能的财务困境而造成的价值损失。同样，静态权衡理论的公司价值和不考虑税负的 MM 理论的公司价值之间的差异就是扣除财务困境成本之后因杠杆得到的利得。

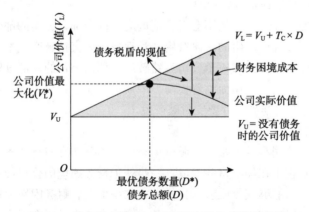

图 5-9 静态资本结构：最优资本结构和公司价值

3. 最优资本结构和资本成本

使得公司价值最大化的资本结构，也就是使得 WACC 最小的资本结构。图 5-10 给出了静态权衡理论中不同资本结构下的 WACC、债务成本以及权益成本，标出了各种资本成本以及对应的负债权益比（D/E）。

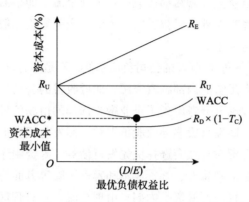

图 5-10　静态权衡理论：最优资本结构和资本成本

图 5-10 和图 5-8 非常相似，除了增加一条对应着静态权衡理论的 WACC 线。这条线最初是下降的，因为债务税后成本比权益成本要低。但在某一点上，债务成本开始上升，它比权益成本要低的好处已经被财务困境成本抵消了。从这一点开始，债务继续增加也促使 WACC 增加。图 5-10 显示，最小的 WACC 发生在 $(D/E)^*$ 这一点上。

5.3.4　信号传递理论

"完全信息"是 MM 理论的重要假设前提，即市场上所有的参与主体均掌握完全相同的信息。显然，该个假定并不符合市场的实际情况。在两权分离的现代企业中，存在明显的信息不对称现象，特别是在企业投资、筹资决策中，管理者是企业内幕信息的拥有者和披露者，而投资者只能根据企业管理者输出的信息进行决策。事实上，公司管理者总是更了解公司的内部经营情况，掌握着投资者所无法知道的信息，这就是信息不对称性。从信息经济学的角度来说，代理理论研究的是事后的道德风险问题，信息不对称理论研究的则是事前的逆向选择问题。代理成本理论讨论的是减少道德风险的激励问题，信息不对称理论则是讨论资本结构对投资者的信号作用。

信息不对称理论也称为信号传递理论。20 世纪 70 年代后，美国经济学家罗斯将信息不对称理论引入资本结构的研究之中。该理论认为，企业可通过调整资本结构来传递企业盈利和风险方面的信息，以及企业高管对公司股价公允性判断等信息。按照资本结构的信号传递理论，当企业市场价值被低估时，它会选择债务方式筹资；反之，企业价值被高估时，则会选择股权资本。从财务角度看，企业不同筹资方式的成本和风险也不同。如股票筹资的风险低，但筹资成本较高；债券筹资的风险高，但筹资成本较低。可见，企业对筹资方式的选择无疑也在向外部传递出一种信息。投资者一旦捕捉到该种筹资信息，就会据此对企业的投资、筹资决策进行价值判断，最终影响其投资决策。因而，外部投资者将发行债券看成一种利好，企业股价会上涨；而将发行股票看成一种利空，导致股价下跌。

5.3.5 融资优序理论

融资优序理论（pecking order theory），也称为啄食顺序理论。该理论以信息不对称理论为基础，并考虑融资的交易成本，认为企业融资存在一定的优先顺序，首先会倾向选择内源融资，内源融资来自企业经营活动形成的自由现金流。如果需要外部融资，企业会优先选择发行债券，再选择其他外部股权融资。因此，企业筹资一般会遵循"内源融资—债务融资—股权融资"的先后顺序。

融资优序理论认为，一些经营好的公司负债率低，不是因为这些公司的目标负债率低，而是因为高收益的公司有足够的内部融资资源，而低收益的公司只能依靠外部融资，且不断积累负债。融资优序理论充分考虑到了企业融资选择的市场信号传递效应，这一点正是基于信息不对称的结论，即发行股票导致股价下跌，而发行债券推动股价上涨。为避免企业价值受损，企业外部筹资时自然会选择优先发行债券。筹资顺序的选择还存在一定的财务动机，如对筹资方式的治理属性、筹资成本和筹资风险等方面的考量。企业内源筹资的成本低于外部股权成本，且内源筹资是内部自由现金流，它对管理层的约束性最差，必然得到管理层的青睐；而外部筹资中，发行债券对企业管理层的约束属于"刚性约束"，发行股票则属于"弹性约束"，发行债券在一定程度上减缓了信息不对称问题，也有助于提升企业股价。另外，外部筹资中，债券的筹资成本要低于股票筹资，这也是优先发行债券的原因之一。

融资优序理论区别于静态均衡理论体现在是三个方面：

（1）没有目标资本结构。在融资优序理论下，没有目标或者最优负债权益比。相反，公司的资本结构取决于它对外部融资的需求，外部融资决定了公司未来的负债额。

（2）盈利企业更少运用债务融资。因为盈利企业有更多的内部现金流，它们只需要更少的外部融资，因此债务较少。

（3）公司需要宽松的财务环境。为了避免出售股权，企业需要囤积内部资金。这种现金储备被称为财务宽松（financial slack）。它使得管理层有能力在项目出现时尽快融资，并且在必要时尽快实施。

5.4 资本结构决策与我国资本市场实践

5.4.1 资本结构的影响因素

在正常的公司经营中，融资的目的是满足项目投资以及营运资本的需求。在实践中，企业财务经理在资本结构中主要考虑哪些因素？Graham 和 Harvey（2002）调查了美国 392 家公司的财务经理，对决定公司债务比率的最重要变量进行评分，了解他们如何进行资本预算和资本结构。调查结果（图 5-11）可能有助于理解这样一个问题：到底是静态权衡理论还是融资优序理论对公司的债务决策产生影响。根据静态权衡理论，举债可以获得利息税盾效应。调查结果表明，大约 44.9%的财务经理认为举债的税盾效应是资本结构的重要因素，这些财务经理所在的公司一般是大型、高杠杆、低风险、规范化、支付股利的制造

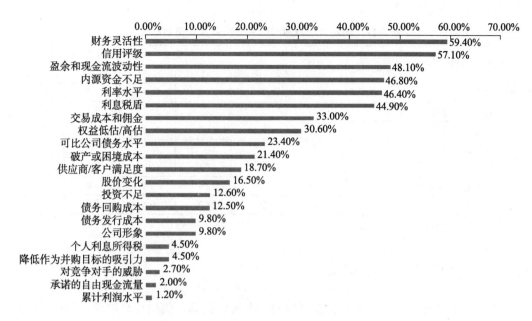

图 5-11 财务经理认为债务政策的决定因素

业企业，或者说应纳所得税高的公司可能出于降低税赋的考虑而采取债务融资。只有 4.5%
的财务经理表示个人所得税是重要的或非常重要的债务政策影响因素。

关于破产或困境成本对债务政策的影响，受访者中，仅有 21.4%认为潜在的财务困境成
本是重要的或非常重要的因素。但是，实际上有 59.4%和 57.1%的财务经理认为财务灵活性
和信用评级是影响债务政策重要的或非常重要的因素。这一点表明，避免财务危机是公司
债务政策决策时重要的因素。为保持财务灵活性，大部分公司保留了没有使用的举债能力。
拥有"投资级"债券（占样本 50%以上）的公司认为信用评级是债务政策一个非常重要的
决定性因素。另外，48.1%的财务经理认为盈余和现金流波定性是制定债务政策时的一个重
要或非常重要的考虑因素。调查结果基本上符合静态权衡理论，即当公司破产的可能性较
高时，要保持较少的负债。Graham 和 Harvey 也面向财务经理调查了有关他们公司是否存在
一个最优的或者"目标性"的目标负债比率。受访者中，大约 19%的财务经理所在公司不
设制目标资本结构或债务比率区间，大约 37%的财务经理所在公司设置较灵活的目标资本
结构，34%的财务经理所在公司设置稍严格的目标资本结构，仅有 10%的财务经理所在公司
设置严格的目标资本结构。

与此类似，齐寅峰等（2005）对我国上市公司和非上市公司的投融资决策进行问卷调
查。在收回的有效问卷中，包括上市公司 210 家，非上市公司 460 家，覆盖了 23 个省（自
治区、直辖市），具有较强的代表性。对确定负债数量时所考虑因素的统计结果如表 5-11
所示。结果显示，由重要到不重要的排序为财务风险、债务的成本与费用、提高净资产收
益率、控制债务数额和保持再融资能力、保持目标资本结构、负债压力促进管理层努力和
债务的税蔽作用。七种影响因素在重要程度上存在较为明显的层次性。财务风险与债务的
成本和费用为最重要的影响因素，而负债压力促进公司管理层努力和负债的税蔽作用影响
很小。

表 5-11 确定负债数量时所考虑因素及其重要程度

确定负债数量的考虑因素	均值	不重要→重要（%）				
		0	1	2	3	4
财务风险	2.96	3	8.2	17.5	3.1	39
债务的成本与费用	2.89	3.5	7.5	21.2	3.1	35.7
提高净资产收益率	2.62	6.1	11.7	25.3	7.6	9.3
控制债务数额和保持再融资能力	2.58	6.5	10	28	9.3	6
保持目标资本结构	2.22	8.8	17.1	31.3	8.7	14.1
负债压力促进管理层努力	1.68	22.0	222.9	9.1	16.9	9.1
债务的税蔽作用	1.64	22.7	23.3	9.6	16.5	7.9

资料来源：根据齐寅峰等文中表 3 整理。

5.4.2 信用评级与资本结构

公司信用评级是反映资本结构健康性的一个重要指标。信用评级越低，公司违约或破产的可能性越大。在实务中，确定公司信用评级的重要指标是利息保障倍数。表 5-12 给出了大公司（市值大于 50 亿美元）不同利息保障倍数、信用评级和违约利差之间的关系。

表 5-12 利息保障倍数、信用评级和违约利差之间的关系

利息保障倍数		信用评级	违约利差
>	≤		
−100 000	0.199 999	D2/D	20.00%
0.20	0.649 999	C2/C	17.00%
0.65	0.799 999	Ca2/CC	11.78%
0.80	1.249 999	Caa/CCC	8.51%
1.25	1.499 999	B3/B−	5.24%
1.5	1.749 999	B2/B	3.61%
1.75	1.999 999	B1/B+	3.14%
2.00	2.249 999	Ba2/BB	2.21%
2.25	2.499 99	Ba1/BB+	1.74%
2.50	2.999 999	Baa2/BBB	1.47%
3.00	4.249 999	A3/A−	1.21%
4.25	5.499 999	A2/A	1.07%
5.50	6.499 999	A1/A+	0.92%
6.50	8.499 999	Aa2/AA	0.70%
8.50	100 000	Aaa/AAA	0.59%

资料来源：纽约大学斯特恩商学院。数据截至 2024 年 1 月。

由标准普尔评级的美国和欧洲公司（金融机构除外）的样本统计结果表明，45%以上的评级差异可以用利息保障倍数单独加以解释。实践中，财务经理一般是根据利息保障倍数

调整公司的资本结构，从而将信用评级维持在一定的范围之内。由于利息保障倍数不需要进行任何预期估值，只涉及利息和 EBIT（或 EBITDA），它可以较为准确地衡量信用质量。

在实务中，为了保持债务市场融资能力，大多数公司的信用评级通常保持在 BBB 级以上。图 5-12 列示了标准普尔对所有资本市值超过 10 亿美元的美国和欧洲公司信用评级的分布。该信用评级将公司的信用质量分为从 AAA（最高）到 C（违约），其中在 BBB–级及以上水平的评级就是所谓的投资级。大多数公司（样本公司的 72%）的评级位于 A+至 BBB–之间。信用评级具有长期的稳定性，大多数公司不会轻易进出这个范围。低于 BBB–级的公司承担的利率相当高，融资的弹性受到限制，特别是在信贷紧缩时期。

公司信用评级不仅会影响债券发行规模，还会影响银行贷款、商业信用的获得。因此，信用评级在很大程度上决定了公司利用债务市场融资的能力。如果信用评级低于投资级 BBB，则公司进行债务融资的机会非常小，因为很多投资者会拒绝购买非投资级债券，银行也会拒绝向违约风险高的公司发放贷款。因此，高信用评级的公司会提高负债率。信用评级不仅是评价债券投资性的指标，也是公司与股东沟通的重要因素。自 20 世纪 90 年代，评级已成为股票投资者用于衡量公司健康状况的重要指标，管理者需要向投资者解释信用评级情况。

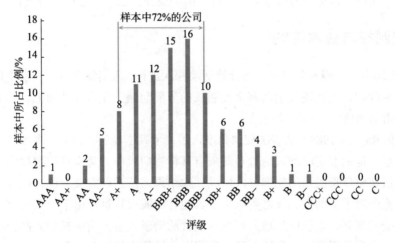

图 5-12　资本市值超过 10 亿美元的美国和欧洲公司的信用评级

资料来源：科勒，戈德哈特，威赛尔斯. 价值评估：公司价值的衡量与管理[M]. 4 版. 高建，等译，北京：电子工业出版社，2007.

5.4.3　产品生命周期与资本结构

20 世纪 80 年代中后期之前，在研究资本结构决策因素时，人们通常把产品市场上的产量、定价、行业特点等视为外生变量，并假设这些变量不会对公司的资本结构产生任何影响。随着产业组织理论的发展，人们又将产业组织理论的研究成果应用到资本结构的研究中。其中，将行业特征、产品生命周期与资本结构联系起来成为研究的方向之一。Bender 和 Ward（2003）认为，在整个产品生命周期延续过程中，公司经营风险在下降，而财务风险却在上升。运用经营风险和财务风险反向搭配，公司可以制定产品生命周期各个阶段的融资战略。据此，他们提出了产品不同生命周期的资本结构策略，如表 5-13 所示。

表 5-13　产品不同生命周期的资本结构策略

产品生命周期	经营风险	财务风险	融资策略	负债比率
引入期	非常高	非常低	股权资本（风险投资）为主	低
成长期	高	中等	股权资本（增长的投资者）为主	较低
成熟期	中等	高	债务与股权资本（留存收益）并重	中等
衰退期	低	较高	债务为主	较高

Myers（1977）把公司资产分为当前业务和增长机会，当前业务附属担保价值高，增长机会附属担保价值低。债权人通常在合约中严格约束公司投资高风险的项目，从而与股东产生利益冲突。因此，负债比率高不利于公司对增长机会的投资，或者说公司增长机会与负债比率负相关。一些实证研究也证明增长机会（以市值/账面价值的比值衡量）与负债比率具有显著的负相关关系，即企业的增长机会越多，负债比率越低，而且短期债务多，长期债务少。公司应当以更多的债务融资支持当前的业务，以股权融资支持增长机会。

5.4.4　控制权与资本结构

20 世纪 80 年代，随着公司兼并与接管活动深入进行，人们发现资本交易不仅会引起剩余收益的分配问题，而且还会引起剩余控制权的分配问题。在这些基础上，学者开始研究公司控制权市场和资本结构的关系。

Harris 和 Raviv（1988）从表决权的角度入手，考察了经理人持股、资本结构和收购市场之间的关系。他们假定经理人的收益既来自其持有的股份，又来自控制权收益，并且认为经理人通过调整所持股份的比例可以操纵并购结果。从某种意义上说，经理人与潜在股权收购者（竞争对手）的控制权之争取决于其拥有的股权数量。由于个人财富有限，基础借贷能力又受到限制，这就使经理人要想在接管活动或大型公司中控制大部分的股权相当困难。因此，在其他因素一定的情况下，公司资本结构中的债务或者诸如优先股和认股权证这类没有投票权的融资工具越多，那么经理人的控制权就越大。

Dann 和 De Angelo（1988）通过对 1960—1983 年间敌意收购中出现的 33 个遭到经理人抵御的案例分析，发现在 48%的案例中，经理人是通过改变资本结构达到反收购的目的的。于是他们认为，改变资本结构主要是遵从经理人的意志，因此，得出和 Harris 和 Raviv（1988）相同的结论，即包括资本结构和所有权结构在内的财务政策要受到公司控制权市场的影响。

Stulz（1988）认为公司资本结构会影响公司表决权的分布情况。如果经理人所能掌握的表决权比例为 α，则当 α 较低时，债务增加提高，进而提高公司发行在外的股票价值。因此，他得出了一个关键的结论：资本结构的变动通过对管理者控制表决权比例 α 的作用影响到公司价值。

Aghion 和 Bolton（1992）认为，债务融资与股票融资不仅收益索取权不同，控制权安排上也不相同。通常债务融资契约是和破产机制相联系，而股票融资契约是与在保持清偿能力下的公司经营控制权相联系。对于债务融资而言，如果公司管理者能按期还本付息，管理者就拥有公司控制权；如果公司经营亏损或到期不能还本付息，那么控制权就由管理者转移给债权人，债权人可以行使控制权接管公司。如果公司融资是采用有投票权的股票（普通股）进行融资，则股东就拥有公司的控制权；公司如果用没有投票权的股票（优先股）进行融资，则控制权就归公司管理者掌握。从本质上讲，公司融资方式的选择在很大程度上影响着公司控制权的变化。他们认为，在契约及信息不完全的情况下，资本结构的选择就是控制权在不同证券持有者之间分配的选择，或控制权的转移，而控制权转移又可导致资本结构的再调整。也就是说，控制权转移对公司资本结构具有整合效应。

5.4.5　资本结构调整的信号效应

资本结构决策是公司财务决策中一项比较复杂的工作，虽然在理论上存在一种最佳资本结构，但在实践中很难找到它。公司财务经理的目标是使资本结构达到某种标准，如特定的信用评级、利息保障倍数或资产负债率等，并将这些比率维持在一定的范围内。如果这些比率发生变化，如公司业务增长需要大量投资或因投资收回产生大量资金盈余，都会使一定时期内的利息保障倍数或资产负债率发生变化。为保持目标资本结构，财务经理可通过调整经营政策或财务政策使其趋向于目标结构。公司调整资本结构时，如发行债券回购股票或发行股票回购债券，降低股利支付，增加留存收益等都会向市场传递有关公司的信息。不论这些信号传递的是正面信息还是负面信息，它们都会导致短期的价格反应。这些信号效应所带的一个结果是公司很难立即将其资本结构调整至它所期望的目标水平。调整资本结构除了信号效应外，对公司本身也有影响。例如，减少股利支付通常会向市场传递未来现金流量下降的信号，同时也减少了财务杠杆，导致利息减税收益减少，或留存收益增加，也可能导致经营者的无效投资。因此，它对股价的影响是负面的。根据资本结构信号理论，不同的融资方式传递的信号也是不同的。发行股票一般会向市场传递股票被高估的信号，因此，在宣布股票发行后的短期内股价会下跌，即使股票的实际价值并没有下降。与发行股票融资不同，投资者对发行债券融资的解读要比发行股票融资的解读积极。因此，当新债上市时，对股价通常不会产生太多的负面影响。

事实上，公司资本结构是一个动态的、不断调整的过程，很难维持严格的目标资本结构。比如，宏观经济、商业周期、资本市场等变化都可能影响公司股票或债券的发行时机、发行规模、融资方式等，使公司的资本结构偏离目标值。对公司而言，资本结构可能是公司有意的市场择时行为的累积结果。[①]

5.4.6　我国资本市场的实践

观察我国资本市场实践，我国企业资本结构相对适中，与其他国家和地区的上市公司相比较，债务比率既不是特别高，也不是特别低。从融资来源来看，银行贷款是中国上市公司债务的主要来源。Jiang 等（2020）对我国企业资本结构做了较为详细的阐释，我国企业的资本结构决策主要呈现如下几个特点。

---

① 刘淑莲. 高级财务管理理论与实务[M]. 大连：东北财经大学出版社，2015.

第一，资本结构偏好。中国公司倾向于优先选择外部股权融资而非债务融资。原因包括：公司支付的股息很少，外部股权融资的直接成本较低；中国的市盈率较高，使得上市公司能够以吸引人的价格筹集股权资本；贷款通常是短期的，使得外部股权成为长期融资的主要来源。

第二，资本结构理论在中国的适用性。传统权衡理论和自由现金流代理成本理论在中国可能不显著。尽管中国有破产法，但债权人权利较弱，而且普遍预期政府会援助财务困难的公司，特别是大型公司和国有企业。

第三，银行贷款歧视。早期样本期间，非国有企业的债务比率高于国有企业，表明银行对非国有企业的贷款歧视可能并不明显。

第四，地理因素对资本结构的影响。公司的地理位置对中国公司的资本结构有影响，总部位于西部地区的公司比东部地区的公司有更高的债务比率，这可能与中国的"西部大开发"战略有关。

2019—2023 年万得（Wind）一级行业分类公司的资产负债率，如表 5-14 和图 5-13 所示。所有行业的平均资产负债率为 57.41%，扣除金融行业后，平均资产负债率为 54.16%。资产负债率超过 60%的有房地产、工业、公用事业三个行业类别。这由图 5-13 也可以清晰看出来。资产负债率相对较低的有医疗保健、电信服务、日常消费行业，分别为 40.04%、41.34%、46.30%。

表 5-14　Wind 一级行业资产负债率（2019—2023 年）　　　　　　　%

行业	年　　度					平均值
	2019 年	2020 年	2021 年	2022 年	2023 年	
能源	49.22	48.61	48.95	46.07	45.32	47.63
材料	54.83	53.21	52.67	52.45	52.27	53.09
工业	64.77	64.70	64.26	64.74	64.93	64.68
可选消费	56.47	56.84	57.05	57.55	56.78	56.94
日常消费	43.97	43.49	48.41	48.13	47.49	46.30
医疗保健	43.02	41.26	39.38	38.78	37.75	40.04
金融	90.95	90.89	90.69	90.98	91.19	90.94
信息技术	52.58	50.82	47.23	46.46	47.13	48.84
电信服务	43.07	43.03	43.18	38.75	38.68	41.34
公用事业	63.31	61.62	64.21	63.80	64.24	63.43
房地产	79.01	78.74	79.12	78.79	75.67	78.27

资料来源：Wind 数据库。

从 Wind 数据库中可进一步分析 2000—2023 年我国工业企业资产负债率。由于该数据是月度数据，按照年度计算平均值后，绘制我国工业企业资产负债率的时间序列图，如图 5-14 所示。不难看出，我国工业企业资产负债率呈逐年下降趋势。一方面，与我国宏观调控政策有关；另一方面，这得益于我国多层次资本市场的蓬勃发展，为股权融资提供了极大便利，进而优化了工业企业资产负债率。

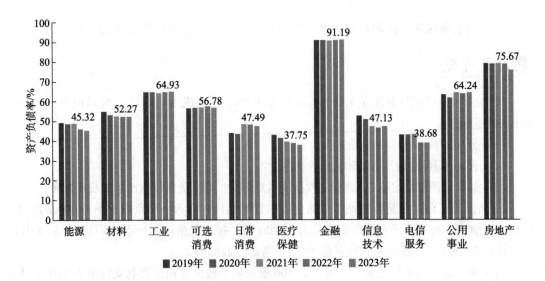

图 5-13　Wind 一级行业资产负债率（2019—2023 年）

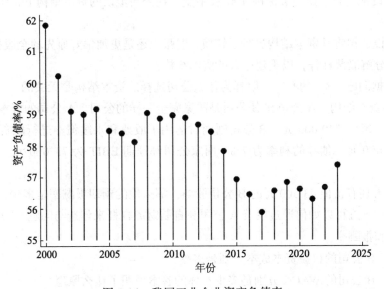

图 5-14　我国工业企业资产负债率

本章小结

　　本章首先介绍了企业筹资的基本原理及基本方式，其次阐释了资本结构理论，最后分析了企业资本结构决策的影响因素及我国市场实践。企业筹资的基本原理部分讲解了企业筹资的生命周期（种子期、初创阶段、成长阶段、成熟阶段、衰退或转型阶段），以及首次公开募股（IPO）的路径选择、我国再融资的发展阶段演变。在企业筹资的基本方式中，论述了常见的三种：普通股、长期债券、银行贷款。就资本结构理论而言，从经典的 MM 资本结构理论开始，到静态权衡资本结构理论，再到信号传递理论和融资有序理论，做了相对全面的阐述。最后，回顾了影响资本结构决策的主要因素，包括信用评级、产品生命周期、控制权等，并简略分析了我国企业资本结构决策的市场实践。

复习思考题

1. 某公司的负债权益比是 1.25，WACC 是 8.5%，债务成本是 5.1%，公司税率是 25%。分析如下问题：

（1）公司的权益资本成本是多少？

（2）公司不利用杠杆时的资本成本是多少？

（3）如果负债权益比是 2，此时的权益成本是多少？如果负债权益比是 1 或 0 时呢？

2. 某公司正在讨论是否应该将它的全股权资本结构转换为一个负债比率为 30% 的资本结构。目前，该公司流通在外的股票数为 5 800 股，每股价格为 57 元。预计每年的 EBIT 均维持在 32 000 元，新债务的利率是 8%。不考虑税收影响。

（1）张三是公司的股东之一，他拥有 100 股股票。假设公司的股利支付率为 100%，那么在当前的资本结构下，他的现金流量是多少？

（2）假设他的股票持有数保持 100 股不变，在公司拟议的资本结构下，张三的现金流量又是多少？

（3）假设公司将其资本结构进行了转换，但张三还是更加偏好原先的全股权资本结构，他应该如何分解股票杠杆，以重建原来的资本结构？

（4）根据问题（3）的答案，解释为什么公司选择的资本结构是无关的。

3. 除了资本结构，A 公司和 B 公司是两家完全一样的公司。A 公司的资本全部来自股票，其融资金额为 720 000 元。B 公司则同时运用了股票和永续债券进行融资，它的股票价值为 360 000 元，债券的利率为 7%。两家公司都预期 EBIT 为 73 000 元。忽略税收因素影响。

（1）王五拥有价值 43 500 元的 B 公司股票，那么他的预期报酬率是多少？

（2）说明王五可以如何通过投资 A 公司和自制财务杠杆来创造与问题（1）中完全相同的现金流量和报酬率。

（3）A、B 公司的权益资本成本分别是多少？

（4）A、B 公司的 WACC 分别是多少？你的答案说明了什么原理？

4. 松山公司不存在负债，但是可以以 6.1% 的利率获得借款。公司当前的 WACC 为 9.4%，税率为 25%。

（1）公司的权益成本是多少？

（2）如果公司转换成 25% 的债务，权益成本是多少？

（3）如果公司转换成 50% 的债务，权益成本是多少？

（4）在问题（2）和问题（3）中，松山公司的 WACC 是多少？

5. 查阅相关文献，尝试梳理资本结构相关研究的新进展。

6. 根据我国上市公司发展实际，选择一个行业（如房地产行业、制造业等），分析该行业的资本结构现状有什么特点，并指出形成该现状的原因有哪些？

7. 系统梳理我国上市公司资本结构发展演变过程，尝试运用资本结构相关理论进行分析。

即测即练

自学自测　扫描此码

第 6 章

企业投资与项目评估

随着全球经济一体化的加速，企业面临的竞争压力日益增大。在企业追求持续发展的道路上，投资与项目评估扮演着至关重要的角色。它们是企业资源配置、战略规划与决策的核心环节。如何在众多投资项目中筛选出具有高回报、低风险的项目，成为企业决策者关注的焦点。企业投资与项目评估不仅是技术层面的分析，更是一种战略思维和决策艺术的体现。本章将从企业投资的基本原理出发，在阐释项目评估方法的基础上，结合实际案例，揭示企业投资与项目评估的内在规律，帮助企业在纷繁复杂的市场环境中，洞察投资机遇，规避潜在风险，确保资源的有效配置。

面板企业维信诺通过投资拓宽赛道

2024 年 8 月 29 日晚，维信诺公告称，鉴于有源矩阵有机发光显示器件（AMOLED）的市场规模不断扩大，并从智能手机领域向平板电脑、笔记本电脑、车载等中尺寸显示面板领域不断拓展，公司根据战略规划，有意建立并运营一条第 8.6 代柔性有源矩阵有机发光显示器件生产线，从事中尺寸 AMOLED 相关产品的研发、生产和销售。

随着智能终端设备的发展及其终端厂商对 OLED 显示面板的进一步认可，具有更宽视角、更高刷新率和更薄尺寸的 AMOLED 市场渗透率持续提升。在此背景下，面板企业维信诺（002387）选择以 550 亿元在合肥投建相关生产线，加码 AMOLED 赛道。维信诺与合肥市政府经过友好协商拟签署《合肥第 8.6 代柔性有源矩阵有机发光显示器件（AMOLED）生产线项目投资框架协议》，约定双方合作在合肥新站高新技术产业开发区设立/投资项目公司落地该项目的投资、建设及运营，项目总投资额为 550 亿元，其中股权投资 330 亿元，债务融资 220 亿元。

为推进该项目尽快落地，维信诺与合肥市政府旗下全资企业合肥建翔投资有限公司、合肥鑫城控股集团有限公司达成投资合作协议，约定各方同意合作，并以维信诺全资子公司合肥国显科技有限公司（简称"合肥国显"）作为该生产线项目的投资、建设、运营平台，项目投资总额为 550 亿元，首期注册资本金 20 亿元，其中前述合肥市政府旗下两公司合计出资 16 亿元（占比 80%），公司出资 4 亿元（占比 20%）。各方同意，根据项目建设需求分期同比例实缴。

维信诺称，本次合作以公司已成立的子公司合肥国显作为产线的运营主体，公司放弃该子公司部分优先认缴出资权，与国资股东合资投建产线，能够充分发挥各方的资源优势，是国有资本与公司技术优势的有机结合。这可以促进国有资本与公司建立长期稳定的合作关系，提高项目建设效率，增强项目抗风险能力。

（资料来源《证券时报》2024 年 8 月 30 日第 A06 版，记者严翠，内容有删减。）

6.1　企业投资的基本原理

6.1.1　企业投资项目评价概述

本节在定义企业投资和投资项目相关概念的基础上，阐述企业投资的一般性过程，包括投资项目的识别与筛选、评价与决策、实施与管控三个阶段。其中，评价与决策是企业投资最关键的步骤，评价内容包括市场前景分析、财务效益分析、企业的核心能力分析。

企业经营性固定资产投资所需的资金量较大，投资项目的寿命期相对较长，若投资决策不当，造成企业资源浪费和价值损失的额度也较大，因此对拟订的备选投资方案应该慎重作决策，并加强过程管理。如图 6-1 所示，企业进行固定资产投资的完整过程一般包括投资项目的识别与筛选、评价与决策、实施与管控三个阶段。

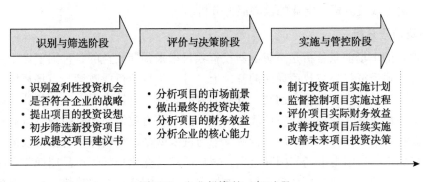

图 6-1　企业投资的一般过程

1. 投资项目的识别与筛选

企业投资决策的第一阶段是识别盈利性投资机会并判断其是否符合企业的发展战略，进而提出项目的投资设想并做初步筛选，最后形成项目建议书。在市场经济中，投资机会可能随处存在，也可能随时变化。企业需要通过市场调研等方法研究企业的外部环境，把握客户需求、产品技术、市场条件等方面的动态变化，从而识别投资机会并提出投资设想。为了形成持续竞争优势，企业要在新的投资项目中体现战略规划，因此所提出的投资设想应当符合企业长期战略规划。然后，企业利用筛选指标对新投资项目进行简单的初步筛选，形成并提交项目建议书。

2. 投资项目的评价与决策

企业投资决策的第二阶段是基于项目的市场前景、财务效益及企业的核心能力对新投资项目进行评价与比较，并做出接受或拒绝项目的最终决策。评价投资项目时，需要对筛选后的项目建议书进行深入的经济性分析，详细地比较各投资项目的优劣，为企业进行投资决策提供依据。投资项目评价的内容主要包括以下三个方面。第一，分析投资项目的市场前景，确定影响投资项目未来预期收益的各种因素，以便未来有效管理项目的实施过程。第二，分析投资项目的财务效益，判断投资项目是否能够产生良好的预期收益且增加企业价值。第三，分析企业的核心能力，判断企业能否顺利实施新投资项目，并通过过程管理实现预期收益。其中，财务效益分析是投资项目评价的主要内容，重点关注预期现金流量、评价指标、资本限额、风险程度、通货膨胀等。在评价与比较投资项目之后，企业将对是否真正投入资金并开始实施项目做出最终的决策。

3. 投资项目的实施与管控

企业投资决策的第三阶段是制订投资项目的实施计划，监控、评价与协调项目的实施过程，以便后续做出改善。在实施投资项目的过程中，一方面，监督与控制该项目的实施进度、工程质量，保证其按计划如期完成；另一方面，评价投资项目实际的财务效益，考察投资项目决策的正确性，以及实际情况与预期目标的偏离程度，对该项目实施过程中出现的问题进行分析并采取改进措施，借此改善项目的后续实施和未来的投资决策。

6.1.2　企业投资项目评价的主要内容

投资项目评价的结果是企业进行投资决策的依据。评价内容主要包括投资项目的市场前景分析、财务效益分析、企业的核心能力分析。

1. 市场前景分析

投资项目的市场前景分析是对影响新投资项目未来预期收益的各种因素做出判断。企业应在考虑宏观经济趋势与政策导向的基础上，进一步分析行业政策与市场环境、供需关系与产销格局、科技进步与技术创新三方面因素的影响。具体来看，经济趋势与政策导向方面有经济增长与变化趋势、经济环境与调整导向、政府政策与扶持措施。行业政策与市场环境方面有政策调控与产业布局、行业竞争与进入壁垒、市场竞争与贸易政策。供需关系与产销格局方面有国内市场与国际市场、客户需求与变化趋势、产品周期与产品替代。科技进步与技术创新方面有科技政策与发展规划、技术创新与发展趋势、环境保护与政策要求。

2. 财务效益分析

投资项目评价的财务效益分析是对新投资项目能否产生良好的预期财务收益并增加企业价值做出判断。对企业投资项目进行财务评价主要关注预期现金流量、评价指标、风险程度、资本限额、通货膨胀等。

评价投资项目时，财务效益分析的首要步骤是估计新投资项目的预期现金流量，因为现金流量能够反映该项目全部预期经济利益的数量与发生时点，体现了投资项目评价的客观性。基于预测的相关现金流量，还需要运用投资项目的评价指标对项目是否可行做出判断。评价指标包括投资回收期、净现值、获利能力指数和内含报酬率等。其中，净现值和内含报酬率是实践中应用较广泛的两个指标。在利用评价指标评价投资项目时，需要同时考虑项目的风险程度，即预期收益偏离真正实现收益的可能性。此外，还需考虑投资项目的融资方式、可投入资金数量以及通货膨胀等因素，提高财务效益分析的可靠性。

3. 企业的核心能力分析

如果一个投资项目具有广阔的市场前景与良好的预期财务效益，则该项目一定可行吗？答案是否定的。一个完整的投资项目评价不仅要考虑项目的市场前景与预期财务效益，还应考虑企业的核心能力。

　　Prahalad 和 Hamel（1990）在《哈佛商业评论》上发文明确提出核心能力的概念，并给予定义：核心能力是组织中的积累性学习能力，特别是关于如何协调不同的生产技能和整合多种技术流派的能力。随后，不同学者从知识（Leonard-Barton，1992）、资源（Christine，1997）、产品平台（Meyer 和 Utterback, 1993）、技术与组织能力（Coombs，1996）等认识角度拓展了核心能力的相关研究，并形成了不同的流派。综合前人的观点，核心能力是企业所独有的、难以被模仿的、能够为企业与顾客创造价值的资源与能力的有机整合，是企业成长过程中逐渐积累形成的持续竞争优势之源。可以将企业的核心能力视为一个系统。如图 6-2 所示，核心能力系统分为中心层、发挥层、保护层。中心层包括资源和能力两个组成要素，是核心能力的根本来源；发挥层是指企业活动中主动对中心层要素加以利用的能力，包括营销能力、人才资本、企业文化、研发能力四个组成要素；保护层是指企业活动中保护中心层所发挥的作用免受不利因素侵扰的能力，包括危机管理能力、知识产权保护能力和信息获取能力三个组成要素。

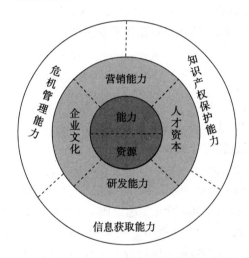

图 6-2　企业核心能力系统

　　即使一个投资项目具有广阔的市场前景与良好的预期效益，也不意味着该项目一定可行，企业的核心能力分析依然十分关键。第一，需要考虑企业是否具备实施与管理该项目以实现预期收益的核心能力。企业核心能力包含资源与能力两个基本组成要素。在投资项目评价中，一方面是企业实施与管理该项目所需要的资源，包括产品的核心技术、项目的人力资源、项目的投入资金等；另一方面是企业实施与管理该项目的能力，包括产品研发与技术创新的能力、产品生产与市场营销的能力、信息沟通与组织协调的能力、跟踪监控与效果评价的能力、风险识别与风险管控的能力等。第二，需要考虑该项目的实施是否有助于企业核心能力的进一步培育与提升。核心能力是企业成长过程中长期培育形成的。进行投资项目评价时，需要考虑该项目的实施是否与企业的战略发展规划一致，从而有助于企业在某个领域形成持续竞争优势，进一步提升核心能力。

6.2 企业项目评估方法^①

资本配置或者资本预算的过程通常比决定是否购买某项特定资产所涉及的范围更广泛。人们常常会遇到某些宽泛的问题，如是否应该推出一种新产品或者进入一个新的市场。诸如这样的决策决定着公司未来几年的经营和产品的性质，这主要是因为固定资产的投资一般是长期性的，一旦投入，难以轻易改变。

一家企业必须关注的基本经营决策就是它的产品线。要销售什么产品或者提供什么服务？要在哪个市场竞争？将推出什么新产品？为解答这些问题，企业需要将它们的资本投入某些特定类型的资产中。这些战略问题都被归到资本预算的范畴内。因此，资本预算的过程也可以被理解为战略资产配置。由于这些原因，资本预算问题可能是公司理财中最为重要的问题。公司选择如何筹集其经营活动所需资金（资本结构）和公司如何管理其短期经营活动（营运资本），都是需要考虑的重要问题，但是固定资产决定了公司业务的性质。

任何一家公司都有很多潜在的投资机会。对公司而言，每个可能的投资都是一个可行的选择。某些选择是有价值的，另外一些则毫无价值。当然，成功的财务管理的精髓在于学会辨别哪些投资是有价值的，哪些投资是没有价值的。

6.2.1 净现值

一项投资是否值得进行，取决于它能否为所有者创造价值。一般而言，当一项投资在市场上的价值大于所支付的成本时，该项投资就创造了价值。价值如何能够超过成本？那就是让项目的总体价值超过各部分成本之和。

举例说明，假使你花费 150 万元买了一套弃置的房屋，并且另外支付了 50 万元用于装修，那么总共投资就是 200 万元。完工后，当你把房屋重新投入市场用于出售时，市场价值已达到 300 万元。市场价值（300 万元）超出成本（200 万元）100 万元。你扮演的是一个管理者的角色，把固定资产（一套房屋）、劳动力（管道工、木匠和其他人）和材料（地毯、油漆等）组合在一起，最终结果是你创造了 100 万元的价值。也就是说，这 100 万元是管理的附加价值。但挑战在于如何事前判断出这 200 万元的投资是否值得。这就是资本预算的内容，即设法明确拟议的投资方案或计划一旦被付诸实践，其价值是否高于成本。一项投资的市场价值和成本之间的差额称作投资的净现值（NPV）。换句话说，净现值衡量的是一项投资当前创造或者增加的价值。既然目标是为企业创造价值，资本预算的过程就可以看作搜寻净现值为正的投资机会。当市场上存在与我们正在考虑是否投资的项目类似的资产时，投资决策被简化。但是，在市场上无法找到具有大致可比性的资产时，资本预算就会变得困难。下面对此展开讨论。

假设公司正在考虑开展一项新业务来生产和销售一种新的产品，例如有机奶粉。公司可以估计出初始投入成本，但这是一项好的投资吗？这需要看这项新业务的价值是否超过其初始投入成本。换句话说，这项投资的净现值为正吗？

根据财务管理基础知识，可以按照如下步骤进行分析。首先，估计出这项业务预期产

---

① 参考资料：《公司理财（精要版）》（罗斯、威斯特菲尔德、乔丹，机械工业出版社，2020）第 9 章内容。

生的未来现金流量；其次，运用基本贴现现金流量法估计出未来现金流量的现值。据此就可以估计出净现值，也就是未来现金流量的现值和该项业务初始投入成本之差。这种方法称为贴现现金流量估价（discounted cash flow valuation，DCF）。

为了说明公司是如何估计净现值的，假设公司认为从有机奶粉业务中每年可实现的现金收入为 20 万元，每年的付现成本（包括税费）为 14 万元，预计将在 10 年后结束这项业务。届时，厂房和设备的残值为 2 万元。开始这项业务需要花费 30 万元，对于类似的新项目，公司采用 20% 的贴现率。该项投资是否值得？如果当前流通在外的股份数为 10 000 股，那么该项业务会对股票价格产生什么影响？

理论上，需要根据 20% 的贴现率计算出未来现金流量的现值。未来 10 年中每年的净现金流量为 20 万元的现金收入减去 14 万元的成本。表 6-1 列示了每年的现金流量。

表 6-1　项目现金流量　　　　　　　　　　　　　　　单位：万元

第×年	0	1	2	3	4	5	6	7	8	9	10
初始成本	−30										
流入量		20	20	20	20	20	20	20	20	20	20
流出量		−14	−14	−14	−14	−14	−14	−14	−14	−14	−14
净流入量		6	6	6	6	6	6	6	6	6	6
残值											2
净现金流量	−30	6	6	6	6	6	6	6	6	6	8

计算未来现金流量的现值如下：

$$总现值 = 6 \times \frac{1 - 1.2^{(-10)}}{0.2} + \frac{2}{1.2^{10}}$$
$$= 6 \times 4.192\,5 + 2 \times 0.161\,5$$
$$= 25.155 + 0.323$$
$$= 25.478（万元）$$

再与 30 万元的初始投入成本相比，可得出净现值（NPV）：

$$NPV = -30 + 25.478 = -4.522（万元）$$

即接受这个投资项目会使股票的总价值减少 45 220 元。因此，该项目投资不划算。由于公司流通在外的股票数为 10 000 股，公司对此投资会造成每股价值损失 4.522 元（45 220 元/10 000 股）。

有机奶粉的例子说明净现值估计是怎样被用来确定一项投资项目是否值得。不难发现，如果净现值为负，该项目对股价影响是不利的；如果净现值为正，那么其影响是有利的。因此，如果需要决定接受或拒绝某个特定的项目，可计算该投资项目的净现值为正还是为负。由此得出净现值法则：

> 如果一项投资的净现值（NPV）为正，就接受；如果 NPV 为负，就拒绝。

有两点需要注意。第一，现金流量贴现的计算过程并不重要。如果知道了每年现金流量的金额和恰当的贴现率，则计算过程非常简单，难点在于如何获得现金流量和贴现率。如无特殊说明，假定估计的现金收入、成本和贴现率都是已知的。第二，上例中 45 220 元的净现值是一个估计值，它可能偏高或偏低。能够准确地获得净现值的方法就是出售该项投资，然后看获得的现金收入。但一般情况下不会这样做，所以，可靠的估计值就变得尤为重要。为此，假设所有估计值都是准确的。

【例6-1】 净现值法则的运用

假设公司需要决定是否推出一种新的消费品。根据预测的销售和成本，预计该产品寿命为 5 年。现金流入量分别为：第 1 年和第 2 年每年 200 万元，第 3 年和第 4 年每年 400 万元，最后 1 年为 500 万元。该项目需花费 1 000 万元成本进行启动。公司用 12%的贴现率来评估新产品。公司应该怎么做决定？

【解析】 题目给定了现金流量和贴现率，可以把未来的现金流量贴现，从而获得产品的总价值：

$$现值 = \frac{200}{1.12} + \frac{200}{1.12^2} + \frac{400}{1.12^3} + \frac{400}{1.12^4} + \frac{500}{1.12^5}$$
$$= 178.58 + 159.44 + 284.72 + 254.2 + 283.7$$
$$= 1\ 160.64（万元）$$

预计现金流量的现值为 1 160.64 万元，为获得这些现金流量所花费的成本只有 1 000 万元，所以净现值 = 1 160.64 - 1 000 = 160.64 万元。净现值为正，根据净现值法则，公司应该接受这个项目。

电子表格的例子给出了两个答案（图 6-3）。比较例 6-1 给出的两个答案，对于第 1 个，尽管用了电子表格中的 NPV 函数，它还是错误的，因为 NPV 函数是电子表格中用来计算现值的函数。第 2 个答案展示了如何正确运用公式。这个例子说明盲目运用计算器或者计算机而不理解其运行机制的风险。

▲	A	B	C	D	E	F	G	H
1								
2				**运用Excel来计算NPV**				
3								
4	根据例6-1，该项目的成本为1000万元，前两年每年的现金流量为200万元，							
5	第3年和第4年的现金流量为400万元，最后1年的现金流量为500万元。							
6	贴现率为12%。那么 NPV是多少？							
7								
8		年	现金流量					
9		0	−1 000		贴现率=	12%		
10		1	200					
11		2	200		NPV=	¥143.43	错误答案	
12		3	400		NPV=	**¥160.64**	正确答案	
13		4	400					
14		5	500					
15								
16	单元格 F11中输入的公式为"=NPV(F9,C9:C14)"。这给出的是错误的答案，因为NPV函数							
17	计算的是现值，不是净现值。							
18								
19	单元格 F12中输入的公式为"=NPV(F9,C10:C14)+C9"。这给出的是正确的答案，因为NPV							
20	函数计算的是未来现金流的现值，需要减去初始成本。							
21	注意，我们是加上C9单元格的数值，因为值本身就已经取负号了							

图 6-3 运用 Excel 来计算 NPV

净现值估计是评估投资项目获利能力的一种方法，但不是唯一的方法。下面来看其他几种评估项目投资决策的方法。

6.2.2　内含报酬率

内含报酬率（internal rate of return，IRR），又称内部收益率法、内含报酬率法。内含报酬率是指对投资方案的每年现金净流量进行贴现，使所得的现值恰好与原始投资额现值相等，从而使净现值等于零时的贴现率。它具有 DCF 法的一部分特征，实务中常被用来代替 DCF 法。它的基本原理是试图找出一个数值概括出企业投资的特性。IRR 本身不受资本市场利息率的影响，完全取决于企业的现金流量，反映了企业内部固有的特性。IRR 只能告诉投资者被评估项目值不值得投资，却并不知道值得多少钱投资。为说明 IRR 理念，假设考虑一项投资成本为 100 元，在 1 年后收回 110 元。很显然，该项投资的报酬率是 10%，也即该项目的 IRR 就是 10%。

IRR 法的基本原理是：在计算方案的净现值时，以预期投资报酬率作为贴现率计算，净现值的结果往往大于零或小于零，这就说明方案实际可能达到的投资报酬率大于或小于预期投资报酬率；当净现值为零时，说明两种报酬率相等。根据这个原理，就是要计算出使净现值等于零时的贴现率，这个贴现率就是投资方案实际可能达到的投资报酬率。IRR 是某种程度上的内部指标，也就是仅仅依赖某个特定项目的现金流量，而不受其他比率指标的影响。上例中 IRR 为 10% 的项目是否值得投资呢？很显然，如果 IRR 大于必要报酬率，这就是一个好的投资。因此，将 IRR 法则表示如下：

> 根据 IRR 法则，如果 IRR 超过了必要报酬率，那么这个项目是可接受的；否则应拒绝。

如果要计算这个简单投资项目的 NPV，其贴现率为 R，那么 NPV 为

$$NPV = -100 + \frac{110}{1+R}$$

当净现值恰好为 0 时，接不接受这个项目并没有什么区别。换句话说，当 NPV = 0 时，这个项目就处于经济上的盈亏平衡点，既不创造价值，也不会带来价值损失。为了找到盈亏平衡点的贴现率，不妨令 NPV = 0，求解 R 值。

$$NPV = 0 = -100 + \frac{110}{1+R}$$

$$100 = \frac{110}{1+R} \Rightarrow 1+R = \frac{110}{100} = 1.1 \Rightarrow R = 0.1 \text{或} 10\%$$

这个 10% 就是这项投资的 IRR。IRR 就是使得一项投资净现值为 0 时的贴现率。

不难看出，计算单期项目的 IRR 非常简单。假设现在考虑的是有着如图 6-4 所列示现金流量的项目。

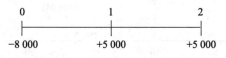

图 6-4　项目现金流量（单位：万元）

这个项目花费成本 8 000 元，并在后 2 年每年有着 5 000 元的现金流量，那么该项目的 IRR 是多少？根据 IRR 法则的基本原理，令 NPV = 0，从而求出贴现率。

$$NPV = 0 = -8\,000 + \frac{5\,000}{1+R} + \frac{5\,000}{(1+R)^2}$$

一般来说，求解 IRR 的唯一办法就是通过不断试错找到答案。如果从 0%开始，NPV = 10 000–8 000 = 2 000 元。当贴现率为 15%时，NPV 等于：

$$NPV = -8\,000 + \frac{5\,000}{1.15} + \frac{5\,000}{1.15^2} = 128.5$$

表 6-2 列示了其他一些可能性。可以看出，当贴现率为 15%～20%之间的某个数时，NPV 等于 0。据此可以得出：

$$\frac{IRR - 15\%}{20\% - 15\%} = \frac{0 - 128.5}{-361 - 128.5}$$

$$IRR = 15\% + (20\% - 15\%) \times \frac{128.5}{128.5 + 361} = 16.3\%$$

因此，如果 16.3%高于公司的必要报酬率，则应该接受这个项目；否则，就应该拒绝这个项目。

表 6-2　不同贴现率下的 NPV

贴现率/%	NPV/元
0	2 000
10%	677.5
15%	128.5
20%	−361
25%	−800

由此发现，IRR 法则和 NPV 法则十分相似，二者之间的关系可根据表 6-2 中的数据画出如图 6-5 所示的图形。令纵轴代表 NPV，横轴代表贴现率。如果拥有大量的数据，就能得到一条光滑的曲线，称为净现值曲线。图 6-5 列示了该项目的净现值曲线。从贴现率为 0 开始，最初可在 y 轴上得到净现值为 2 000 元的点。随着贴现率的增加，NPV 逐渐下降。那么，该曲线在何处与横轴相交？当净现值为 0 时，也就是 IRR 为 16.3%时，才会出现这种情形。

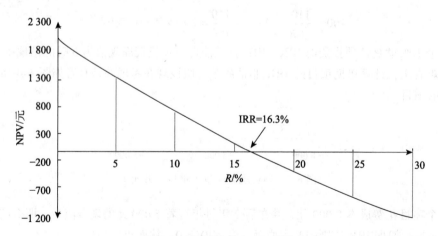

图 6-5　净现值（NPV）曲线

该例中，采取 NPV 法则和 IRR 法则能带来一致的决策结果。如果 IRR（16.3%）大于必要报酬率，那么根据 IRR 法则，公司会接受项目。如图 6-5 所示，在任何小于 16.3%的贴现率下，净现值都为正，那么根据 NPV 法则，公司也会接受这个项目。在本例中，两种法则给出了同样的答案。

【例 6-2】 IRR 计算

一个项目初始投入成本为 15 770.3 元，第 1～3 年的现金流量分别为 6 000 元、7 000 元和 8 000 元。那么，IRR 是多少？如果必要报酬率是 18%，公司是否应该接受这个项目？

【解析】 可以通过描绘 NPV 曲线来判断，并且通过计算不同贴现率下的 NPV 来求 IRR。从贴现率为 0 开始，可得不同贴现率下的 NPV 数据（表 6-3）。

表 6-3　不同贴现率下的 NPV 数据

贴现率/%	NPV/元
0	5 229.7
5	3 203.5
10	1 479.5
15	0
20	–1 280.1
25	–2 394.3

当贴现率为 15%时，NPV 等于 0，所以 IRR 为 15%。如果必要报酬率为 18%，那么不应该接受这个项目。原因是在 18%的贴现率下，NPV 为负（经计算为–789.1 元）。在本例中，NPV 法则与 IRR 法则给出的结论是一致的。公司不应该接受这个项目，因为 15%的内含报酬率小于 18%的必要报酬率。

运用电子表格可以很方便地计算出 IRR，如图 6-6 所示。

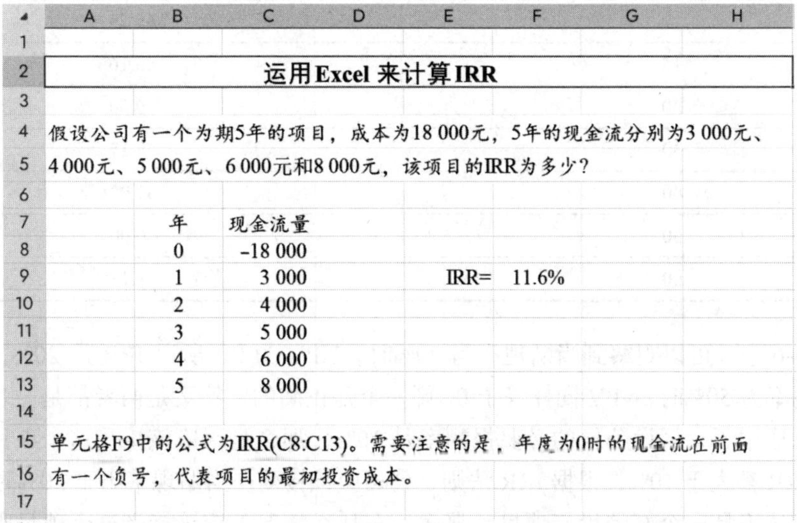

	A	B	C	D	E	F	G	H
1								
2	运用Excel 来计算IRR							
3								
4	假设公司有一个为期5年的项目，成本为18 000元，5年的现金流分别为3 000元、							
5	4 000元、5 000元、6 000元和8 000元，该项目的IRR为多少？							
6								
7		年	现金流量					
8		0	-18 000					
9		1	3 000		IRR=	11.6%		
10		2	4 000					
11		3	5 000					
12		4	6 000					
13		5	8 000					
14								
15	单元格F9中的公式为IRR(C8:C13)。需要注意的是，年度为0时的现金流在前面							
16	有一个负号，代表项目的最初投资成本。							
17								

图 6-6　运用 Excel 来计算 IRR

接下来请思考，IRR 法则和 NPV 法则得出的结论是否总是一致的？实际上，IRR 法则和 NPV 法则得出一致结论的前提是满足两个重要的条件。第一，项目的现金流量必须是符合常规的，也就是说，第一笔现金流量（初始投资）应该是负的，而其余的所有现金流量都是正的。第二，项目应该是独立的，也就是接受或者拒绝该项目的决策不应该影响到接受或者拒绝其他项目。第一个条件通常会被满足，但是第二个条件常常不能得到满足。无论在什么情况下，当其中一个或者两个条件都不满足时，就会产生问题。

（1）IRR 的问题。当现金流量并非常规，或者比较两个或两个以上的项目时，IRR 的使用会带来一定的问题。下面分别进行分析。

①非常规现金流量。假设公司有一个采矿项目，需要 5 000 万元的投资。第 1 年的现金流量是 13 500 万元，第 2 年矿产被采尽，但是公司还需要花费 9 000 万元来修整矿区。如图 6-7 所示，第 1 年和第 3 年的现金流量都为负。

图 6-7　项目现金流（单位：万元）

为求出这个项目的 IRR，分别计算不同贴现率下的 NPV，如表 6-4 所示。可以发现，当贴现率从 0 增加到 30% 时，NPV 一开始为负值，然后变为正值。这似乎与正常的情况相反，因为 NPV 随着贴现率的增长而增长了。随后，NPV 开始变小，再次成为负值。那么，IRR 究竟是多少呢？为了找出答案，可以画出 NPV 曲线，如图 6-8 所示。

表 6-4　非常规现金流量情况下不同贴现率下的 NPV

贴现率/%	NPV/万元
0	−500
10	−165.29
15	−66.16
20	0.00
30	59.17
40	51.02
50	0.00
60	−78.13

在图 6-6 中，可以观察到当贴现率为 20% 时，NPV 为 0，所以 IRR 是 20%，它真的是吗？当贴现率为 50% 时，NPV 同样等于 0。哪一个是正确的？答案是两者都是。此例中，IRR 法则已经不适用了。假设公司的必要报酬率是 10%，那么是否应该接受这个项目呢？例子中的两个 IRR 都大于 10%，根据 IRR 法则，公司应该接受。当贴现率小于 20% 时，NPV 为负，意味着这不是一个好的投资项目。那么，在什么情况下应该接受这个项目呢？只有当必要报酬率在 20%～50% 之间时，NPV 才为正。

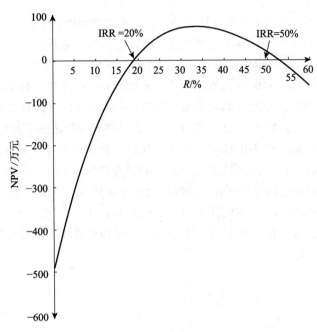

图 6-8　非常规现金流量情况下的 NPV 曲线

②互斥投资。即使只有一个 IRR，在互斥项目决策中也会存在问题。如果有 A 和 B 两个投资项目是互斥的，也就是说如果接受了 A 项目就不能接受 B 项目。如果两个项目不是互斥的，它们则是相互独立的。例如，公司有一小块地，可以建一个商场或者一栋公寓楼，但不能两样都建，这就是一个互斥选择。

焦点在于给定的项目是否值得投资，但是常常会出现另一个相关的问题：给定两个或者多个相互排斥的项目，哪一个是最好的？答案很简单，有着最大 NPV 的那一个。那么，最好的是不是有着最高 IRR 的那一个？答案是否定的。

为了说明 IRR 法则和互斥投资的问题，可考察下面两个互斥投资项目的现金流量。项目 A 和项目 B 是互斥项目，它们的资料如表 6-5 所示。

表 6-5　项目 A 和项目 B 的相关资料　　　　　　　　　单位：元

Panel A：现金流量及 IRR							
第×年	0	1	2	3	4	5	IRR
项目 A	−1 500	600	500	500	300	300	17%
项目 B	−1 500	200	400	500	600	700	15%
Panel B：NPV							
贴现率	0	5%	10%	15%	20%	25%	30%
项目 A	700	438.73	225.52	49.25	−98.19	−222.82	−329.18
项目 B	900	527.30	232.51	−3.80	−195.54	−352.86	−483.28

由表 6-5 中的 Panel A 可知，项目 A 和项目 B 的 IRR 分别为 17% 和 15%。因为这两个项目是互斥的，公司只能接受其中一个。从直觉出发，根据 IRR 法则，项目 A 更好，因为

它有着更高的报酬率。但直觉并非总是正确的。为了清楚阐释为什么项目 A 不一定是更好的，表 6-5 中的 Panel B 分别计算了这两个投资项目在不同贴现率下的 NPV。尽管项目 A 的 IRR（17%）大于项目 B 的 IRR（15%），但比较表 6-5 中 Panel B 项目 A 和项目 B 的 NPV 后发现，哪个投资项目的 NPV 更高则取决于必要报酬率。项目 B 的总现金流量更大，但是它收回成本的速度比项目 A 慢。其结果是，当贴现率较低时，项目 B 有着更高的 NPV。

这个例子说明，根据 NPV 或 IRR 进行排序，在某些贴现率水平下是相互冲突的。例如，当必要报酬率是 10% 时，项目 B 的 NPV 更高，所以尽管此时项目 A 有更高的 IRR，项目 B 仍然是两者中更好的。如果必要报酬率是 15%，则没有冲突，项目 A 是更好的。NPV 和 IRR 在互斥投资中的冲突可以用 NPV 曲线来说明，如图 6-9 所示。可以发现，两条 NPV 曲线在贴现率大约为 10.51% 时相交。同时注意到，贴现率小于 10.51% 时，项目 B 的 NPV 较大。在这个范围内，接受 B 投资收益更大，尽管项目 A 的 IRR 更高。当贴现率大于 10.51% 时，项目 A 的 NPV 则更大。

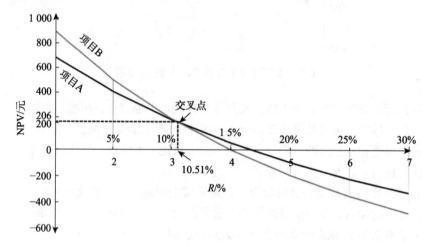

图 6-9　互斥项目的 NPV 曲线

这个例子说明，当遇到互斥项目投资决策时，不能根据它们的 IRR 进行排序。因此，在任何时候，当以 IRR 作为评价项目的标准时，就可能产生误导，必须计算相对应的 NPV，以避免做出错误的选择。公司最终关注的是为股东创造价值，所以无论报酬率是多少，总是偏向那些有着更高 NPV 的项目。

【例 6-3】　交叉点报酬率计算

在图 6-9 中，NPV 曲线在贴现率大约为 10.51% 时相交。那么，应该如何确定这个交叉点报酬率具体是多少呢？交叉点报酬率，从定义上而言，指的是使得两个项目的 NPV 相等的贴现率。为了说明这一点，假设有两个互斥的投资项目如表 6-6 所示，交叉点报酬率是多少呢？

表 6-6　两个投资项目　　　　　　　　　　　单位：元

年度	项目 X	项目 Y
第 0 年	−400	−500
第 1 年	250	320
第 2 年	280	340

为了找出交叉点，首先考虑用项目 Y 来代替项目 X 的情况。如果进行了替换，则需要额外投资 100 元（500–400）。对于这 100 元的投资，公司在第 1 年可额外获得 70 元（320–250），第 2 年可额外获得 60 元（340–280）。这是不是一个好的替代方案？换句话说，是否值得投资这额外的 100 元？

根据分析，项目转换产生的 NPV，即 NPV（B–A）为

$$NPV(B-A) = -100 + \frac{70}{1+R} + \frac{60}{(1+R)^2}$$

求出 NPV（B–A）＝0 时的报酬率，即 IRR。经过计算，可以得到 IRR＝20%。这说明当贴现率为 20% 时，两个项目是一样的，因为两者现金流量差异的 NPV 等于 0。其结果是两个投资项目有着同样的价值，所以交叉点报酬率就是 20%。进一步检查发现，当贴现率为 20% 时，两个项目的 NPV 都为 2.78 元。

③投资还是融资。考虑如表 6-7 所示的两个独立的投资项目。

表 6-7　两个独立项目的现金流　　　　　　　　　单位：元

第×年	0	1
项目 C	–1 000	1 300
项目 D	1 000	–1 300

公司在最初为项目 C 支付现金，项目 D 则给公司带来现金。虽然大部分投资项目与 C 类似，但类似 D 的情况也时有发生。例如，考虑一家公司举办研讨会的情况，与会者往往提前交纳会费。因为大部分的开支通常花费在研讨会期间，所以现金流入早于现金流出。对于这样两个项目，假设必要报酬率都是 15%，根据 IRR 法则，公司应该选择哪个项目？经过计算可以得出，两个项目的 IRR 都是 30%，均大于公司要求的必要报酬率 15%，则两个方案公司都应该接受。但是在 15% 的贴现率下计算项目 D 的 NPV 可得：

$$NPV_D = 1\,000 - \frac{1\,300}{1+15\%} = -130.43（元）$$

IRR 法则和 NPV 法则得出的结论并不一致。图 6-10 展示了每个项目的 NPV 曲线。项目 D 的 NPV 曲线是向上倾斜的。因此，如果必要报酬率大于 30%，项目 D 应该被接受。

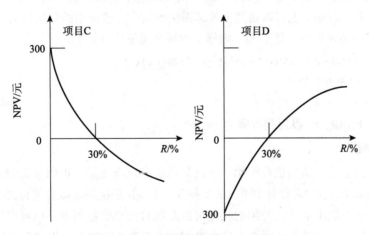

图 6-10　投资和融资的 NPV 曲线

当某个方案有着类似项目 D 的现金流量时，IRR 是对外支付的利率，而不是收到的利率。可以说，项目 D 有着融资型现金流量，项目 C 有着投资型现金流量。当且仅当有一个费用低廉的资金来源时，才能够接受那些有着融资型现金流量的项目，这意味着项目的 IRR 需要低于必要报酬率。

因此，IRR 法在面对投资型企业和融资型企业时，其判定法则正好相反。对于投资型企业，当 IRR 大于必要报酬率时，企业适合投资；当 IRR 小于必要报酬率时，企业不值得投资。融资型企业则相反。一般而言，对于企业的投资或者并购，投资方不仅想知道目标企业值不值得投资，更希望了解目标企业的整体价值。IRR 法对于后者却无法满足，该方法更多地应用于单个项目投资。

（2）IRR 的可取之处。尽管有着各种缺点，但 IRR 在实务中也非常通用。进行投资分析时，人们似乎更关注投资报酬率而不是货币的绝对数额。IRR 还提供了一个交流有关方案意见的便捷途径。在特定情境下，IRR 可能比 NPV 更具有实践上的优点。如果缺少恰当的贴现率，就无法估计 NPV，但是仍然可以估计出 IRR。

IRR 的优点：第一，和 NPV 密切相关，两者常常得出一致的结论；第二，易于理解和交流。缺点主要有：第一，可能带来多个 IRR，或者无法处理非常规现金流量问题；第二，用于比较互斥方案时，会得出错误的结论。

6.2.3 修正的内含报酬率

为了解决利用 IRR 法则进行决策可能造成的一些问题，可以使用修正的内含报酬率。下面将使用几种不同的方法来计算修正的 IRR（MIRR），但基本思想都是先修正现金流量，然后根据修正后的现金流量计算 IRR。

举例说明，图 6-7 的现金流量为–5 000 万元、13 500 万元、–9 000 万元。该项目有两个 IRR，分别为 20% 和 50%。接下来，采用三种方法来说明不同的 MIRR 拥有同样的特性，只能得出一个答案，从而消除了多重 IRR 的问题。

1. 贴现法

贴现法的思路是将所有负的现金流量用必要报酬率贴现，转化为现值并同初始成本相加，然后再计算 IRR。因为只有第一笔修正现金流量为负值，所以只能得出一个 IRR。这里的贴现率可以是必要报酬率，也可以是其他外部提供的利率。这里用的是项目的必要报酬率。

如果项目的必要报酬率是 15%，则修正的现金流量计算如下：

时间 0：$-5\,000 + (-9\,000) / (1 + 15\%)^2 = -11\,805.29$（万元）

时间 1：$+13\,500$（万元）

时间 2：0（万元）

现在计算 MIRR，可以得到答案为 14.36%。

2. 再投资法

再投资法的基本思路是把除了第一笔之外的所有现金流量（正的和负的）累积计算复利直到项目的末期，然后再计算 IRR。从某种程度上，这是把现金流量进行再投资直到项目结束，中途并未抽取出来。所使用的利率可以是项目的必要报酬率，也可以是单独确定的"再投资利率"。这里仍然使用必要报酬率 15%。下面是计算的修正现金流量：

时间 0：–5 000（万元）

时间 1：0（万元）

时间 2：–9 000+(13 500×1.15) = 6 525（万元）

据此可求出 MIRR 为 14.24%，比用贴现法计算得到的结果要稍微小一些。

3. 综合法

顾名思义，综合法就是将前面两种方法综合运用，将负的现金流量贴现得到现值，将正的现金流量以复利计算到项目末期。在实际操作中，可能使用不同的贴现率和复利利率，这里仍然使用项目必要报酬率 15% 来计算。

在综合法下，修正的现金流量计算如下：

时间 0：$-5\,000 + (-9\,000)/(1+15\%)^2 = -11\,805.29$（万元）

时间 1：0（万元）

时间 2：13 500×(1+15%) = 15 525（万元）

此时的 MIRR 是 14.68%——这是三种方法中最高的。

4. MIRR 还是 IRR

MIRR 具有争议性。一方面，支持者认为 MIRR 要优于 IRR。例如，通过合理的设计，人们可以避免多个 IRR 的问题。另一方面，批评者认为 MIRR 代表了"毫无意义的 IRR"。MIRR 的问题之一：计算方法的多样性，而且没有明确理由说明三者中哪个最好。对于例子中简单的现金流量，三种方法计算的结果相差不大，但面对复杂的项目，结果可能差距很大。问题之二：很难明确地解释和说明 MIRR。它看起来像报酬率，但却是根据修正后的现金流量计算出来的报酬率，不是根据项目实际现金流计算出来的。需要注意的是：计算 MIRR 时需要贴现、复利，或者两者都要——这带来两个明显的问题。第一，如果有相关的贴现率，为什么不直接算出 NPV？第二，因为 MIRR 的计算需要依靠一个外部提供的贴现（或者说复利）率，所以计算的答案并不是真正的"内部"报酬率，因为根据定义，IRR 的计算仅仅依据项目的现金流量。

一个项目的价值并不取决于公司如何使用该项目产生的现金流量。公司可能会用项目产生的现金流量来资助其他项目、支付股利或者为高消费，这并不重要，因为未来现金流的使用并不影响项目当前的价值。因此，一般来说，没有必要考虑将项目进行中产生的现金流再投资的情况。

6.2.4　获利能力指数

获利能力指数（profitability index，PI），是未来现金流量的现值除以初始投资成本。如果一项投资的成本为 5 000 元，未来现金流量的现值为 6 000 元，则获利能力指数为 1.2（6 000 元/5 000 元）。需要注意的是，这个项目的 NPV 为 1 000 元，因此这是一个值得投资的项目。不难发现，如果某个项目的 NPV 大于 0，那么它的未来现金流量的现值肯定大于初始投资成本。对于 NPV 为正的项目，PI 大于 1；对于 NPV 为负的项目，PI 小于 1。

如何理解 PI？在例子当中，PI 为 1.2，这代表着每 1 元的投资可获得 1.2 元的价值或 0.2 元的 NPV。因此，PI 衡量的是"资金的效益"，也就是每 1 元投资创造的价值。正因如此，该指标常被用来衡量政府或者其他非营利组织的业绩。当资本稀缺时，把资源分配给 PI 高的项目是合理的。

显然，PI 和 NPV 十分相似。例如，计划一项成本为 10 元、未来现金流量现值为 20 元的投资和另一项成本为 1 000 万元、未来现金流量现值为 1 500 万元的投资。前者的 NPV 为 10 元，PI 为 2；后者的 NPV 为 500 万元，PI 为 1.5。如果这是两个互斥项目，很显然应该选择后者，尽管它的 PI 较低。这两种排序方法的冲突，与 NPV 和 IRR 的排序问题十分相似。

PI 的优点：第一，同 NPV 密切相关，往往得出一致的结论；第二，易于理解和交流；第三，在项目可用资金有限的情况下，该方法可能非常有帮助。主要缺点在于：在比较互斥项目时，可能得出不正确的结论。

6.2.5 静态回收期

在实务中，人们常常讨论一项投资的回收期。简单来说，静态回收期（payback period，PP）是指收回最初的投资额所需的时间长度。图 6-11 列示了某项投资的预计现金流量，分析公司需要等多少年才能使这项投资积累的现金流量等于或者超过它的成本？

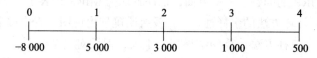

图 6-11 项目净现金流量（单位：万元）

根据图 6-11，最初的投资额为 8 000 万元。第 1 年公司收回 5 000 万元，剩余 3 000 万元。第 2 年的现金流量刚好是 3 000 万元，所以这项投资"回本"的时间刚好为 2 年。换句话说，投资回收期为 2 年。如果要求的回收期等于或者小于 3 年，那么这项投资是可接受的。这说明了静态回收期法则：

> 根据静态回收期法则，当一项投资的回收期小于预先设定的年限标准，那么这项投资是可接受的。

该例中，投资回收期正好是 2 年。但这种情况不可能总是发生。如果投资回收期年数不为整数时，通常用分数来表示。例如，假设最初的投资额为 8 000 万元，第 1 年、第 2 年的现金流量分别为 3 000 万元和 9 000 万元。前两年的现金流量就达到了 12 000 万元，所以这个投资项目收回成本的时间显然在第 2 年的某个时点。过了第 1 年，这个项目能收回 3 000 万元，剩余 5 000 万元有待收回。由于 5 000 万元是第 2 年 9 000 万元现金流量的 5 000/9 000=5/9，假定 9 000 万元的现金流量平均分布在该年度里，那么投资回收期为 $1\frac{5}{9}$ 年。

【例 6-4】 投资回收期计算

表 6-8 是某个投资项目预计的现金流量。该项目成本为 3 000 元，其投资回收期为多少年？

表 6-8　某投资项目的现金流

第×年	现金流量/元
1	1 000
2	1 500
3	2 000

【解析】

初始成本为 3 000 元。前 2 年累计的现金流量为 2 500 元，3 年后，总现金流量为 4 500 元。所以，这个项目的投资回收期应该在第 2 年和第 3 年之间的某个时期。因为前两年积累的现金流量为 2 500 元，在第 3 年还需要 500 元才能回本。第 3 年的现金流量为 2 000 元，所以需要 500/2 000 = 0.25 年才能回本。因此，投资回收期为 2.25 年，或者 2 年零 3 个月。

基于以上分析，运用投资回收期法则来制定决策就简单了。首先，给出一个特定的取舍年限，投资回收期等于或者小于特定取舍年限的所有投资项目都是可接受的。反之，投资回收期超过 2 年的项目都应该拒绝。

表 6-9 列举了 5 个不同项目的现金流量。第 0 年代表初始投入成本。项目 A 的投资回收期很容易计算。由于前两年现金流量之和为 600 元，剩余 400 元（1 000–600）需要补偿。因为第 3 年的现金流量为 500 元，则 400/500 = 0.8。因此，投资回收期为 2.8 年。项目 B 未能收回成本，因为现金流量的总额小于初始投资额。项目 C 的投资回收期恰好为 4 年，因为它在第 4 年提供了项目 B 所没有的 1 800 元现金流量。项目 D 则不同，第 3 年的现金流量为负，不难发现它有两个投资回收期，2 年和 4 年。哪一个是正确的呢？两个都正确。投资回收期并没有保证只有一个结果。最后，项目 E 不太现实，但的确在 6 个月的时间里收回成本。这说明能够快速收回成本并不能保证这是一个好的投资项目。

表 6-9　项目 A～E 的预计现金流量　　　　　　　单位：元

第×年	A	B	C	D	E
0	–1 000	–3 000	–3 000	–2 000	–500
1	200	500	500	1 000	1 000
2	400	400	400	1 000	–50 000 000
3	500	300	300	–2 000	
4	700		1 800	2 000	

（1）与净现值方法的比较。和净现值相比，投资回收期存在严重缺陷。首先，计算投资回收期时直接将未来现金流量加总，没有考虑贴现问题，所以货币的时间价值被完全忽视。其次，没有考虑风险因素，对于风险高和风险低的方案，投资回收期法则都是运用相同的方法来计算。也许投资回收期法则最大的问题来自如何选择正确的取舍年限：缺乏客观的标准。

假设公司已经选定了适当的回收期，例如 2 年或者更短。投资回收期无视前 2 年货币的时间价值。更为重要的是，第 2 年之后的现金流量被完全忽视了。为说明这一点，考虑表 6-10 中的长期项目和短期项目。两个项目的成本均为 5 000 元，根据前面的讨论，长期项目回收期为 2+(1 000/2 000) = 2.5 年，短期项目回收期为 1+(3 000/4 000) = 1.75 年。在取舍年限为 2 年的情况下，应该接受短期项目，拒绝长期项目。

表 6-10   项目预计现金流量   单位：元

第×年	长期项目	短期项目
0	−5 000	−5 000
1	2 000	2 000
2	2 000	4 000
3	2 000	0
4	2 000	0

投资回收期法则能做出正确的决策吗？也许并不能。假设对于这一类投资项目，公司要求有 20% 的报酬率，可分别计算出两个项目的 NPV。

$$NPV（短期）= -5\,000 + \frac{2\,000}{1.2} + \frac{4\,000}{1.2^2} = -555.8（元）$$

$$NPV（长期）= -5\,000 + 2\,000 \times \frac{1 - 1.2^{(-4)}}{0.2} = 177.4（元）$$

利用净现值法则，短期项目的 NPV 实际上是负的，这意味着接受这个项目会导致股东权益价值减少。与此相反，长期项目 NPV 为正，能够增加股票价值。这个例子说明了投资回收期法的两个主要缺陷。第一，忽视货币的时间价值，因此可能接受那些实际价值小于成本的投资项目（如本例中的短期项目）。第二，忽视收回投资之后的现金流量，因此可能拒绝那些长期盈利的项目（如本例中的长期项目）。这表明，使用投资回收期法则使公司更加偏向于选择期限短的项目。

（2）投资回收期法则的可取之处。尽管有这些缺点，投资回收期法则还是常常被大型、复杂的企业用来制定那些相对次要的决策。如果一项投资能快速收回成本并且超过回收时限后仍然有收益，那么它的净现值往往是正的。

除了简单、便捷外，投资回收期还有其他两个优点。第一，由于投资回收期法则偏向于短期项目，因此也就偏向于高流动性。换句话说，投资回收期倾向于偏好那些能够快速释放现金以做其他用途的项目。这对于小型企业至关重要，对于大公司的重要性程度相对降低。第二，预计在项目后期收到的现金流量可能有着更高的不确定性。一般而言，投资回收期需要对后期现金流量的额外风险进行调整，但它完全忽视了后期的现金流量。

投资回收期法则的优点是：容易理解、可调整后期现金流量的不确定性、偏好流动性。其主要缺点是：忽视货币时间价值、需要一个主观的回收时限、忽视时限点之后的现金流量、不偏好长期项目，如研发和新项目。

6.2.6   动态回收期

静态回收期法的缺点之一是没有考虑货币时间价值，动态回收期（discounted payback period，DPP）则解决了这个特定的问题。它是指当贴现现金流量总和等于初始投资额时的时间长度。动态回收期法则可以表示为

> 根据动态回收期法则，当贴现回收期小于某个预先设定的年限时，该项目是可接受的。

举例说明，假定公司对于新项目要求的必要报酬率为 12.5%，有一个成本为 1 500 元、未来 5 年每年现金流量为 500 元的项目，为了计算动态回收期，先以 12.5% 作为贴现率对每一笔现金流量进行贴现，然后逐一加总。表 6-11 列示了贴现和未贴现现金流量。观察累积现金流量，可以看到普通回收期恰好为 3 年（观察第 3 年加粗的数字）。然而，贴现现金流量在 4 年后才累积到 1 503 元。因此，动态回收期为 4 年。

表 6-11　普通回收期和贴现回收期　　　　　　　　　　单位：元

第 × 年	现金流量		累积现金流量	
	未贴现	贴现	未贴现	贴现
1	500	444	500	444
2	500	395	1 000	840
3	500	351	**1 500**	1 191
4	500	312	2 000	**1 503**
5	500	277	2 500	1 780

回想一下，静态回收期是指在会计意义上达到盈亏平衡所需要花费的时间。因为包含了货币的时间价值，所以动态回收期是指经济或者财务意义上达到盈亏平衡时所需要花费的时间。大致来说，本例中需要 4 年时间刚好回本，外加若将这些钱做其他投资可得的利息。图 6-12 通过比较在 12.5% 的贴现率下 1 500 元投资的终值和 500 元年金的终值来说明。可观察到，两条直线刚好在第 4 年时相交。这说明项目现金流量的价值在第 4 年时赶上并且即将超过初始的投资成本。

表 6-11 和图 6-12 表明了动态回收期的另一个特征。在贴现的基础上，如果某个项目可以收回全部成本，那么它的 NPV 为正。根据定义，当贴现现金流量之和等于初始投资成本时，NPV 为 0。例如，表 6-11 中所有现金流量的现值为 1 779 元，项目的成本是 1 500 元，所以 NPV 显然为 279 元。这 279 元就是发生在贴现回收期后现金流量的价值（见表 6-11 的

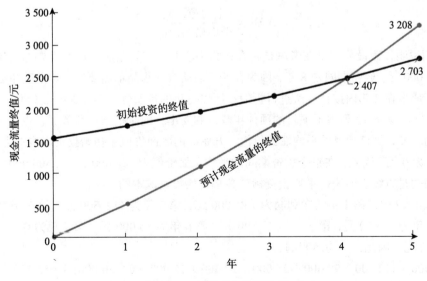

图 6-12　项目现金流量终值

最后一行，四舍五入稍有误差）。一般来说，只要运用了动态回收期法则就不会错误地接受那些估计 NPV 为负的项目。

动态回收期存在几个缺陷。最大的问题在于回收的时限同样需要主观地来确定，并且回收时限外的现金流量同样被忽视了。因此，一个有着正的 NPV 的项目可能由于设定的回收时限太短而被拒绝。同样，一个有着较短贴现回收期的项目并不意味着它有着较大的 NPV。

动态回收期可以理解为静态回收期和 NPV 的折中，它没有前者的简易性，也失去了后者的严谨性。然而，如果需要评估一个项目补偿投资成本需要花费的时间，那么动态回收期比静态回收期更加合理，因为它考虑了时间价值。动态回收期的优点是：考虑了货币的时间价值，简单易懂，不会错误接受 NPV 为负的项目，偏好流动性。主要缺点是：可能拒绝了 NPV 为正的项目，需要主观确定回收时限点，忽视回收时限点之后的现金流量，不偏好长期项目，例如研发和新项目。

【例 6-5】　贴现回收期的计算

如果一个项目花费成本 800 万元，此后无限期地在每一年产生现金流量 200 万元。对于这一类的投资项目，公司使用的贴现率为 20%。静态回收期、动态回收期和 NPV 分别为多少？

【解析】　NPV 和静态回收期容易计算，因为这是一个永续年金。未来现金流量的现值是 1 000 万元（200 万元/0.2），所以 NPV 是 200 万元（1 000 万元–800 万元）。静态回收期是 4 年。要想计算出动态回收期，就需要求出当贴现率为 20% 时，200 万元的年金需累积多长时间才能使得现值为 800 万元。换句话说，年金现值系数为 4（800 万元/200 万元），贴现率为 20%，那么期数是多少呢？利用 Excel 中的 NPER 函数可求出期数为 8.83 年，这就是动态回收期。

6.2.7　平均会计报酬率

平均会计报酬率（average accounting return，AAR）是投资项目寿命周期内平均的年投资报酬率，又称平均投资报酬率：

$$AAR = \frac{平均净利润}{平均账面价值}$$

举例说明，假设公司正在考虑是否在购物中心开一家奶茶店，项目需要的初始投资成本为 800 000 元，经营期限是 8 年，因为在 8 年后所有的物品都需要归还给购物中心的所有者。投资成本在 8 年内按直线法进行折旧，所以每年的折旧额为 100 000 元（800 000/8），税率为 25%。表 6-12 列举了项目的预计年收入和支出，同时根据这些数据，也给出了每年的净利润。要计算该项目的平均账面价值，开始时的账面价值（初始投资成本）为 800 000 元，最终为 0 元。因此，在整个投资期间的平均账面价值为 400 000 元（（800 000+0）/2）。只要采用的是直线折旧法，平均投资额就总是初始投资成本的一半。

在表 6-12 中，第 1 年的净利润为 150 000 元，第 2 年为 112 500 元，第 3 年为 90 000 元，第 4 年为 75 000 元，第 5 年为 37 500 元，第 6 年为 15 000 元，第 7 年为 0 元，第 8 年为 –50 000 元。因此，平均净利润为

(150 000 + 112 500 + 90 000 + 75 000 + 37 500 + 15 000 + 0 – 50 000)/8 = 53 750（元）

平均会计报酬率为

表 6-12　预计年收入、成本和平均会计报酬率　　　　单位：元

项目	第1年	第2年	第3年	第4年	第5年	第6年	第7年	第8年
收入	900 000	800 000	700 000	500 000	400 000	350 000	300 000	133 333
费用	600 000	550 000	480 000	300 000	250 000	230 000	200 000	100 000
折旧前利润	300 000	250 000	220 000	200 000	150 000	120 000	100 000	33 333
折旧额	100 000	100 000	100 000	100 000	100 000	100 000	100 000	100 000
税前利润	200 000	150 000	120 000	100 000	50 000	20 000	0	−66 667
所得税（税率25%）	50 000	37 500	30 000	25 000	12 500	5 000	0	−16 667
净利润	150 000	112 500	90 000	75 000	37 500	15 000	0	−50 000

$$AAR = \frac{平均净利润}{平均账面价值} = \frac{53\ 750}{400\ 000} = 0.134\ 4$$

如果公司的目标平均会计报酬率小于13.44%，那么这个投资项目是可接受的；如果大于13.44%，则不可接受。平均会计报酬率法则可以表示为

根据平均会计报酬率法则，如果某个项目的平均会计报酬率超过了目标会计报酬率，那么这个项目是可接受的。

使用平均会计报酬率的第一个问题，它是一个不具有经济意义的指标，只是两个会计数字的比例，无法同金融市场提供的一些报酬率相比较。平均会计报酬率不是真正的报酬率的一个原因在于它忽视了货币的时间价值。当对发生在不同时期的数字求平均值时，它没有考虑贴现问题。

平均会计报酬率法则的第二个问题，缺乏客观的判断标准。由于计算所得的平均会计报酬率不能同市场报酬率相比较，因此就必须以某种方式确定一个目标平均会计报酬率，但并不存在普遍认同的方法。其中一种方法是计算整个公司的平均会计报酬率，然后以此作为标准。当然，还有很多不同的方法。

平均会计报酬率法则的第三个问题，它没有衡量正确的东西。它使用了净利润和账面价值，而不是现金流量和市场价值，所使用的两个指标都不是合适的替代品。结果，它并没有说明投资某个项目对股票价格会产生什么影响。

平均会计报酬率的优点是：它是一种衡量盈利性的简单方法，概念易于理解；使用财务报告的数据，容易取得；考虑了整个项目寿命期的全部利润；揭示了采纳一个项目后财务报表将如何变化，使经理人员知道业绩的预期，也便于项目的后续评价。主要缺点是：使用账面利润而非现金流量，忽视了折旧对现金流量的影响；忽视了净利润的时间分布对项目经济价值的影响。

6.3　杠杆企业的估价与资本预算

本节介绍三种对杠杆企业估值的方法：调整净现值法、权益现金流量法和加权平均资本成本法。这些方法不仅适用于公司决策，也适用于项目决策。

6.3.1 调整净现值法

调整净现值法（adjusted present value，APV）可用下面的式子描述：
$$APV = NPV + NPVF$$
一个项目为杠杆企业创造的价值（APV）等于一个无杠杆企业的项目净现值（NPV）加上筹资方式连带效应的净现值（NPVF）。这种效应一般包括以下三方面的影响。

（1）债的节税效应。一笔无限期债务的税盾是 $T_C \times B$，其中 T_C 是公司所得税税率，B 是负债的价值。考虑税收情况下的估值方法实际上就是 APV 法的应用。

（2）新债券的发行成本。企业公开发行债券，要有投资银行的参与。对于投资银行所付出的时间和努力，企业要给予补偿。这就是发行成本，它降低了项目的价值。

（3）财务困境成本。随着债务融资的增加，企业陷入财务困境，破产的可能性也会增加。因此，财务困境会增加企业成本，从而降低其价值。

尽管以上三个方面的影响都很重要，但债务的节税效应在实务中影响最大，本部分仅考虑从节税效应这一点来分析。

考虑 PS 公司的一个投资项目，已知条件是，现金流入：每年 1 000 000 元，永续年金；付现成本：销售收入的 78%；初始投资：900 000 元；$T_C = 25\%$，$R_0 = 20\%$，其中，R_0 是全权益企业的项目资本成本。

如果该项目和该企业所需的资金全部采用权益融资，则项目的现金流量如表 6-13 所示。

表 6-13　PS 公司的项目现金流量　　　　　　　单位：元

现金流入	1 000 000
付现成本	−780 000
经营利润	220 000
所得税（税率 25%）	−55 000
无杠杆现金流（UCF）	165 000

分析时，要注意区分现值与净现值之间的差异。计算项目的"现值"时，不必扣减第 0 期的初始投资，而在计算"净"现值时须减掉初始投资。若折现率为 20%，项目的现值是：
$$\frac{165\,000}{0.2} = 825\,000（元）$$
项目的 NPV，即项目为全权益企业创造的价值是：
$$825\,000 - 900\,000 = -75\,000（元）$$
由于 NPV 为负，所以对于全权益企业来说，这个项目应予淘汰。

现在假设企业在为该项目融资时借款 582 352.94 元[①]，其余 317 647.06 元（900 000−582 352.94）来自权益。那么，有杠杆情况下项目的"净"现值，即 APV 是：
$$APV = NPV + T_C \times D$$

[①] 债务之所以要选择这么精确的一个数额，原因在于这样确定债务数额是为了使债务对有杠杆项目的现值之比为 0.60。在本例中，负债是项目现值的一定比例，而不是初始投资 900 000 元的一定比例。这与现实中的目标负债与市场价值比一致。例如，商业银行向房地产商贷款时，其数额为项目市场价值的一个固定百分比，而不是项目初始投资的固定百分比。

$$-75\,000 + 0.25 \times 582\,352.94 = 70\,588.24\,(元)$$

就是说，运用杠杆融资的项目价值等于全权益融资的项目价值加上债务的节税价值。由于 APV 为正，所以该项目可行。

6.3.2 权益现金流量法

权益现金流量法（flow to equity，FTE）是另一种方法，这种方法只对杠杆企业项目产生属于权益所有者的现金流量进行折现，折现率为权益资本成本。对于一项永续性的现金流入，其现值为权益现金流量/R_E。

权益现金流量法的计算分三个步骤进行。

第一步：计算有杠杆现金流。

假设贷款利率是 10%，永续性的权益现金流量如表 6-14 所示。

表 6-14 永续性的权益现金流量 单位：元

现金流入	1 000 000
付现成本	−780 000
利息（582 352.94×10%）	−58 235.29
经营利润	161 764.71
所得税（税率 25%）	−40 441.18
有杠杆现金流（LCF）	121 323.53

也可以直接由无杠杆现金流（UCF）计算有杠杆现金流（LCF）。权益所有者的现金流量在无杠杆和有杠杆这两种情况下的差异关键在于税后的利息支付（本例为无限期债务，不涉及本金偿还的问题）。用公式表达如下：

$$UCF - LCF = D \times R_D \times (1 - T_C)$$

表达式的右边就是税后的利息支付。由于无杠杆权益现金流量是 165 000 元，税后利息支付额是 43 676.47 元（582 352.94×10%×75%），所以有杠杆权益现金流量是：

$$165\,000 - 43\,676.47 = 121\,323.53\,(元)$$

这个结果正好等于前面一种方法计算得到的结果。

第二步：计算 R_E。

接着计算折现率 R_E。计算 R_E 的公式：

$$R_E = R_0 + \frac{D}{E}(1 - T_C)(R_0 - R_D)$$

已经假设无杠杆的权益成本率 R_0 为 20%，目标负债与市场价值比为 3∶5，即目标负债与权益比为 3∶2，所以在本例中有：

$$R_E = 0.2 + \frac{3}{2} \times 0.75 \times (0.2 - 0.1) = 0.312\,5$$

第三步：估值。

有杠杆企业项目权益现金流量的现值是：

$$\frac{LCF}{R_E} = \frac{121\,323.53}{0.312\,5} = 388\,235.29\,(元)$$

由于初始投资是 900 000 元，借款是 582 352.94 元，企业必须自己投入 317 647.06 元（900 000–582 352.94）。项目的"净"现值就是有杠杆权益现金流量的现值减去初始投资来自权益的部分：

$$\text{NPV} = 388\ 235.29 - 317\ 647.06 = 70\ 588.24（元）$$

这与 APV 法计算所得的结果一致。

6.3.3　加权平均资本成本法

评估项目的价值还有一种方法是加权平均资本成本法（WACC）。之所以要用 WACC，是因为杠杆企业项目既有债务融资又有权益融资，其融资成本是债务资本成本和权益资本成本的加权平均数。权益资本成本是 R_E，在不考虑税收的情况下，债务资本成本就是贷款利率 R_D；若考虑税收，债务资本成本应是 $(1-T_C)\times R_D$，即税后债务成本。

WACC 的计算公式：

$$\text{WACC} = R_E \times \frac{E}{E+D} + R_D \times (1-T_C) \times \frac{D}{E+D}$$

其中，权益的权重 $\dfrac{E}{E+D}$ 和负债的权重 $\dfrac{D}{E+D}$ 就是目标比率。目标比率一般要按市场价值而非会计价值（又称账面价值）来表示。这种方法是对项目无杠杆现金流量按 WACC 折现。项目净现值的计算公式是：

$$\text{NPV} = \sum_{t=1}^{\infty} \frac{\text{UCF}_t}{(1+\text{WACC})^t} - 初始投资额$$

若项目是无限期的，其净现值是：

$$\text{NPV} = \frac{\text{UCF}}{\text{WACC}} - 初始投资额$$

前面已经指出，项目的目标负债与市场价值比是 3∶5，公司所得税税率是 25%，所以 WACC 为

$$\text{WACC} = \frac{2}{5} \times 0.3125 + \frac{3}{5} \times 0.1 \times (1-25\%) = 0.17$$

0.17 低于全权益企业的权益资本成本 0.20。这是因为在一般情况下，债务融资享有税收上的好处，从而降低了平均资本成本。

项目的 UCF 是 165 000 元，因此项目的现值为

$$\frac{165\ 000}{0.17} = 970\ 588.24（元）$$

项目的初始投资是 900 000 元，所以项目的 NPV 为

$$970\ 588.24 - 900\ 000 = 70\ 588.24（元）$$

在这个例子中，三种方法均得出一致的结论。

6.3.4　三种方法的比较

调整净现值法（APV），先是在全权益情况下对项目进行估值，即在计算公式中，分

子为全权益融资项目的税后现金流（UCF），分母为全权益情况下的折现率。然后，在这一结果上加上负债连带效应的净现值，负债连带效应的净现值应是节税效应、发行成本、破产成本三者之和。

权益现金流量法（FTE），是对有杠杆企业项目的税后现金流量中属于权益所有者的部分（LCF）进行折现。LCF 是扣除利息后权益所有者的剩余现金流量，折现率是杠杆企业的权益资本成本。杠杆的提高导致权益所有者的风险增大，所以杠杆企业的权益资本成本大于无杠杆企业的权益资本成本。

加权平均资本成本法（WACC），在计算公式中，分子是在假定全权益融资情况下项目的税后现金流量，分母是权益资本成本和负债资本成本的 WACC。债务的影响没有反映在分子上，而是体现在分母上。分母中的债务资本成本是税后的，反映了负债的节税效应。

这三种方法都是为了解决同一个问题，即存在债务融资的情况下如何估值的问题。具体而言：

（1）APV 与 WACC 法的比较。这两种方法类似。调整净现值法用全权益资本成本 R_0 折现现金流量得到无杠杆项目的价值，然后加上负债的节税现值，得到有杠杆情况下的项目价值；加权平均资本成本法则将无杠杆现金流按 WACC 折现，而 WACC 低于 R_0。因此，这两种方法都通过调整适用于无杠杆企业的基本 NPV 公式来反映财务杠杆所带来的税收利益。

（2）估值的主体。FTE 法似乎与其他两种方法差异甚大。在 APV 法和 WACC 法，最后一步均扣减初始投资；而在 FTE 法中，只扣除公司自己投资的部分。这是因为 FTE 法中只评估流向权益所有者的那一部分现金流（LCF）的价值；相反，APV 法和 WACC 法评估的是流向整个项目的现金流（UCF）的价值。由于有杠杆现金流（LCF）中已经扣减了利息支付，UCF 则不扣减利息支出，因此，在初始投资中也应扣减债务融资的部分。这样，FTE 法得出与前面两种方法相同的结果。

6.3.5 实践应用指南

如果某项目的风险在其整个寿命期内保持不变，那么可以假设 R_0 保持不变。另外，如果目标负债与市场价值比在项目整个寿命期内也保持不变的话，则 R_E 和 WACC 也将保持不变。在这种情况下，不论是 FTE 法还是 WACC 法都很适用。但如果目标负债与市场价值比逐年变化，则 R_E 和 WACC 也会逐年变化，这样导致计算变得繁杂，误差增大。

APV 法的计算是以未来各期的负债绝对水平为基础的。当未来各期的负债绝对水平能被准确地知道时，APV 法很容易计算；但当未来各期的负债绝对水平不确定时，这种方法就会有问题。比如，在负债与市场价值比一定的情况下，负债绝对水平随项目价值的变化而变化，而未来一年中项目的价值是难以预测的，因此未来的负债绝对水平也难以预测。

因此，提出以下建议：

> 若企业的目标负债与市场价值比在项目的整个寿命期内不变，则宜用 WACC 法或 FTE 法。若项目寿命期内其负债绝对水平已知，则宜用 APV 法。

在现实工作中，建议主要采用 WACC 法或 FTE 法，而不是 APV 法。实务中，WACC 法是运用得较广泛的一种方法。此外，APV 法是一种相对次要的资本预算方法。

企业项目评估实务

本章小结

本章首先阐释了企业投资的基本原理，以及项目投资评价的主要内容，包括投资项目的市场前景分析、财务效益分析、企业的核心能力分析。其次，重点介绍了项目评估方法，如净现值、内含报酬率、修正的内含报酬率、获利能力指数、静态回收期、动态回收期、平均会计报酬率，主要从评估方法的基本内涵、评估原理及决策规则等方面展开。再次，分析了杠杆企业估价的三种方法：调整净现值法、权益现金流量法、加权平均资本成本法，同时简要对比了这三种方法，给出实践应用指南。最后，通过案例给出了企业项目评估实务。

复习思考题

1. 计算静态回收期。一个投资项目有着持续 8 年、每年 745 万元的现金流入。如果其初始成本为 1 700 万元，那么该项目的投资回收期是多少？如果其初始投资成本为 3 300 万、6 100 万元呢？

2. 计算动态回收期。一个投资项目的成本为 17 000 万元，每年的现金流入量为 4 700 万元，持续 6 年。如果贴现率为 0，那么该项目的动态回收期是多少？如果贴现率分别是 5%、19%呢？

3. 黄河公司已经明确了以下两个相互排斥的项目，如表 6-15 所示。

表 6-15 项目现金流量   单位：元

第×年	A 项目	B 项目
0	−37 500	−37 500
1	17 300	5 700
2	16 200	12 900
3	13 800	16 300
4	7 600	27 500

（1）每个项目的 IRR 分别是多少？使用 IRR 法则进行决策，该公司会接受哪个项目？这个决定是否一定是正确的？

（2）如果必要报酬率为 11%，那么每个项目的 NPV 为多少？如果该公司使用 NPV 法则进行决策，那么它会选择哪个项目？

（3）当贴现率在什么范围内时，该公司会选择 A 项目？在什么范围内时，会选择 B 项目？当贴现率为多少时，选择 A 项目或者 B 项目没有区别？解释原因。

4. 某个投资项目的安装成本为 527 630 万元。在该项目为期 4 年的生命期里，其现金流量预计分别为 212 200 万元、243 800 万元、203 500 万元和 167 410 万元。如果贴现率为 0，那么 NPV 为多少？如果贴现率为无限大，那么 NPV 为多少？当贴现率为多少时，NPV 恰好等于零？根据这三点画出该投资项目 NPV 相对折现率变化的示意图。

5. 尝试对我国企业的项目决策方法进行调研，可以选择某一行业或区域，完成一个调研报告。

6. 对杠杆企业进行估价的方法有哪些？各有什么特点？

7. 根据我国资本市场实践，尝试运用本章相关理论，选择一个典型案例进行投资决策分析与评价。

即测即练

自学自测　扫描此码

第 7 章

衍生品投资及其风险管理

中国银行"原油宝"产品吸引了大量寻求投资西得克萨斯中质原油（WTI）期货的散户投资者。2020 年 4 月 20 日，5 月原油期货合约价格暴跌至创纪录的每桶 –37.63 美元，导致原油价格暴跌，许多投资者的投资化为乌有。中国银行"原油宝"有超过 6 万名投资者参与，共向保证金账户投入人民币 42 亿元。原中国银保监会 2020 年 12 月 5 日宣布，对中国银行"原油宝"产品风险事件所涉违法违规行为做出行政处罚 5 050 万元，并采取相应的监管措施。该事件反映出衍生品投资蕴含的巨大风险。也正如罗杰·洛温斯坦所说，"投资者可以对资产负债表上所显示出来的风险非常了解，但却无法掌握金融衍生工具交易所具有的巨大风险。尽管有许多披露标准确实有所改变，但漏洞仍然巨大。而随着对金融衍生工具的使用日益频繁，制度上所存在的这些缺陷，总有一天会让我们付出代价"。

企业使用期货和衍生工具进行避险

近十年来，深市共有约 500 家公司开展过套期保值业务，其中，连续开展套期保值业务的公司平均收益水平要高于同行。目前，深市 2 647 家上市公司中，近七成为制造业企业，1/4 的公司海外业务收入占比超过 20%。这些公司商品进出口量、流通量较大，受大宗商品价格、汇率波动等因素的影响也较大。利用期货市场进行套期保值逐渐成为市场共识，越来越多的公司开始利用期货及衍生工具，应对原料价格上涨、库存品贬值、产成品跌价、汇率波动等方面的风险。

2021 年，国内期货衍生品市场迎来上市公司"扎堆"套保。据不完全统计，2021 年度共 1 009 家上市公司公告使用期货和衍生工具。另据统计，2021 年 A 股上市公司发布套期保值管理制度、业务开展等相关公告 1 188 份，2022 年上半年已达 928 份，增长迅速。从 2021 年使用衍生工具的上市公司的行业分布看，电子、化工、机械设备、电器设备、医药生物等行业的避险企业数量较多。虽然使用铜、铝、钢材品种的期货、期权等对冲工具的上市公司仍最多（分别为 81 家、68 家、47 家），但其他品种（如玉米、豆粕、动力煤等）有超过 10 家上市公司使用的达 25 个。此外，参与方式也呈现场内场外协同、期货期权并进、产业上下游联动的多元化发展态势。

在数量持续快速增长的同时，上市公司套保业务的资金规模也不断扩大。据不完全统计，2021 年套期保值公告保证金额度在 5 亿元以上的上市公司有近 30 家。此外，多家上市公司 2021 年内曾上调套期保值额度，单次增加均超过 2 亿元。2022 年以来，A 股上市公司已发布的套期保值公告，涉及拟参与期货交易的资金合计超过 550 亿元。单个公司看，最高的宁德时代保证金规模达到 110 亿元。当年额度最高的美的集团，由 2014 年度的 8 亿元增至 60 亿元，增幅高达 650%。

（资料来源：《期货日报》2022 年 10 月 12 日第 004 版，记者张海强，内容有删减。）

7.1 衍生品概述

衍生品（derivatives），又称"衍生产品""衍生工具"，是与基础产品相对应的一个概念，是由现货市场的既有产品衍生出来的产品。之所以冠上"衍生"这个词条，是因为该产品建立在基础产品或基础变量之上，其价格随着基础产品的价格（或数值）变动而变动。2004 年，巴塞尔新资本协议给出了衍生品的明确定义："金融衍生交易合约的价值取决于一种或多种基础资产的价值或相关系数，除了远期、期货、互换（掉期）和期权等基本合约形式外，具有以上一种或多种特征的结构化金融工具也成为衍生品。"

《现代汉语词典》（第 7 版）对"衍生"的解释：①较简单的化合物中的原子或原子团被其他原子或原子团取代而生成较复杂的化合物；②演变发生。基于这两个解释，加入"金融"的概念恰好解释了什么是"金融衍生品"——是以股票、债券等金融基础产品为"母体"，经过演变而产生的另外一种新型金融产品。这一类衍生产品的价值依赖其标的资产价值的变动，产品形式表现为主体双方（买方和卖方）之间签订的合约。这种合约可以是标准化的，也可以是非标准化的。标准化合约是指其标的资产（基础资产）的交易价格、交易时间、资产特征、交易方式等都是事先标准化的。此类合约大多在交易所上市交易，如期货。非标准化合约是指以上各项由交易的双方自行约定，因此具有很强的灵活性，如远期合约。

7.1.1 金融衍生品的产生

1. 衍生品产生的背景

为换取某种商品价格稳定性而进行的衍生品交易由来已久。但是 20 世纪 80 年代以来衍生品市场的发展出现了质的飞跃，这绝非偶然。第二次世界大战后的西方世界盛行凯恩斯主义，逐渐建立起以固定汇率制度为特征的国际经济秩序。这个时期，全球商品价格相对稳定，各国都实行了一定的工业保护主义和资本管制。这些保护主义措施一定程度上降低了价格波动的风险，并将这些有限的风险限制在本国之内。但是这一政策在 20 世纪 60 年代首次遭遇挫折，西方经济进入滞涨。20 世纪 70 年代，西方国家开始不断放弃凯恩斯主义政策，允许利率、汇率等市场价格有更大的浮动空间，最终导致美元与黄金挂钩、协议国货币与美元挂钩的布雷顿森林体系彻底瓦解。西方国家的政府纷纷放松金融管制，出现了金融体系自由化的趋势，再加上信息技术的迅猛发展，金融衍生品市场迅速发展起来。

第一，金融体系国际化。随着国际经济环境的变化，加之 20 世纪 70 年代两次石油价格上涨，石油输出国的国际收支出现了巨额顺差，其中上千亿美元流入欧洲货币市场。这些美元由欧洲货币市场贷出，很多又回流到非石油输出国，在某种程度上孕育了国际金融市场全球一体化的趋势。70 年代末 80 年代初，西方国家放松外汇管制及取消资本流动的限制，推动了金融市场一体化和国际化的进程。

第二，国际融资证券化。所谓国际融资证券化，是指在国际金融市场上筹资手段的证券化和贷款债权的证券化。筹资手段的证券化是指 20 世纪 80 年代以后，国际金融市场上的筹资格局发生了重大变化，人们改变了长期以来主要依靠金融中介间接筹措资金的方式，转而利用债券市场和股票市场直接融资。在 20 世纪 70 年代，尽管国际债券市场有了较大的发展，但是国际资本市场仍以银行贷款为主。到 80 年代以后情况发生了变化，国际证券的筹资比重不断上升。到 1986 年，国际资本市场的债券发行额已远远超过银行贷款额。贷款债权证券化是指金融机构以贷款债权做担保发行证券，即以证券交易方法贷款债权，从而实现贷款债权的流动化，加速资金的周转。导致国际融资证券化的原因，很大一部分来自国际债务危机。1982 年在拉美爆发的世界性债务危机，使一些发达国家银行出现了巨额呆账。这不仅削弱了这些银行进一步发行新的国际贷款的能力，而且也严重影响了它们的信誉。一些信誉卓著的公司转向证券市场，通过发行证券筹资，许多银行也在市场上出售债权。

第三，放松金融管制。金融业历来是受政府管制较严的一个部门，金融管制分为对内管制和对外管制。对内管制主要是限制金融机构的业务经营范围及存贷款利率。对外管制主要是限制外国金融机构进入本国金融业及金融市场，限制外国银行在本国经营业务的范围及对外汇流出入的管制。随着经济的发展，有些金融管制在一定程度上影响了该国金融业的正常运行，阻碍了金融业的发展，而有些金融管制由于受到金融创新的冲击约束力已大大降低。因此，从 20 世纪 70 年代末起，西方国家开始放松金融管制，形成了一股声势浩大的金融管制自由化的浪潮。放松金融管制主要包括以下几方面的内容：一是取消外汇管制。例如，英国和瑞士在 70 年代末取消了限制资本流出的外汇管制。1986 年，法国和意大利也基本取消了外汇管制。二是取消利率限制。美国逐步取消联邦储备委员会管理条例关于存款利率上限的规定。此外，加拿大、德国、意大利、英国等国也相继取消了对银行存款利率的限制。三是放宽对经营范围的限制，允许金融业务交叉。放宽对各类金融机构在业务经营范围上的限制，允许不同金融业务可以适当交叉。如美国传统的商业银行和其他储蓄机构业务区分明确，80 年代新银行法出台后，美国的商业银行和非银行金融机构业务交叉，界限已趋于模糊。四是放宽外国金融机构进入本国市场的限制。五是实际利率提高。由于恶性通货膨胀，70 年代很多国家的实际利率为负值，即名义利率低于通货膨胀率，因而债券对投资人的吸引力不大。80 年代后期，西方国家的通货膨胀率普遍下降，名义利率超过通货膨胀率，实际利息收益得以恢复正值，从而也使投资者恢复了对长期债券的信心。

这一新自由主义经济政策不仅使西方资本主义国家渐渐走出滞涨的困境，也开启了当代经济全球化新浪潮。在新的国际经济体制下，国际贸易、跨国投资和融资的快速增长，使国际投资者在各领域拥有了更多的选择，但也面临了与以往相比更多、更复杂的风险。风险的存在是多维度的。风险既体现在不同生产要素的价格在未来不同时间、不同地点上的不确定性，也体现在不同投资者对这些不确定性的需求和判断。在一个利率、汇率、商品价格自由浮动和国际政治政策风险时时存在的世界里，投资者有必要通过金融衍生品交易寻求必要的确定性。由于投资者风险偏好和敞口不断变化，金融衍生品交易也呈现出连续变化的特征，交易规模快速增长。经过 40 多年的发展，金融衍生品一跃成为当代资本市场的核心组成部分。

必须指出，金融衍生品之所以重要，并不是因为它巨大的交易规模，而是因为金融衍生品本身对资本市场发展的重要意义。要理解金融衍生品的重要意义，必须了解金融衍生品的特征及其在资本形态演化中的地位和作用。

2. 衍生品的特性

一般认为，金融衍生品是一个自身价格依赖基础资产价格的合约。但是这个直观的理解却是十分狭隘的，因为它隐含一种假设，即基础资产是真正重要的，而衍生品是次要的甚至是附带的产品。虽然金融衍生品的价格发现和风险转移功能十分重要，且获得了广泛认可，但是衍生品的重要性不应该被仅仅理解成为基础资产提供价格发现和风险管理等服务的技术层面的工具。它的深层意义值得探讨。

衍生品作为一大类金融资产之所以重要，可以从它的三个基本特性开始分析：连接性、融合性和分拆性。

（1）连接性。连接性是指衍生品（如期货或期权）可以建立基础资产现在和未来之间的价格关系。

（2）融合性。融合性是指衍生品可以将不同形态的资本（股权资本、债权资本、不同货币种类的资本、不同行业和公司的资本）融合成独立的资本形态。指数衍生品是一个简单而明显的例子。

（3）分析性。衍生品的连接性和其对资本形态的融合性引申出其分拆性。分拆性是指衍生品可以将一个资产或资产组合的某些属性（一般指价格）与资产本身分离，并使这些属性独立于资产本身进行交易。这种资产价格属性和资产本身的分离与交易通常被简单地理解为价格发现和风险转移。这两个功能虽然重要，但是它却忽略了衍生品分拆性隐含的两个更深层的含义。一方面，衍生品使基础资产的价格属性和基础资产本身的所有权分离。衍生品的定价和买卖，并不改变其所代表的基础资产的所有权。另一方面，衍生品的分拆性使不同资产特征迥异的价格属性被整合为易于识别的、通用的、可交易的价格基准。

衍生品的分拆性使投资者关注的重点从持有不同资产的特殊属性转向不同资产普遍存在的共同属性，即资产的价格属性。这类以不同资产组合的价格属性为标的的衍生品市场发展的意义在于它强化了这些资产组合本身，以及与其他各类资产和资产组合在跨时间和跨空间中的价格竞争。这种跨时空的价格竞争又对相应的基础资产发挥了重要作用，即强化了各类资产相对价值的比较和竞争，进而产生了优胜劣汰和资源更有效配置的社会效果。

7.1.2　金融衍生品的功能

衍生品市场几乎从开始形成就遭到非议。批评者认为衍生品的杠杆过高、风险过大。例如，期货交易者只需存入一笔交易保证金就可以进行放大10～20 倍金额的交易。一眨眼间就可赢得巨额财富；同时，财富也可在瞬间灰飞烟灭。然而，即使投资利润巨大，期货市场也不像钢铁公司那样生产钢铁，不像银行那样提供金融服务。期货市场遭遇强烈批评还因为它们天生就与市场操纵联系在一起。在 19 世纪下半叶到 20 世纪 30 年代的美国期货市场上，市场操纵案件频繁发生。早期的期货市场发展史实际上就是市场操纵史。市场操纵引致了美国的期货立法。一谈到期货市场，人们不禁联想到 17 世纪荷兰的郁金香泡沫，以致在其后的数个世纪中，期权或类似于期权的交易都被视为纯投机而为法律明令禁止。

尽管衍生品给人留下许多负面印象，但现代衍生品市场在全世界仍然得到了快速发展，这种发展趋势至今也没有停步的迹象。这是因为衍生品有着以下两项重要的经济功能：风险管理与价格发现。

1. 风险管理

金融衍生品的重要功能之一是为套期保值者提供一种有效的风险管理手段。衍生品之所以产生和发展，主要原因是其具有对冲风险的功能。风险是客观普遍存在的，不同的投资者对风险的承受能力不同。有的投资者愿意冒一定风险去获取较高的收益，而有的投资者只希望赚取确定的收益，不愿意承担风险。这样就产生了分离风险的客观需求。衍生品的出现为投资者提供了一种有效的风险分配机制，该功能也是衍生品被企业界广泛采用的初衷所在。通过套期保值，希望避免风险的人可以把风险转移给愿意承担风险的人，这样投资者就能够根据风险大小以及自己的偏好更有效地配置资金。根据相关研究数据，2020年全球经济政策不确定指数为 300，而 2007 年该值仅为 91。2017 年，在各国上市的 414 家500 强企业中，使用衍生工具的企业达到 381 家，占比为 92.03%。相较于 2007 年的 358 家，十年间增长 6.42%。这说明越来越多的世界 500 强企业使用衍生工具对冲风险。[①]不论是单一衍生品还是多种衍生品的组合，其设计的主要目的之一就是对冲风险。

2. 价格发现

金融衍生工具的另一个主要经济功能是价格发现，即提供关于未来价格信息的能力。衍生工具的交易尤其是期货交易都是在有组织的交易所进行的。各交易所有明确的交易规则，交易价格等相关信息可及时传递给所有交易者和对该价格有兴趣的各方。每一个交易者指令都必须传递到交易所的指定交易池进行公开、集中的竞价交易。这些期货期权价格是公开和公平竞争的结果，它们反映该标的商品目前以及将来一定时间内的供给和需求的关系或基本价值。期货市场形成的这些均衡价格并及时将这些价格向外界发布的过程，就是期货市场的价格发现功能。

由于衍生工具交易特别是场内交易集中了各方面的市场参与者，带来了成千上万种基础资产的信息和市场预期，人们寻找交易对象和决定价格的信息成本大大降低。交易者在信息收集和价格动向分析的基础上，通过公开竞价的方式达成买卖协议。协议价格能够充分反映交易者对市场价格的预期，也能在相当程度上体现未来的价格走势，这就是价格发现。被衍生市场发现的价格随时随地通过各种传播方式向各地发布，这就为相应的经济领域提供了信息，为广大的生产者和投资者提供价格信号，从而使生产者和投资者制订和调整其生产与经营计划，使经济社会的每一个成员都能从未来价格预测中有所收获，促进资源的合理配置。

此外，衍生工具还有提高市场有效性的功能。即使没有衍生品市场，证券的现货市场也可能是有效的。然而，即使在有效市场中也存在少量的套利机会。这些套利机会意味着一些资产价格在某些时刻偏离了其正常价值。衍生工具的出现，增加了不同金融工具市场

---

① 李正强，孟祥怡，王曦. 世界 500 强企业衍生工具使用[J]. 中国金融，2021(9): 61-63.

和不同国家之间的联系。衍生品市场低廉的成本和简便的方式，有助于套利交易和迅速的交割调整，以消除套利机会的存在，从而有利于减弱市场的不完善性，加强市场竞争，缩小金融工具的买卖价差，消除或修正某些市场或金融工具的不正确定价。

7.1.3　金融衍生品的种类

按照基本、常见的分类，衍生品可以分为远期合约（forward contract）、期货合约（future contract）、期权合约（option contract）和互换合约（swap contract）四大类。

1. 远期合约

远期合约是交易双方约定在未来某一特定时间内，以某一特定价格买卖某一特定数量和质量的合约标的物的一种协定。远期合约主要有远期商品合约、远期外汇交易、远期利率协议等。

远期合约交易是通过现代化通信方式在场外进行的，交易双方互相认识，合约内容由交易双方协商，具有较高的灵活性。远期合约交易不需要保证金，没有初始投资，但是它的履约也没有保证。当价格变动到对一方有利时，另一方可能无力或无诚意履行合约，因此远期合约的违约风险较大。由于远期合约为非标准化合约，每份合约千差万别，同时由于远期交易没有固定、集中的交易场所，因此远期合约的流动性较差，大部分交易导致最后进行实物交割。

2. 期货合约

期货合约简称期货，是交易双方约定在未来某一特定时间，以某一特定价格买卖某一特定数量和质量的合约标的物的一种正式合约性规定。当合约到期时，合约双方必须履行交割义务，即买方交钱、卖方交货，以完成合约所规定的事项。为了保证在一方违约时另一方不致遭受损失，在签订合约时，买方和卖方都被要求支付一定数量的保证金，并视期货价格的变动情况确定其是否追加保证金。期货衍生类工具主要包括商品期货、外汇期货、利率期货、股票期货、股票指数期货等。

期货交易所需资金较少。进行期货交易不需要按实际期货合约的价值缴纳现金，而只需要缴纳较低比例的保证金。期货交易在多数情况下不进行实物交割。多数的期货交易者在期货合约到期之前就通过对冲完成了履约义务。真正需要现货交割的，一般只占期货合约总额的 1%~2%。它对期货交易的地点、方式等都有严格的限制。期货交易的对象是一张期货合约，期货合约明确限定了交易商品的等级、数量、交易方式和交易地点，投资者可以选择的只有价格和交货期。

期货交易风险较大。在期货交易中，买卖双方都要支付保证金，而且随价格的变化，有可能需要追加保证金，交易双方所承担的风险损失都是无限的。

3. 期权合约

期权合约简称期权，又称选择权，期权交易实质上是一种权利的买卖。期权的一方向对方支付一定数额的权利金后，即拥有在某一特定时间，以某一特定价格买卖某一特定种类、数量、质量的原生资产的权利。期权类衍生品主要包括商品期权、外汇期权、利率期权、股票期权、股票指数期权等。

期权交易对象特殊。期权交易是以某一特定的权利为买卖对象的交易，是一种权利的有偿使用，即期权的买方向期权的卖方支付了一定数额的权利金后，就拥有了在规定的有效期内按照事先规定的敲定价格向期权的卖方买进或卖出一定数量某种商品期货合约的权利。

买卖双方的权利义务不对等。在期权交易中，期权的买方有权确定是执行权利还是放弃权利，卖方只有义务按买方的要求去履约，只有当买方放弃此权利时，卖方才不必执行合约。

买卖双方的风险收益结构不对等。期权交易的买方在成交时要支付一定的权利金，但没有实际执行合同的义务，所以期权买方的亏损是有限的，其最大的损失就是权利金；而期权交易的卖方收取权利金，出卖了权利，他的损失可能是无限的。

买卖双方履约保证金不同。在期权交易中，期权的买方没有执行期权合同的义务，因此不需要交纳保证金；期权的卖方则不然，他在期权交易中所面临的风险损失很难准确预测，为此必须预先交纳一笔保证金，以表明其具有履约的能力。

4. 互换合约

互换合约是指交易双方在未来某一时期相互交换某种资产的合约。更为准确地说，互换合约是当事人之间签订的在未来某一期间相互交换他们认为具有相等经济价值的现金流的合约。较为常见的互换类衍生品是利率互换和货币互换，其他互换类衍生品还有商品互换、股票指数互换等。互换交易的主要目的就是防范利率风险、外汇风险，降低筹资成本，提高资产收益。

互换交易是表外交易。所谓表外业务，是指那些不会引起资产负债表内业务发生变化，却可为交易者带来业务收入或减少风险的中间业务。互换交易就是一种衍生品的表外业务。互换交易的期限较长，可进行长期安排（2~20年），因此在资产负债长期管理中，互换交易更为适用。互换交易是场外交易，按非标准形式进行（目前有标准化趋势），具有较好的灵活性，以适应各种交易者的需要。但正是由于互换交易的非标准化形式，它的交易成本较高，谈判比较复杂，违约风险也较大。

互换可以暂时改变给定资产或负债的风险与收益，而不必出售原始资产或负债。这对于流动性较差的资产或负债来说很重要。

7.2　衍生品与套期保值原理

《中华人民共和国期货和衍生品法》

"稳价订单"解库存保值之愁　衍生品工具助企业"顶风前行"

广义的套期保值，是指企业利用一个或一个以上的工具（远期、期货、期权等）进行交易，预期全部或部分对冲其生产经营过程中所面临的价格风险的方式。2022年4月颁布的《中华人民共和国期货和衍生品法》对套期保值的定义如下：套期保值是指交易者为管理因其资产、负债等价值变化产生的风险而达成与上述资产、负债等基本吻合的期货交易和衍生品交易的活动。

期货套期保值是指投资者通过持有与其现货市场头寸相反的期货合约，或将期货合约作为其现货市场未来要进行的交易的替代物，以期对冲价格风险的方式。套期保值是风险转移的方式，主要转移价格风险和信用风险。套期保值就是利用两个市场（现货市场和期货市场）上价格走势趋同的特点进行反向操作，从而实现一个市场盈利去弥补另一个市场亏损的目的。

企业为什么要套期保值？企业通常都能认识到参与期货市场的投机交易是一种不适当的行为，因为这样会放大企业的经营风险。但是，如果不参与期货及衍生品市场其实也是一种投机，因为此时企业的现货头寸是完全暴露在市场中的。企业赌的是未来价格走势符合其预期，但在经济全球化背景下，原材料及产成品价格波动幅度日益剧烈，如果没有合理的对冲手段，价格风险可能会给企业造成灾难性的后果。开展套期保值业务，本质是风险管理的过程，通过金融工具将企业的经营风险转移到金融市场，从而实现稳定经营的目的。

套期保值的本质是"风险对冲"，以降低价格波动风险对企业经营活动的影响，实现稳健经营。因此，在评价套期保值效果时，应将期货头寸的盈亏与现货盈亏作为一个整体进行评价。如果仅以期货头寸盈亏来评价套期保值效果，容易导致期货操作"投机化"。套期保值操作也会涉及一些成本费用，比如人员费用、管理费用、资金占用费等，在行情波动不大时，需要综合考虑成本与收益。当前，全球大宗商品价格波动明显加剧，企业利用套期保值已是大势所趋。

企业是否要进行套期保值，在多大程度上进行套期保值，取决于企业对于未来价格的判断、企业自身风险的可承受程度，以及企业的风险偏好程度。如果价格波动幅度不大或企业希望承担一定风险来获取更高的回报，这些情况下，企业就不必进行套期保值。

7.3　衍生品与商品价格风险管理

供求关系的异常波动、国家宏观政策的调整、季节性和突发性因素，会给商品的价格带来不确定性，由此给买卖商品的企业或个人带来收益或损失。这就是商品价格风险，衍生品的产生为管理商品价格风险提供了新的手段。

7.3.1　远期商品合约与商品价格风险

远期商品合约可以说是最早出现的衍生性产品，它可以被追溯到中古世纪，主要是提供农产品的避险之用。比如，对于种黄豆的农夫来说，当黄豆尚未成熟时，黄豆的价格是不确定的，一旦黄豆收割，价格下跌，对农夫是不利的。因此，对农夫而言，黄豆价格的波动是相当大的风险。相反，对黄豆的收购商、以黄豆为原料加工的工厂来说，如果黄豆歉收、价格上涨，也是不利的，他们也承受着黄豆价格波动的风险。农夫和黄豆收购商为回避风险，在黄豆尚未收割以前，签订一个远期合约，以一个约定的价格买卖黄豆，由此帮助双方消除未来价格变动带来的风险。目前，人们对远期合约的定义是：一种在现在约定未来特定时日交易特定标的物的合约。合约的买方同意在未来的约定日，按照约定价格支付一定金额，以交换卖方特定数量的商品。远期商品合约发展演变至今，因其在规避商品价格风险、发现商品价格、商品价格投机等方面的特殊功能，仍然在金融市场中发挥着重要作用。

生活中常有利用远期商品合约对冲商品价格风险的例子。例如，企业签订的长期房屋租赁合同，提前锁定了其办公室的租金；电力公司与煤炭企业签订的远期商品合约，事先确定了煤炭的供应价格；钢铁公司与采矿公司签订的远期商品合约，提前确定了铁矿石的供应价格。通过远期商品合约，签约双方都能实现使他们的原材料或产品的价格保持稳定的目的。

2000 年年初，当油价接近 20 美元/桶时，美国西南航空的首席执行官 Gary Kelly 就实施了一项可以保护公司免受油价剧烈上涨危害的策略，即签订了一份购买燃油的远期合约。合约约定到期时，以每桶 23 美元的价格购买燃油。当年年底，油价飞涨到 30 美元/桶，航空运输业因此陷入了财务危机，西南航空公司因为之前签订的合约而保证了它可以以每桶 23 美元的价格购买燃油，由此带来的资金节约额总和几乎达到了西南航空公司当年收益的 50%。西南航空公司仍继续采用这种策略对冲燃油成本的上升。2004 年，如果没有燃油合约提供的 45 500 万美元的成本节约，西南航空当年 31 300 万美元的收益也就付诸东流了。

当然，对冲商品价格风险并不总能提升公司利润。如果在 2000 年秋天油价下跌至每桶 23 美元以下，西南航空必须依据合约仍以每桶 23 美元的价格购买燃油，成本的上升会减少公司的收益。但是由于每桶 23 美元的价格是事先约定且是企业可以接受的价格，所以即使购买燃油的成本高于市价，也不至于引起财务危机。换句话说，不论油价如何变化，远期商品合约将西南航空的收益稳定在一个可以接受的水平上。

远期商品合约通常是由买卖双方协商签订的双边合约。这种合约存在一些潜在的缺陷：第一，合约的每一方都面临着对方可能违约或不履行合约条款的风险。这种合约使公司避免了商品价格风险，但又使公司暴露于信用风险之下。第二，合约内容依据买卖双方的个性化需要定制，不是标准化合约，且不在交易所内交易，因此中途转让困难，流动性差。第三，公司可能不容易确认合约在任何时点的市场价值，难以追踪合约的收益和损失。为避免这些缺陷，公司可以选择期货合约来对冲风险。

7.3.2　期货合约与商品价格风险

期货合约是在未来某一时点，以现在锁定的价格交割资产的协议。期货合约以公开的市场价格在交易市场上匿名交易，流动性强，买方或卖方都可以在任何时间以当时的市场价格将合约出售给第三方。利用期货合约规避价格风险的交易策略是套期保值，它可以在现货与期货之间、近期与远期之间建立一种对冲机制，以使价格风险降到最低。

套期保值，即"对冲交易"，其一般性的定义为，买进（或卖出）与现货数量相等但交易方向相反的期货合约，以期在未来某一时间再通过平仓获利来抵偿由现货市场价格变动带来的实际价格风险。常用的避险策略一般可分为空头套期保值和多头套期保值。①

1. 空头套期保值

空头套期保值是指由于持有现货商品，但担心将来因价格下跌而遭受损失，所以在期货市场中出售期货合约，通过持有空头头寸为现货市场的多头头寸保值，以规避现货市场价格可能下跌的风险，通常为直接生产者、加工商、出口商、贸易商及储运商等采用。

【例 7-1】　某供销公司，5 月购入 100 吨天然橡胶，预计 8 月出售，价格按市价计算，售价 1.2 万元/吨可保证其正常利润。由于预期天然橡胶价格在 8 月可能下跌，供销公司担心价格下跌，于 5 月在上海期货交易所做了空头套期保值，卖出 8 月的天然橡胶期货 100 吨，8 月天然橡胶期货价为每吨 1.25 万元。空头套期保值情况分析如表 7-1 所示。

根据表 7-1，该供销公司由于准确预测了价格变化趋势，通过入市保值，成功地以期货市场每吨盈利 0.1 万元弥补了现货交易每吨的损失。考虑期货市场的盈利，最终天然橡胶的实际销售价格为 1.2 万元/吨（1.1＋0.1），达到了目标值，从而规避了价格下跌带来的损失。

---

①　刘淑莲，任翠玉. 高级财务管理[M]. 2 版. 大连：东北财经大学出版社，2017：248.

表 7-1 空头套期保值分析

现 货 市 场	期 货 市 场
5 月 1 日购入天然橡胶 100 吨 目标销售价格 1.2 万元/吨	卖出 8 月天然橡胶期货 100 吨 期货价格 1.25 万元/吨
8 月 1 日出售天然橡胶 100 吨 实际销售价格 1.1 万元/吨	买进 8 月天然橡胶期货 100 吨 期货价格 1.15 万元/吨
现货亏损 0.1 万元/吨 合计亏损 100 000 元	期货盈利 0.1 万元/吨 合计盈利 100 000 元

2. 多头套期保值

多头套期保值是指由于未来要购入现货商品，但担心将来因价格上涨而遭受损失，所以在期货市场中买入期货，以期货市场的多头头寸来为现货市场的空头头寸保值，以规避现货市场价格可能上涨的风险，通常被加工商、供应商、进口商等采用。

【例 7-2】某油脂厂 7 月计划两个月后购进 10 000 吨大豆，当时的现货价格为每吨 0.22 万元，9 月期货价格为每吨 0.23 万元。该油脂厂担心价格上涨，于是在期货市场买入 10 000 吨大豆期货进行套期保值。到了 9 月，现货价格果然上涨至每吨 0.24 万元，而期货价格为每吨 0.25 万元。多头套期保值情况分析如表 7-2 所示。

表 7-2 多头套期保值分析

现 货 市 场	期 货 市 场
7 月 1 日计划两个月后购入大豆 10 000 吨 目标成本价格 0.22 万元/吨	买进 9 月大豆期货 10 000 吨 期货价格 0.23 万元/吨
9 月 1 日买入大豆 10 000 吨 实际成本价格 0.24 万元/吨	卖出 9 月大豆期货 10 000 吨 期货价格 0.25 万元/吨
现货亏损 0.02 万元/吨 合计亏损 2 000 000 元	期货盈利 0.02 万元/吨 合计盈利 2 000 000 元

根据表 7-2 的分析，该油脂厂以期货市场每吨盈利 200 元抵补了现货大豆成本的上涨，则实际的大豆成本为 0.22 万元/吨（0.24－0.02），达到了既定的保值目标，又避免了库存及资金占用，降低了成本。

但是，期货市场毕竟是不同于现货市场的独立市场，它还会受到其他因素的影响，因而，期货价格的波动时间与波动幅度不一定与现货价格完全一致，即存在基差风险。套期保值不能完全抵消价格风险，这是需要特别注意的。

7.4 衍生品与利率风险管理

利率风险是指利率变动导致附息资产（如贷款或债券）承担价值波动的风险。一般来说，当利率上升时，固定利率债券价格会下降。20 世纪 70 年代的两次石油危机导致世界能源价格上升，引发全球性成本推进型通货膨胀。为了抑制通货膨胀，美国政府采取了提高利率的政策，但结果未减轻通货膨胀，失业率反而上升，造成严重的社会问题。无奈美国政府只得降低利率，但是利率降低，物价再度上升。20 世纪 70 年代美国的利率水平每月都在变化。利率的反复波动，给银行、公司以及其他投资者带来了与利率相关的金融风险。为了保证资本不受利率的影响，管理利率风险的衍生品应运而生。

7.4.1　远期利率协议与利率风险管理

远期利率协议（forward rate agreement，FRA）是早在欧洲货币市场上出现的为管理远期利率和调整利率不相匹配（指资产和负债的浮动利率和固定利率形式不一致）而产生的金融创新工具之一，是一种场外交易的远期利率合约方式。它原来主要在伦敦银行间进行，后来扩大到银行与非银行金融机构之间，以及银行与其他客户之间。

远期利率协议实质上是不通过期货交易所而在场外交易的远期金融合约。它不是标准化的，交易金额、交割日期都不受限制，也不需要交纳保证金。其不足之处表现在：远期利率协议是场外交易，无集中市场，相互寻找适合的交易对手不容易；在期货交易所内的期货合约既可以买进，也可以卖出，而远期利率协议买入后不能出售，只能与另一笔远期利率协议对冲；期货交易买卖双方均以统一的清算机构为交易对手，不管买卖双方是谁，其信用风险极小，但远期利率协议由于实际场外交易对手信誉度的不同而面临较大的信用风险。

远期利率协议的买方为避免利率上升的风险，协议的另一方即卖方为避免利率下跌的风险，双方商定就未来某个期限的一笔资金使用事先约定一个协议利率，并规定以何种利率为参考利率；在将来的利息起算日，按规定的协议利率、期限和本金额，由当事人一方向另一方支付协议利率与参考利率利息差额的贴现值。双方商定的市场参考利率一般以伦敦银行间同业拆放利率（LIBOR）为基准，协议的本金额由双方协商确定，但无须交付本金，只是用来计算利息。如果清算日的 LIBOR 高于协议利率，则协议卖方向买方支付利差，反之则反，采用现金结算，如图 7-1 所示。

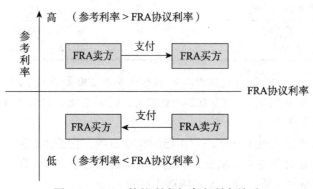

图 7-1　FRA 协议利率与参考利率关系

国际上主要的远期利率协议市场集中在伦敦，其次是纽约。市场交易的币种主要有美元、英镑、瑞士法郎、日元和欧元，其中美元利率的交易占到总交易量的 90%以上。每笔协议金额在 2 000 万～5 000 万美元之间。FRA 的期限通常为 3～12 个月，最常用的有"3个月对 6 个月（3×6）""6 个月对 9 个月（6×9）"和"6 个月对 12 个月（6×12）"。FRA 的价格是指从利息起算日开始的一定期限的协议利率，FRA 的报价方式和货币市场拆出拆入利率表达方式类似，但 FRA 报价方式多了合约指定的协议利率期限。具体如表 7-3所示。

表 7-3　FRA 市场报价举例

	美元	FRA
7 月 15 日	3 × 6	8.08%～8.14%
	2 × 8	8.16%～8.22%
	6 × 9	8.03%～8.09%
	6 × 12	8.17%～8.23%

表 7-3 报价第三行"6 × 9，8.03%～8.09%"的市场术语做如下解释："6 × 9"（或 6V9，6 个月对 9 个月，即 six against nine）表示期限，即从交易日（7 月 15 日）起 6 个月末（即次年 1 月 15 日）为起息日，而交易日后的 9 个月末（次年 4 月 15 日）为到期日，协议利率的期限为 3 个月。"8.03%～8.09%"为报价方报出的 FRA 买卖价：前者是报价银行的买价，后者是银行的卖价。具体如图 7-2 所示。

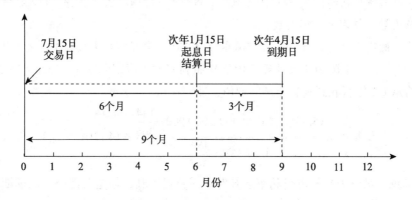

图 7-2　远期利率协议时间关系

远期利率协议是指交易双方约定在未来某一日期，交换协议期间内一定名义本金基础上分别以协议利率和参考利率计算利息的金融合约。签订该协议的双方同意，交易将来某个预先确定时间的短期利息，目的是锁定利率和对冲风险敞口。其中，远期利率协议的买方支付以协议利率计算利息，卖方支付以参考利率计算利息。

【例 7-3】 黄河公司准备在 3 个月后借入 1 000 万美元，借款期为 6 个月。公司的财务部门担心未来 3 个月的 LIBOR 会上升，希望通过远期利率协议来对冲利率风险。20 × × 年 1 月 8 日，黄河公司向 CT 银行买入一份"3V9"的 FRA，名义本金为 1 000 万美元，协定利率为 5.05%。参照利率根据 3 个月后 6 个月的 LIBOR 确定。

"3V9"是指合约的交易日和结算日之间为 3 个月，交易日至名义贷款最终到期日之间的时间为 9 个月，则名义贷款期为 6 个月。因此，该合约的交易日为 1 月 8 日，结算日（起息日）为 4 月 8 日，到期日为 10 月 8 日，它们之间的关系如图 7-3 所示。

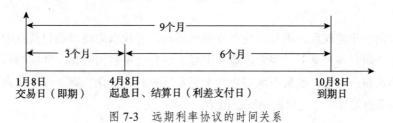

图 7-3　远期利率协议的时间关系

在远期利率协议的买卖中，买卖双方交易的只是名义本金（用于计息的基础），实际上并没有任何本金的转移，双方交割的仅仅是利差部分。在例 7-3 中，3 个月后（4 月 8 日），如果 LIBOR 大于 5.05%，CT 银行将支付给黄河公司利息之差；如果 LIBOR 低于 5.05%，黄河公司将支付给 CT 银行利息之差。由于在远期利率协议条件下，没有本金的流动，所以远期利率协议可以成为资产负债表外的金融工具。

远期利率协议的结算日通常为名义贷款或名义存款的起息日，FRA 差额的支付是在结算日，而不是在到期日，因此结算日所交付的差额按参考利率折现方式计算，即

$$结算金 = \frac{(R_{\text{ref}} - R_{\text{k}}) \times NP \times \dfrac{T}{D}}{1 + R_{\text{ref}} \times \dfrac{T}{D}}$$

式中：R_{ref} 表示参照利率，R_{k} 表示协定利率，NP 表示合约的名义本金，T 表示合约规定的存款或贷款天数，D 表示一年天数。

上例中，假定 3 个月后 6 个月的 LIBOR 为 5.35%，名义贷款天数为 184 天（从 4 月 8 日到 10 月 8 日），一年按 365 天计算。由于参照利率大于协定利率（5.35% > 5.05%），则黄河公司将从 CT 银行收到利息差额的现值，即

$$结算金 = \frac{(5.35\% - 5.05\%) \times 10\,000\,000 \times \dfrac{184}{365}}{1 + 5.35\% \times \dfrac{184}{365}} = 14\,726（美元）$$

由此可见，虽然未来的市场利率上升对黄河公司不利，但是黄河公司从远期利率协议中得到利息的补偿，从而使其实际负担的利息成本锁定在协定利率的水平上。因此，FRA 最重要的功能在于预先锁定将来实际交付的利率而避免了利率变动的风险。

图 7-4 表明了黄河公司签订的远期利率协议，以及它希望通过这一协议规避利率风险的相关贷款。黄河公司从 CT 银行收到以 LIBOR 计息的利息恰好弥补了贷款需要支付的利息，因此，远期利率协议使公司将支付的贷款利率预先固定在了 5.05% 的水平上。

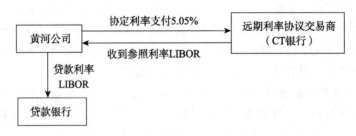

图 7-4　贷款加远期利率协议

签订远期利率协议后，不管市场利率如何波动，协议双方将来收付资金的成本或收益总是固定在合同利率水平上。如果市场利率发生对自己不利的变化，则应当可以从远期利率协议中得到利息补偿；如果市场利率发生对自己有利的变化，则这种变化产生的好处会被向远期利率协议另一方支付的结算金抵消。

7.4.2　利率期货与利率风险管理

1. 利率期货合约的产生与发展[①]

1975 年 10 月，芝加哥期货交易所推出了政府国民抵押贷款协会（GNMA）抵押凭证期货合约，标志着利率期货这一新的金融期货类别的诞生。在这之后不久，为了满足人们管理短期利率风险的需要，1976 年 1 月，芝加哥商品交易所的国际货币市场推出了 3 个月期的美国短期国库券期货交易，并大获成功。在整个 20 世纪 70 年代后半期，它一直是交易较活跃的短期利率期货。

在利率期货发展历程上具有里程碑意义的一个重要事件是，1977 年 8 月 22 日，美国长期国库券期货合约在芝加哥期货交易所上市。这一合约获得了空前的成功，成为世界上交易量最大的一个。此前的 GNMA 抵押凭证期货合约，虽然是长期利率期货，但由于交割对象单一，流动性较差，不能完全满足市场的需要。长期国库券信用等级高，流动性强，对利率变动的敏感度高，且交割简便，成为市场的首选品种，甚至美国财政部发行新的长期国库券时，都刻意选择在长期国库券期货合约的交易日进行。继美国推出国债期货之后，其他国家也纷纷以其本国的长期公债为标的，推出各自的长期国债期货。其中，比较成功的有英国、法国、德国、日本等。

1981 年 12 月，国际货币市场推出了 3 个月期的欧洲美元定期存款期货合约。这一品种发展很快，其交易量现已超过短期国库券期货合约，成为短期利率期货中交易较活跃的一个品种。欧洲美元定期存款期货之所以能够取代短期国库券期货的地位，其直接原因在于后者自身的局限性。短期国库券的发行量受到期债券数量、当时的利率水平、财政部门短期资金需求和政府法定债务等多种因素影响，在整个短期利率工具中，所占总量的比例较小。许多持有者只是将短期国库券视为现金的安全替代品，对通过期货交易进行套期保值的需求并不大。

由于在利率变动时，短期国库券价格的变动幅度要大于信用等级较低的其他短期债务工具，不利于投资者对其债市投资组合实现高效的套期保值，于是人们又不断创造出新的短期利率期货。其中相对重要的有 1981 年 7 月由国际货币市场、芝加哥期货交易所及纽约期货交易所同时推出的美国国内可转让定期存单期货交易。但由于实际交割的定期存单往往由信用等级最低的银行发行，它给投资者带来了诸多不便。欧洲美元定期存款期货的产生，则有效地解决了这一问题。由于欧洲美元定期存款不可转让，因此，该品种的期货交易实行现金结算的方式。所谓现金结算，是指期货合约到期时不进行实物交割，而是根据最后交易日的结算价格计算交易双方的盈亏，并直接划转双方的保证金以结清头寸的一种结算方式。现金结算方式的成功，在整个金融期货的发展史上具有划时代的意义。它不仅直接促进了欧洲美元定期存款期货的发展，并且为股指期货的推出铺平了道路。

2. 利率期货合约的种类及特点

利率期货合约的种类按照时间的性质分为短期品种和长期品种。

（1）短期品种。短期利率期货是指期货合约标的的期限在一年以内的各种利率期货，即以货币市场的各类债务凭证为标的的利率期货均属短期利率期货，包括各种期限的商业票据期货、国库券期货及欧洲美元定期存款期货等。短期利率期货以短期利率债券为基础

---

① 参考资料：智库百科（wiki.mbalib.com）利率期货相关内容。

资产，一般采用现金结算，其价格用100减去利率水平表示。两种普遍的短期利率期货是短期国债期货和欧洲美元期货。

（2）长期品种。长期利率期货是指期货合约标的的期限在一年以上的各种利率期货，即以资本市场的各类债务凭证为标的的利率期货均属长期利率期货，包括各种期限的中长期国库券期货和市政公债指数期货等。美国财政部的中期国库券偿还期限在1年至10年之间，通常以5年期和10年期较为常见。中期国库券的付息方式是在债券期满之前，每半年付息一次，最后一笔利息在期满之日与本金一起偿付。长期国库券的期限为10年至30年之间，以其富有竞争力的利率、保证及时还本付息、市场流动性高的特点吸引了众多外国政府和公司的巨额投资，购买者主要是美国政府机构、联邦储备系统、商业银行、储蓄贷款协会、保险公司等。

3. 利率期货合约的功能

一是价格发现。利率期货交易是以集中撮合竞价方式，产生未来不同到期月份的利率期货合约价格。同时，和绝大多数金融期货交易一样，利率期货价格的变动一般领先于利率现货市场价格的变动，并有助于提高债券现货市场价格的信息含量，并通过套利交易，促进价格合理波动。

二是规避风险。投资者可以利用利率期货来达到如下保值目的：①固定未来的贷款利率：利率期货合约可以用来固定从经营中所获得的现金流量的投资利率或预期债券利息收入的再投资率。②固定未来的借款利率：债券期货合约可以用来锁定某一浮动借款合同的变动利息支付部分。

三是资产优化。利率期货交易具有优化资金配置的功能，具体表现在以下几个方面。首先是降低交易成本。利率期货的多空双向交易制可以使投资者无论在债券价格涨跌时都获得收益，以避免资金在债券价格下跌时出现闲置。其次是利率期货方便投资者进行组合投资，从而提高交易的投资收益率。最后是提高资金使用效率，方便进行现金流管理。由于期货交易的杠杆效应能极大地提高资金使用效率，投资者建立同样金额头寸的速度要比现货市场快得多。

【例 7-4】 长江公司是一家经营处于扩张阶段的汽车制造商。为了弥补资金的不足，公司计划于9月1日向银行申请贷款以支付货款5 000万美元。假定目前6月1日银行公布的贷款年利率为9.75%。该公司考虑若9月利率上升，必然会增加借款成本。于是，该公司准备利用短期国库券期货做套期保值（每张期货合约的面值为100万美元），以规避利率变动风险。假设6月1日，90天期国库券期货报价为90.25；9月1日，报价为88.00。假定9月1日银行公布的贷款年利率为12%，那么长江公司利用短期利率期货套期保值的结果如何？该公司的贷款实际利率是多少？

【解析】 长江公司套期保值交易策略及结果如下。

由于利率期货价格与实际利率呈反方向变动，长江公司欲固定未来的借款成本，避免利率上升造成的不利影响，因此，应采用空头套期保值的交易方式：在6月1日卖出90天期国库券期货，待9月1日向银行贷款时，再买进90天期国库券期货平仓。期货交易数量为50张（5 000/100）合约。

期货交易盈利：$225 \times 25 \times 50 = 281\ 250$（美元）

注：225为期货报价变动基点数，25为最小波动值，50为合约数量。

如果长江公司 9 月 1 日贷款需支付的利息：

$$50\,000\,000 \times 12\% \times 3/12 = 1\,500\,000（美元）$$

套期保值后实际利息成本＝利息成本－期货交易盈利

$$= 1\,500\,000 - 281\,250 = 1\,218\,750（美元）$$

贷款实际利率＝$1\,218\,750/50\,000\,000 \times 12/3 \times 100\% = 9.75\%$

由此可见，长江公司最终将贷款利率锁定在 6 月 1 日 9.75%的水平。然而，如果财务经理预测失误，在到期日前实际利率下跌，这时期货价格就会上涨，期货合约平仓后的损失将吞噬利率下降而节约的债务利息，最终利率仍然锁定在近于 9.75%的水平。

上面所提到的利率风险主要是来自债务的偿付，但实际上这不是公司唯一的利率风险，公司的另一个较大的利率风险存在于持有的利率敏感性有价证券。债务记录在资产负债表的右边，而有价证券记录在资产负债表的左边，代表公司潜在的收益和利息收入流。因此，财务经理不仅要利用利率期货锁定未来支付的成本，也需要利用利率期货锁定未来的利息收益。不同的保值目的，采用的策略也不相同。表 7-4 列示了两类基本利率风险和利用利率期货防范利率风险的策略。

表 7-4　利用利率期货防范利率风险的策略

风 险 头 寸	期 货 交 易	利率变化	平 仓 结 果
未来某日支付利息	卖出期货合约（空头）	利率上升	期货价格下跌，空头获利
		利率下降	期货价格上涨，空头损失
未来某日收取利息	买入期货合约（多头）	利率上升	期货价格下跌，多头亏损
		利率下降	期货价格上涨，多头获利

7.4.3　利率互换与利率风险管理

利率互换是指两笔货币相同、债务额相同（本金相同）、期限相同的资金，做固定利率与浮动利率的调换。这个调换是双方的，如甲方以固定利率换取乙方的浮动利率，乙方则以浮动利率换取甲方的固定利率，故称互换。互换的目的在于降低资金成本和利率风险。利率互换与货币互换是适用于银行信贷和债券筹资的一种资金融通新技术，也是一种新的避免风险的金融工具，目前已在国际上被广泛采用。利率互换之所以会发生，是因为存在两个前提条件：一是存在品质加码差异；二是存在相反的筹资意向。

1. 利率互换的原理

利率互换交易的基本原理是大卫·李嘉图的比较优势理论与利益共享。根据比较优势理论，由于筹资双方信用等级、筹资渠道、地理位置以及信息掌握程度等方面的不同，他们在各自的领域存在着比较优势。因此，双方愿意达成协议，发挥各自优势，然后再交换债务，达到两者总成本降低的目标。由于利益共享，互换双方的筹资成本都能够得到一定的降低。下面举一个简单的例子进行说明。

假设有甲、乙两家公司，其信用等级及各自在固定利率市场和浮动利率市场上的借款成本如表 7-5 所示。

李嘉图的比较优势理论及其思考

表 7-5　甲、乙公司的信用等级、固定利率、浮动利率

	甲　公　司	乙　公　司
信用等级	AAA	BBB
固定利率	9%	10.5%
浮动利率	6 个月 LIBOR + 0.2%	6 个月 LIBOR + 0.5%

可以看出，甲公司由于信用等级高，在浮动利率市场和固定利率市场都有优势。但是，不难发现两公司固定利率之差为 1.5%，而浮动利率之差仅为 0.3%。因此，可以认为甲公司在固定利率市场具有比较优势。假设甲公司根据资产匹配的要求希望支付浮动利率利息而乙公司希望支付固定利率利息，如果二者按照各自原本的借款成本借款，总的成本为：6 个月 LIBOR + 0.2% + 10.5% = 6 个月 LIBOR + 10.7%。根据双方的比较优势，甲公司借入固定利率贷款，乙公司借入浮动利率贷款，然后再互换，总的成本为：9% + 6 个月 LIBOR + 0.5% = 6 个月 LIBOR + 9.5%。很显然，相对于不进行互换而言，一共节省成本 1.2%。双方可以按照事先确定的比例分享这部分节省下来的成本。比如，按照利益均分原则，每一方就可以节省 0.6%。具体的操作流程可以和图 7-5 所示：假设二者利益均分，即每一方节省 0.6%，X = 9.4%，那么，甲公司的实际贷款成本为：9% + LIBOR − 9.4% = LIBOR − 0.4%，而乙公司的贷款成本为：LIBOR + 0.5% − LIBOR + 9.4% = 9.9%。双方成本都节省了 0.6%。

图 7-5　操作流程

2. 利率互换的特点

（1）规避利率管制。利率互换作为金融衍生品，为表外业务，可以规避利率管制、税收限制等管制壁垒，有利于资本的流动。绝大部分利率互换交易的期限在 3~10 年，由于期限较长，因此，投机套利的机会比较少。另外，利率互换一般属于大宗交易，金额较大。

（2）交易成本较低，流动性强。利率互换是典型的场外市场交易工具，不能在交易所上市交易，可以根据客户的具体要求设计产品，无保证金要求，交易不受时间、空间以及报价规则的限制。具体交易事项都由交易双方自主商定，交易手续简单，费用低。因此，成本较低，交易相当灵活。

由于利率互换不涉及本金交易，信用风险仅取决于不同利率计算的利息差，而且其中包含了数个计息期，它能够有效地避免长期利率风险。互换交易的双方一般信用较高，因为如果信用太低往往找不到合适的互换对手，久而久之，低信用者就被互换市场所淘汰。能够顺利参与交易的，大都信用等级比较高。

3. 利率互换的功能

一是降低融资成本。出于各种原因，对于同种货币，各投资者在金融市场的资信等级不同，因此融资的利率也不同，存在着相对的比较优势。利率互换可以利用这种相对比较优势进行互换套利以降低融资成本。二是资产负债管理。利率互换可将固定利率债权（债务）换成浮动利率债权（债务）。三是对利率风险保值。对于一种货币来说，无论是固定

利率还是浮动利率的持有者，他们都面临着利率变化的影响。对固定利率的债务人来说，如果利率的走势下降，其可用更低成本重新融资，原先的固定利率对其不利；对于浮动利率的债务人来说，如果利率的走势上升，则成本会增大。

4. 利率互换的交易机制

利率互换是受合同约束的双方在一定时间内按一定金额的本金彼此交换现金流量的协议。在利率互换中，若现有头寸为负债，则互换的第一步是与债务利息相配对的利息收入；通过与现有受险部位配对后，借款人通过互换交易的第二步创造所需头寸。利率互换可以改变利率风险。

固定利率支付者在利率互换交易中支付固定利率，接受浮动利率。买进互换是互换交易多头，称为支付方，是债券市场空头，对长期固定利率负债与浮动利率资产价格敏感。浮动利率支付者在利率互换交易中支付浮动利率，接受固定利率。出售互换，是互换交易空头，称为接受方，是债券市场多头，对长期浮动利率负债与固定利率资产价格敏感。

5. 利率互换的报价方式

在标准化的互换市场上，固定利率往往以一定年限的国库券收益率加上一个利差作为报价。例如，一个十年期的国库券收益率为 6.2%，利差是 68 基点，那么这个十年期利率互换的价格就是 6.88%。按市场惯例，如果这是利率互换的卖价，那么按此价格报价人愿意出售一个固定利率为 6.88%，而承担浮动利率的风险。如果是买价，就是一个固定收益率 6.2% 加上 63 基点，即为 6.83%，按此价格报价人愿意购买一个固定利率而不愿意承担浮动利率的风险。由于债券的二级市场上有不同年限的国库券买卖，故它的收益率适于充当不同年限的利率互换交易定价参数。国库券的收益率是组成利率互换交易价格基本的部分，而利差的大小主要取决于互换市场的供需状况和竞争程度，利率互换交易中的价格利差是支付浮动利率的交易方需要用来抵消风险的一种费用。

【**例 7-5**】长城公司在中国建设银行有一笔银行贷款，本金为人民币 1 000 万元，利息采用浮动利率（SHIBOR）计算。为了规避利率上涨所带来的利率风险，20××年 1 月，长城公司向中国工商银行申请办理 1 年期人民币利率互换业务，将浮动利率转换为固定利率。工商银行对此笔利率互换的报价为 5.46%。双方约定，长城公司每季度支付按固定年利率 5.46% 计算的名义本金 1 000 万元的利息给工商银行，工商银行每季度支付按浮动利率计算的名义本金 1 000 万元的利息给公司。长城公司将收到的浮动利息收入转付给借款银行（中国建设银行），因此锁定借款的利息成本为 5.46%，从而规避利率上涨的风险，锁定融资成本。利率互换流程如图 7-6 所示。当然，一般利息采用利率差额来支付，固定利率为 5.46%，如果浮动利率为 5.51%，则长城公司收到工商银行 0.05% 与名义本金 1 000 万元的乘积的利息。

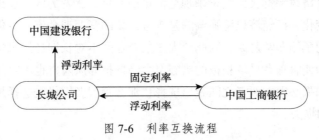

图 7-6　利率互换流程

为什么公司要把固定利率换成浮动利率或把浮动利率换成固定利率？它们为什么不终止现有贷款然后再重新安排一笔贷款？原因是，重新安排一笔贷款的交易成本可能太高。因为提前终止现有的贷款涉及大笔的终止费用，而安排新贷款又会发生发行成本。进行互换交易就经济多了，即使是在利用银行作为中介的情况下，由于银行在互换的安排中只担任中介的角色，所以它不承担任何违约风险，中介费很低。表 7-6 列示了利用利率互换防范利率风险的策略。

表 7-6　利用利率互换防范利率风险的策略

债务头寸	利率变化	利率互换策略
固定利率债务	利率上升	不进行互换
	利率下降	用浮动利率换固定利率
浮动利率债务	利率上升	用固定利率换浮动利率
	利率下降	不进行互换

7.5　衍生品与外汇风险对冲

随着世界经济一体化的发展，跨国投资已经比较常见，而跨国公司必须特别注意的是对其外汇风险的管理，即由于各种货币间相对价值的变化而造成损失的可能性。通常将外汇风险分为三类：交易风险（transaction risk）、折算风险（translation risk）和经济风险（economic risk）。

交易风险是指在汇率变动前发生的金融负债在汇率变动后进行结算时金融负债价值变化的风险，它度量的是由现存合同义务导致的现金流变化。例如，一家美国公司从中国进口零件，该美国公司面临人民币升值从而使零件的美元价格上涨的风险。

折算风险是指跨国公司在合并财务报表时，将国外子公司的外币向母公司货币折算而产生折算收益或损失的可能性。例如，一家美国公司在英国投资了一个子公司，该公司面临英镑贬值，从而使在合并报表中以美元表示的子公司利润减少的风险。

经济风险是指由于相关汇率发生意外变化所引起的未来营运现金流量变化，进而导致公司价值变化的风险。这一风险与公司的竞争力相关。例如，在一家美国公司和日本公司在德国市场的竞争中，如果日元对人民币贬值而美元对人民币汇率不变，则日本公司可在德国降价而不损失日元收入，从而相对美国公司具有竞争优势。

交易风险和经济风险都会影响未来现金流量的变化，二者的区别在于交易风险是已合约化的现金流量变化，而经济风险强调的是未合约化的预期现金流量变化。由于对汇率变动长期经济后果的预测非常复杂，因此，大多数企业并不对长期经济风险进行套期保值。对于折算风险，即使管理者采取积极的措施努力降低折算风险，也不可能同时规避交易风险和折算风险。如果必须在两者之间做出选择，那么管理者应优先选择规避交易风险，因为它将产生实际的损失。

7.5.1　远期外汇合约与外汇风险管理

1. 远期外汇合约概述

远期外汇合约（forward exchange agreement，FXA）是一种外汇衍生品，其结算基于合约起始日的远期汇率与结算时的即期汇率之差。远期外汇合约是指外汇买卖双方在成交时先就交易的货币种类、数额、汇率及交割的期限等达成协议，并用合约的形式确定下来，在规定的交割日双方再履行合约，办理实际的收付结算。远期外汇合约的主要目的就是规避汇率风险，不论是有远期外汇收入的出口企业，还是有远期外汇支出的进口企业，都可以与银行订立远期外汇合约，按预约的价格，在将来到期时进行交割，避免进口产品成本上升和出口销售收入减少的损失，以控制结算风险。

2. 远期外汇合约的分类

按照远期的开始时期划分，远期外汇合约又分为直接远期外汇合约（outright forward foreign exchange contracts）和远期外汇综合协议（synthetic agreement for forward exchange，SAFE）。

外汇远期合约的交易地点并不固定，通常是通过现代通信手段进行，交易时间也不受限制，可以 24 小时交易，因而属于无形市场。外汇远期合约是交易双方经协商后达成的协议，在交易币种、汇率、交割方式、金额等方面能够灵活地满足交易双方的偏好，因而是非标准化的合约。外汇远期合约双方当事人都要承担信用风险。

外汇远期合约、金融期货和金融期权三者的区别如下：外汇远期合约是指约定未来某一时间交割一定外汇的合约；金融期货也是约定未来某一时间交割一定金融产品的合约，但它是标准化（固定的数量、价格等）的合约，且须在交易所进行；金融期权是买进（或卖出）某一金融产品的选择权，但如果实际价格高于（低于）合约的规定，可以放弃这种权利。

【例 7-6】 某中国香港公司在 3 个月后要向一个法国供货商支付 200 万美元的货款。目前银行报出的远期汇率是 1 美元＝7.771 港元。为了规避港元对美元汇率下跌的风险，该公司可以与银行签订远期合约，按照 1∶7.771 的价格从银行买入这笔美元。无论接下来的 3 个月里汇率发生什么样的变化，通过这个合约，香港公司在现在这个时点就已经锁定了 3 个月后支付 200 万美元的港元价值 1 554.2 万，不会随汇率的变动而变动。

远期合约允许交易双方自定义合约的各项条件，因此具有较高的灵活性。但是，由于其属于场外交易，交易双方的信用风险较高。

7.5.2　外汇期货与外汇风险管理

外汇期货是在集中形式的期货交易所内，交易双方通过公开叫价，以某种非本国货币买进或卖出另一种非本国货币，并签订在未来的某一日期根据协议价格交割标准数量外汇的合约。为了说明方便，先把广义的外汇期货交易与狭义的外汇期货交易区别开来。广义的外汇期货交易，包括外汇期货合约交易和外汇期权合约交易两种方式，狭义的外汇期货则专指外汇期货合约。外汇期货的主要内容包括交易单位、最小变动价位、每日价格最大波动限制、合约月份、交易时间、最后交易日、交割日期、交割地点等。

外汇期货交易是指在约定的日期，按照已经确定的汇率，用美元买卖一定数量的另一种货币。外汇期货买卖与合约现货买卖有共同点，亦有不同点。合约现货外汇的买卖是通过银行或外汇交易公司来进行的，外汇期货的买卖是在专门的期货市场进行的。全世界的期货交易所主要有芝加哥期货交易所、纽约商品交易所、悉尼期货交易所、新加坡期货交易所、伦敦期货交易所。期货市场至少包括两个部分：一个是交易市场，另一个是清算中心。期货的买方或卖方在交易所成交后，清算中心就成为其交易对方，直至期货合同实际交割为止。外汇期货和合约外汇交易既有一定的联系，在具体运作方式上也有一定的区别。

国际货币市场对每一种外汇期货的最小报价单位做了规定。在交易场内，经纪人所做的出价或叫价只能是最小报价单位的倍数，如美元为美分。此外，国际货币市场对每日涨跌停板额也做了相关规定。每日涨跌停板额是一项期货合约在一天之内比前一交易日的结算价格高出或低过的最大波动幅度。一旦报价超过停板额，则成交无效。

外汇期货的交易所基本有本国货币与其他主要货币交易的期货合约。在外汇市场上，远期外汇合约交易方式，它与外汇期货交易在许多方面有着相同或相似之处。远期外汇合约交易，是指交易双方在成交时约定于未来某日期按成交时确定的汇率交收一定数量某种外汇的交易方式。在套期保值时，远期交易的针对性更强，往往可以使风险全部对冲。但是，远期交易的价格不具备期货价格那样的公开性、公平性与公正性。远期交易没有交易所、清算所为中介，流动性远低于期货交易，而且面临着对手的违约风险。外汇期货合约是以外汇作为交割内容的标准化期货合同。每一份外汇期货合约都由交易所规定标准交易单位。例如，英镑期货合约的交易单位为每份 62 500 英镑。国际货币市场所有外汇期货合约的交割月份都是一样的，为每年的 3 月、6 月、9 月和 12 月。交割月的第三个星期三为该月的交割日。在具体操作中，交易所都是用代号来表示外汇期货，主要货币外汇期货的通用代号，如美元 USD、欧元 EUR、英镑 GBP 等。

【例 7-7】 6 月 1 日，英国汽车制造商订立了一份合同，向美国汽车交易商卖出 100 辆英国生产的运动跑车，每辆的售价为 50 000 美元，合同约定于 12 月 1 日收取 500 万美元的货款。该制造商担心英镑会在接下来的数月内升值，从而导致收入减少。（当前的即期汇率是 1 英镑＝1.431 0 美元，相关的英镑期货合同的交易价为 1 英镑＝1.427 5 美元。假设 6 个月后的即期汇率是 1 英镑＝1.480 0 美元，期货价格是 1 英镑＝1.479 0 美元。）

【解析】 计算过程详见表 7-7。如果不进行套期保值，12 月 1 日现货市场出售的 5 000 000 美元得到的英镑相对于 6 月 1 日要减少 115 682 英镑（3 494 060－3 378 378），而期货交易的收益等于 121 791 英镑（180 250÷1.480 0），完全抵消了现货市场的损失。

表 7-7　多头套期保值计算

日　　期	现 货 市 场	期 货 市 场
6 月 1 日	即期汇率是 1 英镑＝1.431 0 美元，出售 5 000 000 美元等于： 5 000 000÷1.431 0＝3 494 060（英镑）	12 月英镑期货合同的交易价为 1 英镑＝1.427 5 美元，则 500 万美元的当前英镑价值： 5 000 000÷1.427 5＝3 502 627（英镑） 因为英镑合同的标准数量是 62 500 英镑，因此适当的合约数量：3 502 627÷62 500＝56（份） 买进 56 份期货合约
12 月 1 日	即期汇率是 1 英镑＝1.480 0 美元，出售 5 000 000 美元等于： 5 000 000÷1.480 0＝3 378 378（英镑）	12 月英镑期货合同的交易价为 1 英镑＝1.479 0 美元，则卖出 56 份期货合约的总收益： 56 份合同×515 基点×最小波动值 6.25 美元＝180 250 美元＝121 791 英镑 卖出 56 份期货合约
结果	亏损 115 682 英镑	盈利 121 791 英镑

例 7-7 表示的是一个理想的决策，因为英镑的确发生了升值，因此使现货市场的收益比原先减少了 115 682 英镑，但是期货合约产生了 121 791 英镑的收益，抵消了现货市场的损失。空头套期保值的原理也一样，只要英镑的即期汇率和期货汇率沿着同一方向运动，套期保值就可以成功地降低现货市场中的部分损失。但如果英镑贬值，则期货市场必然亏损，也会蚕食一部分现货市场的收益。但是，套期保值的目的不是获利，而是规避汇率变动的风险，套期保值能够达到预期目的。

7.5.3　外汇期权与外汇风险管理

外汇期权，又称货币期权（currency option），是一种选择契约，其持有人即期权买方享有在契约届期或之前以规定的价格购买或销售一定数额某种外汇资产的权利，而期权卖方收取期权费，则有义务在买方要求执行时卖出（或买进）期权买方买进（或卖出）的该种外汇资产。客户支付一定数额的期权费后，有权在将来的特定时间按约定的汇率向银行买入约定数额的一种货币，卖出另一种货币。期权可以在现货市场价格上升时得到保障，同时也在价格下降的时候不会错失赚取额外利润的机会。买期权只需要缴付期权费，所以不需要准备充足的流动资金来应付保证金的需求。不过，卖期权仍要交一定的保证金。

外汇期权买卖是近年来兴起的一种交易方式，它是原有的几种外汇保值方式的发展和补充。它既为客户提供了外汇保值的方法，又为客户提供了从汇率变动中获利的机会，具有较大的灵活性。外汇期权买卖实际上是一种权利的买卖。权利的买方在支付一定数额的期权费后，有权在未来的一定时间内按约定的汇率向权利的卖方买进或卖出约定数额的外币，权利的买方也有权不执行上述买卖合约。

买进期权是指合约持有者有权利以执行价格买进一定数量的外汇。卖出期权是指合约拥有者有权利以执行价格卖出一定数量的外汇。外汇期权的持有者，有权力决定是否"履行"合约，或听任合同到期而不执行。履约价格或执行价格是指即期或远期合约上的价格，都是反映当时的市场价格。外汇期权中，未来结算所履行的价格称为履约价格或执行价格。履约价格决定于合约签订的当初，可能完全与即期和远期汇率不同。外汇期权合约有一个最后的到期日。期权的持有者如果希望履行合约，必须在合约到期前通知另一方。到期日表示为某年、某月、某日的某个时间。

如果期权的履约价格（即合同价格）等于当时的即期汇率，称为即期—平价。如果履约价格等于当时对应的远期汇价，称为远期—平价。如 3 个月期的期权履约价格与 3 个月期的远期汇率都是 1.750 0 DEM/USD。对于期权的持有者来说，当履约价格（如 1.500 0 的 DEM 卖出期权）优于即期汇率（如 1.800 0 DEM/USD）时，即为即期—折价。对于远期—折价，亦然。很容易猜出，溢价就是指对于期权的持有者来说，当履约价格（如 1.800 0 的 DEM 卖出期权）不如即期汇率（如 1.500 0 DEM/USD）时，即为即期—溢价。

期权包括欧式期权、美式期权两种。欧式期权的买方只能到期行权，即必须在期权到期口当天才能行使期权。美式期权的买方可以择期行权，可以在成交后有效期内任何一天行使期权。因此，同样条件下，美式期权的价格相对较高。

【**例 7-8**】　某家合资企业手中持有美元，并需要在一个月后用日元支付进口货款。为防止汇率风险，该公司向中国银行购买了一个"美元兑日元、期限为一个月"的欧式期权。

假设约定的汇率为 1 美元 = 110 日元，那么该公司则有权在将来期权到期时，以 1 美元 = 110 日元向中国银行购买约定数额的日元。如果在期权到期时，市场即期汇率为 1 美元 = 112 日元，那么该公司可以不执行期权，因为此时按市场上即期汇率购买日元更为有利。相反，如果在期权到期时，1 美元 = 108 日元，那么该公司则可决定行使期权，要求中国银行以 1 美元 = 110 日元的汇率将日元卖给他们。由此可见，外汇期权业务的优点在于客户的灵活选择性，对于那些合同尚未最后确定的进出口业务具有很好的保值作用。

当公司并不特别明确是否会在未来的某个时点涉及外汇交易时，则可以使用外汇期权进行套期保值。例如，当一家美国公司竞争投标英国的一项建筑工程合同，竞标价格用英镑提交，那么当公司将投标书提交以后，就必须做好准备，一旦竞投成功必然，有大量英镑入账。因为这是一家美国公司，所以它必须将英镑兑换成美元，但是如果在支付日英镑贬值，该公司实质收入的美元金额就会减少。但是如果竞投失败，就意味着这家公司将不会有英镑收入。外汇期权可以发挥其独特的功能：在投标成功的情况下，当英镑贬值时，现货市场的英镑亏损会被执行看跌期权所形成的收益所抵减；当英镑升值时，看跌期权合约到期，只损失权利金。在投标失败的情况下，当英镑贬值时，执行看跌期权会给公司带来可观的盈利；当英镑升值时，看跌期权合约到期，只损失权利金。公司也可以选择不使用套期保值工具。但是如果投标成功，一旦英镑大幅贬值，则公司所获收益就会减少很多，期权合约的套期保值为公司提供了一种很好的策略选择。不过，有时远期合约或期货合约对汇率变动进行套期保值的效果更好。总而言之，选择何种合约避险取决于对二者期望值的差异及管理者的风险偏好。

本章小结

衍生品是由基础工具衍生出来的各种金融合约及其组合形式。衍生品具有风险管理功能、价格发现功能和增强市场有效性功能。衍生品可以分为远期合约、期货合约、期权合约和互换合约四大类。远期合约是交易双方约定在未来的某一确定时间、以确定的价格买卖一定数量的某种金融资产的合约。合约规定交易的标的物、有效期和交割时的执行价格等内容，是必须履行的协议。远期合约主要有远期利率协议、远期外汇合约、远期股票合约。期货合约是指由期货交易所统一制定的、规定在将来某一特定的时间和地点交割一定数量和质量商品的标准化合约。期货类衍生品主要包括商品期货、外汇期货、利率期货、股票期货、股指期货等。期权合约是一种赋予交易双方在未来某一日期，即到期日之前或到期日当天，以一定的价格买入或卖出相关工具或资产的权利，而不是义务的合约。互换协议是一种交易双方签订的在未来某一时期交换某种资产的合约。即当事人之间签订的在未来某一期间内交换他们认为具有相等经济价值的现金流的合约。

复习思考题

1. 假设你是一家向英国出口电子设备的公司的财务经理，你将来用什么样的策略对冲外汇风险？你将如何用这一策略获得公司董事会的认可？

2. 3 月，某公司预计 7 月需要 1 000 吨大豆做原料，当时大豆的现货价格是 2 500 元/吨。该公司预测未来大豆价格可能上涨，于是在期货市场进行大豆套期保值交易，当时 7 月大豆期货价格为 2 550 元/吨。若 4 个月后，大豆的现货价格上涨到 2 700 元/吨，期货市场当时交割的价格 2 750 元/吨。为规避由于大豆价格上涨所带来的成本上升的风险，该公司应如何进行套期保值？

3. 1 月 6 日，A 公司确知其将在 5 月 30 日获得大约 2 000 万美元。该公司打算将这笔资金用于欧洲美元存款，当前 90 天的欧洲美元存款的远期利率为 12.25%。该公司担心欧洲美元利率将在以后数月下跌，准备利用欧洲美元期货做套期保值（每张期货合约的面值为 100 万美元），以规避利率变动风险。假设 1 月 6 日 90 天期欧洲美元期货的报价为 86.30，7 月 30 日其报价为 90.25。该公司应如何进行套期保值交易来规避欧洲美元利率下跌的风险？

4. 江苏省江海粮油集团有限公司主要经营港口、物流中转、油脂加工、粮油仓储以及粮油贸易，在粮油经营中积极发挥着国有主渠道的作用。公司油脂、粮食吞吐量连续多年在全国名列前茅。同时，公司科学运用期货工具稳定经营、规避风险，培养了超前的风控意识，在利用期货衍生工具方面积累了大量的经验。以棕榈油为例，该品种完全依赖进口，且长期维持倒挂到微利的状态，进口成本 7 000 元/吨，仅有 10 元/吨的进口利润，属于典型的进口利润微薄、单边波动剧烈的品种。公司根据现货成本和船期选择对应合约在盘面进行卖出套期保值，套保锁定基差成本，之后在现货市场以高于进口基差成本的价格去销售，未完成销售的部分在交割有优势的时候，可以择时在盘面交割来兑现收益。在这个过程中，利用期货市场套保有效转移了单边价格剧烈波动的风险，实现了从单边风险降级到基差风险，后期专注现货供需面，利用从事现货行业的优势，对当地基差走势进行判断，大大降低了交易的难度和风险，基本实现业务平稳开展。

查阅相关资料，尝试对公司的套保行为进行评价。

即测即练

自学自测　　扫描此码

第 8 章

企业并购与控制权转移

党的十八大以来，中央企业先后完成 27 组 49 家战略性重组和专业化整合，国务院国资委新组建、接收 13 家企业，监管中央企业的数量从 116 家调整至 98 家。"中央企业聚焦服务国家战略、推动国有经济布局结构优化、促进经济高质量发展，实施了一批专业化整合项目，方式新、力度大、效果好，得到了社会各界的高度肯定和资本市场的充分认可。"国资委相关负责人说。通过专业化整合，央企在重点领域服务保障大局的能力切实提升，"顶梁柱"和"压舱石"作用充分发挥。国有资本进一步向重要行业关键领域集中，资源配置效率和发展质量效益有效提升。因此，并购重组整合是企业实现快速扩张、更快实现企业战略目标的重要途径。本章聚焦企业并购的基本原理、价值评估、交易结构设计，以及企业重组与控制权转移理论与实务等问题。

上市公司战略性新兴产业并购持续涌现

政策暖风频吹，越来越多的市场主体积极借助并购重组做大做强，资本市场并购重组进入新的窗口期。安永华中区审计服务相关负责人认为，以产业驱动为代表的并购重组得到了监管鼓励和市场欢迎，龙头、链主也更积极开展产业并购，可以预见上市公司的并购将更加活跃，未来会有更多标杆性的并购案例落地。

越来越多的高端制造、半导体等战略性新兴产业并购正在涌现，为资本市场不断注入新的活力和动能。特别是 2024 年 6 月 9 日中国证监会发布《关于深化科创板改革服务科技创新和新质生产力发展的八条措施》后，科创板并购案例数量是去年同期的近 2 倍，已披露的交易金额超过 30 亿元。如，2024 年 7 月 15 日，希获微、富创精密分别披露收购资产方案。希获微拟以约 1.09 亿元收购韩国上市公司 Zinitix Co., Ltd.合计 30.91%的股权。富创精密则拟以现金方式收购公司实际控制人等多个交易方持有的亦盛精密 100%股权，交易作价预计不超过 8 亿元。7 月 16 日，江苏普源精电通过发行股份购买耐数电子 67.74%的股权，获中国证监会注册同意。7 月 27 日，永达股份宣布计划以现金方式收购江苏拟上市公司金源装备 51%的股份。8 月 14 日，三友医疗拟通过发行股份及支付现金方式购买水木天蓬剩余股权。基于当前披露的并购重组公告，未来将有更多的并购重组案例落地已成为市场共识。制造业升级和"小额快速"也在逐渐成为并购重组的趋势之一。特别是对于那些高成长性、高技术含量的新兴产业来说，并购在推动产业整合和发展方面的优势明显。

借助并购重组加速整合优质资源、实现国际化布局正成为一种新趋势。多数公司强调了并购重组后的协同效应，涵盖技术协同、市场协同、资源协同等方面，意在提升上市公司的核心竞争力与市场价值。通过并购重组，企业既能高效整合优质产业资源，又能快速出清低效资产，从而优化资源配置，实现做优做强。如何合理市场化估值定价、相关方专业能力和资源欠缺等仍是并购重组中难以避免的难点。

（参考资料：《证券时报》2024 年 8 月 23 日第 A01 版，记者程丹，内容有删减。）

　　并购是企业较常见的一种资本运营形式。它也是企业实现快速扩张、更快实现企业战略目标的重要途径。正如诺贝尔经济学奖获得者乔治·斯蒂格勒（George Stigler）所说："每一个美国大公司都是通过某种程度、某种方式的兼并收购而成长起来的，几乎没有一家大公司主要是靠内部扩展起来的。"企业并购作为市场经济的产物，已经成为西方发达国家一个十分重要的经济现象。在当今市场经济发达的国家，企业越来越重视利用并购这一手段拓展经营，实现生产和资本的集中，达到企业外部增长的目的。

　　清科研究中心和鼎晖投资合作撰写的《2024 年中国并购投资趋势洞察与战略指南》指出，我国并购市场处于初级发展阶段，与成熟市场相比还有很大增量空间。据清科研究中心统计，2023 年中国市场并购基金募资、并购类投资及退出占比分别为 3%、1% 和 46%。当前，我国并购投资步入行业整合阶段，由"机会型"交易向"系统性"交易转变。在跨越了中概股私有化、跨国集团业务分拆两次浪潮后，随着产业的成熟、宏观环境的变化以及 PE/VC 机构能力的增强，我国系统性并购交易的黄金时代已然开启，标志着从零散机会探索向纵深战略整合的转变。

8.1　企业并购的基本原理

8.1.1　企业并购的内涵

　　企业并购（merger & acquisition，M&A）是企业兼并与收购的统称。

　　兼并通常是指并购方以现金、证券或其他形式购买目标公司的产权，使目标公司丧失法人资格或改变法人实体，并取得对目标公司控制权的经济行为。我国 2023 年修订的《中华人民共和国公司法》第 218 条规定，公司合并可以采取吸收合并或者新设合并。吸收合并是指一个公司吸收其他公司而存续，被吸收公司合并后解散。新设合并是指两个或两个以上的公司合并设立一个新的公司，合并各方的法人实体地位都消失。

　　收购是指公司用现金或有价证券等方式购买目标公司的部分或全部资产或股权，以获取目标公司的某项资产或全部资产的所有权，或目标公司控制权的一种经济行为。收购的对象一般有两种：股权和资产。收购股权与收购资产的主要差别在于：收购股权是购买目标公司的股份，收购方将成为被收购方的股东，要承担该公司的债权与债务；收购资产则仅仅是对一般资产的买卖行为，由于在收购目标公司资产时并未收购其股份，收购方无须承担其债务。

　　在实际的资本运作中，兼并、合并与收购常统称为"并购"或"购并"，泛指在市场机制作用下公司为了获取其他公司的控制权而进行的产权交易活动。并购的实质是在企业控制权运动过程中，各权利主体依据企业产权做出的制度安排而进行的一种权利让渡行为。

并购活动是在一定的财产权利制度和企业制度条件下进行的。在并购过程中，某一或某一部分权利主体通过出让所拥有的对企业控制权而获得相应的收益，另一个部分权利主体则通过付出一定代价而获取这部分控制权。企业并购的过程实质上是企业权利主体不断变换的过程。

8.1.2 并购的一般程序

并购可能给公司带来迅速而巨大的发展机遇，也可能给公司造成沉重的负担和财务危机。公司并购活动的指导思想必须服从于公司的发展战略，并根据公司战略的要求，制定相应的并购战略。

企业并购是一项非常复杂的交易过程。它是根据企业既定的并购战略，寻找和确定潜在的并购目标，并对并购目标的发展前景及技术经济效益等情况进行战略性调查和综合论证，以此来评估目标企业的价值，策划融资方案，确保企业并购战略目标的实现。企业并购是一个复杂的系统工程，通常按照法律规定的程序进行，从研究准备到方案设计，再到谈判签约、成交到并购后整合，整个过程都是由一系列活动有机结合而成的。并购大致可分为以下六个阶段。

第一阶段，战略准备阶段。战略准备阶段是并购活动的开始，为整个并购活动提供指导。战略准备阶段包括确定并购战略以及搜寻并购目标。一是确定并购战略。企业应谨慎分析各种价值增长的战略选择，依靠自己或通过与财务顾问合作，根据企业行业状况、自身资源、能力状况以及发展战略明确定位，进而制定并购战略。并购战略内容包括企业并购需求分析、并购目标特征、并购支付方式以及资金来源规划等。二是并购目标搜寻。基于并购战略中所提出的要求制定并购目标企业的搜寻标准，可选择的基本指标有行业、规模和必要的财务指标，还可包括地理位置的限制等。而后按照标准，通过特定的渠道收集符合标准的企业。最后，经过筛选，从中挑选出最符合并购公司的目标企业。

第二阶段，方案设计阶段，包括尽职调查以及交易结构设计。第一，尽职调查。尽职调查的目的在于，使买方尽可能地发现有关他们要购买的股份或资产的全部情况，发现风险并判断风险的性质、程度，以及对并购活动的影响和后果。尽职调查的内容包括四个方面：一是目标企业的基本情况，如主体资格、治理结构、主要产品技术及服务等；二是目标企业的经营成果，包括公司的资产、产权和贷款、担保情况；三是目标企业的发展前景，对其所处市场进行分析，并结合其商业模式做出一定的预测；四是目标企业的潜在亏损，调查目标企业在环境保护、人力资源以及诉讼等方面是否存在潜在风险或者或有损失。第二，交易结构设计。交易结构设计是并购的精华所在，并购的创新也经常体现在交易结构设计上。交易结构设计牵涉面比较广，通常涉及法律形式、会计处理方法、支付方式、融资方式、税收等诸多方面。此外，在确定交易结构阶段还要关注可能会出现的风险，如定价风险、支付方式风险、会计方法选择风险、融资风险等，以争取在风险可控的前提下获得最大收益。

第三阶段，谈判签约阶段。一是谈判。并购交易谈判的焦点问题是并购的价格和条件，包括并购的总价格、支付方式、支付期限、交易保护、损害赔偿、并购后的人事安排、税负等。双方通过谈判，就主要方面取得一致意见后，一般会签订一份并购意向书

（或称"备忘录"）。二是签订并购合同。并购协议应规定所有并购条件和当事人的陈述担保。它通常是收购方的律师在双方谈判的基础上拿出一套协议草案，然后经过谈判、修改而确定。

第四阶段，并购接管阶段。它是指并购协议签订后开始实施并购交易，其明确的阶段标志为并购工商变更手续的完成。该阶段包括产权界定和交割、工商手续变更等。

第五阶段，并购后整合阶段。并购后整合是指当收购企业获得目标企业的资产所有权、股权或经营控制权之后进行的资产、人员等企业要素的整体系统性安排，从而使并购后的企业按照一定的并购目标、方针和战略有效运营。并购后整合阶段一般包括战略整合、企业文化整合、组织机构整合、人力资源整合、管理活动整合、业务活动整合、财务整合、信息系统整合等内容。

第六阶段，并购后评价阶段。任何事物都需要衡量，并购活动也一样。通过评价，企业可以衡量并购的目标是否达到，监控并购交易完成后公司的经营活动，从而保障并购价值的实现。

从财务的角度来看，并购程序通常包含以下步骤，如图 8-1 所示。

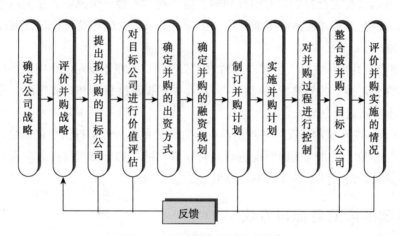

图 8-1　公司并购的财务流程[1]

（1）确定公司战略。并购是公司为实现某种战略目标而采取的一种手段。并购方案的设计取决于公司的战略规划和战略选择，同时受并购结果、对目标公司的评估框架、目标公司形象以及并购后的整合等因素的影响。因此，确定公司的基本发展战略，并明确并购在公司战略中的地位，是实施有效并购的重要前提。

（2）评价并购战略。由于并购决策存在固有风险，所以战略考虑要优先于财务分析。公司必须根据自身的战略目标来评价并购活动。并购战略应当对目标公司进行战略分析，研究并购对公司竞争能力和企业运营风险的可能影响。

（3）提出拟并购的目标公司。提出并购方案的应当是公司的高级管理人员。高级管理人员根据本公司的发展战略和目标公司的有关情况，确定并购的对象。在这个过程中，公司可以聘请财务顾问，以保障并购的顺利进行。

（4）对目标公司进行价值评估。对目标公司进行价值评估就是根据目标公司当前所拥

---

① 陆正飞，朱凯，童盼. 高级财务管理[M]. 2 版. 北京：北京大学出版社，2013：228.

有的资产、负债价值、运营状况和市场价值等指标，确定公司的出价，即对目标公司进行价值评估。对目标公司的估价应建立在对其未来的风险与收益评价的基础上。

（5）确定并购的出资方式。在现代并购实务中，现金出资并不是唯一方式。在确定并购出资方式时，通常要考虑并购持续经营、税收、财务风险及市场价值等指标，确定是现金出资，还是股票出资，或是其他出资方式等。

（6）确定并购的融资规划。在确定并购所需资金数量和形式后，公司就需要制订相应的筹资计划，决定筹资的方式和数量。在筹资规划中，公司必须考虑由此而产生的公司价值和风险可能的变动，在尽量降低风险的同时，保持公司的最优资本结构。

（7）制订并购计划。在以上各步骤分析的基础上，公司要制订相应的并购计划，为并购实施过程提供明确的指导和具体的时间表，而且有利于与并购的完成情况进行比较。

（8）实施并购计划。如果并购计划获得董事会和股东大会通过，公司就可以实施并购计划。在实施过程中，不仅涉及许多财务活动，而且涉及大量的法律事务。例如，向目标公司提出并购要约、签订并购合同、反击各种可能的并购防御措施等。

（9）对并购过程进行控制。并购计划的实施，通常不会一帆风顺。在实施过程中，出现的各种意外情况，对并购活动可能有重大影响。这就需要公司及时控制并购过程，并采取相应的措施。

（10）整合被并购（目标）公司。并购的成功与否，不在于公司能否完成并购，而在于并购能否实现公司预定的战略发展目标。公司必须根据战略目标和具体情况，有计划地将目标公司与本公司进行整合。

（11）评价并购实施的情况。并购活动的事后评价可以为公司提供反馈信息，也可以为未来提供重要经验。对并购实施情况进行及时评价，可以防止公司盲目并购而陷入困境，及时纠正因并购失误而可能导致的不良后果。

8.1.3　并购的战略目标与方法

公司战略涉及对公司整体业务活动进行安排，目的在于在公司这一层面实现某种预先确定的目标。这些目标包括对公司活动进行有序的改变，将某一业务内的盈余资金调拨到其他有盈利增长的业务上去，对公司投资组合中现有或预期业务的相互依存关系进行开发利用，降低风险。并购也必须在公司整体战略指导下，才能发挥其促进公司增长和发展的应有作用。

除了这种投资组合的管理作用外，公司战略的另一个重要目的是开发出公司的独特能力或核心竞争力，并将其转化为公司持久的竞争优势，从而获得价值增值。公司竞争战略的确定要做到"知己知彼"，波特（1985）提出的五力模型为分析公司的竞争环境提供了重要的工具，如图 8-2 所示。

1. 并购的战略目标

公司在明确其竞争环境、选择相应的竞争战略后，并购就成为其实现战略目标的重要手段。公司的并购战略，主要是根据整体发展的需要，希望通过并购跨入新的具有发展前途、能够给公司带来长期利益的行业，实现收购后与本公司资源整合，取得综合收益。

从这个角度而言，根据并购对象的差别，将并购战略划分为纵向一体化战略和横向一体化战略。

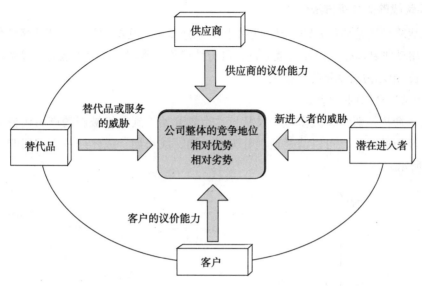

图 8-2　波特五力竞争力模型

1）纵向一体化战略

纵向一体化战略，又称垂直一体化战略，是指公司通过并购与本公司生产经营有关联的上游公司及下游公司以实现规模经济的战略。它是企业在两个可能的方向上扩展现有经营业务的一种发展战略，是将公司的经营活动向后扩展到原材料供应或向前扩展到销售终端的一种战略体系。包括后向一体化战略和前向一体化战略，也就是将经营领域向深度发展的战略。其基本指导思想是：公司只有控制生产的每一过程，才可以获得长远利益。因此，要实现这一战略目标，必然要并购其他公司，特别是在产业进入壁垒较高的情况下。

纵向一体化是企业经常选择的战略体系，但是任何战略都不可避免存在风险和不足。纵向一体化的初衷，是希望建立起强大的规模生产能力来获得更高的回报，并通过面向销售终端的方略获得来自市场各种信息的直接反馈，从而促进不断改进产品和降低成本，来取得竞争优势的一种方法。纵向一体化是一种典型的价值链体系，在这种体系下产生了完整的价值传递过程。作为企业的战略制定者可以不断向纵深渗透，比如，伊利奶业已经向后进入奶源基地的建设，奥康已经向前进入专卖店建设。

2）横向一体化战略

横向一体化战略，是指为了扩大生产规模、降低成本、巩固市场地位、提高竞争优势、增强实力而与同行业企业进行联合的一种战略。其实质就是横向并购，即资本在同一产业和部门内的集中，目的是实现扩大规模、降低产品成本、巩固市场地位。国际化经营就是一种形式。

采用横向一体化战略，企业可以有效地实现规模经济，快速获得互补性的资源和能力。此外，通过收购或合作的方式，企业可以有效地建立与客户之间的固定关系，遏制竞争对手的扩张意图，维持自身的市场地位和竞争优势。但它也存在一定的风险，如过度扩张所产生的巨大生产能力对市场需求规模和企业销售能力都提出了较高的要求。同时，在某些横向一体化战略中，还存在技术扩散的风险。此外，组织上的障碍也是水平型整合战略所面临的风险之一，如并购中存在文化不融合的现象等。

2. 并购战略的分析方法[①]

并购战略动机是公司并购活动的基本指导思想。公司还必须运用一些战略评价方法，将并购战略动机具体化，以便对战略进行可行性评价。常用的评价方法有产品生命周期分析法、增长–市场占有率矩阵评价法。

1）产品生命周期分析法

产品生命周期假设，大多数产品从投入市场开始，到最终被新的产品代替而退出市场为止所经历的时间，可以清楚地划分为引入期、成长期、成熟期及衰退期四个阶段，如图 8-3 所示。

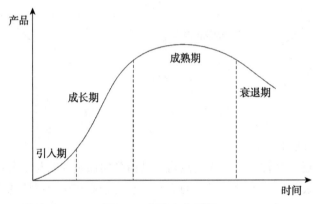

图 8-3　产品生命周期

图 8-3 不仅显示了生命周期中四个阶段的销售量，而且反映了相应的利润和现金流状况。在引入期，利润通常是负的，进入成长期后则很快上升，到成熟期后逐步下降；现金流在引入期和成长期都是负的，表示需要投入资金，这些投资将在成熟期和衰退期得到回收。

对任何一个公司而言，大多数产品存在一个有限的市场生命周期，对那些技术变革迅速的产业来说更是如此。在并购目标公司时，并购公司应了解其产品正处在生命周期的哪个阶段，以便确定并购过程中所投入资金是否能够很快得到回收，从而降低并购风险。

2）增长—市场占有率矩阵评价法

波士顿咨询公司提出的增长—市场占有率矩阵模型是一个二维矩阵，纵轴表示市场增长率，横轴表示市场份额（图 8-4），它可以为公司并购战略的制定提供分析框架。

具体而言，纵轴上的市场增长率代表这项业务所在市场的年销售增长率，大于10%的增长率一般认为是高的。横轴上的相对市场份额是以相对市场占有率来表示的，为该战略业务单位的市场占有率与该市场最大竞争者的市场占有率之比，一般以 1 为分界线，大于 1 者为高，小于 1 者为低。

---

① 陆正飞，朱凯，童盼. 高级财务管理[M]. 2 版. 北京：北京大学出版社，2013：234.

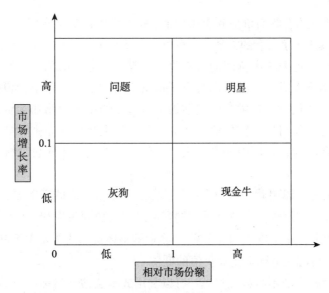

图 8-4　波士顿咨询公司的增长—市场占有率矩阵

在引入产品生命周期、市场占有率之后，企业需要制定一个合适的战略，以便考虑与并购相关的问题。波士顿咨询公司将并购战略分为以下四组。

（1）建设战略：通过努力开发新产品或推进现有产品来提高市场占有率。

（2）维持战略：将市场占有率维持在现有水平上。

（3）收获战略：在允许市场占有率下降的前提下增加现金流。

（4）放弃战略：出售或清理某种产品，以便把资源转移到更有利的领域。

综合而言，公司必须有一个平衡的业务或产品组合，尽可能地降低风险。

8.2　企业并购价值评估

对目标公司的价值评估是并购方对目标公司股东出价的基础，估价过高将导致并购公司利益受损；估价过低，将会导致目标公司股东拒绝此项交易。因此，对目标公司的估价，既是并购公司分析并购成本的基础，也是影响并购成功率的关键因素。对并购目标企业进行价值评估大致有以下几种方法。

企业并购投资价值评估
指导意见

8.2.1　资产基础法

它是指以资产负债表为基础，考虑被评估企业拥有的所有有形资产、无形资产以及应当承担的负债。由于该方法容易忽略各项资产综合的获利能力，因而只能是目标企业确定其价值的初步手段，是一个参照指标。使用这种方法获得的价值，实际上是对企业账面价值的调整。该方法的基本假设是企业的价值等于所有有形资产和无形资产的成本减去负债，即企业的净资产价值。其基本原理是：在条件允许的情况下，任何一个精明的潜在投资者，在购置一项资产时所愿意支付的价格不会超过建造一项与所购资产具有相同用途的替代品所需要的成本。常见的有账面价值和市场价值。账面价值标准是指用目标企业会计核算记账的资产价值来估算其净资产的方法。这种方法以历史成本来估计资产价值，没有考虑现实资产市价的波动，也未考虑资产的未来收益，是一种静态的估价方法，一般只适用于资产市场价值变动不大或者不必考虑其市场价格变动的情况。市场价值标准是指以资产或股权在市场上公开竞争，在供求平衡前提下所形成的市场价格作为资产的价值。市场价值真实体现了上市公司的内在价值，在成熟的市场上操作性很强。如果市场不成熟，资产的价格可能会因为各种原因偏离其真实价值。一般地，市场价值标准适用于单项资产的评估计价。

资产基础法的基本思想就是认为企业价值是各个单项资产的简单加总。因此，该方法的局限性也在于此，即这种方法忽略了不同资产之间的协同效应和规模效应。也就是说，在企业的经营过程中，往往是"1+1>2"，企业的整体价值往往要大于单项资产评估值的加总，以上的评估可能会造成对企业价值的低估。

如果并购后目标企业不再继续经营，可以利用成本法估计目标企业的价值。常用的计价标准有：①清算价值，是指目标企业清算出售，并购后不再存在时其资产的可变现价值；②净资产价值，是指目标企业资产总额减去负债总额即目标企业所有者权益的可变现价值；③重置价值，是指将历史成本标准换成重置成本标准，以资产现行成本为计价基础的价值。

8.2.2　收益率法

收益率法是根据目标企业的收益和市盈率确定其价值的方法，也称市盈率模型。应用市盈率法对目标企业估值的步骤如下。

第一步：确定目标公司的收益。一方面，要考虑会计资料的真实、可靠，以及所使用的会计政策是否合理、合法；另一方面，是选择、计算目标企业估价收益指标。可采用的收益指标包括目标企业最后一年的税后利润、最近三年税后利润的平均值、目标企业以并购企业同样的资本收益率计算的税后利润。

第二步：选择标准市盈率。通常可选择的标准市盈率有在并购时点目标企业的市盈率、与目标企业具有可比性的企业市盈率、目标企业所处行业的平均市盈率。选择市盈率时，应确保其在风险和成长性上的可比性。

第三步：计算目标企业的价值。利用选定的股价收益指标和标准市盈率，就可以计算出目标企业的价值：目标企业的价值=股价收益指标×标准市盈率。

采用市盈率法估算目标企业的价值，标准市盈率的选择至关重要。如果选择不当，则会对测算结果产生较大影响。市盈率反映投资者愿意为公司的盈利能力付出多大的代价。一个高的市盈率说明市场认为股票的收益很可能迅速增长，投资者对股票的前景抱乐观态度，愿意支付更多投资成本；一个低的市盈率说明股票未来的预期收益不景气，投资者怀悲观失望的心理，不愿支付较多的成本。一般来说，一个具有增长前景的公司，其股票的市盈率一定较高；反之，一个前途暗淡的公司，其股票的市盈率必定较低。市盈率乘数法主要有两大难点：标准市盈率的确定和作为估价基础的税后利润的确定。

对于新经济下出现的新业态公司，由于其商业模式或盈利模式不同于传统企业，对新业态下的公司估值方法，人们可以考虑采用相对价值估值法，如市净率法、市销率法等。

8.2.3　现金流量折现法

现金流量折现法是企业并购中评估目标企业价值较为常用的方法。它是根据目标企业被并购后各年的现金净流量，将按照一定的折现率折算的现值作为目标企业价值（不包括非营运资产的价值）的一种评估方法。其基本公式为

$$V = \sum_{t=1}^{n} \frac{CF_t}{(1+r)^t} + \frac{FV}{(1+r)^n}$$

其中，V 表示企业价值，r 为折现率，t 为资产的寿命，n 表示期限，CF_t 为资产在 t 时刻产生的现金流量，FV 为资产的最终价值。

采用现金流量折现法评估目标企业价值的过程，其实就是资本预算问题。在风险与预测期一定的情况下，目标企业未来产生的现金净流量越多，企业的价值就越高；目标企业未来产生的现金净流量一定的情况下，风险越大，折现率就越高，企业价值也就越低。

企业并购背后的估值理念

运用现金流量折现法对目标企业估价的步骤是：①预测各期现金流量；②估计贴现率或加权平均资本成本；③计算现金流量现值，估计购买价格；④进行现金流量折现值的敏感性分析。

现金流量折现法从动态的角度来考虑企业的价值。由于现金流量折现法以预测的未来现金流量与折现率为基础，而预测又带有一定的主观性，再加上一些不可预测的因素，会加大评估结果的风险性，因此，这种方法常常与反映公司长远发展不同经营状况的概率权重分析法结合使用。评估人员设计几种可能的未来财务计划方案，分别代表在理想情况、普通情况及恶劣情况下企业未来的经营状况，并据此计算出企业的现金净流量折现值。然后，以各种方案的可能性百分比为权数，分别乘以该方案的现金净流量折现值，将其结果相加即得出一个比较合理的企业价值。这种方法的最大优点是适用面广，既可评估上市公司，也可评估非上市公司，且参数少、计算明了；最大缺点是对未来各期现金流量和预期折现率两大因素的依赖过多，也忽略了经营灵活性的价值。

8.3　企业并购的交易结构设计

交易结构设计的基本目标是在某种法律框架内确定未来交易双方在被收购企业中的地位、权利和责任，确定企业未来决定权的归属，进而降低交易风险，最终实现双赢。

一个好的交易结构是以尽可能少的条款涵盖所有可能发生的情况，满足交易各方目的。平衡交易各方的风险收益关系，同时还要适应法律与税收环境。交易结构所遵循的基本原则即平衡原则：①从交易结构上看，在交易结构的复杂程度、交易风险与

交易结构设计的内容

交易成本之间取得平衡；②从当事人的角度看，在交易双方的权利、义务与风险承担方面取得平衡。

一般认为交易结构包括相互关联的六个部分：并购载体、支付方式、并购形式、交易后组织设计、会计处理和税收筹划。本节主要分析支付方式、并购形式，简要介绍并购的会计处理及税收筹划。

8.3.1　并购的支付方式

任何实施并购的企业必须充分考虑采取何种方式完成并购，充分认识不同支付方式的差异，依据具体情况做出决策。实践中，企业并购的支付方式主要有现金支付、股票支付和混合证券支付三种方式。

1. 现金支付

1) 现金支付的特点

现金支付是指并购企业支付一定数量的现金，以取得被并购企业的所有权。一旦目标企业的股东收到对其拥有股份的现金支付，就失去了对原企业的任何权益。在实际操作中，并购方的现金来源主要有自有资金、发行债券、银行借款和出售资产等方式。

现金支付的优势是显而易见的。首先，现金支付操作简单，能迅速完成并购交易。其次，现金支付是最清楚的支付方式，被并购企业可以将其虚拟资本在短时间内转化为确定的现金，股东不必承受因各种因素带来的收益不确定性等风险。最后，现金支付不会影响并购后企业的资本结构，因为普通股股数不变，并购后每股收益、每股净资产不会因为稀释有所下降，有利于股价的稳定。现金支付的缺陷在于：对并购企业而言，现金并购是一项重大的即时现金负担；对被并购企业而言，无法推迟确认资本利得，当期交易的所得税负亦大增。因此，对于巨额收购案，现金支付的比例一般较低。综观美国收购历史，小规模交易更倾向于至少是部分地使用现金支付，而大规模交易更多地至少是部分使用股票支付。

2) 现金支付的影响因素

第一，并购企业的短期流动性。现金支付要求并购方在确定日期支付一定数量的货币，立即付现可能会导致现金紧张，因此有无足够的即时付现能力是并购方首先要考虑的因素。

第二，并购企业的中长期流动性。有些企业可能在很长时间内难以从大量的现金流出中恢复过来，因此，并购企业必须认真考虑现金回收率以及回收年限。

第三，被并购企业所在地股票销售的税收规定。不同地方对资本收益的赋税水平是不一样的，尤其在跨境并购交易过程中，这是一个重要影响因素，因为被并购企业所在地的资本收益税将影响并购企业的现金支付的出价。

第四，被并购企业股份的平均股本成本。只有超出被并购企业股份的平均股本成本的部分才应支付资本收益税，如果被并购企业股东得到的价格并不高于平均股本成本（每股净资产值），则即使是现金支付，也不会产生任何税收负担。如果并购企业确认现金支付会导致目标企业承担资本收益税，则必须考虑可以减轻这种税收负担的特殊安排。否则，被并购企业也只能以实际得到的净收益为标准，做出是否接受出价的决定，而不是以并购企业所支付的现金数额为依据。通常情况下,一个不会增加税收负担的中等水平的出价,要比一个可能导致较高税收负担的高出价更具有吸引力。

3)现金支付时的筹资

通常情况下,并购一家企业需要的资金数量相当庞大。采用现金支付方式时,利用并购企业的营运资金流进行融资对于并购企业而言有很大的局限性,除非并购企业有充分的甚至比例过高的流动资产变现,一般不作为企业并购融资的主要方式。并购企业通常都要去本企业以外寻找必要的现金。常见的筹资方式如下。

一是增资扩股。最为重要的是考虑增资扩股对并购企业股权结构的影响。大多数情况下,股东更愿意增加借款而不愿增资扩股。这也是大多数并购企业在并购后,财务费用大幅度上升,财务负担沉重,结果经营困难、并购失败,甚至破产的一个主要原因。

二是向金融机构借款。无论在国内还是国外,这都是比较普遍的筹资方式。在向银行提出贷款申请时,首先要考虑的是贷款的安全性,即考虑贷款将来用什么资金偿还。一般情况下,至少有一部分贷款的偿还是来源于被并购企业未来的现金流入。这种现金流入有两种来源,即被并购企业以后的生产经营所产生的收益和变卖被并购企业一部分资产所获得的现金。

三是发行公司债券。我国公司法允许具有一定条件的公司,为筹集生产经营资金,发行公司债券或可转换债券。

四是发行认股权证。认股权证通常和企业的长期债券一起发行,以吸引投资者购买利率低于正常水平的长期债券。由于认股权证代表了长期选择权,所以附有认股权证的债券或股票,往往对投资者有较大的吸引力。

2. 股票支付

1)股票支付的特点

股票支付是指并购方通过增加发行本公司的股票,以新发行的股票替换被并购公司的股票,从而达到并购目的的一种支付方式。

股票支付主要有以下几个特点:并购方不需要支付大量的现金,因而不会影响并购公司的现金状况;并购完成以后,被并购公司的股东不会失去他们的所有权,而是成为并购完成后企业的新股东。但一般来说,并购公司的股东在经营控制权上占有主导地位。需要注意的是:由于被并购公司的股东要保留自己的所有者地位,因此,股票支付对于并购公司的股东来说,会使其股本结构发生变化。并购公司股权稀释的极端后果是,被并购公司的股东通过并购公司增加发行的股票取得了对并购完成后企业的主导控制权。另一个不足之处是使用股票支付所需手续较多,耗时耗力,不像现金支付那样简单、迅速。股票支付常见于善意收购,当并购双方的规模、实力相当时,可能性较大。

2)股票支付的影响因素

第一,并购企业的股权结构。并购企业主要大股东对股权稀释程度是否认可决定着股票支付方案的采用与否,因为股票支付方式对并购企业的股权会产生重大影响。

第二,每股收益的变化。增发新股会对每股收益产生不利的影响,如目标企业的盈利状况较差,或者是支付的价格较高(即增发的新股较多),则会导致每股收益减少。虽然在许多情况下每股收益的减少只是短期的,每股收益减少仍可能给股价带来不利的影响,导致股价下跌。所以，并购企业在采用股票支付方式前，要确认是否会产生这种不利情况。如果发生这种情况，那么在多大程度上是可以接受的。

第三，当前股价水平。这是并购企业决定采用现金支付还是股票支付的一个主要影响因素。一般来说，在股票市场处于上升阶段时，股票相对价格较高，这时以股票作为支付方式可能更有利于并购企业，增发的新股对被并购企业也会有较强的吸引力；否则，被并购企业可能不愿持有新股，即刻抛空套现，导致股价进一步下跌。因此，并购企业应考虑本企业股价所处的水平，同时还应预测增发新股会给股价带来多大程度的影响。

影响股票支付的因素还可能包括每股净资产的变动、财务杠杆比率和当前股息收益率等。

3. 混合证券支付

混合证券支付是指并购方的支付方式为现金、股票、认股权证、可转换债券等多种形式的证券组合。

单一的支付方式总有不可避免的局限性，把各种支付工具组合到一起，能集中各种支付工具的优势而避免它们的劣势。由于这种优势，近年来混合证券支付在各种出资方式中的比例呈现出逐年上升的趋势。

1）认股权证

认股权证是一种由上市公司发行的证明文件，赋予持有人在指定的时间内，用指定的价格认购由该公司发行的一定数量新股的权利。

认股权证对并购方有利之处在于可以因此延期支付股利，从而为公司提供了额外的股本基础。对被并购方的不利之处在于会涉及并购方控制权的改变。因此，并购公司发行认股权证必须认真考虑认股权证的行使对企业股权结构的影响；可以考虑使被并购方股东行使优先低价认购公司新股的权利，也可以考虑在市场上出售认股权证获取现金。

2）可转换债券

可转换债券是企业向其持有者提供在某一给定时间内、可以以某一特定价格将债券转换为股票的选择权的证明文件。

4. 股票或混合证券支付时的筹资

在并购中，并购企业用股票或混合证券支付时，发行的证券要求是已经或者将要上市的。只有这样，证券才有流通性，并有一定的市场价格作为换股参考。

1）发行普通股

并购企业可以通过将以前的库藏股重新发售或者增发新股给被并购企业的股东，换取被并购企业的股权。普通股支付有两种方式：第一种方式是由并购企业出资收购目标企业的全部或部分股权，被并购企业取得资金后认购并购企业的增资股，并购双方不需要另筹资金即可完成并购交易；第二种方式是由并购企业收购被并购企业的全部资产或部分资产，被并购企业认购并购企业的增资股，这样也达到了股权置换的目的。

2）发行优先股

有时向被并购企业发行优先股可能是并购企业更好的选择。如果被并购企业原有的股利政策是发放较高的股息，为了保证被并购企业股东的收益不会因并购而减少，被并购企业可能会提出保持原有股利支付率的要求；对于并购企业而言，如果其原有的股利支付率低于目标企业的股利支付率，提高股利支付率，则意味着新老股东的股利都要增加，这会给并购企业的财务带来很大的压力。此时，发行优先股可避免这种情况。

3）发行债券

由于债券的利息一般会高于普通股的利息，而且可以保证企业清算解体时，债务人先于股东得到偿还，对被并购企业的股东就会有吸引力；对并购企业而言，收购了一部分资产，股本额仍保持原来的水平，增加的只是负债，从长期来看，股东权益被稀释。由此可见，发行债券对并购双方都是有利的。

8.3.2 并购形式及会计处理

并购形式是实现目标公司资产或股权向并购公司转移的机制，也是并购公司为了获得目标公司价值创造能力可以选择的手段。尽管现实中的并购形式千变万化，但是常用的基本形式主要有两种：资产收购和股票收购。

资产收购包括并购公司以现金、资产或承担债务等方式收购目标公司全部或部分资产；股票收购则是并购公司以现金、股票或承担债务等方式获得目标公司股票的交易形式。

公司并购通常会涉及复杂的会计问题。实务中的重要问题之一，就是将并购设计为权益结合还是购买，因为这两种方式对应着不同的会计处理，对并购后公司整体的财务状况和经营成果有着不同程度的影响。并购的会计处理主要有两种方法：权益结合法和购买法。

权益结合法，又称股权结合法、权益联营法。权益结合法认为企业合并是参与合并的双方通过股权交换形成所有者权益的联合，而非资产的交易。合并后，股东在新企业中的股权相对不变。换言之，它是由两个或两个以上经营主体对一个联合后的企业或集团公司开展经营活动的资产贡献，即经济资源的联合。在权益结合法中，不同经营主体在相同会计期间的经营成果可以直接相加，作为并购后公司的全部经营成果。

在购买法下，并购公司是资产的购买者，它购买了另一个公司的资产。它将企业并购视为并购公司以一定的价款购进目标公司的机器设备、存货等资产项目，同时承担该公司所有负债的行为，从而按并购时的公允价值计量目标公司的净资产，将投资成本（购买价格）超过净资产公允价值的差额确认为商誉。

8.3.3 并购的税收筹划

税法通常会对不同条件和类型的交易确定不同的税率和纳税优惠政策。因此，税收筹划是并购交易设计的重要因素。2024 年 7 月 24 日，财政部、国家税务总局联合发布《企业兼并重组主要税收优惠政策指引》，对现行有效的支持企业兼并重组的主要税收优惠政策和税收征管文件进行了梳理，并按照企业兼并重组的类型，分门别类明确了适用主体、适用情形、政策内容、执行要求及政策依据等内容。

并购重组泛指在市场机制作用下，企业为了获得其他企业的控制权而进行的产权交易活动，主要表现为两个以上公司合并、组建新公司或相互参股。并购重组过程中，通常会涉及企业所得税、个人所得税、增值税、契税、印花税、土地增值税等，其中最为重要的是所得税。无论对于企业还是个人，积极的税务规划，都可以大大降低并购重组的税负成本。

常见的税务规划有以下几方面。[①]

1. 争取特殊性税务处理，递延纳税

根据《财政部　国家税务总局关于促进企业重组有关企业所得税处理问题的通知》（财税〔2014〕109号），适用特殊性税务处理的股权收购和资产收购比例由不低于75%调整为不低于50%。因此，满足以下条件可申请特殊性税务处理，暂时不用缴纳税款。

（1）具有合理的商业目的，且不以减少、免除或者推迟缴纳税款为主要目的。

（2）被收购、合并或分立部分的资产或股权比例符合本通知规定的比例（50%）。

（3）企业重组后的连续12个月内不改变重组资产原来的实质性经营活动。

（4）重组交易对价中涉及股权支付金额符合本通知规定比例（85%）。

（5）企业重组中取得股权支付的原主要股东，在重组后连续12个月内，不得转让所取得的股权。

2. 资产与债权、债务等"打包转让"的运用

根据《国家税务总局关于纳税人资产重组有关增值税问题的公告》（国家税务总局公告2011年第13号），纳税人在资产重组过程中，通过合并、分立、出售、置换等方式，将全部或者部分实物资产以及与其相关联的债权、负债和劳动力一并转让给其他单位和个人，不属于增值税的征收范围，其中涉及的货物转让，不征收增值税。

资产收购交易实施过程中的税务考量

3. 未分配利润、盈余公积的处理

根据《国家税务总局关于贯彻企业所得税法若干税收问题的通知》（国税函〔2010〕79号）第三条"关于股权转让所得确认和计算问题"，转让股权收入扣除为取得该股权所发生的成本后，为股权转让所得。企业在计算股权转让所得时，不得扣除被投资企业未分配利润等股东留存收益中按该项股权所可能分配的金额。同时，《国家税务总局关于企业所得税若干问题的公告》（国家税务总局公告2011年第34号）第5条规定，投资企业从被投资企业撤回或减少投资，其取得的资产中，相当于被投资企业累计未分配利润和累计盈余公积按减少实收资本比例计算的部分，应确认为股息所得；股息所得为"免税收入"，因此，在股权转让前，可以先分配股东留存收益。

8.4　企业重组与反并购

公司并购主要研究公司的扩张问题，但是对于高度分散化的大型公司来说，需要考虑是否能够通过改变资产结构、证券组合方式以及经营模式来提高公司价值。所有这些可能提升公司价值的方法就是公司重组战略。公司重组的方式主要有公司经营重组、所有权重组和破产清算。

在面临收购的情况下，公司可以采取一定的反收购措施，打击并购方的并购意图和并购行动。公司重组为股东创造的价值越高，反收购措施就越有效。

---

① 参考资料：《10种并购重组的税务规划方式，如何运用？》，金穗源商学苑微信公众号，2024年7月1日。

8.4.1　企业重组

1. 企业经营重组

（1）资产剥离。资产剥离是指企业将其一部分资产或业务分拆出售给第三方以换取现金及有价证券的行为。三六零中概股回归 A 股，就是较为典型的资产剥离拆分上市。三六零公司此次借壳上市估值为 504 亿元，低于此前在美股私有化时的 651 亿元，原因在于此次上市的只是资产分拆后的部分资产。在上市的部分中，三六零公司保留了奇虎科技、奇虎360、测腾等涉足互联网安全的公司，而其他板块如北京良医、奇信智控等均被排除在资产包以外。这次的剥离拆分，让三六零公司可以把更多的精力放在企业核心定位，即主营业务互联网安全上。

一般企业资产剥离有如下动机：一是企业存在不良资产，严重影响到了公司整体的财务状况。在公司急需优化财报数据的动机下，将该部分不良资产剥离出售就是较好的解决办法。二是企业认为当前的宏观经济环境或微观企业状况更有利于集中发展主营业务，某些资产干扰了其主业的运营。三是应对行业竞争压力。企业需要转型或进行产业升级，在这种情况下，剥离某些资产可以使得企业轻装上阵，更好地收缩产业战线。四是从收购的目标公司中剔除不需要的业务，以最大化收购的效用。

（2）股权出售。股权出售是指公司将持有的子公司的股份出售给其他投资者。股权出售的动机与资产剥离交易相似，但是结果不同。资产剥离出售的是公司的资产或部门而非股份，而股权出售的是公司所持有的子公司的全部或部分股份。

（3）公司分立。公司分立指一个公司依照公司法有关规定，通过股东会决议分成两个以上的公司。主要有两种方式：存续分立和解散分立。存续分立是指将一个公司分离成两个以上公司，本公司继续存在并设立一个以上新的公司。存续分立方式中，本公司继续存在，但注册资本减少。原股东在本公司、新公司的股权比例可以不变。在实践中，总公司为了实现资产扩张，降低投资风险，往往把其分公司改组成具有法人资格的全资子公司。此时总公司亦转化为母公司。母公司仅以其投资额为限对新设子公司债务负有限责任。解散分立是指本公司解散并设立两个以上新的公司。

2. 所有权重组

股权重组是指股份制企业的股东（投资者）或股东持有的股份发生变更。它是企业重组的一种重要类型，是现实经济生活中较为经常发生的重组事项。股权重组主要包括股权转让和增资扩股两种形式。股权转让是指企业的股东将其拥有的股权或股份，部分或全部转让给他人；增资扩股是指企业向社会募集股份、发行股票、新股东投资入股或原股东增加投资扩大股权，从而增加企业的资本金。股权重组一般不需经清算程序，其债权、债务关系在股权重组后继续有效。

在企业资本经营过程中，资产重组的投资者在对资本市场状况进行分析的基础上，利用其实物资产、金融资产、无形资产等，通过参股、控股、股权的相互转让与置换，决定企业的资产在不同企业之间的重组，以企业产权为核心，以期达到使资本收益最大化的目的。股权重组主要涉及公司股本数量、资本结构、股权分布的变化。股权重组在我国主要有四种形式：股票回购、换股、参股和上市收购。

3. 破产清算

破产清算是指企业因严重亏损，资不抵债，被依法宣告破产而进行清算。公司因资不抵债而清算的案件，若由债务人向法院提出申请，则为自愿性申请破产；若由债权人提出破产申请，则为非自愿性申请破产。我国企业破产法规定，债务企业自行提出破产申请时，应当说明公司亏损情况，提交有关会计报表、债务清册和债权清册。债权人提出破产申请时，应当提供关于债权数额、有无财产担保以及债务人不能清偿到期债务的有关证据。

8.4.2 企业反并购策略

在市场经济条件下，一个企业可能因外延扩张需要而并购其他企业，同样，其他企业也可能因外延扩张需要而并购该企业。当然，出于股东利益或其他目的，被并购企业的管理层也可能会采取防御企业并购的各种措施。

1. 预防性反并购策略

（1）毒丸计划。"毒丸计划"包括"负债毒丸计划"和"人员毒丸计划"两种。其中，"负债毒丸计划"是指目标企业在受到并购威胁的情况下大量增加自身负债，降低企业被并购的吸引力。例如，发行债券并约定在企业股权发生大规模转移时，债券持有人可要求立刻兑付，从而使并购企业在并购后立即面临巨额现金支出的风险，从而降低了并购企业的并购兴趣。"人员毒丸计划"是指企业的绝大部分高级管理人员和关键岗位的技术人员共同签署协议，在企业被低价并购的情况下，协议签署人中只要有一人在并购后被降职或革职，则这些协议签署人将集体辞职。"人员毒丸计划"对预防需要专属管理知识和专有技术的混合并购的收效较大，但对于不需要专属管理知识和专有技术的并购的收效可能较小。

（2）金色降落伞。企业一旦被并购，其高层管理人员将遭到撤职或降职的危险。金色降落伞是一种补偿协议，它规定在目标企业被并购的情况下，高层无论是被迫还是主动离开企业，都可以领到一笔巨额的安家费，这将增大并购企业的成本。当然，也可能会诱使高层管理人员低价将企业卖出。如在雅虎被 Verizon 以 48 亿美元收购后，包括 Marissa Mayer 在内的几位高管，获得了 8 900 万美元的"黄金降落伞"（作为管理层离职时的补偿）。再如，盛大网络的陈天桥授予谭群钊、瞿海滨、李曙君的期权就是针对元老的"金色降落伞"计划。

（3）适时修改公司章程。这是企业对潜在并购企业或诈骗者所采取的预防措施。常用的反并购条款包括：董事会轮换制、超级多数条款和公平价格条款等。其一，董事会轮换制是企业每年只能改选很少比例的董事。即使并购企业已经取得了多数控股权，也难以在短时间内改组被并购企业董事会、委任管理层，实现对被并购企业董事会的控制，从而增大操控目标企业的行为难度。其二，超级多数条款。超级多数条款规定，企业被并购等重大事项必须取得 2/3 或 80%甚至更高的投票权。这样，若企业管理层和员工持有企业相当数量的股票，那么即使并购方控制了剩余的全部股票，并购也难以完成。其三，公平价格条款规定，并购企业必须向少数股东支付目标企业股票的"公平价格"。所谓公平价格，通常是以目标企业股票的市盈率作为标准，而市盈率的确定是以企业的历史数据并结合行业标准为基础，这样就增加了并购企业的并购成本。

2. 主动性反并购策略

（1）寻找"白衣骑士"。"白衣骑士"是指目标企业为免遭敌意并购而自己寻找的善意并购企业，是目标公司更愿意接受的买家。可以寻找一个具备良好合作关系的公司，以比收购方所提要约更高的价格提出收购。如"东盛集团 vs. 丽珠集团案""哈尔滨啤酒集团 vs. SABMiller 案""广发证券 vs. 中信证券案"。一般地讲，如果并购企业出价较低，目标企业被白衣骑士拯救的希望就大；反之，并购企业的出价很高，则白衣骑士的并购成本也相应提高，目标企业获救的机会就相应减少。在我国，白衣骑士策略的实施尽管不存在法律和内部决策障碍，但该策略的实施需要企业付出巨大的代价。尤其随着公司股票价格的抬高，白衣骑士策略的实施成本将变得巨大。此外，白衣骑士与恶意收购方的勾结也构成了潜在的策略风险。

（2）出售"皇冠上的明珠"。从资产价值、盈利能力和发展前景诸方面衡量，企业内部经营最好的分支机构被喻为"皇冠上的珍珠"。这类企业通常会诱发并购企业的并购动机，成为并购企业的目标。为此，被并购企业为保全其他分支机构，可将"皇冠上的珍珠"这类经营好的分支机构出售或抵押，从而降低并购企业的兴趣，以达到反并购的目的。

（3）焦土策略。焦土策略指目标公司大量出售公司资产，或者破坏公司的特性，以挫败恶意收购人的意图，是公司的主动性反收购措施，是一种两败俱伤的策略。如"爱使股份 vs. 大港石油案"中，爱使股份将"皇冠上的明珠"——上海海的通信连锁有限公司的全部股权转让给上海信成，目的是降低公司的净资产收益率进而影响配股资格。再如"东盛集团 vs. 丽珠集团案"中，丽珠集团在配股后大幅计提坏账准备的做法也是"焦土策略"的体现。

"焦土策略"因涉及侵犯目标公司及其股东权益，因此在实施上受到严格的法律限制。《上市公司收购管理办法》第 33 条规定：收购人做出提示性公告后至要约收购完成前，被收购公司除继续从事正常的经营活动或者执行股东大会已经做出的决议外，未经股东大会批准，被收购公司董事会不得通过处置公司资产、对外投资、调整公司主要业务、担保、贷款等方式，对公司的资产、负债、权益或者经营成果造成重大影响。公司法第 135 条规定：上市公司在一年内购买、出售重大资产或者向他人提供担保的金额超过公司资产总额百分之三十的，应当由股东会做出决议，并经出席会议的股东所持表决权的三分之二以上通过。因此，目标公司实施"焦土策略"仍需以股东大会特别表决通过。

8.5　企业控制权转移的理论与实务

8.5.1　企业控制权转移的理论分析

对于并购活动的产生原理，理论界提出了许多不同的观点。这些观点大致可以分为三类：效率理论、代理理论、税收节约理论。其中，效率理论认为，并购活动产生的主要原因是并购后整体经营效率会提高，从而实现双赢。代理理论认为，并购活动是为解决管理层代理问题的一种市场约束行为。[1]另外，税收节约理论认为，为了获得税收方面的好处而

---

① 陆正飞，朱凯，童盼. 高级财务管理[M]. 2 版. 北京：北京大学出版社，2013：212.

进行的并购活动是一种存在于企业与政府之间的"零和游戏"。

1. 效率理论

效率理论认为，并购活动可以提高并购各方的经营效率，主要是公司经营业绩的提高或获得某种形式的协同效应，即"1＋1＞2"，从而提高整个社会的收益和福利。效率理论的基本逻辑顺序是：效率差异→并购行为→提高个体效率→提高整个社会经济的效率。按照效率理论的观点，并购交易之所以存在，是因为并购产生的资源重组会带来相应的协同效应，如经营协同效应、财务协同效应等，进而增加资源的整体利用效率，提高经济效益。由于协同效应产生的原因、方式不同，由此形成不同的理论派别。

1）效率差异化理论

效率差异化理论，又称管理协同效应理论。通俗地讲，如果 A 公司的管理效率优于 B 公司，那么在 A 公司并购 B 公司后，B 公司的管理效率将被提高到 A 公司的标准，从而使效率由于两公司的合二为一得到促进。这不仅给私人带来经济利益，也给社会带来经济效益，整个经济的效率水平将因此类并购活动而提高。效率差异化理论认为并购活动产生的原因在于交易双方的管理效率是不一致的。该理论一般限定为并购公司具有目标公司所处行业所需的特殊经验并致力于目标公司管理效率的提高。因此，这是横向并购的理论基础。

该理论有两个基本假设：其一，如果收购方有过剩的管理资源且能轻易释放出过剩资源，并购活动将是没有必要的；但如果作为一个整体且不可分割，或受到规模经济制约，那么通过并购交易使其剩余的管理资源得到充分利用将是可行的。其二，对于目标公司而言，其管理效率低下可经由外部经理人的介入和增加管理资源的投入而得到改善。

2）经营协同效应理论

经营协同效应理论认为，公司可以通过横向、纵向或混合并购来提高经营效率和业绩，因此经营协同效应可能包含在横向或纵向并购中。对横向并购而言，可以形成规模经济，所以两个或两个以上企业合并形成一个企业时会引起收益增加或成本减少。该理论的一个重要假设前提是：在行业中存在着规模经济，并且在合并之前，公司的经营活动水平达不到实现规模经济的潜在要求。规模经济也同样存在于纵向并购和混合并购之中。按照交易成本理论通常的分析，纵向并购通过降低上下游企业的交易费用，避免了各种形式的讨价还价和机会主义行为，从而提高企业经营效率；混合并购则可以通过分摊公共支出降低单位管理费用。

3）财务协同效应理论

20 世纪 70 年代以后，并购活动已从单纯的横向并购、纵向并购发展为混合型并购，这使得人们对管理协同效应理论在纯粹混合并购中的适用性产生了怀疑，认为应该还存在其他效应。企业纯粹混合并购有可能是为了谋求财务协同效应。财务协同效应认为，公司内部融资与外部融资存在成本上的差异。由于外部融资的交易成本以及股利的差别税收待遇，公司通过并购可以实现从边际利润较低的生产活动向边际利润较高的生产活动转移，从而提高公司资本分配效率，也为混合公司的存在提供了现实基础。例如，菲利普·莫利斯公司对通用、卡夫等食品公司的收购。这一系列成功的并购使资金流向了有更高投资回报率的行业，在并购后的企业中形成了显著的财务协同效应。

4）多元化优势效应理论

多元化优势效应理论认为，企业通过经营相关程度较低的不同行业可以分散经营风险、稳定收入来源、提高企业价值。该理论主要用于解释混合并购产生的动机。

2. 代理理论

Jensen 和 Meckling（1973）系统地阐释了代理问题的含义。代理问题产生的根本原因在于管理者和所有者间的合约不可能无代价地签订和执行。由此而产生的代理成本包括：一是缔结一系列合约的成本；二是委托人对代理人进行监督和控制的成本；三是剩余损失，即代理人的决策和委托人福利最大化的决策间发生偏差而使委托人遭受的福利损失。

代理理论对企业并购动因有以下四种解释。

1）并购作为制约代理问题的手段

该理论认为，潜在的被并购威胁可能会减少股东的监督成本。因为要约收购或代理权争夺，可以使外部管理者战胜现有的管理者，从而取得对目标企业的决策控制权。Manne（1965）用代理问题解释并购活动，他强调市场对公司治理的作用，如果公司的管理层因为无效率或代理问题而经营管理滞后的话，公司就可能会被接管。按照代理理论观点，并购市场是解决委托人与代理人之间的代理问题的一种外部解决办法。

2）并购的管理主义动机

与并购可以解决代理问题的观点相反，Mueller（1969）认为并购活动只是代理问题的一种表现形式，而不是解决办法。该理论假定管理者的报酬是公司规模的函数，那么管理者往往采用较低的投资报酬率。Jensen 和 Rubeck（1986）总结了公司并购的经验证据，发现在并购决策宣告日，并购公司的股票价格不但没有上升，反而有所下降。他们认为，并购固然可以有效解决目标公司的代理行为，但是并购公司本身存在的代理问题可能导致为并购支付过高的价格，浪费并购公司股东财富。

3）管理层自负假说

Roll（1986）认为，目标企业在并购过程中价值的增加，是并购企业的管理者由于野心、过分自大或骄傲而在评估并购机会时犯了过分乐观的错误。在并购活动过程中，并购企业确定一个潜在的目标企业并对其价值进行评估。当估价结果低于市场价格时，并不会提出报价。只有当估价超过当前的市场价值时，并购公司才提出报价并进行并购接管尝试。如果没有协同效应或其他接管收益，估价的平均值将等于市场价值。只有当估价极高时，才会有公司提出报价。所以，并购溢价只是一种误差，是竞价者在估价时所犯的错误。

4）自由现金流量假说

Jensen（1986）认为，自由现金流量是公司代理问题的主要来源，减少自由现金流量可以在解决管理者和股东间的利益冲突时发挥重要作用，并购则是减少自由现金流量的重要方式。所谓自由现金流量，是指公司现金支付了所有净现值为正的投资项目资金需要之后所剩余的现金流量。他认为，公司若想有效率和使股价最大化，自由现金流量就必须支付给股东。自由现金流量的支出降低了管理者所控制的资源量，从而削弱了管理层对自由现金流量的支配权。另外，当他们为额外的投资寻求新的资本而进行融资时，就可能会受到资本市场的约束。因此，公司通过并购活动，适当地提高负债比率，可以减少公司的自由现金流量，降低代理成本，提高公司价值。

3. 税收节约理论

税收节约理论认为，企业兼并收购活动是出于减少税收负担的目的，即为了避税效应或税收最小化的考虑。通过并购获得税收效应的主要途径包括如下几个方面。[①]

第一，根据税法中亏损递延条款的规定，当一家有累积税收损失和税收减免的企业（目标公司）与有正收益或具有应税利润的企业（收购公司）进行合并重组并满足"利益的连续性"要求时，合并重组后的企业就可以进行合法避税。也就是说，在合并重组后的企业中，有累积税收损失和税收减免的企业（即目标公司）的纳税属性得到了继承，可以利用损失递延的规定实现避税效应。

第二，债务的利息支付具有税收抵减的能力。如果并购前企业的负债水平都比较低，当企业主要利用负债来为并购融资时，并购后的企业提高了财务杠杆比率而获得较多的税收规避，企业因此获得债务利息支付的避税效应。

第三，利用不同资产收入的税率差别节省税收。如美国税法对资本利得课征的税率通常低于一般所得税的税率，并且税收可延至收入实现之时才缴纳。一般来说，成长型企业往往没有或只有少量的股利支出，但其有着很好或大量的投资机会，因此要求有持续的资本性或非资本性开支，内部投资机会较少的成熟企业则会形成冗余资金。如果这些资金作为股利支出，则必须缴纳一般所得税。这样，成熟企业通过收购一家成长型企业，可以为被收购企业提供必要的资金，并在被收购企业的成长期过后将其出售而实现资本利得，获得用资本利得税来代替一般所得税、实现税收节省和延迟纳税时间的好处。

8.5.2　企业控制权转移实务

改革开放以来，我国企业并购的发展，大致可以分为三个时期：第一个时期为1993年以前。这一时期，我国的企业并购主要是通过政府无偿划拨或产权交易市场进行的。第二个时期以1993年的"宝延风波"为起点，中国的企业并购进入了以公司形态为主、通过股权交易进行并购的阶段。公司制企业的发展与证券市场的建立和发展是这一时期的两个基本条件。第三个时期以多元化并购、国际化并购为主，监管进一步加强，并逐步迈向高质量发展时期。

1. 第一个时期

第一个时期的企业并购带有浓重的行政色彩，大多数企业并购是在政府的推动下实施和完成的。[②]改革开放初期，中国开始探索市场经济体制，并购活动非常有限，主要集中在国有企业之间的兼并重组。在这一时期，最有名的并购模式是"保定模式"和"武汉模式"。"保定模式"采取自上而下的程序，由政府根据产业政策，以所有者代表身份直接参与并购，进行干预、引导、牵线搭桥，推动企业并购。1984年，保定市以"用大型企业带动小型企业，以优势企业带动劣势企业"的思路，将四家亏损企业卖给优势企业，从而消灭了一批亏损企业，并且满足了部分优势企业的扩张欲望，收到了比较好的效果。"武汉模式"采取自下而上的程序，企业在双方自愿自主的基础上充分协商并达成协议，报双方主管部门批准即可。"保定模式"偏重产业政策，"武汉模式"强调自愿互利，但本质上都是通

---

① 参考资料：智库百科（wiki.mbalib.com）税收节约理论相关内容，有删减。

② 郑海航，李海舰，吴冬梅. 中国企业兼并研究[M]. 北京：经济管理出版社，2000.

过政府推动的。1988 年，武汉市成立第一家企业产权转让市场。同年，成都、保定、郑州、洛阳、太原等地也相继组建了产权交易市场。产权交易市场的建立也为企业并购提供了一个重要的途径，促进了企业并购在全国范围内的迅速发展。1989 年 2 月，国家体改委、国家计委、财政部、国家国有资产管理局联合发布了《关于企业兼并的暂行办法》，这是我国规范企业并购活动的第一个正式法规。

2. 第二个时期

第二个时期的企业并购按照相关法律制度的建立和完善大致可以分为三个阶段。

（1）第一阶段（1993—1999 年）。1993 年 4 月 22 日国务院发布了《股票发行与交易管理暂行条例》，在第四章专门规范了"上市公司的收购"，正式确立了上市公司并购的相关法规。1993 年 10 月，深圳宝安集团在上海证券交易所通过购买股票方式，收购了上海延中实业公司 16.8% 的上市流通股票。1994 年 4 月，宝安集团完成对延中实业公司的控股。这是中国第一起通过国内证券市场进行的股权收购，标志着我国企业并购活动进入了一个新的阶段。1994 年 4 月 28 日，珠海经济特区恒通集团股份有限公司斥资 5 160 万元，以每股 4.3 元的价格收购上海市建筑材料集团总公司持有的上海棱光实业股份有限公司 1 200 万股国有法人股，占该公司股份的 35.5%，成为棱光公司第一大股东。完成收购后，1995 年 12 月 22 日，恒通集团将其下属全资子公司恒通电能仪表有限公司，以 16 亿元的价格转让给棱光公司。这次收购不仅开了国有股协议转让的先河，而且完成了中国第一例完整意义上的"买壳上市"。该事件被称为"恒棱事件"。此后，许多因政策限制而被排除在证券市场之外的民营企业开始通过"买壳"的方式间接上市。1997 年，上市公司并购与促进产业结构调整和产业升级联系在一起，进一步丰富了并购重组的内涵。1998 年，民营科技企业成为并购重组的主角，出现了清华同方与鲁颖电子的吸收合并、申能股份国有股回购等一系列市场运作的实践创新。到 1999 年，中国证券市场的并购模式创新已基本成熟。

（2）第二阶段（1999—2006 年）。1999 年 7 月 1 日开始实施的《中华人民共和国证券法》明确规定了股权转让的两种方式，即上市公司的股权可以以协议转让和二级市场收购两种形式实施，中国证监会对并购信息的披露要求更加严格。2002 年 10 月 18 日公布的《上市公司收购管理办法》和《上市公司股东持股变动信息披露管理办法》，以及 2002 年 11 月发布的《关于向外商转让上市公司国有股和法人股有关问题的通知》等规定文件，标志着我国上市公司收购的法律框架基本完成。这个阶段的并购方式、支付手段、并购数量、并购目的等都有了较大的发展和改变，逐步出现了一些上市公司的战略性并购。上市公司并购重组的数量日益增多，并购的方式、支付的方式、并购的目的等都有了全面的发展和变化。从并购方式与支付方式看，有了无偿划拨、资产置换、协议转让、吸收合并、收购母公司、司法拍卖、管理层收购（MBO）等；从并购的目的看，除了保壳、保配等原因外，还有外资并购、敌意收购、竞争收购等新情况的出现。具体情况如表 8-1 和表 8-2 所示。

表 8-1　1993—2004 年中国公司并购数量　　　　　　　　　　　　单位：起

年份	数量	年份	数量	年份	数量	年份	数量
1993	1	1996	9	1999	84	2002	168
1994	3	1997	33	2000	103	2003	170
1995	1	1998	70	2001	119	2004	161

资料来源：朱宝宪. 公司并购与重组[M]. 北京：清华大学出版社，2006：40.

表 8-2   1997—2004 年的中国企业并购方式及数量

并 购 方 式		年 份							
		1997	1998	1999	2000	2001	2002	2003	2004
无偿划拨	数量/起	7	18	30	27	25	29	35	27
	占比/%	21.2	25.7	35.7	26.3	21	17.3	20.6	16.8
司法拍卖/法院裁定	数量/起	0	0	1	3	14	10	12	9
	占比/%	0	0	1.2	2.9	11.8	6	7.1	5.6
购买上市公司股权	数量/起	26	47	46	68	70	104	72	74
	占比/%	78.8	67.1	54.7	66	58.8	61.9	42.4	46.0
购买母公司股权	数量/起	0	4	5	2	4	11	20	15
	占比/%	0	5.7	6	1.9	3.4	6.5	11.8	9.3
母公司改造	数量/起	0	1	2	2	6	14	9	29
	占比/%	0	1.4	2.4	1.9	5	8.3	5.3	18.0
合计		33	70	84	103	119	168	170	161

资料来源：朱宝宪. 公司并购与重组[M]. 北京：清华大学出版社，2006：41.

（3）第三阶段（2006—2012 年）。随着经济的快速发展，并购市场活跃，交易规模和数量迅速增长，民营企业和外资企业成为并购市场的重要参与者。伴随《上市公司收购管理办法》和公司法、证券法的修改，以及中国资本市场股权分置改革，2006 年可谓中国并购市场的一个重要分水岭，并购在经济配置中扮演着越来越重要的角色。2006 年，一场有关外资与经济安全的讨论引发了对频频上演的外资并购的反省与思考，并直接推动了政策完善的进程。同年 9 月 8 日，商务部等六部门联合发布了《关于外国投资者并购境内企业的规定》，对外国投资者并购境内企业做了更细致的规定。

2008 年全球金融和经济危机全面爆发。随着金融危机向实体经济蔓延，各国政府纷纷出台各种政策，希望借此来缓减金融危机对实体经济所造成的影响。在此背景下，我国增加四万亿投资和出台十大产业调整振兴规划。在十大产业政策规划中，对九个产业明确提出要扶持大企业，支持并购重组。这引发了我国企业新的并购浪潮。2008 年以来，中国企业的并购活动日益活跃，呈现出纵向并购增加、大量中小企业加入并购大军、国内企业与国外企业联动并购频繁的趋势。尤其是海外并购活动比较活跃。当前形势下，企业并购对于中国实现产业优化升级、积极参与国际竞争具有重要意义。受金融危机的冲击，虽然全球企业并购步伐放缓，并购交易额明显下降，但中国还是一枝独秀。2008 年，我国并购交易创下了 1 643 亿美元的历史新高，增幅 18%。

3. 第三个时期

第三个时期的并购大致包括如下三个阶段。

（1）第一阶段，多元化发展期（2013—2016 年）。并购形式更加多样化，包括横向并购、纵向并购、混合并购等，并购目的也更加多元化，如市场扩张、技术获取、品牌建设等。"十二五"时期，国内外经济形势发生了很大变化，在经济一体化与经济全球化的同时，随着国际贸易保护主义的抬头，我国市场经济体制改革继续向纵深发展，并购也逐步从国内走向海外，并购主体从清一色的国有企业变为有民营企业的参与，呈现跨地域、跨所有制、跨国界的特征。在体制转轨、经济转型过程中，市场体系逐渐走向完备，政府促进企业兼并重组的一个总体思路是从台前走到幕后，从操纵者转变为管理者，从直接介入转向间接调控，致力于政策和法律法规的建设，以及对企业兼并行为的合法性、国有资产安全性的监控，创造一系列有利于企业并购的条件，最终帮助实现产业结构调整和工业的转型升级。

（2）第二阶段，国际化发展期（2016—2018 年）。中国企业"走出去"的步伐加快，参与国际并购，获取国际资源和市场，提升国际竞争力。同时，监管进一步加强。为了防范金融风险，我国加强了对并购市场的监管，特别是对跨境并购和杠杆收购的监管。"十三五"时期，我国经济发展的显著特征就是进入新常态。2018 年上半年，美国的贸易保护主义持续升温，并且在 4 月底的中兴制裁事件发生后达到高潮。我国与欧洲、"一带一路"共建国家的贸易合作更加紧密。清科研究中心数据显示，2018 年上半年，跨境并购并未受到太大影响。同年 4 月博鳌亚洲论坛的成功召开以及国家领导人频繁出访新兴经济体、欧盟国家，都表现了中国坚定对外开放的决心，并为中企"走出去"和外资"引进来"创设了良好的环境。2018 年上半年，中国并购市场共完成并购交易 1 258 起，披露金额的并购案例总计 1 073 起，共涉及交易金额 6 503.56 亿元。在流动性紧缩的大环境下，中国并购市场在 2018 年上半年仍保持着较高的活跃度。经济结构持续转型，收购新技术和新模式仍是行业实现新旧动能转换的有效途径之一。基于战略布局、行业整合等目的进行的收购活动，依然频繁。此外，以阿里巴巴、美团为代表的资金实力雄厚的互联网企业在本期大额并购交易中表现非常亮眼。从交易类型来看，我国并购市场仍以国内并购为主。本期国内并购交易规模最大的一笔即阿里巴巴集团以 597.37 亿元收购饿了么 100%股权。跨境并购共完成交易 104 起，披露金额的交易规模 790.39 亿元，本期跨境并购交易规模最大的一笔是九鼎集团以 90.04 亿元收购富通亚洲 100%股权。[①]

中国证监会发布了一系列相关法规，除了《上市公司收购管理办法》以外，还出台了《关于上市公司重大购买、出售、置换资产若干问题的通知》《中国证监会上市部关于加强上市公司主要股东变更审查工作的通知》《上市公司国有股权监督管理办法》等法规、对券商的考核与管理办法等，已经摸索出一套适合中国这样转轨时期新兴并购市场发展与管理的模式。从经济发展态势来看，全球并购已经进入发展高潮，亚洲特别是中国将会是未来全球并购关注的焦点。

（3）第三阶段，高质量发展期（2019 年至今）。党的十九大报告明确了我国经济正由高速增长阶段转向高质量发展阶段。"十四五"规划提出，实现高质量发展，要推动"质量变革、效率变革、动力变革"。并购重组是资本市场优化资源配置、服务实体经济高质量发展的重要方式和手段。2020 年国务院发布的《国务院关于进一步提高上市公司质量的意见》提到，上市公司做优做强的要求之一就是"促进市场化并购重组，充分发挥资本市场的并购市场主渠道作用"。"十四五"规划也强调，在促进构建产业体系新支柱过程中，"要鼓励技术创新与企业兼并重组"；深化供给侧结构性改革，要"完善企业兼并重组法律法规和配套政策"；国有经济布局优化和结构调整要求"加快国有经济战略性重组"。可见，并购重组是促进产业集聚发展、促进国有经济布局调整和深化供给侧结构性改革，从而服务中国经济高质量发展的重要方式。

随着中国经济进入高质量发展阶段，并购市场更加注重质量和效益，企业在并购中更加注重长期战略规划和后续整合。这个阶段呈现如下特征。一是数字化转型特征。随着数

---

① 参考资料：清科研究中心. 2018 年第二季度中国并购市场研究报告[R].

字化转型的推进，企业通过并购获取数字技术和人才，以适应数字经济的发展，加速数字化转型。二是注重技术创新和产业升级。并购活动集中在高科技和创新型企业，以获取新技术和研发能力。并购成为推动产业升级和结构调整的重要手段。三是全球化与本土化结合。企业在全球范围内寻找并购机会，同时注重本土市场的深耕。典型案例有中国化工集团公司收购先正达、美的集团收购德国库卡、吉利汽车收购沃尔沃汽车。四是合规性和风险管理，以及反垄断和监管审查。在并购中更加重视对法律法规的遵守和风险控制，大型并购受到反垄断机构和监管机构的严格审查。受全球经济和政治环境的影响，中国企业在进行跨境并购时更加审慎，政府对跨境并购的监管也在加强。五是注重环境、社会和治理（ESG）。环保和可持续发展成为并购的新趋势，企业通过并购实现绿色转型和承担保护环境责任。企业在并购中越来越多地考虑环境影响和社会责任，以及通过并购优化供应链，提高效率和抗风险能力，如京东物流收购德邦股份、苏宁易购收购家乐福中国等。六是重视并购后的企业文化融合。企业在并购后更加注重企业文化的整合和融合，以促进并购双方的协同发展。如 2024 年 9 月 6 日，国泰君安与海通证券筹划合并重组，这是新"国九条"实施以来头部券商合并重组的首单，也是中国资本市场历史上规模最大的 A+H 双边市场吸收合并、上市券商 A+H 最大的整合案例。

　　2023 年，中国并购交易总额为 3 331 亿美元，同比下降 28%，跌至多年低点；但民营企业的海外投资却逆势回弹，与 2022 年的低点相比，交易数量和金额分别上升了 13%和62%。[①]2019—2023 年并购交易数量和交易金额、2013—2023 年并购交易数量和交易金额分别如表 8-3 和图 8-5 所示。

表 8-3　2019—2023 年并购交易数量和交易金额概览

项目	2019 年		2020 年		2021 年		2022 年		2023 年		交易量变化/%（2023 年 vs. 2022 年）	交易额变化/%（2023 年 vs. 2022 年）
	交易量/起	交易额/十亿美元	交易量/起	交易额/十亿美元	交易量/起	交易额/十亿美元	交易量/起	交易额/十亿美元	交易量/起	交易额/十亿美元		
战略投资者												
境内	4 498	269.1	4 530	341.0	5 143	238.9	4 478	193.0	3 240	147.1	−28%	−24%
境外	248	20.6	181	14.2	142	18.2	124	14.0	80	14.6	−35%	−4%
战略投资者小计	**4 746**	**289.7**	**4 711**	**355.2**	**5 285**	**257.1**	**4 602**	**207.0**	**3 320**	**161.7**	**−28%**	**−22%**
财务投资者												
私募股权基金交易	1 585	203.7	2 077	324.3	2 269	303.4	2 020	234.8	1 168	148.3	−42%	−37%
风险投资基金交易	2 549	2.6	3 361	2.7	4 920	3.4	4 766	5.5	3 766	3.0	−21%	−45%
财务投资者小计	**4 134**	**206.3**	**5 438**	**327.0**	**7 189**	**306.8**	**6 786**	**240.3**	**4 934**	**151.3**	**−27%**	**−37%**
中国内地企业海外并购												

---

　　① 参考资料：普华永道. 2023 年中国企业并购市场回顾与前瞻[R].

续表

项目	2019 年		2020 年		2021 年		2022 年		2023 年		交易量变化/%（2023 年 vs. 2022 年）	交易额变化/%（2023 年 vs. 2022 年）
	交易量/起	交易额/十亿美元	交易量/起	交易额/十亿美元	交易量/起	交易额/十亿美元	交易量/起	交易额/十亿美元	交易量/起	交易额/十亿美元		
国有企业	60	15.9	27	6.2	19	4.5	30	5.3	23	3.7	−23%	−30%
民营企业	384	25.9	253	21.4	211	8.6	172	7.4	195	12.0	13%	62%
财务投资者①	223	14.7	123	13.6	272	32.6	288	29.8	136	3.3	−53%	−89%
中国内地企业海外并购小计	667	56.5	403	41.2	802	45.7	490	42.5	354	19.0	−28%	−55%
香港地区企业海外并购	159	13.8	122	6.2	86	4.9	129	4.8	91	4.4	−29%	−8%
总计	9 483	551.6	10 551	716.0	12 790	581.9	11 719	464.8	8 563	333.1	−27%	−28%

注：①财务投资者参与的中国内地企业海外并购交易同时被计入财务投资者交易类别，但在上述表格中的交易数量和金额的总计中未被重复计算。

资料来源：Refinitiv Eikon、投中数据及普华永道分析。

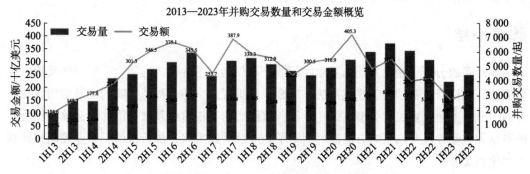

图 8-5　2013—2023 年并购交易数量和交易金额概览

资料来源：Refinitiv Eikon、投中数据及普华永道分析。

2023 年大型交易（单宗交易额超过 10 亿美元）仅有 50 宗，其中 28 宗涉及国企；大型交易主要涉及中国"十四五"规划多次提及的重点行业；41 宗集中在以下四个行业，分别是工业（13 宗）、高科技行业（11 宗）、金融行业（9 宗）和能源电力行业（8 宗）。

经济复苏慢于预期、政策不确定性、地缘政治紧张局势、全球利率影响、去杠杆化、房地产和股票市场下跌等多重不利因素导致国内战略并购交易额下滑了 28%。上述因素共同导致资产估值急剧下降，投资者信心不足，交易量也有所下降。但总的来说，工业和高科技仍是最吸引企业的投资领域，因为工业并购活动主要集中在国企改革、国企推动的产业升级、资本重组以及大型国有企业集团之间的整合上。政府通过出台各类政策来推动工业、高科技和能源电力行业的交易活动。就交易金额而言，大型交易主要集中在金融服务、新能源汽车（归类于工业）、ESG/能源转型（归类于电力能源）和半导体（归类于高科技）行业；在国内战略并购的 24 宗大型交易中，有 16 宗涉及国企。与 2022 年相比，入境交易额实际增长了 4%。

2024 年全球并购趋势年
中展望

从全球来看，2024 年上半年，虽然并购交易额比 2023 年同期增长了 5%，但总体交易量却下降了 25%，延续了自 2022 年开始的下降趋势。2024 年上半年，交易量略高于 23 000 宗，交易额为 1.3 万亿美元，这与 2021 年下半年创纪录的活动水平相去甚远。当时有近 34 000 宗交易，交易额达 2.7 万亿美元。

展望未来，在宏观经济因素、地缘政治和人工智能发展带来的技术颠覆下，企业亟须创新和重塑业务。拥有深思熟虑的并购战略，通过收购合适的人才和技术或剥离非核心资产来优化其投资组合的公司将最有可能成功。一方面，人工智能将催化所有交易类型。人工智能，特别是生成式人工智能，能对企业巨头、初创企业、行业领域乃至整个行业产生颠覆性的影响。人工智能能显著提升企业成本效益、开辟新收入源、拓宽客户渠道，同时增强自身价值主张，实现商品化价值。人工智能浪潮即将到来，这股强大的力量将要求公司重新评估其战略、商业模式、市场和竞争对手，进而产生的交易可能包括传统的并购、合作、联盟以及其他尚未出现过的创新关系。另一方面，外部增长是克服内生增长乏力的必要条件。鉴于多国宏观经济因素的交织与货币政策的调控，经济陷入了低速增长的态势，公司欲实现内生增长困难重重。因此，公司可能需要将并购作为其外部增长战略的一部分，以提升收入水平。①

本章小结

本章系统分析了企业并购与重组的问题，不仅阐释了并购的内涵、一般程序及价值评估方法，包括资产基础法、收益率法、现金流量折现法，还分析了并购的交易结构设计，并简要分析了企业重组的类型，即企业经营重组、所有权重组及破产清算，从预防性反并购策略和主动性反并购策略方面简要列举了企业反并购策略，最后讲解了企业控制权转移的理论和实务。

复习思考题

1. 企业并购的动机有哪些？举例说明。

2. 并购过程中，如何评估目标企业的价值？列举几种常用的评估方法。

3. 并购交易中，如何确定支付方式？简要介绍现金支付、股票支付和混合支付三种方式。

4. 并购过程中可能面临哪些风险？举例说明。

5. 并购过程中，如何进行反垄断审查？简要介绍我国反垄断法律法规。

6. 什么是企业并购的交易结构设计？具体包括哪些内容？

7. 企业为什么要进行重组？并购重组方式有哪些？简要梳理每种模式下的经典案例。

8. 企业反并购策略有哪些？举例说明反并购在我国企业国际化战略中的作用。

9. 查阅相关资料，对我国并购市场进行分析。

---

① 参考资料：普华永道.2024 年全球并购趋势年中展望[R].

即测即练

自学自测　　　扫描此码

第 9 章

集团财务与内部资本市场

新时代财务管理正进行着前所未有的深刻变革。财务管理不再局限于效率提升和成本降低，更为重要的是从战略层面把控大局、支持决策。作为国内央企首家具备多功能一体化业务的共享服务公司，中国石化共享服务公司全面稳步推进一体化共享服务建设，在提供财务共享基础上，还可提供人力资源、信息技术、商旅、党委共享，初步构建了较为完善的共享服务运营体系，成长为集团共享业务的运营中心、流程创新中心、数据服务中心，在服务支持集团战略和企业转型发展方面发挥了积极作用。本章主要阐释了企业集团财务管理的基本原理、企业集团的资金集中管理、企业集团财务共享中心，以及内部资本市场运作的理论与实务。

以财务价值创造为核心，打造"业财融合集成平台"

中电建路桥集团有限公司（以下简称"中电建路桥集团"）是中国电力建设集团有限公司直管的专业化市场平台公司和投资建设集团公司，主要从事公路、铁路、轨道交通、市政工程、城市综合开发、水务水资源和环境治理、生态环保、绿色建材等领域的投资建设业务。中电建路桥集团在发展新质生产力过程中，坚持以财务价值创造为核心，通过持续打造"业财融合集成平台"，借助现代信息技术，持续加强核心资源管理的信息化建设，推进业财融合，逐步降低管理成本。

一、围绕战略目标加强资金管理

资金是企业的"血液"，是企业生存发展的基础。中电建路桥集团围绕"六商路桥"战略发展目标，以提高经济效益为中心，以提升资本运作能力为重点，在以下几个方面加强资金管理，为企业培育新质生产力赋能。一是优化资金管理系统。以财务共享与司库系统建设为契机，改进资金业务管理流程，提高公司资金管理信息化水平。二是加强资金预算管理。强化全面预算管理理念，将业务预算与财务和资金预算统一，量入为出、以收定支。三是加强资金集中管理。科学统筹资金使用，加速资金内循环，充分发挥公司总部资金池调剂功能，提高资金使用效率。四是强化项目回款工作。加强项目投资审计确认及应收款项确权工作，最大化实现回款，力保公司经营性现金流入。五是全面推进资产经营。合理通过资产证券化、保理、融资、租赁等金融手段盘活存量资产，提前退出部分项目投资，提前收回外部欠款，在补充公司营运资金的同时有效压降资产负债率。六是加强外部融资管理。保持与各大金融机构的紧密合作，丰富公司授信品种，提高综合授信额度。七是加强债务风险管理。合理控制外部融资规模，优化融资来源与期限结构，严防债务刚性兑付风险。八是强化融资成本管控。通过合理配置短期债务融资工具、推动存量高息贷款置换等措施，公司综合融资成本率得到明显下降，助力公司发展新质生产力。

二、推进财务共享和司库体系建设

企业建设司库管理体系和财务共享服务中心在企业内部是相互关联和协作的。财务共享服务中心为司库管理体系提供必要的支持和配套服务，而司库管理体系通过与财务共享服务中心的协作实现对资金运营和风险管理等方面的有效控制。中电建路桥集团不断升级管理思维，推进财务共享和司库体系建设，持续打造业财融合集成平台，全面推进财务共享系统平台与业务系统融合对接，有效将财务系统嵌入日常经营。首先，转变传统管理思维。推行财务和业务深度融合、相互影响的管理模式。其次，规划财务人员转型。加大业务财务、战略财务的转型力度，以数字化思维为企业管理决策提供支撑。再次，打通业财信息孤岛。深挖数据资产价值，实现数据的集中管理与分析、信息资源的整合与共享，为公司经营决策提供更有力的数据支持。最后，完善数据输出功能。推进数据输出方案建设，逐步放开财务共享数据，让业务数据"进得来"、财务数据"出得去"，既满足公司业务系统对财务数据的需求，又为公司做好业务管控提供财务数据支撑，助力公司把准业务流程的关键控制点和潜在风险点，助推公司持续发展。

（资料来源：《中国会计报》2024 年 5 月 10 日第 005 版，记者韩福恒，内容有删减。）

9.1　集团财务管理的基本原理

"企业集团"（conglomerate）一词源于第二次世界大战后的日本。日本企业通过投资创建、兼并、控股与参股，以及建立长期协作关系等方式获得发展，形成一批新兴的、位于工业加工领域的企业集团，如丰田、东芝、索尼等。虽然我国引进企业集团的概念已经十多年了，但对其一直没有明确、统一的定义。关于企业集团的定义，有学者认为企业集团专指日本式的、以金融机构参加核心层，同时核心层互相持股为核心的组织形式；也有学者认为企业集团是指具有相对稳定核心层的经营联合体，从而引出了集团公司、集团企业等不同概念。根据《中华人民共和国民法典》第 76 条的规定，以取得利润并分配给股东等出资人为目的的成立的法人，为营利法人。营利法人包括有限责任公司、股份有限公司和其他企业法人等。《中华人民共和国公司法》第 3 条规定，公司是企业法人，有独立的法人财产，享有法人财产权。公司以其全部财产对公司的债务承担责任。因此，公司是指股东承担有限责任的营利性法人。法人是具有民事权利能力和民事行为能力、依法独立享有民事权利和承担民事义务的组织。集团公司、集团企业等概念容易与公司法中公司的概念混淆，因此企业集团的概念比集团公司更明确。一般将企业集团定义为：现代企业发展的高级组织形式，以一个或多个实力强大、具有投资中心功能的大型企业为核心，通过资产、资本、技术、产品等不同的利益关系，将一定数量的受核心企业控制和影响的法人企业联合起来组成的一个具有共同经营和战略目标的多级法人结构经济联合体。企业集团具有以下特征：①规模性；②由多个企业法人组成；③生产经营多样性。

9.1.1 企业集团财务管理的特点及其作用

1. 企业集团财务管理的特点

1）集团财务管理主体的复杂化

企业集团的管理主体为一元中心的多层级复合结构。企业集团的成员与集团的关系变成了局部与整体的关系。成员作为单独法人，具备独立的经营自主权，但作为子公司的成员应遵循集团统一的财务和经营政策。

一方面，由于集团组织结构的不同，集团财务管理的主体可以是集团公司、控股公司、子公司、事业部等；另一方面，企业集团采取控股的形式，以产权关系为纽带。不同类型的企业集团采取不同的控股方式，既有垂直方式的直接控股，也有环形方式的相互控股，还有垂直与环形交叉的混合持股方式。产权关系的复杂性也导致了主体的复杂化。企业集团本身意味着多个财务管理主体，编制合并财务报表成为必然选择。

2）集团财务决策的层次化

母公司是企业集团的核心，与其下属的各级子公司处于不同的管理层级，各自的财务决策权力、财务决策内容各不相同，因此导致了集团公司内部决策的多层次化。企业集团在确立母公司主导地位的基础上，充分考虑不同产业、不同地区、不同组织形式的企业，结合实际情况合理处理集权与分权的关系，从而最大限度地减少集团内部矛盾，调动集团各层级企业的积极性，保证集团战略的顺利实施。

3）集团财务管理突出战略性

战略指重大的、长期的、关系企业全局的，同时影响其发展和命运的重大谋划。战略与企业集团的生存和发展息息相关。首先，企业集团的形成本身就是战略选择的结果。母公司根据目标公司的实力、发展方向和双方的优劣势情况选择集团成员，集团成员的联结方式，如相互持股、契约等，是战略实施的体现。其次，企业集团的日常经营和市场竞争离不开集团战略。多个企业成员组合在一起，为了协调一致，发挥企业联合的协同效应，企业集团必须从整体与局部、短期与长期等多个角度考虑生产和经营。最后，企业集团的发展需要战略指引。企业集团经营过程中如何解决规模扩大与经营风险增加的问题、自我发展与并购重组结合的问题，这些都需要集团战略的指引。

2. 企业集团财务管理体制及其作用

财务管理体制是企业财务活动中各种制度和程序的总称。企业进行各种财务活动，需要有一定的制度，这样才能保证企业财务活动有目的、有计划地执行。财务管理体制是财务管理的重要因素，它明确了财务管理中的权限安排、信息传递路线等，从而在很大程度上影响企业财务管理效率。企业集团管理体制的核心是对决策权和控制权的划分。

9.1.2 企业集团财务管理应遵循的原则

1. 以集团战略为导向

企业集团之所以产生，关键在于它能发挥资源聚合优势和集团效益。如何使企业集团的资源真正地聚合在一起并发挥效益，母公司必须置战略管理于首位，也就是说，财务管理必须服务于集团经营战略，聚合各种财务资源并充分发挥规模优势。因此，企业集团的财务管理不同于单一企业的财务管理。例如，在筹资上并不只是考虑现有筹资渠道有哪些及如何利用这些渠道，而是首先提出如何合理安排企业集团的资本结构，在这一安排下如何创造或打通筹资渠道、顺利筹资。这些做法及想法都具有战略意图，服务于企业集团的整体经营战略。

2. 以管理架构为依托

首先需要明确产权关系与管理关系的区别。一般的理解是，产权关系指公司根据所处外部环境的法律法规，设置不同层次、不同功能的法律实体及其相关的法人治理机构，从而使得公司获得基本运行的法律许可，并拥有特定权利和义务，以保障公司股东及利益相关方的基本权益。比如，一家控股公司下设多家子公司，以及一定数量的分公司，那么这一整体即构成公司的产权架构。管理架构则是指公司根据业务功能发展的需要，分别设置不同层次的管理人员及由各管理人员组成的管理团体，针对各项业务功能行使决策、计划、执行、控制、评价的权力，依据所分配的资源为公司创造价值。比如，许多企业按照业务类型分为计划、生产、销售等，这就构成了公司的管理架构。从二者的关系来看，管理架构是实质，法律架构是形式，实质决定形式。公司经营环境与自身实力的变化，对战略定位与管理体制提出新的要求。同样，管理架构必须根据战略的需要进行一定的调整。与此相应，公司管理者应该准确地判断管理架构变化的趋势，并在现有的法律法规体系之下，考虑调整公司的法律架构，确保满足管理需求。

母公司对其子公司的管理，属于产权属性管理权的延伸，从产权关系上，又是母公司对子公司进行投资。尽管子公司作为独立承担民事责任能力的法人实体，它具备完整的法人治理结构，独立核算，自负盈亏，但它们不是行政上的依附关系，而仅仅是所有者与经营者、投资者与受投者之间的关系。然而，就母、子公司的产权关系而言，母公司对子公司进行投资，其股东权益集中表现为母公司能够也必须对子公司行使"控制权"。这种控制权必须落实在财务战略决策、资源配置、人员委派、过程监控、信息沟通、业绩评价和内部审计等方面，这是法律赋予股东（集团母公司）的权利。保护股东权利是公司法和公司治理结构的要义。母公司对子公司的管理与控制是母公司的权利，这与"谁投资、谁拥有企业、谁控制企业"的逻辑是一致的，所以集团母公司对子公司的多层监管制度安排不能说有悖法律意志而将其列入"非法"行为。退一步说，没有任何一家集团母公司会出于保护被控股子公司"独立性"而进行投资控股。所以，集团母公司对子公司的控制仅仅是控制力度问题，而不是应不应该管理与控制的问题。

母公司对子公司的管理与控制力度，主要和母公司与子公司的资本关系有关。按照这一逻辑，全资子公司和控股子公司是母公司进行权益管理的重点，因此管理的力度相较参股公司或集团协作企业要大。

3. 以财务政策与制度建设为保障

财务管理只有上升到制度管理层面，才能使管理活动有条不紊；与制度化管理相对应的是人治。如果说作为单一企业组织能够做到人治的话（这其实并非管理的最佳方式），那么当随着企业集团组织规模的不断壮大，管理跨度也越来越大，信息不对称性的弊端也越来越明显，在这样一种不断进行组织再造与重整的环境中，人治的作用越来越受限制，其弊端也越来越明显。因此，企业集团内部财务政策与财务制度的建立就成为母公司财务管理是否能真正成功的关键。

9.1.3 企业集团财务管理体制

财务管理体制是指企业开展财务活动的组织框架和管理机制，主要包括组织框架的安排、财务管理权限的划分和财务管理机构的设立等。企业集团财务管理体制的核心是决策权和控制权的划分。

1. 企业集团财权划分体制

企业集团设立财务体制从根本上要解决的是集权与分权的问题。

1）财务权利

从管理的角度来看，企业集团与单体企业的不同之处主要在于以产权为基础，反映在重大项目的投资决策权、重大项目的筹资决策、资产收益分配权等方面。可以看出，这些权利和财务领域是密不可分的。在经济学当中，一切权利都是围绕资源的配置与利用而产生的。具体到财务领域，财务目标决定了财务资源的配置和利用，资源配置的效果直接影响到企业当前和未来的经济利益。围绕财务目标的不同层次和角度，可将财务权利大致分为财务决策权、财务资源调配权、财务资源使用权和财务监控权。

财务决策权是经营者财务权利的最高层次。从广义上看，它包括其他的财务权利。财务决策权还可以分解为财务战略决策权和财务运作决策权，其主要内容包括投资决策权、筹资决策权、财务收益分配权、会计政策决定权、财务领导任免权等。

财务资源调配权是依据具体项目和生产情况调动财务资源的权利，是财务决策权分化出来的权利，如预算审批权、流动资金调配权等。这种权利在分布上依据生产特点和项目性质而异，在分配上依据职务等级而异。

财务资源使用权是最低一级的财务权利，是财务资源调配权行使的体现，也是保证财务资源真正发挥作用的权利，如购买办公用品、支付工资等。

财务监控权是对其他几个层次的财务权利的分配过程和行使过程进行监督和控制的权利。在较低层次上，财务监控权是财务决策权派生出来的监督财务资源调配和使用情况的权利；在更高的层次上，它是企业所有者监督经营者的财务权利。

2）集权管理

集权管理是把经营权限（包括财务权）特别是决策权集中在集团最高领导层，下属企业只有日常业务决策权和具体的执行权。下属企业基本上按集团的决定从事生产经营活动。集权管理的优点在于：在重大事项上迅速果断地做出决策；企业的信息在纵向上能够得到较充分的沟通；管理者具有权威性，易于指挥。集权管理的缺点在于：压抑了下级的积极主动性；在横向上不利于企业信息的沟通；管理权限集中在最高层，管理者距离生产和经营一线较远，不熟悉情况，容易做出武断的决策。

3）分权管理

分权管理是把经营管理权限和决策权分配给下属单位，集团最高层只拥有少数关系全局利益和发展的重大问题决策权。因而，在分权体制下，集团领导层对下属的控制较为松散，下级单位有较充分的权利。分权管理的优点在于：分权单位在授权范围内可以直接做出决策，节约信息纵向传递的时间；分权单位直接面对生产经营，决策针对性强；有利于信息的横向沟通；可以激励下级的积极性。分权管理的缺点在于：虽然一般事项的决策较快，但重大事项的决策速度缓慢；上下级沟通不畅，信息分散化和不对称的现象较常见；分权单位容易各自为政，缺乏整体考虑，忽视整体利益。

集权与分权是关于企业权利分配的两种措施，其权利分配的方向恰恰相反。集权是为了形成规模和整体效益，避免资源重复配置和浪费；分权是为了靠近市场，降低沟通成本，提高反应速度和专业化水平。企业集团的本质决定了集团既是一个协调、互动、高效的组织，又是一个在法律上具有相对独立性、直接面对市场和竞争、具有宽松氛围以利于创新的组织。所以，企业集团的集权和分权不是绝对的，典型的集权和分权都是不存在的，不同的类型、不同的时期、不同的领域和不同的人力资源条件（分权越大，要求管理者素质越高，控制能力越强），要求企业集团对集权和分权各有侧重。

2. 企业集团财务机构设置

1）一般财务机构

一般而言，企业集团内部财务机构设置主要包括两方面。一是集团母公司的财务机构设置。集团母公司是企业集团的核心部分，在财务上统领整个企业集团的筹资、投资、资本营运与收益分配。较为完善的集团母公司的财务机构一般应设置融资部、投资部、资金营运部与审计部等。融资部与投资部负责整个集团的资金筹集和投向。融资部在集团融资时合理安排融资主体（包括母公司与子公司）、融资方式、融资渠道等；投资部负责集团的投资战略，如产业投资方向、具体投资项目和投资业绩评价等。资金营运部负责集团实体业务的日常资金流动安排，统筹下属公司的收入、成本、费用和利益分配等。审计部负责监督集团总部和其他成员对集团财会制度的遵循情况和会计资料的真实有效性。当然，在这些部门之上还要设置一位财务副总经理（或称财务副总裁、首席财务官等），全权负责集团的财务事宜。

二是子公司的财务机构设置。在企业集团的财务控制体系中，子公司是被控制的一方，应该服从整个企业集团的财务战略安排。但是，企业集团的子公司在法律上是独立经营、自负盈亏的法人实体。因此，子公司的财务机构既要有独立性，又要符合上一级财务部门有效控制的要求。由于集权与分权形式的不同，子公司的财务机构设置可能有很大差别。一般来说，如果子公司与母公司设有同样的财务部门，那么这个部门应归属母公司的相应部门进行对口管理。在子公司行使财务职能的同时，其决策权由上级部门授予，子公司要向上级汇总报告本公司的预算并提交财务报告。

总之，企业集团财务机构的设置比组织机构的设置灵活性更大，关键是要把握好财权集中与分散、管理有效与机构精简的关系。

2）财务中心

企业集团的财务中心是在集团内部设置的、由集团母公司负责运作、管理和协调集团内部各成员企业资金业务的职能部门。财务中心是企业集团财务控制的重要部门，由于业务的特殊性质，在集团内部必须相对独立，这样才能保证其权威性。财务中心的设置与企业集团的集权与分权安排密切相关。根据各企业集团对财务权限的分配与实施财务管理条件的不同，财务中心可以分为财务结算中心和财务控制中心两类。

第一类：财务结算中心。财务结算中心是企业集团内部设立的，主要负责集团内部各成员（主要是指集团核心层成员）之间和对外的现金收付及往来结算的专门机构，通常设置于财务部门内部。财务结算中心的建立有助于解决企业集团资金沉淀问题，对于加快集团整体资金周转、降低资金占用量、提高资金运行效率、发挥集团资金联合优势起到关键作用。

第二类：财务控制中心。财务控制中心是比企业集团财务结算中心更高级的财务组织形式。它是一种借助集成化、网络化管理软件的支持，与企业其他资源整合相契合的财务管理机构。除执行财务结算中心的全部职能外，集团财务控制中心的职能主要是：及时掌握集团事业部或子公司的资金预算和运作，并根据集团整体情况立即进行协调；掌握集团各分部的采购费用、生产成本和销售费用，实行即时决策和监控；对企业集团内部物流和人力资源与财务资源的不协调之处进行整合，实现统一管理。

3）财务公司

与银行相比，财务公司必须有较高的自有资金比率。财务公司所经营业务的利润率一般来说比银行要高，各国对财务公司自有资金的要求通常都比较高。财务公司与银行的不同在于财务公司的专业化和面向广大的客户群。财务公司一般是大企业集团的成员或相关

企业集团财务公司管理办法（2004）

企业集团财务公司管理办法（2022）

企业，它非常专业地从事某一领域的业务，经常涉及的是某类或几类产品的融资。财务公司有能力针对个别行业的特性更加深入地开展常规和创新的金融业务，同时尽量避免金融业的高风险，这样可以放款给更多单位和个人。银行面向各种各样的行业，无法将贷款业务做得非常深入，财务公司恰恰在这方面弥补了它的不足。

我国企业集团财务公司诞生于 20 世纪 80 年代中后期，是具有中国特色的与企业集团的发展配套的非银行金融机构，实质上是企业集团内部的金融公司。1987 年，中国第一家财务公司即东风汽车工业财务公司成立。1991 年 12 月，国务院批准了 55 家大型企业集团试点，试点的一个重要内容就是为解决集团内部成员之间的融资和投资问题，批准符合条件的企业集团自办财务公司。2004 年，中国银监会颁布《企业集团财务公司管理办法》（银监会令 2004 年第 5 号）、《申请设立企业集团财务公司操作规程指引》（2004年 11 月），用于规范财务公司的准入以及经营。

9.2　企业集团的资金集中管理

9.2.1　企业集团资金集中管理的特点

资金集中管理是集团的内部自有资金分配与筹融资业务，由管理层根据需要对资金统一分配管理，一般特征为统一开户、统一结算、统一融资。企业集团的资金集中管理是指将整个集团的资金集中到总部，由总部统一调度、管理和运用。通过对资金的集中管理，企业集团可以实现对集团内资金的资源整合与宏观调配，提高资金使用效率，降低金融风险。

企业集团资金集中管理可以在不影响成员单位资金使用的情况下将沉淀的资金集中起来充分利用。集团总部享有对整个企业的投资决策权、筹资决策权和收益分配权，同时运用不同的资金管理模式严密监控成员企业的现金流转。监控内容主要包括信贷资金、预算

资金、经营资金、对外投资资金等。实行资金集中管理，可以使资金在成员企业之间得到优化配置，实现企业整体配合的高效与便捷。

企业集团资金集中管理有以下四个特点。

（1）内部成员企业财务上均为独立核算。成员企业的资金虽集中在一个地方，但资金的所有权依然属于成员企业自身，财权与经营权依然独立。

（2）收支两条线同时运行。将成员企业的资金按时统一上划后再根据资金计划把成员单位日常所需资金下划到账户中，同时跟踪监控以上资金路径。

（3）内部往来资金结算。通过资金集中管理系统进行内部结算，企业可以达到走账不走钱的效果，减少操作流程，从而大大减少由此产生的交易成本。

（4）统贷统还。成员企业与财务公司之间既存在债务关系又存在债权关系，且实行有偿借贷，充分提高整体资金使用效率。同时，以财务公司的名义对外融资，保证集团整体资金需求的同时，降低借款成本。

9.2.2　企业集团资金集中管理的战略目标

1. 发挥内部资本市场功能

企业集团为提高资金使用效率，提升公司整体市场价值，可通过资金集中管理的方式充分发挥内部资本市场的功能，以有效解决外部信息不对称问题，实现内部资源的最优配置及公司价值最大化。运用内部资本市场比利用外部资本市场在获取信息的效率及信息的有效性方面更能获得优势。不同于外部资本市场存在诸多约束条件以及不确定性，内部资本市场的成员企业之间关系十分紧密。无论横向还是纵向沟通，其成本明显低于外部市场，可以有效降低交易成本，减少市场风险，提高内部资源配置效率。Williamson（1970）认为，股东们为增加集团整体效益就会将集团资源进行整合，由不同资源、不同效益的成员企业为争夺内部资源形成的市场就是内部资本市场。

2. 分散经营风险

实施多元化经营以分散经营风险，是大多数企业集团的一种重要经营战略。为保证多元化经营真正达到有效分散经营风险的目的，企业集团就必须在资金管理上进行集中控制，以有效支持集团多元化战略的实施及分散控制经营风险目标的达成。大多企业集团涉及领域较广，实行多元化经营。成员企业之间的现金流交叉但不重合，这时就能运用资金集中管理的方式对成员企业的资金进行调配，提升集团整体效益水平，有力应对多变的外部市场。

分析现代企业可以发现，内部资本市场能够实现现金流互补，不仅可以有效稳定集团现金流、整合资源，而且能够平衡集团收益结构，充分分散经营风险。建立内部资本市场，可以有力打破成员企业的经营瓶颈，完成内部资源互换，提高抵御外部风险的能力。简单来说，建立内部资本市场，不仅带来资源规模效益，而且能够稳固企业资本收益结构，分散经营风险。

3. 降低交易成本

根据交易成本理论，减少交易中间环节是降低交易成本的重要手段。Stein（1998）认为，企业集团资金集中管理能有效控制企业集团内部交易成本，减少中间环节，使得成员企业间信息传递更加顺畅，有效解决因信息不对称带来的不确定性，提高资金使用效率。同时，成员企业通过分工协作形成供需链条，使内部交易更加高效，从而获取更多的收益。

4. 充分发挥整体融资优势

多元化经营的企业集团的成员企业往往更倾向集团实行分权管理，以便获取自主的经营管理权，但此举会增加成员企业融资成本，丧失部分与银行等金融机构谈判的筹码，大大降低集团整体的资本优势。企业集团将实行资金集中管理后取得的资金总量作为谈判砝码，以谋取比单体公司更多的授信额度、更低的贷款利率及手续费率，从而降低融资成本和融资风险。

9.2.3 企业集团资金集中管理的基本内容

1. 信贷资金集中管理

企业信贷资金是指集团内用于发放贷款的资金。集团信贷资金主要来源于各成员单位的自有资金及委托外部银行借贷的资金。企业集团通常以财务公司作为信贷资金的统管机构，根据信贷资金需求的紧急程度排出先后，让有限的信贷资金发挥最大的效益。信贷资金集中管理最初是为了达到削弱集团整体借款成本的目的。财务公司作为非银行金融机构，相较于外部银行放款审批程序相对灵活、高效，贷款利率也可以在基准利率下浮30%的范围内自定。同时，财务公司能比外部银行更加充分地了解集团的真实发展状况，信贷风险极低。财务公司不仅可以降低信贷资金成本，而且可以节约经营成本，如免去成员企业的保函开立费、票据贴现费等，降低集团交易费用。

2. 预算资金集中管理

预算资金集中管理是通过现代信息化手段，将集团整体资金规划与下年公司经营目标进行有机结合，以历史数据作为参照预测未来资金流，监管集团整体资金收支的管理活动。这一方面有利于将预算资金项目与监控日志进行对比，监测预算资金运行是否正常，针对出现的差异找出原因并采取修正措施；另一方面，有益于提升资金使用效率，帮助企业节约资金成本。成员企业只要严格遵照预算资金集中的要求合理安排资金，必然能有效避免资金浪费，消除沉没成本，优化资金利用效益。

3. 营运资金集中管理

营运资金是企业日常经营所需要的常用资金。营运资金集中管理效果直接影响企业的经济效益。通过营运资金集中管理，管理层可以实时根据企业业务量的变化及现有资金规模调整最佳现金持有量，使得经营资金周转速度达到最大。如此既能充分满足成员企业日常经营需要，又能将剩余的资金做投资处理，提高资金获利能力，实现营运资金收益最大化。另外，实施营运资金集中管理，不仅可以找到实现资金使用与收益最大化的平衡点，而且有利于维持企业良好的偿债能力，增强企业抵御风险的能力。

4. 投资资金集中管理

投资活动是指企业集团在相对可控的风险范围内为了获取资产的额外收益而实行的资金投放行为，是提升企业财务管理水平很关键的一部分。投资规模和投资方向的选择很容易影响企业的长远发展。因此，越是大型的企业集团，对投资方向及规模的控制越集中，以防成员企业为谋取短期利益而产生投机行为，推动企业稳健发展。

企业集团往往希望通过实施投资资金集中管理来规避短期投机行为，以保障投资收益的质量。资金的投资范围必须与集团发展方向相契合。也就是说，不管是经营、融资还是投资，必须以集团整体利益为先。有效的资金集中管理能够及时监测出投资漏洞，发现经营不善的投资项目及时止损。随着集团的持续发展，总部应不断提高投资资金集中管理的能力，以优化集团投资结构为导向，设计出符合集团未来发展战略的投资方案。

9.2.4　企业集团资金集中管理的主要模式

企业集团资金集中管理主要有六种模式，企业可以根据自身发展阶段，选择适合自己的资金集中管理模式。

1. 统收统支模式

统收统支模式（图 9-1），是指利用集团总部财务部向各下属单位集中办理资金业务，各下属单位无法独立开立银行结算账户。这种管理模式下，成员单位每一笔资金的收付都必须通过集团来周转。集团可以全面控制下属单位的资金使用，形成绝对的集权管理。

统收统支模式下的资金集中管理的优缺点非常鲜明。优点是：集团总部通过收支两条线的管理牢牢把控着集团所有资金的收付，真正做到了资金高度集中，不仅能够保证资金的安全性，更能实时监控、有效指导下属企业的生产经营。但这种模式的缺点也极其明显，这种高强度的资金集中，会严重影响各下属单位的工作积极性和创新，甚至影响整体经济效益的提高。统收统支模式适合刚设立的、处于初创期的企业，或同一地域的总分公司之间，不太适用母、子公司的组织形式。

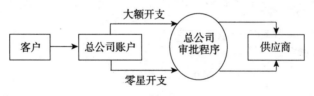

图 9-1　统收统支模式

2. 资金结算中心模式

资金结算中心是为实行资金集中管理而在内部专门设置的职能机构，设立的限制条件相对较低，主要职能是办理内部资金结算。实施这种模式（图 9-2），不会影响成员企业开立独立账户，只是需要在资金结算中心开立内部结算账户，并将外部银行账户一同交由资金结算中心管理。

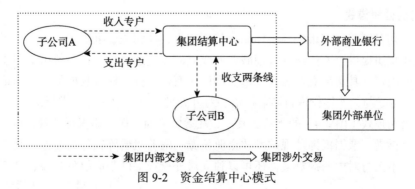

图 9-2　资金结算中心模式

　　资金结算中心模式的主要优势在于，可以通过资金结算中心将集团内部闲余资金调剂给资金不足的成员，以解决其短期资金不足的问题，提高资金周转率。同时，资金结算中心根据成员企业经营发展的需要，统一对外筹资，满足集团整体贷款需求，降低融资成本。

　　资金结算中心模式的劣势是高度集中的模式不利于企业多元化发展；其作为一个部门，必须服从管理者的统一调配，无法真正调配资金；缺乏外部的监督，容易造成权力失控。因此，资金结算中心模式适用于企业规模相对较小、内部交易频繁的企业集团。

3. 内部银行模式

　　内部银行模式（图 9-3）是在资金结算中心模式的基础上做的延伸。它将商业银行的职能引入企业内部，通过在企业内部进行资金结算、存贷款、资金调动等，实现资金集中管理。实行该种模式，成员企业需在内部银行分别开立存款及贷款账户。像商业银行一样，在内部银行的存款及贷款都是有代价的，但各成员单位对自有资金有支配权。内部银行与资金结算中心在融资方面有相同之处，即统一对外融资。成员企业从内部银行筹集到资金后，对资金有自主处置权，可以用来对外投资。

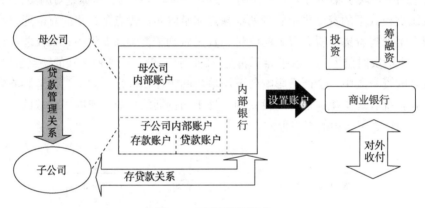

图 9-3　内部银行模式

　　内部银行主要有三大职能。一是融资信贷，通过实行有偿存贷，促进存款资金集中，促使成员企业更加谨慎地使用内部信贷资金，无形中提高资金周转效率。二是内部结算，通过内部结算系统进行资金结算，不仅方便快捷，结算成本低廉，而且能够大大减少企业集团在银行开立的账户数目。三是监督反馈，通过内部银行结算系统监控资金流向，反馈资金预算执行轨迹，列示各个成员企业资金运转情况，并形成报告报送企业管理层，为企业集团调整资金结构提供决策依据。

4. 财务公司模式

　　财务公司是随着国家市场经济体制改革而产生，经相关金融机构中国人民银行批准设立，为企业集团提供全方位财务管理服务而成立的非金融机构。它一般由集团总部或各成员单位共同出资，具备独立的法人资格，可以像商业银行一样吸收成员企业的银行存款、对外发行债券、与商业银行进行同业拆借、对外办理信贷融资业务、进行汇票贴现等业务。

　　财务公司模式（图 9-4）的优势：其一，在筹资方面，作为非银行金融机构，它能够独立进行资金拆借、票据抵押贴现、发放企业债券、融资租赁等银行类业务；其二，在投资管理方面，不仅可对内调剂资金，还可以独立对外投资，以获取超额收益；其三，在中介服务方面，财务公司作为一个专门为集团各成员提供财务管理服务的机构，具备收集各种类型的国内外经济信息并为集团各成员经营活动和财务活动提供参考的能力，为集团的财务决策提供相关信息和指导意见。

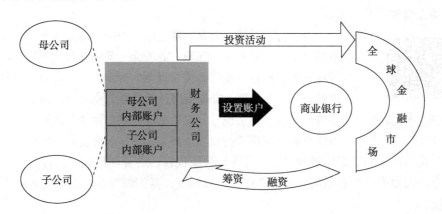

图 9-4　财务公司模式

5. 现金池模式

现金池模式是由一组形成上下级联动关系的外部银行账户和内部结算系统账户，以及定义在这组账户上的资金收付和相应记账规则组成的企业集团资金集中模式。具体来说，现金池模式通过企业集团构建一组具有母子联动关系的银行账户，并在此基础上制定一系列资金收、付、转的规则，在商业银行提供服务、技术支持的基础上，实现成员单位账户余额上划、提供日常经营透支、主动拨付与收款、成员企业之间委托借贷，以及成员企业向集团总部的上存下借、分别计息等功能。

运用现金池管理模式有以下优势。首先，能够在不涉及资金划拨的基础上，降低企业集团的整体财务费用。其次，由于所有的结算业务由当地银行办理，所以能够缓解集团总部在资金集中方面所需的人力、物力、财力的压力。再次，现金池每天实行极限式零余额账户管理，增强了资金的透明度，集团可以随时掌控成员企业的资金动向。最后，强调预算管理的功能，有助于企业实现精细化管理。现金池也仍有亟待改善的问题：其一，资金高度集中降低了成员单位创新的积极性，进而影响集团未来的发展；其二，投资效益不高，资金归集起来后更多的是用于内部调剂，长此以往，影响集团资金使用效益。

现金池案例

6. 司库资金管理模式

司库资金集中管理涉及将企业集团内各个成员单位（如子公司、分支机构等）的资金集中到集团总部进行统一管理和调度。这种管理模式的主要目的是提高资金的使用效率，降低融资成本，优化资金结构，增强集团的资金运作能力和风险控制能力。与其他资金集中管理形式相比，司库资金集中管理方式更具先进性，打破了系统间的壁垒，实现与内外各系统的无缝对接，克服了传统数据不易获取、不关联、独立的弊端，操作灵活，资金使用更加高效。

司库资金集中管理体系是一种现代企业治理机制，它依托财务公司、资金中心等管理平台，利用现代信息技术，以资金集中和信息集中为重点。该体系的目标是提高资金运营效率，降低资金成本，防控资金风险，同时服务企业战略、支撑业务、创造价值。司库资金管理体系通过对企业资金等金融资源进行实时监控和统筹调度，以实现企业资金的集约管理和动态监控。

央国企如何通过司库严格防范资金流动性风险

在司库体系中，企业通常会建立一个资金集中账户，将各个环节的资金统一归集到该账户，实现统一管理和有效利用。资金集中管理的流程包括企业资金需求计划、资金汇集与筹划、资金集中账户设立、资金调度、资金运用，以及资金监控与控制。司库管理体系的构建需要顶层设计，包括制度体系、管理架构的完善，以及组织体系和管理模式的建立。例如，建立总部统筹、平台实施、基层执行"三位一体"的组织体系和"统一管理、分级授权"的管理模式。此外，司库管理体系的构建还需要强化信息归集、动态管理和统筹调度，以实现对全集团资金的集约管理和动态监控。

司库管理的典型模式包括全球运营型、管控引领型、资源配置型、业财融合型和资源融通型等。每种模式都有其特点和适用场景，企业可以根据自身业务需求和管理水平选择合适的司库管理模式。在实施司库管理体系时，企业需要关注资金管理的风险防控，建立健全资金舞弊、合规性、流动性、金融市场等风险监测预警机制，同时加强对担保、借款等重大事项的统一管理，严格落实各项监管规定。

总的来说，司库资金集中管理体系是企业财务管理的重要组成部分。它通过集中管理、优化配置和风险控制，有助于企业提高资金使用效率，降低成本和风险，从而支持企业的持续发展和战略目标的实现。

9.3 企业集团财务共享服务中心

9.3.1 财务共享服务产生的背景及发展现状

共享服务概念起源于20世纪80年代。福特公司最早构建了财务共享服务中心（finance shared service center，FSSC），随后各大型企业广泛应用财务共享服务中心。随着信息技术的发展，财务共享服务中心的功能逐渐强化。它将财务工作的核心从会计核算转至管理，对企业的战略转型及发展具有重要作用。

财务共享服务是将企业财务单位分散的、重复性的、非核心的业务，如核算业务、费用报销、资金结算等整合到独立的财务共享服务中心（FSSC）去处理，集中更多的资源和精力投入财务核心业务上，提高工作人员的效率，降低人工成本与管理成本，达到信息共享、加强企业集团对下属公司管控力度的目的。共享服务中心的建立，不仅是为了降低成本，还可以帮助企业打造核心竞争力。

20世纪90年代以来，随着经济全球化和信息技术的迅猛发展，企业集团国际化的步伐不断加快，纷纷在各国建立分支机构，随之而来的是很多企业集团患上了"大企业病"，成本不断增加，管控难度加大，财务和经营风险增加，股东知情权受到挑战，财务决策效率低下等。失误的危机和障碍的增加制约了企业集团的进一步发展，一些跨国集团开始大力推进财务转型和流程再造优化。在理论与实践双重因素的影响和推动下，财务共享服务作为一种财务转型和组织创新变革的产物应运而生。根据英国注册会计师协会调查，迄今为止，已有超过 50%的财富 500 强企业和超过 80%的财务 100 强企业建立了财务共享服务中心。在中国，随着越来越多本土企业的规模化和全球化，经营管理效率重要性不断凸显，加之信息技术高速发展和广泛应用，共享服务的优势日益得到认可，并逐渐在企业中落地生根。中兴通讯于 2005 年建立了财务共享服务中心，真正拉开中国企业实施财务共享服务的序幕。在 20 年的时间内，已经实施和准备筹建财务共享服务的企业集团有近百家，包括中国移动、中国电信、海尔集团、中国石化、物美集团等。

9.3.2　企业集团建立财务共享服务中心的必要性

一方面，传统的财务管理模式下，财务核算程序较为烦琐，耗费较多的物力和人力，财务人员需要极高的专业素养，导致企业单位成本增加。这也浪费了大量的时间，增加了企业决策的周期，对企业的战略发展产生了不利影响。另一方面，国际化进程的加快，企业面临的压力越来越大，对共享财务有强烈的需求。共享财务可以降低财务组织成本，提高财务服务效率和质量，为企业决策提供更强有力的支持。同时，业务部门可以将注意力专注于核心业务，增强核心竞争力。网络技术、大数据技术、人工智能等的快速发展，为企业实施财务服务共享提供了可能。

传统的管理模式包括集中式管理模式和分散式管理模式。集中式管理模式下，企业将分散的财务人员通过信息化和业务化的财务数据集中在一起，以实现对子公司的管理和控制。集中式财务管理模式将财务工作进行集中处理，可以让总公司及时了解企业整体的财务状况和经营状况，方便总公司进行统筹规划和资源调配，促进企业战略发展以及制度建设，以达到企业利益最大化的目的。分散式管理模式下，企业各部门或子公司均具有出纳、会计、财务主管等财务人员，单独设置会计账簿，单独核算。分散式财务管理模式可以依照市场环境的改变随时进行调整，极大地减少了决策时间，有效提高了各部门和子公司工作的积极性。企业发展初期较多采用分散化管理模式，但随着企业规模扩大、业务类型增多，分散化模式已经不能满足管理需求。这两种模式各有利弊。

财务共享中心再造财务业务流程，用流水作业流程取代原有的财务核算流程，具备集中式管理模式下总公司的管控能力，还保留了分散式管理模式下子公司处理具体业务的灵活性。因此，财务共享服务中心对于推动企业财务组织提升整体运营水平至关重要。它不仅能够节约成本，更能释放大量财务人员的精力从事高附加值工作，推动财务组织从会计核算向价值管理和决策支持转型，最终推动企业整体价值的提升。

传统的管理模式与财务共享中心模式的优缺点比较如图 9-5 所示。

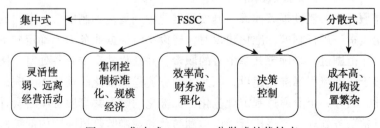

图 9-5　集中式、FSSC、分散式的优缺点

9.3.3 企业集团财务共享服务中心的构建

企业集团财务共享中心建设的核心环节包括信息化平台建设、业务流程建设和人力资源建设。

1. 信息化平台建设

财务共享服务中心需要依托先进的信息化建设水平。信息技术的快速发展与成熟，为财务共享服务中心的成功建设提供了基本保证。

财务共享服务中心建设涉及以下系统。①报账系统：主要用于业务主体提交各种核算原始凭证，中心核算人员在报账系统中进行原始凭证审核、费用核算业务的账务处理。②核算系统：作为会计核算凭证的归口系统，汇总全部业务系统及相关系统的财务数据，生成财务报表。③资金管理系统：主要用于资金的统收统付、账户管理、系统与银行自动对接等。④影像系统：用于原始凭证电子影像的扫描、传输和存储。⑤运营管理平台：主要用于单据的稽核、运营数据、绩效数据分析。⑥财务支持系统：用于解答业务主体对财务共享所有业务的问题、咨询，处理投诉建议。

建设财务共享信息化平台时，由于集团企业管理经营方式复杂，管理人员层级多，规模大，下属公司遍布全国，存在地域差异，因此，企业信息化平台需求比较复杂，系统开发难度较大，需要与市场上通用的企业级应用软件商合作，在 ERP 系统的基础上利用外包技术团队开发企业所需的定制性功能。同时，在合作中要进行人员之间的大量沟通，尤其在业务流程上如有诸多意见分歧，也会对信息化平台的构建有一定的影响。

2. 业务流程建设

财务共享服务中心业务流程建设包括流程标准化建设和制度标准化建设。财务共享服务中心接入的业务必须是可标准化的，但是其原来的标准化程度以及新建立的规则和流程的标准化程度都对纳入的进度及可行性有很大影响。一方面，业务标准化程度越高，一次性多种业务实施的成功率就越高；另一方面，规则与流程越标准，对财务共享服务中心执行人员的培训越简单，他们对知识的掌握程度越牢固，业务纳入后执行就越顺利。因此，业务的标准化程度决定了其纳入效果以及纳入后财务共享服务中心运行的稳定性。

业务流程再造是财务共享服务中心建设实施的重中之重，是其核心工作。集团企业在进行流程标准化建设时，需要充分考虑各地方差异，做到既能提升会计处理效率，又能最大限度地支持公司整体业务发展。这是非常烦琐、复杂的过程，需要项目组成员多次进行属地分析、系统实现，逐一确定核算流程，并拟定新业务流程，绘制流程图，编制流程说明表，规范事项的流程步骤、输入输出内容、操作岗位、岗位职责、流程说明、涉及系统及交付物、风险点管理、流程依据等。

财务共享服务中心制度框架建设、制度标准化编制规范的制定，由专门成立的制度标准化建设小组负责。进行制度标准化建设时，建设小组根据业务内容确定共享中心的工作范围，根据工作范围进一步确定共享中心的职责，并细化共享中心各处室、岗位职责。这一过程也有赖于业务流程标准化建设，因此，业务流程标准化的规范性、完整性也直接影响制度标准化。另外，企业通过制定规范化、标准化的财务共享服务中心会计核算细则，要求员工在日常账务处理中严格执行，以达到防范和规避监管风险、内部控制风险以及作业规范性风险的目标。

3. 人力资源建设

人力资源建设涉及人员招聘、人员培训和绩效考核。

财务共享服务中心的运转需要大量工作人员，集团需要决定是直接抽调内部核心人员还是从外部招聘。在人员准备方面，需要随时根据业务需要进行调整，业务量估计不准确，可能造成业务量大幅增加而人员不足的情况。财务共享服务中心模式能够减少集团财务人员总体规模，在人力成本控制方面可以显现出明显的节约成效。因此，集团企业应注意人员配置的难易程度，对业务量的预估要力求准确，控制财务人员总体规模，以达到节约人力成本的目的。

财务共享服务中心模式已经脱离了传统的会计记账、资金支付，所以在处理规则、流程操作方面都需要做好相应的培训。随着财务共享中心的推行，在人员保证方面，企业要通过对各核算单元的核算和管理工作量的划分，初步确定共享人员的需求，结合流程整合和系统功能优化的目标最终确定共享上限的岗位需求。共享中心的人员也从核算功能转为业务财务支持分析功能。集团企业在员工专业培训中讲解业务规划，介绍业务流程。同时，因为信息化涉及大量的系统操作，所以对于系统的实际操作培训尤为重要，可以配备相应的实操手册。

全时工作量（full time equivalent, FTE）是财务共享中心常用的一种计算工作量的单位，衡量某一特定期间生产效率或特定工作的人力运用状况及成本执行。它与员工数是不同的概念。员工数以人为单位，是一个整数，而 FTE 可以是小数。比如，某项工作从开始到结束由一个人完成需要 8 小时，员工数是 1，如果这 8 小时内员工有 2 小时的等待时间、休息时间，那么实际完成这项工作需要 6 小时，则它的 FTE 为 0.75。同理，若员工实际用了 10 个小时，包括 2 个小时的加班时间，这项工作的 FTE 为 1.25。财务共享中心在计算人员 FTE 时，由于共享服务在业务流程各环节联结紧密，员工处理效率提高，大大减少了流程中的等待时间。集团企业应该充分考虑财务转型人员需求的同时，遵循快速见效的原则，统筹计算出每一阶段需要转出及安置的人员数；在项目初期便和各被转出单位负责人逐一沟通，被转出单位的会计人员必须快速、妥善安置。FTE 是一种更为科学地对员工工作量进行记录的方式，它详细评估了系统实施及流程标准化后带来的效率输出。

9.3.4　企业集团财务共享服务成功的关键因素

国内外学者对企业集团实施财务共享服务的关键因素进行了广泛研究，也形成了多种不同的观点，至今尚未形成统一结论。但从流程再造的角度看，主要涉及战略规划、流程管理、信息系统、组织管理四个方面。

企业集团在实施财务共享服务时，评估并分析该共享服务中心的远景定位和战略目标十分重要，因为清晰的远景定位和战略目标能使方案的设计及执行目标明确，并与客户的期望保持一致。财务共享服务的目标定位与企业集团的发展战略密不可分。例如，企业集团实施成本领先战略，则希望通过实施财务共享服务项目，业务的整体运作成本得到改善，节约成本，为组织创造价值。

流程管理同样影响财务共享服务价值。流程再造不能一次性从根本上解决企业的管理问题。只有通过流程管理，对再造后的流程及性能进行持续性的优化和改进，才能真正享用流程再造带来的价值。共享服务中心最核心的管理就是对流程的管理，流程管理能够提升成本优势，增强组织的应变能力和可持续发展能力。

信息系统对财务共享服务的价值也有重要影响。信息技术在企业集团的扩散和逐步渗透，一方面推进企业技术进步和生产效率的提高，另一方面也有助于财务组织和流程的优化与创新型变革。信息技术的不断发展与完善，为组织间的协同和共享提供了技术支撑，必将引发企业财务信息化的创新性变革，进一步推动企业共享服务的进程。

组织管理对财务共享服务价值的影响主要从三个方面加以体现：组织结构、人员管理、绩效管理。组织结构设计是组织管理的一项重要内容。通过组织结构设计，企业可以明确财务共享服务中心与企业组织结构中其他组成部分的关系，以及财务共享服务中心内部各业务单元的权责关系，避免职责不清造成执行障碍，使组织高效协调运行，保证组织目标的实现。良好的人员管理，认真分析财务共享服务中心人员构成的特点，有针对性地分人群进行差异化管理，能够全面调动人员能动性。重视对知识和流程方面的培训，也有助于员工对新组织有全面了解，从而消除恐惧感，熟练运用新技术，提供财务共享服务的价值。财务共享服务中心作为一个功能齐全的运行实体，要想使其高效运转，就必须通过绩效管理让其每个部分平衡、协调地运行。财务共享服务的实施本质上是一次财务管理模式的变革，组织管理对财务共享服务的价值贡献在于它能帮助企业有效应对变革。

集团企业财务共享服务中心的建设推动了企业财务组织变革，也符合国家政策鼓励加快发展管理会计的要求，为管理会计在企业管理中更好地发挥作用创造了条件。同时，财务共享服务能够加快企业财务重分类的速度，推动传统财务会计人员的职能转型，为其职业发展开拓更广阔的空间。

9.4　内部资本市场理论与实务

随着大型企业集团的涌现，外部资本市场无法满足集团内部成员公司的融资需求，于是企业内部资本市场应运而生，且能够承担对企业资本配置的重任。内部资本市场最早由现代产权经济学创始人阿尔钦提出。西方资本主义国家通过侵略殖民扩张获取大量原始积累，促进了其商业与经济的发展。拥有大量财富的企业家大肆并购和重组，形成了大量联合企业。在企业集团的持续扩张过程中，它可以通过集团总部的力量将旗下不同业务部门和成员公司联系起来，而不是实施每个独立企业的分散式管理。这也能将资本在这个小型集体中流通起来，得到有效的配置。因此，内部资本市场对资本分配是否有效，成为衡量多元化经营战略是否成功的重要标准。

相比于为所有企业集团服务的大型外部资本市场，小型的内部资本市场主要是服务于某集团的资本配置，内部资本市场信息传递途径短、耗时少、成本低。企业管理者还能利用内部资本市场对旗下子公司进行考察，监督其经营状况。另外，控股股东还能利用激励机制，将优良的资源分配给优良的项目和部门，从而发挥"挑选优胜者"的功能。外部资本市场除了无法发挥这些功能以外，还存在外部信息不对称的缺陷，导致决策出现失误。外部资本市场配置无效，而内部资本市场能够解决这一问题，弥补了外部资本市场的局限性。

内部资本市场能够给企业集团带来更多的融资，从而发挥"多钱效应"。但钱多容易诱发管理者的过度投资，并且经理人会通过寻租行为获取对其所在部门的更多资源和补偿，而这种行为获取的资金无法对内部资本市场效率提升起到积极作用。除此之外，企业各分部的投资机会是不同的，但企业总部的资本分配会偏离效率点，存在"平均主义"现象和"交叉补贴"现象。内部资本市场的双重代理问题也日渐突出，除了代理链延长外，还会增加代理成本。总部与代理人之间的矛盾，会让代理人将利益私有化，损害公司利益。

当前学界对内部资本市场研究的理论主要存在两种观点：一是内部资本市场在监督激励、资源配置、融资渠道等方面具有显著优势；二是内部资本市场易引发过度投资、寻租行为和代理问题，导致资本配置效率低下。

内部资本市场运作实务

本章小结

企业集团作为我国经济发展的中坚力量，发挥着越来越重要的作用。本章首先界定了企业集团财务管理的特点及作用、应遵循的原则以及管理体制；然后，系统梳理了企业集团资金集中管理的特点、目标、内容及模式；最后，分析了建立企业集团财务共享中心的必要性及其应用，概要阐述了内部资本市场运作的理论与实务。

复习思考题

1. 如何理解企业集团财务管理的特点？
2. 企业集团内部资本市场的优势和劣势分别有哪些？
3. 如何理解内部资本市场在资源配置中的作用？
4. 简述企业集团资金集中管理的内容及模式。
5. 简述财务共享服务中心包含的内容。
6. 内部资本市场与外部资本市场在信息处理和监督激励方面有哪些不同？
7. 企业集团如何通过内部资本市场优化资本配置？
8. 企业集团内部资本市场的运作机制是怎样的？
9. 企业集团如何建立和完善内部资本市场？

即测即练

自学自测　　扫描此码

第 10 章

跨国公司财务管理

跨国公司作为国际企业最高形式，是推动世界经济发展的重要力量。跨国公司财务管理是现代财务管理向国际领域发展的一门新学科。随着金融市场管制的解除、产品的创新和技术进步，国际财务的内容和范围一直发生着变化。世界资本市场趋于一体化，公司及时做出正确的决策，离不开对国际财务的准确理解和把握，跨国公司财务管理变得日益重要。投资者可以通过国际性组合投资降低风险的同时提高收益，企业可以通过资金来源的国际化降低资本成本。本章重点介绍跨国公司财务管理的概念、外汇管理、跨国企业的投筹资管理、营运资本管理和税收筹划等。

中企出海现状、特点与风险防范

近年来，中国企业（以下简称中企）"走出去"的步伐在明显加快，不仅在区域覆盖上更广，而且出海的模式也出现明显的结构性变化。商务部数据显示，2024 年上半年，中国全行业对外直接投资同比增长 13.2%，达 853 亿美元，其中非金融类对外直接投资 726.2 亿美元，同比增长 16.6%，中国对外直接投资继续保持较快增长。在海外并购方面，根据伦敦证券交易所集团（LSEG）、并购市场资讯有限公司（Mergermarket）统计，2024 年上半年中企宣布的海外并购总额为 130.6 亿美元，同比下降 20.4%；宣布的并购数量为 206 宗，同比下降 19.2%。一方面，受地缘政治因素的影响，海外并购的难度和限制逐渐增多；另一方面，得益于近年来中企在技术和品牌等方面的快速发展，绿地投资（greenfield investment）正逐渐成为更受中企青睐的出海方式。尤其是东盟、中东等"一带一路"共建国家凭借较大的市场发展潜力，以及对外商投资更开放的态度，越来越受到中国投资者的青睐。

不过，中企"走出去"也面对着不断更新的国际政策法规和复杂多变的海外税收征管环境，在跨国经营中的风险管理和提前防范成为中企管理层需密切关注的重要议题。下面围绕中企"走出去"的主要方式——绿地投资、跨境并购和现有投资本土化中的海外投资风险进行分析，并提出相应的风险防范举措，供正在"走出去"以及有出海投资意向的中企参考。

1. 绿地投资动能充足

绿地投资，又称新设投资，指为了在东道国境内开展商务活动，投资者在当地设立全新的法律实体开展业务。2024 年上半年，新能源汽车产业链的海外绿地投资最为活跃，基础设施和医药行业也较为热门。针对绿地投资，其项目有较长的开发周期和大量的资金投入需求，如下几个风险考量点值得关注：一是选址过程的风险考量；二是投资形式的选择；三是控股架构和融资方案的安排。

2. 跨境并购行业投资分化

跨境并购，包括跨国兼并和收购，是一种通过收购资产或股份来控制企业的战略。这种方式可以帮助企业利用被并购企业的市场地位、销售渠道和客户资源，迅速进入目标市场。根据 LSEG、Mergermarket 统计，2024 年上半年，按并购金额计，中企海外并购前三大热门行业为房地产、酒店与建造业，先进制造与运输业，以及科技、媒体和通信（TMT）行业，共占总并购额的 56%。

3. 深耕细作做好投资本土化

近年来，中企积极推动产业转型升级，在技术、品牌、管理等方面取得了显著进步。作为全球供应链重构的一部分，中企从"产品"出海走向"供应链"出海，其中包括技术出海、品牌出海，以及与之配套的中国服务贸易出海等新路径。就像外企在中国推行"In China for China"的本地化战略一样，中企出海之后，也需要积极融入本地，适应当地的规则去发展。

为应对本土化转型中的难点，中企需要具备全球化的视野，带领出一支熟悉国际市场、精通国际规则的人才队伍，才能更好推动人才本地化的建设；要懂得尊重市场规则、尊重文化差异，对新市场有敬畏之心，无论是在"一带一路"共建国家复制中国已验证的商业模式，或是追随国企、央企"借船出海"，或整合全球资源进行产业投资、供应链布局，都需要了解和熟悉当地法律法规，遵守国际规则和国际惯例；要做到诚信经营，积极履行社会责任，满足绿色、环保、供应链安全稳定的要求；要坚持合作共赢，以开放的心态融入当地市场。投资合作不应一味追求控制权，只有在东道国建立稳固的商业合作生态圈，才能实现可持续发展。

（资料来源：EY 安永，《中国外汇》2024 年第 16 期，内容有删减。）

10.1　跨国公司财务管理概述

10.1.1　跨国公司财务管理的概念和原因

财务与生产、技术、贸易、金融和税务等都有着密切的关系。随着世界各国经济、贸易和金融等的国际化，财务管理也日益国际化。企业跨越国界，与外国的企业、银行、证券公司和交易所，以及税务机构和个人等发生财务关系。因此，在一个主要的经济活动（消费、生产和投资）都高度全球化的世界里，需要全面了解财务管理中的国际性因素。

跨国公司财务管理是指基于国际环境，按照国际法的规定并根据国际企业财务收支特点，组织国际企业的财务活动、处理国际企业财务关系的一项经济管理行为。企业生产经营国际化是影响财务管理国际化的重要因素。企业生产经营国际化包括贸易、生产和直接投资以及技术等方面的国际化。各国之间的贸易活动由来已久。在 17 世纪和 18 世纪，国际经济活动以商品贸易为主。18 世纪 60 年代至 19 世纪的工业革命大大提高了生产力，推动国际贸易迅速发展。20 世纪以来，特别是第二次世界大战以后，关税与贸易总协定（GATT）

的实施及世界贸易组织（WTO）的建立和运行，更促使全球贸易成倍增长。进入 21 世纪，信息技术等基础设施的完善和发展，进一步促进了国际贸易的发展。中国于 2013 年提出的"一带一路"倡议更是进一步促进了国际贸易的发展。生产和直接投资的国际化以及技术的国际化，也是企业生产经营国际化的重要方面。

金融市场国际化也是影响跨国公司财务管理的重要因素。现代金融市场包括信贷市场、证券市场、外汇市场、黄金市场和金融衍生品市场。金融活动最早一般是在本国范围之内进行的。随着生产国际化、资本国际化、国际贸易的发展以及信息技术的发展，国家间金融市场的联动性越来越强，金融市场的国际化程度越来越高。这对财务管理提出了更大的挑战。

10.1.2　跨国公司财务管理的基本理论

资本在各国之间的流动是通过投资和融资的方式进行的。一些国家国内有许多投资机会，但缺乏大量资金，而另外一些国家拥有丰富的资金，但国内缺乏高收益的投资机会。缺乏资金的国家和企业可以到国际资本市场上通过发行债券或股票来筹集资金，还可以吸收外商来国内进行直接投资，建立国际合资、合作和外商独资企业等。资金富裕的国家和企业可以到国际资金市场上投资购买外国政府和外国企业发行的债券，以及外国公司发行的股票，还可以将货币资金和设备等资本品直接投资到国外。

1. 比较优势理论

比较优势理论是大卫·李嘉图在其著作《政治经济学及赋税原理》（1817 年）一书中提到的。根据李嘉图的理论，如果每个国家专业化地生产各自最有效生产的商品，然后进行交换，那么参与双方都能获益。一些国家的企业具有技术优势，由于技术先进和管理科学，因而生产效率高、产量多、质量高、成本低，就可以适当降低产品售价，在市场竞争中取胜。许多发展中国家则具有劳动力成本低的优势。不同国家的优势不能轻易转移，各国都应充分发挥自己的优势，进行专业化生产。比较优势理论还认为，即使一国在每种产品的生产上都比其他国家绝对地更有效率（或绝对低效率），该国也仍然能够从国际贸易中获益。该国集中精力生产和出口生产效率更高的产品，进口其相对生产效率较低的产品，也会从贸易中获益。李嘉图理论具有明显的政策含义，即自由贸易可增加全球居民的福利。国际贸易是非零和游戏，所有的参与方都是赢家。

2. 不完全市场理论

市场是买者和卖者相互作用，并共同决定商品和劳务价格与交易数量的机制。市场可以分为完全市场和不完全市场。完全市场是在完全竞争条件下的市场。在这种市场里，任何企业和个人都无法影响（操纵）价格。当买方或卖方能够左右一种商品的价格时，就出现了不完全竞争。不完全竞争的极端情况是垄断，就是唯一的卖者独自决定某种商品或劳务的价格。如果市场是完全的，商品就能够很灵活并可以自由、公平地交易，没有垄断，也没有壁垒，就会形成成本与收益的均等。在不完全市场里，存在着垄断或限制（贸易壁垒），商品不能自由、公平交易，企业从国外购买商品要花费很高的成本，交易双方的收益与成本不均等。如果企业某种商品进出口处于不完全市场中，就不能自由、公平地进行交易，企业就不愿意采用贸易方式，而采用直接投资方式。

3. 产品生命周期理论

产品生命周期，是指产品的市场寿命，即一种新产品从开始进入市场到被市场淘汰的整个过程。美国经济学家雷蒙佛·弗农认为：产品生命是指市场上的营销生命，产品和人的生命一样，要经历形成、成长、成熟、衰退这样的周期。就产品而言，也就是要经历一个开发、引进、成长、成熟、衰退的阶段。这个周期在不同技术水平的国家里，发生的时间和过程是不一样的，其间存在一个较大的差距和时差。正是这一时差，表现为不同国家在技术上的差距，它反映了同一产品在不同国家市场上竞争地位的差异，从而影响着国际贸易和国际投资的变化。该理论侧重从技术创新、技术进步和技术传播的角度来分析国际贸易产生的基础，将国际贸易中的比较利益动态化，研究产品出口优势在不同国家间的传导。根据该理论，产品生产大致可以分为以下三个阶段：国内生产阶段、出口阶段、在发达国家设厂生产阶段。产品生命周期理论可以用来解释工业制成品的动态变化，解释国际贸易有重要参考作用。它引导人们通过产品的生命周期，了解和掌握出口的动态变化，为正确制定对外贸易的产品战略、市场战略提供了理论依据。它揭示出比较优势是不断转移的，每一国在进行产品创新、模仿引进、扩大生产时，都要把握时机。进行跨国经营，就可以利用不同阶段的有利条件，长久保持比较优势。

产品生命周期理论

10.1.3　跨国公司财务管理的特点

跨国公司财务管理和国内财务管理的基本原理、方法、内容及目标保持一致，都要正确地进行财务预测、决策、计划、控制、核算、分析和考核等工作。但多数情况下，财务管理的原理和方法在国际范围内应用比国内更复杂。跨国公司财务管理具有的特点主要是理财环境更加复杂、资金投入风险较高和经济机遇较多。

1. 理财环境更加复杂

国内财务管理所处的是国内环境，通常是按照本国的政治、经济、财政、金融制度和法律办事，使用本国货币办理收支，运用本国的语言文字，与本国的财政部门、税务机关、银行、证券市场、企业以及个人等发生财务关系，因而比较熟悉，容易掌握。跨国公司财务管理所处的国际环境，需要与其他有关国家的企业、银行、证券市场、税务机关以及个人等发生财务关系。不同国家的政治、经济、法律、文化、金融市场千差万别，特别要注意外汇管制程度、资金市场完善程度、政治稳定程度等问题。这种复杂多变的国际环境增大了跨国公司财务管理的难度。

2. 资金投入风险较高

国内财务管理风险按其来源可以分为经营风险和财务风险，而跨国公司财务管理除了上述风险外，还有一些新的风险因素，包括政治风险、外汇风险、国外经营风险。政治风险是指政治方面的原因使企业资财发生损失的风险，主要包括国有化风险、战争风险和转移风险等。外汇风险是指由于汇率发生变动而对企业的财务收支和成果产生影响的风险。企业对外销售产品，在国外投资办企业，如果有关国家经济不景气，市场购买力下降，就会影响企业的收入和效益。政治风险属于系统性风险，企业无法控制。汇率、利率和通货膨胀对国际企业来说，既可能遭受损失，也可能获取收益。跨国企业的财务人员要合理预测该部分风险，以取得最大收益。

3. 经济机遇较多

企业的财务管理如果总是被局限在本国范围之内，就会丧失某些机遇，不利于企业发展和效益提高。企业跨国经营的机遇主要包括两个方面。第一，国际金融市场的发展可以拓宽企业的筹资渠道，丰富筹资方式。企业放眼全球金融市场投融资，有利于选择更恰当的筹资方式和筹资组合，降低筹资成本。第二，国家间币值、税种、税率、劳动力成本、商品价格、外汇管制等方面的差异，扩大了企业财务管理的空间，为企业提供了更多获利或套利的机会。例如，从资金成本率最低的国家筹集资金，向利润率最高或税率最低的国家投资，或者是从原材料价格低的国家采购销售到价格高的国家，这些都可以帮助企业获取更多利润。跨国经营的企业还可以从整个公司体系内部各单位的统筹调配中获得新的财务绩效机遇。

10.2　跨国公司风险管理：理论与实践

跨国公司财务管理的营运资金管理、投资管理和筹资管理都涉及外汇问题，外汇管理是跨国公司财务管理的重要内容。

10.2.1　跨国公司外汇风险管理的相关概念

外汇是一国持有的以外币表示的用于进行国际结算的支付手段。国际货币基金组织（IMF）将外汇定义为：外汇是货币行政当局（中央银行、货币管理机构、外汇平准基金组织及财政部）以银行存款、财政部国库券、长短期政府证券等形式，以确保在国际收支逆差时可以使用的债权。

《中华人民共和国外汇管理条例》规定，外汇是指下列以外币表示的可以用于国际清偿的支付手段和资产：①外币现钞，包括纸币、铸币；②外币支付凭证或支付工具，包括票据、银行存款凭证、银行卡等；③外币有价证券，包括政府债券、公司债券、股票等；④特别提款权；⑤其他外汇资产。

因此，外汇的主要功能是国际结算的支付手段。外汇还能成为其他形式的外币资产和支付手段。

10.2.2　跨国公司外汇风险种类和内容

外汇风险是对由汇率变动引起的公司盈利能力、净现金流和市场价值未来变化可能性的一种度量。外汇风险一般分为三类：交易风险、经济风险和折算风险。

1. 交易风险

交易风险是指汇率变动对公司产销数量、价格、成本等产生影响，从而引起公司未来一定时期利润和现金净流量的不确定性。经济风险的影响力是长期性的，而交易风险和折算风险都是一次性的。由于这些契约现金流量的结算会影响到公司本币的现金流量，因此交易风险一般被认为是一种短期风险。交易风险产生的原因是合同按固定价格签订，但汇率却随机变化。交易风险主要表现在以下方面：以外币表示的借款或贷款、以外币表示的商品及劳务的赊销业务、尚未履行的期货外汇合约等。

2. 经济风险

经济风险，也称经营风险，是一种汇率变化超出预期，导致企业生产、销售和财务管理受到严重影响，从而使得公司的收入和现金流变得不稳定，引发对公司价值的影响。任何意料之中的汇率变化都已经在公司的价值中得到体现。汇率的变动对公司在世界市场中的竞争地位有着深远影响，进而对它的现金流量和市场价值也有重大影响。经济风险特别复杂，涉及企业财务、供应、生产、销售等各个方面。一般来说，经济风险取决于公司投入产出市场的竞争结构，以及这些市场如何受汇率变动的影响。这种影响又取决于一系列经济因素，如产品的价格弹性、汇率变动对市场的直接影响（通过价格）及间接影响（通过收入）等。

3. 折算风险

折算风险也称会计风险或转换风险，指公司的合并财务报表受汇率变动影响的可能性。合并指的是子公司的合并财务报表由当地货币折算为本国货币。比如，一家美国跨国公司在英国和日本都有子公司，每个子公司都采用当地货币编制财务报表。母公司必须通过将各个子公司的当地货币折算为本国货币美元，才能实现世界范围内的财务报表合并。报表的折算项目包括资产、负债、所有者权益、收入、费用等。由于折算采用的汇率不同，在折算过程中，它就会出现折算损益。这种损益表现为折算风险。

10.2.3　跨国公司外汇风险管理方法

1. 交易风险管理

交易风险的管理方法主要有契约性套期保值和经营策略两类。契约性套期保值手段包括在远期市场、货币市场和期权市场等套期保值。经营策略包括定价政策、提前与延期结汇、建立再开票中心等。

1）契约性套期保值

远期市场套期保值是指利用远期外汇市场，通过签订抵消性的远期合同来降低外汇风险。交易时，双方签订合同，规定买卖外汇的金额、币种、交割时间等。到交割日，按合同规定，买方付款后，由卖方向买方交付外汇。由于合同规定了买卖货币的汇率，企业可以肯定地预知将来收到或支付的货币金额，从而避免了未来现金流不稳定的风险。例如，美国公司向英国公司出售一架价值 1 000 英镑的无人机产品，一年后才能收回货款，即期市场汇率为 1 英镑 = 1.5 美元，远期汇率为 1 英镑 = 1.45 美元。如果美国公司想要套期保值，可以与银行签订一份远期外汇合约，一年后以 1 英镑 = 1.45 美元的汇率卖出英镑，这样不管一年后汇率如何变动，美国公司都能收到 1 450 美元。

货币市场套期保值指的是通过在货币市场上的短期借贷以建立配比性质或抵消性质的

债权、债务，从而达到抵补外币应收、应付账款所涉及的汇率风险的目的。例如，美国公司向英国公司出售一架价值 1 000 英镑的无人机产品，一年后才能收回货款，即期市场汇率为 1 英镑 = 1.5 美元，远期汇率为 1 英镑 = 1.45 美元。如果美国公司想要套期保值，可以先借入 1 000 英镑，将其兑换成美元后投资，1 年后收到货款 1 000 英镑用来偿还借款。

期权市场套期保值是通过购买外汇看跌期权或看涨期权来达到规避外汇风险的目的。例如，美国公司预测 3 个月后将有 1 000 万美元的外汇净流出，为了保值，买入 3 个月的美元买入期权，执行价格为 1 美元 = 6.688 元人民币，期权费为 1 美元 0.03 元人民币。3 个月到期后，如果美元贬值，即期汇率 1 美元 = 6.477 元人民币，美国公司会放弃行权，在即期市场上购买所需美元，支付人民币 6 507 万元（1 000×0.03 + 1 000×6.477）。若 3 个月后美元升值，即期汇率为 1 美元 = 6.899 元人民币，公司行权，按执行价格 1 美元 = 6.688 元人民币购买美元，需要人民币 6 718 万元（1 000×6.688 + 1 000×0.03）。

【例 10-1】某公司应收账款 30 万英镑，5 月 31 日到期。该公司决定在 2 月 1 日采用 6 个月到期的期货合约来避险，然后在 5 月 31 日将合约用对冲结束。在 2 月 1 日，6 月到期的英镑期货合约价格是 USD1.651 0/GBP1，该公司卖出 5 份此种合约，接着在 5 月 31 日买回冲销。5 月 31 日，该期货合约价格为 USD1.640 0/GBP1，当日英镑兑美元即期汇率是 USD1.632 5/GBP1。

（1）该公司卖出 30 万英镑所得美元总收入为多少？

（2）如果 5 月 31 日该期货合约价格为 USD1.662 6/GBP1，当日英镑兑美元即期汇率是 USD1.658 0/GBP1，问该公司卖出 30 万英镑所得美元总收入为多少？

【解析】

（1）现货收入：$1.632\ 5 \times 300\ 000$ = 489 750

　　+ 期货利润：$(1.651\ 0 - 1.640\ 0) \times 62\ 500 \times 5$ = 3 437.5

　　　　美元总收入：493 187.5

（2）现货收入：$1.658\ 0 \times 300\ 000$ = 497 400

　　− 期货损失：$(1.651\ 0 - 1.662\ 6) \times 62\ 500 \times 5$ = 3 625

　　　　美元净收入：493 755

2）经营策略

定价政策包括价格变更和交易货币选择。商品价格的调整，可以抵消一部分汇率变动对跨国公司盈利的影响。跨国公司多采用转移价格，即在母公司和子公司、子公司和子公司之间，就商品、劳务和技术在内部转移时所规定的价格。该定价以跨国公司的全球战略目标为依据，规避汇率风险，达到利润最大化。由于国际市场和国内市场在佣金、买卖差价和汇率结构等方面存在差异，那么跨国公司在内部交易中的货币选择得当，就会减少许多外汇交易上的费用，增加公司利润。

提前与延期结汇指公司在预期某种货币将升值或贬值时，将结汇时间进行调整，或者提前，或者推迟。例如，若公司预测一笔日元应付款升值时，会提前支付；若公司预测一笔美元应付款贬值时，会延迟支付价款。

再开票中心是跨国公司设立的、专门管理集团内部交易产生的外汇风险的一种中介公司，通常设立在税收优惠的某个国家或地区。各子公司都以所在国的货币进行交易，子公司之间的发票签发及账款结算均交由中心进行，外汇风险集中在开票中心。公司可以将原来分散的头寸集中起来，实行外汇集中管理，并充分利用提前或推迟等技术降低外汇交易风险。

公司是否需要对各种交易活动中的外汇风险采取防范措施，以及采用何种防范措施，直接关系到国际公司的经济利益。为做出正确的决策，公司首先需要预测汇率变动是否会产生损失，以及可能产生的金额，还要预测采用某种方法防范风险将产生的成本额，并与可能产生的外汇风险损失进行比较，以做出交易风险的管理决策。

外汇风险防控案例

2. 经济风险管理

经济风险涉及公司的长期战略，需要综合考虑供应、生产、销售、财务等相互联系、相互影响的各个领域。一个公司即使没有任何跨国经营活动也会面临经济风险，因为绝大多数国家的商品与金融市场是相互联系并相互影响的。例如，如果本国货币升值，将会对一个只在国内销售且生产成本只由本国货币构成的公司产生不利影响，因为不仅来自国外对手的竞争增强了，从国外用外币进口原材料的国内对手也处于更有利的地位。

由于经济风险涉及面广，它不仅包括财务内容，还涉及市场营销、供应和生产等各个方面，因此，管理经济风险是整个公司管理者应承担的责任，交易风险和折算风险的管理一般由财务人员来承担。经济风险的测量是公司从整体上进行预测、规划和进行分析的过程。它一般运用概率分析法，预测的准确程度将直接影响公司在融资、销售与生产方面的战略决策。

经济风险的管理目标，是预测汇率变动对未来现金流量的影响，并采取必要的措施，避免风险，减少损失。对从事跨国经营的公司来说，进行经济风险管理的重要方法就是实现多元化，即经营多元化和财务多元化。

一般情况下，跨国公司采取多元化经营的方式规避经济风险，如多元化的供、产、销链条。在产品供应上，尽量到多个国家采购原材料，并采用多种货币结算；在生产安排上，产品的规格、质量、品种等做到多样化，以适应不同国家、不同地区、不同类型的消费者需求；在产品的销售上，需要尽快打入国外市场，并采用外币结算。

实施多元化的投融资策略。投资多样化，涉及多个国家，创造多种外汇收入，规避单一投资风险；尽量到多个资本市场上融资，用多种货币计算还款额，以抵消外币贬值或升值带来的风险。

3. 折算风险管理

折算风险的管理主要包括两种方法：资产负债表保值和合约保值。前者主要通过外币风险资产和风险负债在总额上的平衡实现对风险的控制，后者具有一定的投机性。

（1）资产负债表保值。对于外币资产，折算时使用现行汇率，对汇率变动是敏感的，这些资产称为风险资产。同理，那些在折算时使用现行汇率的负债称为风险负债。在资产负债表中，当风险性外币资产和外币负债在总额上达到平衡时，外币汇率变动所带来的折算风险将等于零。外币汇率上升，该种外币资产的升值将被等值的同种外币负债的增加而抵消；汇率下跌，该种外币资产的贬值也将与外币负债的减少相抵消，最终风险为零。

进行资产负债表保值，主要目的是使风险资产和风险负债在总额上相等，使外币汇率变动所带来的折算风险等于零。这项工作不是由一家子公司来完成的，而是通过跨国公司在全球范围内的所有子公司共同参与来完成的。对风险资产和负债的保值，不仅要考虑到外币的种类和结构，还要考虑到合并报表所采用的外币折算方法。由于现今世界各国采用的汇率制度不统一，有的是自由浮动，有的是固定的，有的钉住某一种外国货币浮动，有的则钉住一篮子货币浮动。因此，在考虑外币的种类和结构时，必须按照不同货币彼此间的内在联系加以区分。

（2）合约保值。合约保值与进出口交易采用的远期市场保值类似。进行合约保值，需要首先确定企业可能出现的预期折算损失，然后期初在远期市场上卖出风险货币，期末再从即期市场买入等量的同种货币，并进行远期合约的交割。比如，跨国公司 C 在现行汇率法折算情况下，预计存在 10 000 美元的折算损失。为避免这项损失，公司 C 可以于期初在远期市场卖出风险性货币，期末再从即期市场买入等量的同种货币，进行远期合约的交割，从而达到保值。

预期折算损失 ＝ 远期合约收益 ＝ 远期合约金额×（期初远期汇率 － 期末预期的即期汇率）

因此，确定远期合约数量可采用如下公式：

远期合约金额 ＝ 以报告货币计价的预期折算损失/（远期汇率 － 预期的即期汇率）

这种合约保值方法与一般意义的套期保值不同，它以预期的折算结果为基础。这种预期除了要预测期末的折算汇率外，还要考虑财务报表各项目的变动。如果预测不准，出现偏差，合约保值的效果就会大打折扣。在实践中，这种预测很难准确，因此，这种方法与其说是"保值"，不如说是对未来的投机。

10.3　国际企业营运资本管理

营运资本是企业从股东和长期债权人所取得资金中用于维持日常生产经营业务的部分。营运资本是否充足，运用是否合理，金额是否适当，决定着企业的日常生产经营活动能否顺利开展。

10.3.1　现金管理

国际现金管理是决定跨国公司持有的现金余额水平和简化现金跨国运动的一系列活动。通常情况下，这些活动都是由跨国公司的国际财务部完成的。现金管理的方式主要包括以下几种。

1. 集团内部现金支付时机选择

跨国关税子公司之间、子公司与母公司之间的资金往来，往往可以提前或滞后支付。提前或滞后支付取决于跨国公司所依赖的各个金融市场之间的机会成本——利率差价。如果收款方公司所在国利率高于支付方公司所在国利率，则支付方公司应该尽可能提前支付；相反，则应该尽可能滞后支付。

2. 集团内部现金多边结算管理

在实行资金多边结算的情况下，结算中心的设立能够节省资金的转移成本。有一家跨国公司，在法国、比利时、荷兰和德国都设有子公司。子公司之间有复杂的资金往来关系，在此情况下，需要依靠计算方法决策，比如线性规划法。

3. 资金的集中管理

跨国公司各子公司的经营都要求持有一定的营运资金。营运资金实行集中管理，要比营运资金的分散管理更能节约资金的占用量。

4. 各种类型的资金管理中心建设

跨国公司在经营过程中，资金管理面临多重目标。首先，及时地满足公司经营对资金的需求，提高资金调度的灵活度；其次，减少营运资金占用量，节省资金占用成本；最后，管理外汇风险，减少外汇风险对公司经营收益的影响。因而，跨国公司的资金管理中心有各种类型。协调中心是资金管理中心的简单形式，其任务是为子公司的经营提供交易资金，代表公司对外融资，管理公司的现金存量。多边结算中心是对公司内部的资金往来集中结算，以减少资金的结算成本，其主要任务是对各子公司的营运资金实行集中管理，满足子公司对营运资金的需求。服务中心的主要任务是满足子公司对营运资金的需求，包括使每天营运资金的需求达到最佳状态，并限制子公司不合理的资金需求。资金管理和经营管理的一体化，要求跨国公司内部，在各个子公司之间建立统一的会计平台、统一的支付系统、统一的自动化交易系统，服务中心由各子公司共享。

【例 10-2】　据表 10-1 设计公司的资金转移计划。

表 10-1　跨国公司资金管理　　　　　　　　　单位：欧元

项　　目	英国总公司	德国分公司	瑞士分公司	法国分公司
当天下班现金余额	+150	+600	−250	+500
所需最低现金余额	200	125	250	200
预期收回（+）或支出（−）				
+1 天	−100	+300	−100	−300
+2 天	+50	+250	−50	+200
+3 天	+50	+150	+50	+300

【解析】　具体见表 10-2 和图 10-1。

表 10-2　跨国公司资金管理分析　　　　　　　单位：欧元

子公司	日终现金余额	所需最低现金余额	现金多余或不足	+1 天余额
英国	+150	200	−50	−100
德国	+600	125	+475	+300
瑞士	−250	250	−500	−100
法国	+500	200	+300	−300
总计			+225	

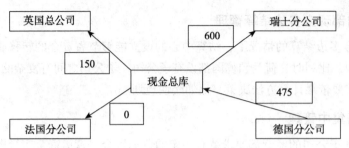

图 10-1　跨国公司资金转移

10.3.2　应收账款管理

科学合理的应收账款能够增强企业的竞争力，保持或扩大市场占有率，但应收账款过多，会增加成本（如持有应收账款的机会成本、管理成本和坏账成本等），减少收益。应收账款管理的主要目标就是要权衡采用赊销策略带来的盈利和由此付出的成本，以便在充分发挥应收账款功能的基础上降低应收账款投资的成本。

影响跨国公司应收账款资金占用水平即存量水平的因素主要包括：①同行业竞争。国际竞争越激烈，跨国公司越会采用赊销的方式吸引世界各地消费者，公司在应收账款方面占用的资金就越大。②公司的信用政策。信用政策包括信用期限、信用标准和现金折扣政策。如果公司的信用期限较长、信用标准宽松、现金折扣率低，则应收账款占用的资金越大，反之，应收账款占用的资金越小。③公司的业绩评价标准。若跨国公司进行行业绩评价时，仅以销售额为标准，而不关注应收账款的风险水平，销售人员很可能盲目扩大赊销，使应收账款的水平居高不下。

跨国公司的应收账款主要在两种不同类型的交易中产生：一是独立于公司的经济组织和个人之间的买卖；二是公司各内部成员之间的买卖。不同的交易方式，对于应收账款的管理采用不同的策略。

对于独立顾客的应收账款管理，主要采用选择有利的交易货币和确定合理的信用政策的方法。

（1）选择有利的交易货币。跨国销售可供选择的货币主要有出口商货币、进口商货币和第三国货币。为了避免外汇交易风险，出口商希望采用硬通货结算，进口商希望采用软货币结算。如果双方掌握信息相同，并对有关货币之间的汇率变动有着相同的预期，则双方可能讨价还价。讨价还价的结果可能使双方共同承担风险，风险的水平取决于双方的实力。如果双方对有关货币之间的汇率变动有着相反的预期，则交易很容易达成。

（2）确定合理的信用政策。企业为顾客制定的信用政策越优惠，应收账款成本越高，产品销售额也越高。企业修订原来的信用政策时，必须进行相应的成本效应分析。

①计算原有的信用政策带来的信用成本。

②计算新的信用政策带来的信用成本。

③计算新的信用政策带来的增量成本。

④不考虑增量成本，计算新的信用政策带来的增量收益。

⑤如果增量利润大于增量成本，则新的信用政策可行；否则，不可行。

跨国公司内部某成员单位向其他成员单位出售物品，其为收取货款，就形成了公司内部的应收账款。对于公司内部的应收账款管理，交易双方在选择开票货币和确定支付条件时，应考虑公司在全球范围内的税务规划、财力配置和资金规划，以实现公司全局利益的最大化。

【例 10-3】 法国一家子公司年销售额 100 万美元，平均信用期为 90 天。为进一步扩大销售，该子公司拟将信用期限由 90 天延长到 120 天。预计信用期延长后，每年销售额比原来提高 6%，增量销售收入对应成本 35 000 美元。已知每月融资成本为 1%，欧元平均每 90 天贬值 1.5%。该信用扩展措施是否可行？

【解析】

（1）计算原有的信用政策带来的信用成本。

持有欧元应收账款 3 个月发生的信用成本 $= 1 - (1 - 1\% \times 3) \times (1 - 1.5\%) = 4.5\%$

原有的信用政策每年带来的信用成本 $= 1\ 000\ 000 \times 4.5\% = 45\ 000$（美元）

（2）计算新的信用政策带来的信用成本。

设欧元将在第四个月贬值 d，则持有欧元应收账款 4 个月发生的信用成本 $= 1 - (1 - 1\% \times 4) \times (1 - 1.5\% - d) = 0.055 \times 0.96d$（美元）

新的信用政策每年带来的信用成本 $= (1\ 000\ 000 + 60\ 000) \times (0.055 + 0.96d) = 58\ 300 + 1\ 017\ 600d$（美元）

（3）计算新的信用政策带来的增量成本。

$$(58\ 300 + 1\ 017\ 600d) - 45\ 000 = 13\ 300 + 1\ 017\ 600d\ （美元）$$

（4）不考虑增量成本，计算新的信用政策带来的增量收益。

$$60\ 000 - 35\ 000 = 25\ 000\ （美元）$$

（5）如果增量利润大于增量成本，则新的信用政策可行。即

$$25\ 000 > 13\ 300 + 1\ 017\ 600d,\ d < 1.15\%$$

10.3.3 存货管理

存货是企业在生产经营过程中为销售或耗用而储备的各种物资。跨国公司的存货管理同样遵守国内企业使用的经济订货批量、保险储备等原理，但比国内存货管理更加复杂。首先，跨国公司的大多数子公司在通货膨胀情况下从事经营活动，币值变动因素迫使跨国公司改变传统的存货管理策略。其次，依赖进口的子公司，存货供应路途遥远，需要跨越国界，到货时间受各种不确定情况的影响。以上原因使得跨国公司存货管理具备新的特色。

对于公司的管理者来说，存货购置决策需要考虑以下因素。

（1）存货提前或延迟购置成本。存货提前购置产生的成本包括存货占用资金利息、保险费、储存成本和存货损耗等。存货延迟购置成本包括通货膨胀导致较高的成本、存货短缺造成的损失等。因此，存货购置决策取决于以上两种成本的比较。

（2）采购存货的方式。理论上，国际企业应保持存货水平最优，但许多生产过程依赖进口原材料或半成品的企业仍会保持较高的存货水平，主要是出于通货膨胀、战争等影响的考虑。所以，考虑存货持有水平时，需要考虑是否依赖进口。如果子公司存货主要依赖进口，当预期当地货币贬值时，应尽可能多地提前购置存货；如果子公司主要从当地购置存货，预期货币贬值时，应尽量降低存货量；如果子公司既从国外进货，又从东道国进货，

预期当地货币贬值时，应减少当地存货量，超前购置进口存货。

10.4 国际企业筹资管理

10.4.1 国际筹资的含义

国际筹资，也称国际融资，是指资金需求者通过一定的渠道和方式从国外的资金供给者处获得资金，并给资金供给者适当回报的经济活动。国际筹资的目的是筹集和利用外资。所谓外资，是与本国资金相对而言的，即在本国境内使用，但所有权属于外国人（包括外国法人和自然人）的资金。企业的国际经济业务发展越快，资金的筹措和运用必然会随之更趋国际化。企业国际筹资主要通过国际金融市场运作，包括国际信贷市场、国际债券市场、国际股票市场。

10.4.2 国际筹资方式

跨国筹资渠道具有弹性大、资金量大的特点，跨国企业的资金筹集方式呈现多元化的特征。例如，跨国公司既可以利用母公司的资金，也可以利用子公司东道国的资金，还可以利用国际专业银行信贷资金、非金融机构筹资，以及国外的其他企业资金，因此可供选择的范围很广泛。

1. 国际债券筹资

国际债券是指债券发行者（某国的政府、金融机构、工商企业以及国际组织机构）在国外金融市场发行的债券。国际债券的发行人和投资者分属于不同的国家，债券总是卖给借款人以外的国家的投资者，包括外国债券和欧洲债券两类。外国债券的特点是债券发行者在一个国家，债券的面值货币和发行市场则属于另外一个国家。在欧洲债券市场出现前，所有在国外发行的债券都属于外国债券。外国债券市场主要在美国、日本、德国、瑞士四个国家，它们的交易额占整个外国债券市场的 95%左右。例如，外国借款者在美国市场公开发行的长期美元债券称为"扬基债券"（Yankee Bond）。

欧洲债券是指借款者（一国政府、金融机构、公司等）在外国（一国或几国）的证券市场上发行的，不是以该外国的货币表示面值的债券。例如，中国借款者在英国、德国和法国债券市场发行美元债券，称为欧洲美元债券。欧债发行除需借款人所在国政府批准外，无须向发行地国家办理批准手续，也不受发行地国家的法律约束和金融当局的管理，但在发行时需要声明债券方面的纠纷应按哪国法律仲裁。发行欧债具有自由灵活、筹资数额大、投资风险小、利息收入免所得税、筹资成本低、货币选择性强的优点。

2. 境外发行股票筹资

我国企业境外上市的模式有大型国企经改组改制境外上市融资、优质民企通过境外注册企业或海外买壳上市、新科技公司与海外资本共成长。例如，新浪公司于 1999 年先后获得多家风险投资公司包括华登投资集团、软银集团、高盛集团、戴尔等的风险投资。2004年 4 月，新浪在纳斯达克市场正式挂牌上市，定价 17 美元，上市当日收盘价 20 美元以上。新浪公司上市后，风险投资择机退出，均获得了超常规回报。大型银行、企业上市融资采取 A + H 模式。中国 A 股证券市场在 20 世纪 90 年代市场规模小、流动性弱，难以承载大型国企上市，于是部分企业选择在 A 股或者流动性更强的 H 股上市。

美国存托凭证（ADR）模式也是一种重要的境外上市模式。ADR 是美国银行签发的一种代表外国公司股权的证券，使外国公司的股票可在美国筹资和上市，其实质是外国公司股票的一种替代交易形式。以股票为例，A 国的上市公司甲为使其股票在 B 国发行和上市，向 B 国证券管理部门提出申请。获得批准后，它在 B 国找一家信誉好的银行作为存托银行，由存托银行指定一家与其有关的在 A 国的银行作为保管银行。甲公司将一定数额的股票存入保管银行，在 B 国的投资者到存托银行交款购买 A 国甲公司的股票时，由存托银行签发存托凭证。投资者持有的不是甲公司的实际股票，而是代表甲公司股票的存托凭证，可以领取股利，也可以在流通市场上转让。存托凭证简便易行，对国际股票的筹资者和投资者都比较方便。根据上市地的不同，存托凭证分为 ADR（美国存托凭证）、EDR（欧洲存托凭证）、HKDR（香港存托凭证）、SDR（新加坡存托凭证）等。如果发行范围不止一个国家，就叫全球存托凭证（GDR）。ADR 是进入美国市场的有效途径，以 ADR 方式办理股票发行和流通的公司超过 2 000 家。

3. 国际商业银行贷款

各国的银行原来只是用本国货币对本国的借款者发放贷款。随着国际经济贸易的发展，一些发达国家的银行开始用本国货币对外国借款者发放贷款，这种情况在 19 世纪就已出现了，比如英国的欧洲美元贷款、法国的欧洲马克贷款等。这类贷款不受贷款货币所属国家的法律约束，例如欧洲美元贷款不受美国银行的法律约束。

国际商业银行贷款可以自由使用，不受贷款银行的限制；贷款方式灵活，手续简便；信贷资金供应充沛，允许选择借款货币；贷款利率较高，期限较短。外国政府贷款往往规定借款国必须用全部或部分贷款采购贷款国的商品，并且往往要求借款国用初级产品（如煤、石油等）来偿还贷款；出口信贷把提供贷款与必须购买贷款国的出口设备紧密地联系在一起；项目贷款与特定的项目建设相联系；国际金融组织贷款大多与特定建设项目相联系。国际商业银行贷款的用途不受贷款银行的任何限制，可以由借款者根据需要自由使用，用来购买任何国家的货物。

4. 国际租赁筹资方式

租赁是指在约定的时期内出租人将资产使用权让予承租人以获取租金的行为。在租赁期内，出租人以收取租金的方式保持对租赁物的所有权，承租人则通过支付租金取得租赁物的使用权。根据租赁的业务活动涉及的范围是否超越本国，可将其分为国内租赁和国外租赁。凡是租赁业务活动涉及其他国家的，就称国际租赁，也称跨国租赁。

5. 国际补偿贸易筹资

国际补偿贸易筹资指由出口商提供机器设备、技术，其价款允许进口商用进口的设备、技术生产的产品或双方商定的其他产品分期清偿的贸易方式，也可以说是一方向另一方出口商品，同时承担分期向对方购买一定数量商品的义务。欧美国家把该种贸易方式称为补偿贸易（compensation trade）或对等贸易（counter trade）。出口方提供设备、技术，并取得补偿品，进口方提供补偿品，取得设备、技术的所有权和使用权，属于商品买卖关系。从进口方说，国际补偿贸易也是利用外资的一种重要方式。

10.4.3 国际企业资本成本管理

国际企业的筹资成本影响国际经营成本，影响国际企业的收益，还影响国际企业的风险级别、竞争力等，因此寻求低成本资金是国际企业资本成本管理的主要目标。

在资本市场不完全有效的情况下，国际企业有更多的机会寻求低成本资金。国际企业独有的全球资金调度能力，也有助于其把握机会。一般情况下，国际企业主要通过选择合适的筹资地点、筹资方式和筹资币种，降低筹资成本。

（1）选择合适的筹资地点。国际企业可以选择税率很低甚至不征收所得税和预扣税、法律管制较松的地方进行筹资。这些地区资金调度比较自由，可以绕过各种管制，达到降低资金成本的目的。国际企业也可以选择在避税港设立所属机构。这类机构由母公司设立，母国政府对于国际企业来自海外的收入一般延期到避税港子公司向母公司支付股息时才征收所得税，因此国际企业可以通过避税港的子公司向海外不断成长的其他公司提供资金，而延缓向母国纳税。

（2）选择合适的筹资方式。要适度规模地利用债务筹资。债务筹资具有税盾效应，可减轻企业税务负担。然而，过高的债务可能带来财务风险，企业筹资需考虑债务筹资规模。国际企业筹资时，可争取优惠补贴贷款及当地信贷配额。大多数政府为了鼓励对外投资和吸引投资，会向本国或外国企业提供贷款补贴和税收优惠。国际企业应充分利用这些优惠措施，以降低筹资成本。

（3）选择合适的筹资币种。国际企业需根据汇率、资金数量、证券价格和证券票面利率确定证券筹资的有效成本，选择强币筹资、弱币筹资或多种货币筹资方式。筹资时需要注意以下问题：筹集资金与用款及还款货币尽量一致，选择流通性较强的可兑换货币筹资，以便资金调转；尽量使用软货币进行筹资，因债务货币汇率下浮而减少债务成本和负债额；筹资货币多样化，以分散风险。

为了降低本企业的筹资成本，国际企业应结合自身财务状况，选择最有利的资金来源，增强企业竞争力。企业在筹资决策之前，必须对各种筹资渠道和方式进行认真调查、预测、比较和分析，以便提高决策的正确性和及时性。

【例 10-4】 一家美国公司按 8% 的利率取得了 1 年期贷款 100 万瑞士法郎，该公司将其兑换为美元向供货商支付原材料款，即期汇率为 1 瑞士法郎 = 0.5 美元，一年后，即期汇率为 1 瑞士法郎 = 0.6 美元。该公司的实际融资利率为多少？如果即期汇率变为 1 瑞士法郎 = 0.45 美元呢？

【解析】 1 年后还款的实际利率：$(1 + 8\%) \times 0.6/0.5 - 1 = 29.6\%$。

当即期汇率下降时，$(1 + 8\%) \times 0.45/0.5 - 1 = -2.8\%$，实际融资利率变为 -2.8%。

考虑借入外币时，不应只考虑外币的挂牌利率，还需要预计到期时的外币升值率或贬值率。

10.5 国际企业投资管理

10.5.1 国际企业投资概述

按投资方式的不同，跨国公司投资管理分为对外直接投资和对外间接投资。这两种方式都能起到降低企业风险和获得超额利润的作用。进行对外间接投资是为了追求不同的风险收益配比，对外直接投资则是将企业国内竞争优势拓展至国外，保持全球性的竞争优势。

国际投资管理是指国际企业将自己的资本投放至国外，以获得经济收益为目的的国际经济活动。国际投资有经营风险、市场风险、利率风险以及违约风险等。不论哪种风险，都会对国际投资的收益产生直接的损害或不利的影响。因此，国际投资管理的基本内容是对各种风险进行预测、分析以及控制。国际投资是一国宏观经济发展战略和对外经济发展方针的重要组成部分，世界各国都十分重视国际投资管理。

对外直接投资和对外间接投资的区分标志是投资者能否控制作为投资对象的外国企业。

1. 对外直接投资

根据国际直接投资理论，有以下几个动力推动对外直接投资和跨国公司的发展。首先，谋求垄断优势。由于市场的不完全性，企业必须通过对外直接投资方式使自己独占性的生产要素优势发挥作用，这是企业走向国际化的主要动机。其次，产品生命周期的要求。在产品生命周期的不同阶段里，产品会表现出技术特征、竞争力水平以及规模经济程度，所以资本会随着产品生命周期的变化在国际上流动。最后，内部化理论。跨国公司一般会通过建立企业内部市场来克服外部市场和市场不完整导致的风险和损失。

1）投资的动机

从实际运作过程来看，对外直接投资有以下三个动机。

（1）降低生产成本。一般情况下，如果竞争企业可以在海外获得更低成本的生产要素时，企业为了维持在国内的生存，通常也会抓住机会在国外进行投资。事实上，面对激烈的市场竞争，企业会抓住每一个降低生产成本的机会来维持生存和赚取正常利润，而不是获得超额利润。

（2）获取技术和知识。获取海外市场的技术和知识是企业进行海外投资的重要目的之一。通过海外投资，企业可以及时获得国际市场上的产品信息和创新信息，并且将这些信息用于企业产品的设计、生产和营销中。国外市场的竞争非常激烈且变化快速，海外投资对企业本身来说就是一种极为宝贵的经验。海外投资获得的技术与知识是无价的。

（3）守住国内客户。如果一些企业为跨国公司提供商品或服务，为了持续向跨国公司提供产品或服务，一般会跟随国内客户到国外进行跨国经营。如果不跟随客户进行海外投资，这些客户就可能选择当地的供应商。这些供应商可能也是国内的竞争对手，从而遭受了国内外生意上的损失。

2）投资的策略

公司可以依靠技术或者营销渠道上的优势在短期内获得快速发展，但是这些优势随着产品生命周期的更新而消失。企业若想在激烈的国际竞争中获得长远发展，应该努力获得可以使企业在全球生存与发展的投资机会。公司可以制定以下投资策略。

（1）关注可盈利的投资机会。企业的投资策略应该明确自己的竞争优势，增强差别化优势。当规模经济在经济活动中发挥着非常重要的作用时，企业的投资战略应侧重于建立数量优势；在范围经济十分重要的时候，企业在投资时应十分注重扩大产品的范围。

（2）审核市场进入模式的有效性。国际投资管理要仔细评价每种市场进入模式，并且对每种进入模式的优势和劣势进行比较，从而选择最佳的进入模式。不仅如此，国际投资管理更要求审核市场进入模式的有效性，时刻观察市场进入战略对销售潜力的影响，不断调整市场渗透战略。

（3）采用合适的评价标准。对一个投资项目的收益和风险进行评价时，不仅仅要局限于项目本身的情况分析，由于国际投资的复杂性，还需要对其他情况进行分析。如海外投资对克服贸易壁垒以及战胜竞争对手的作用。

2. 对外间接投资

对外间接投资是指投资者不直接掌握投资对象动产或不动产的所有权，或对投资对象没有足够的控制权。对外间接投资主要指证券投资。

国际企业通过将资金投资于其他国家的公司、企业或经济组织发行的证券，以期在未来获取收益。国际证券投资比较灵活，证券投资不像共同经营那样需要复杂的程序，只要有合适的证券就能投资。证券的发行需要评级机构确认发行人的资信等级，并需要足额担保，投资风险比合营企业要小。证券能够随时变现，流动性强，投资证券比投资实务更具变现能力。当然，证券投资没有对外直接投资的优势，不能获取先进的管理经验和科学技术，无法控制有关的资源市场。

国际投资管理在国际市场竞争中发挥着重要的作用。国际企业应将国际投资管理放在战略性的重要位置上，通过国际投资管理来降低风险、获得利润，并对国际投资管理的策略进行创新性思考，为海外投资开辟新的道路。

10.5.2　国际资本预算

1. 国际资本预算的基本特征

跨国投资项目的经济评价，其原理类似于国内投资项目的经济评价。但跨国投资项目的经济环境与国内不同，涉及的可变因素更多，其经济评价有以下基本特征。

（1）对跨国投资项目进行评价必须区分投资项目本身的现金流量和母公司的现金流量，从而有助于总公司评价跨国投资项目对公司整体所做的贡献。

（2）跨国生产经营涉及不同国家、地区的多种货币体系，它们在各自的资金市场上会形成不同的利率并具有不同的增减变动情况，在各自的国家、地区会形成不同的通货膨胀率并具有不同的增减变动情况。

（3）跨国投资项目可能获得特定的筹资机会，如当地借款，在不完全金融市场上发行证券等，因此投资项目很难与筹资行为区分开。

（4）跨国生产经营会涉及不同国家、地区的税制、税率、外汇管制、进出口管制等。跨国投资项目的实际现金流量受现金汇回母公司的形式如利息、本金、管理费、股利等的影响，同时也受当地政府干预程度和金融市场财务功能的影响。

2. 国际资本预算的主体选择

跨国投资项目决策，涉及以子公司为主体进行经济评价，还是以母公司为主体进行经济评价的问题。从不同的主体出发进行经济评价，现金流量会有差异。主体选择不同，评价结果不同。

跨国投资项目在国外形成的子公司具有较强的经济独立性。以子公司为主体，对投资项目本身建成投产后能否取得相应的经济效益独立进行经济评价是合适的。以子公司为主体进行经济评价的方法和原理与国内一般企业投资项目经济评价基本相同。以母公司为主体进行经济评价符合经济理论的观点认为，一个投资项目的价值取决于投资者可以得到的未来现金流量现值。跨国公司及其股东作为投资者，从总公司的角度评价跨国投资项目是恰当的。

3. 国际投资项目现金流量估计

1）初始现金流量

母公司提供的以母公司所在国货币计算的固定资产、东道国金融机构提供的以东道国货币计价的垫支资本，以及解冻并为该项目所使用的冻结资金等。

2）经营现金流量

子公司在其所在国销售商品形成现金流入、子公司对所在国以外的第三国销售产品形成的现金流入，按适当的汇率换算为母公司货币单位，并扣减由它代替原总公司对该国的产品出口，使得总公司丧失该部分市场而失去原先可实现的利润。

子公司使用总公司提供的专利和其他技术服务应支付给总公司的补偿费。

正常借款形成的税收节约额、子公司所在国提供的优惠财务安排。

3）终结点现金流量

跨国投资项目的终值处理方法与国内投资项目不同，主要有三种。

如果子公司所在国政府规定，投资项目经过一定年限后，只支付一个象征性的对价，即收归所在国所有，则调整后的净现值计算可以不考虑项目终值的调整问题。

如果项目终了以后尚可经营的年份视为正常的继续经营期，并假定预算终止年形成的净现金流量将在以后尚可经营的年份继续发生，则可以将各年所产生的净现金流量换算为预期终止时的年金现值，作为项目的终值，以它为转让价格将项目的所有权转让给当地投资者。

如果不将项目终了以后尚可经营的年份视为正常的继续经营期，而是把项目预算期的终值作为项目转入"清理"，则可以将项目的清理价值作为项目的终值，以它为转让价格将项目的所有权转让给当地投资者。

4）基于母公司视角的资本预算模型

从跨国公司或母公司的角度分析子公司的国外资本支出时，一个在子公司看来调整后净现值为正的项目，在母公司看来调整后的净现值可能是负的。比如，某些现金流量被所在国冻结无法汇回母公司、子公司所在国对汇回外汇额外征税等。高额的边际税率使得项目在母公司看来无利可图。如果跨国公司有国外子公司，但由国内股东控制母公司，那么项目现金流量必须转化为本国货币，母公司所在国的货币就变得十分重要了。

康纳德·雷萨德（1985）拓展了调整后现值模型。该模型的现金流量必须用外币表示，并且必须转化为母公司的货币，以适应跨国公司分析国外资本支出。该模型可表示为

$$\text{APV} = \sum_{t=1}^{T} \frac{\bar{S}_t \text{OCF}_t(1-x)}{(1+k_{ud})^t} + \sum_{t=1}^{T} \frac{\bar{S}_t x D_t}{(1+i_d)^t} + \sum_{t=1}^{T} \frac{\bar{S}_t x I_t}{(1+i_d)^t} + \frac{\bar{S}_T \text{TV}_T}{(1+k_{ud})^T} - S_0 C_0 + S_0 \text{RF}_0 + S_0 \text{CL}_0 - \sum_{t=1}^{T} \frac{\bar{S}_t \text{LP}_t}{(1+i_d)^t}$$

其中：母公司与子公司税率的较大者为公司边际税率 x；项目初始成本为 $S_0 C_0$；第 t 年的预

期即期汇率为 $\bar{S}_t$；合法汇回母公司的营运现金流量为 OCF_t；计划项目在国外运作所产生的闲置资金的累计价值为 RF_0；利息税收抵免为 $\bar{S}_t x I_t$；低于市场利率的优惠贷款为 CL_0；权益资本成本为 k_{ud}；正常借贷利率 i_d；优惠贷款 LP_t；母公司取得低于市场水平利率的外币借款而获得的以母公司货币表示的利益现值表示为

$$S_0 CL_0 - \sum_{t=1}^{T} \frac{S_t LP_t}{(1+i_d)^t}, \quad \bar{S}_t = S_0 \frac{(1+\pi_d)^t}{(1+\pi_f)^t}$$

其中：π_d 为跨国公司母公司国内的预期长期年通货膨胀率；π_f 为国外年通货膨胀率。

对于海外项目，大多数预期的未来现金流量将会以外国货币表示。可以用两种方法估计项目的净现值。一是把预期的未来汇回本国的现金流量兑成本国货币，然后用项目的资本成本得出净现值，即先折算再折现；二是把预期汇回本国的现金流量按照外国的资本成本进行折现，这反映了外国的利率和相关的风险溢价，然后按照即期汇率将其汇兑成美元，即先折现再折算。

【例 10-5】一家美国公司在英国租用一套生产设备，租期 3 年。公司为使其重新运转，初始投资 2 000 万英镑。在未来 3 年，项目的预期现金流量分别为 700 万英镑、900 万英镑、1 100 万英镑。美国相似项目的风险调整资本成本为 10%。假设即期汇率为 1 英镑兑换 1.800 0 美元，多年期利率根据利率平价公式计算（见表 10-3）。预测租赁方案是否可行？

表 10-3　年化利率

	1 年期	2 年期	3 年期
π_d（年化利率）/%	2.0	2.8	3.5
π_f（年化利率）/%	4.6	5.0	5.2

【解析】　由公式 $\bar{S}_t = S_0 \frac{(1+\pi_d)^t}{(1+\pi_f)^t}$，可得多年期利率平价关系隐含的远期利率如表 10-4 所示。

表 10-4　远期利率

	1 年期	2 年期	3 年期
π_d（年化利率）/%	2.0	2.8	3.5
π_f（年化利率）/%	4.6	5.0	5.2
即期汇率（$/£）	1.800 0	1.800 0	1.800 0
远期汇率（$/£）	1.755 3	1.725 4	1.714 1

美国公司在英国租用一套生产设备，带来了 218 万美元的净现值（见表 10-5），项目可行。

表 10-5　国际投资的净现值

	0	第 1 年	第 2 年	第 3 年
用英镑表示的现金流量/万英镑	− 2 000	700	900	110 0
远期汇率（$/£）	1.800 0	1.755 3	1.725 4	1.714 1
用美元表示的现金流量/万美元	− 3 600	1 229	1 553	1 886
项目资本成本	10%			
净现值/万美元	218			

10.6 国际税收筹划

10.6.1 国际税收概述

国际税收是指涉及两个或两个以上国家财权利益的税收活动，它反映各个国家政府对从事国际活动的纳税人行使征税权利而形成的税收征纳关系中国家之间的税收分配关系。

多税种下，按照课税对象的性质，可将税种分为三大类，即所得税、商品税和财产税。

1. 所得税

所得税是以纳税人的所得额或收益为课税对象的税收，包括个人所得税和企业所得税。对于企业所得税制度，主要有三种类型：课税制、双税率制、合并制。课税制度将公司和股东视作不同群体，分别纳税。双税率制度对公司的未分配利润和已分配利润实行两种不同的税率。合并制度将公司和股东作为一个整体来对待。课税制下，公司的收益被重复征税，而合并制下，缓解了公司利润重复征税的问题。

2. 商品税

商品税指以商品的流转额为课征对象的税收，包括消费税、增值税、关税等。

消费税以消费品的流转额为课征对象，征收消费税主要为了调节消费结构和引导消费结构，取得财政收入不是其主要目的。

增值税是以工商企业生产经营中的增值额为征税对象，课征范围包括原材料采购、生产、批发、零售以及进出口的各个环节。

关税是以进出国境的商品流转额为课征对象，按课税商品在国境上的不同流向，关税分为进口税、出口税和过境税。

3. 财产税

财产税是指以纳税人的财产数量和价值额为课税对象的税。以课征范围为标准，财产税包括一般财产税和个别财产税。

一般财产税以某一时点纳税人所有财产的总值或净值为课征对象的税收，包括继承税、资本税等。

个别财产税对某一具体的财产征税，包括土地增值税、房产税和车船税。

上述税种，所得税和财产税中的一般财产税属于"对人税"，它们的课征对象与纳税人相联系；商品税和财产税中的个人财产税属于"对物税"，它们的课税对象与具体征收物相联系。

10.6.2 国际税收筹划概念及原因

1. 国际税收筹划的概念

国际税收筹划是指跨国纳税义务人在遵守或不违反现行税制及相关法律的前提下，通过对生产经营活动的科学统筹和合理安排，选择最佳的纳税方案，达到降低税金负担、获得尽可能大的税后利益的目的。

国外的跨国公司非常重视税收筹划，积极将它运用在投资、研发、生产、销售等各个环节。大型跨国公司专门聘请税务专家为本公司进行税收筹划，专家对跨国交易中的现金流进行跟踪，从现金流开始的东道国追踪至跨国公司的母国，寻求可以减轻纳税义务又顺从法律意图的商业活动和资金流途径，以此帮助减少累进征税，避免国际双重征税。

目前理论界对国际税收筹划的界定有两种观点：一种观点认为国际税收筹划仅指国际节税筹划，也就是说所做出的筹划行为不但合法，还能顺应筹划所在国的立法意图，是国家所倡导的。另一种观点认为国际税收筹划不但包括国际节税筹划，还包括国际避税筹划。国际避税是指纳税人利用税法的漏洞和缺陷来实现减税的目的，虽然不违法，但却违背筹划所在国的立法意图，是国家需要通过完善法律法规来避免和抵制的。

2. 国际税收筹划的原因

在经济全球化和贸易自由化的背景下，跨国公司纷纷在世界各国设立子公司，增加公司的实力。然而，子公司所在的国家或地区有着不同的税收政策、税种和税率，使跨国公司成功进行国际税收筹划成为可能。

1）各国税收管辖权的差异

税收管辖权是指主权国家根据其法律所拥有和行使的征税权，包括居民税收管辖权和地域税收管辖权。居民税收管辖权是指国家对其居民的全部所得行使征税权；地域管辖权是指国家对来源于本国境内的所得征税，对于来自国外的所得免税。有的国家或地区只施行一种税收管辖权，比如中国香港、中国澳门，以及马来西亚等。多数国家是以一种税收管辖权为主、另一种税收管辖权为辅施行税收制度。跨国公司可以利用这种差异进行税收筹划。

2）税收具体法律法规的差异

由于各国的自然资源、生产力发展水平不同，反映出的税收法律法规有明显的差异，主要表现在以下几个方面。

（1）税种差异。各个国家的税种和各种税的征收范围各不相同，有的税种在一些国家和地区根本就不存在，比如百慕大群岛和巴哈马就没有公司所得税。

（2）税基差异。税基是课税的基础和依据。在税率一定的情况下，税基的大小决定了企业税负的大小，跨国公司可以根据各国所规定的税基范围灵活进行税收筹划。

（3）税率差异。世界各国和地区的税率可能会出现差异，例如，在比利时、瑞典等地，税率就很高，而在中国香港税率很低，有的国家和地区甚至免税。

（4）税收优惠差异。很多国家为了吸引外资会为外国投资者提供很多不同的税收优惠，跨国公司可以利用这种差异进行国际税收筹划。

3. 国际税收协定的存在

国际税收协定是指两个或两个以上的主权国家为了协调互相之间的税收分配关系和处理税务问题，通过谈判所签订的书面协议。国际税收协定适用的范围限于居民，即属于缔约国一方居民或者同时为双方居民的纳税人才能享受协定待遇。

国际税收协定主要针对所得税中的预提税，即在缔约国缴纳的所得税可以在本国抵减应纳所得税，并且签订国际税收协定的国家使用的预提税税率要比其他国家低很多，多国国际税收协定的存在为跨国公司提供了很大的税收筹划空间。跨国纳税人在选择投资国时，应选择与多国签订税收协定的国家。

因此，跨国公司只有在充分掌握各个国家的税收管辖权差异、税收法律法规和国际税收协定的内容，税收筹划才能成功。

10.6.3　税收管辖权与国际重复征税

由于税收管辖权分为地域管辖权和居民管辖权，各国对税收管辖权的界定不同，导致纳税人可能分别被两个国家界定为纳税人。

避免国际重复征税的方法主要有免税法、扣除法、抵免法、税收饶让。

1. 免税法

它是指对本国居民来自国外所得免予或部分免予征收所得税。免税法包括全额免税法和累进免税法。全额免税法指征税国在确定纳税人总所得的适用税率时，完全不计入免税的国外所得。累进免税法是指征税国对境外所得虽然给予免税，但在确定纳税人总所得的适用税率时，将免税所得纳入计算。大多数国家采用累进免税法，因为征税国能够取得更多的税款。

【例 10-6】 甲国居民在甲国税前所得 20 000 美元，在乙国税前所得 6 000 美元。全额免税法下，甲国税率 20%，乙国税率 30%。累进免税法下，甲国实行超额累进税率，20 000 美元以内税率 20%，20 000～25 000 美元税率 25%，25 000～30 000 美元税率 30%，超过 30 000 美元税率 40%。该居民在甲国和乙国分别应纳多少税款？

【解析】

（1）全额免税法。乙国征税：$6\,000 \times 30\% = 1\,800$（美元）；甲国征税：$20\,000 \times 20\% = 4\,000$（美元）；合计征税 5 800 美元。

（2）累进免税法。乙国征税：$6\,000 \times 30\% = 1\,800$（美元）；甲国征税：$(20\,000 - 6\,000) \times 20\% + (25\,000 - 20\,000) \times 25\% + (26\,000 - 25\,000) \times 30\% = 4\,350$（美元）；合计征税 6 150 美元。

2. 扣除法

它指将在他国的所得税税款视为一般费用在总应税所得中扣除，然后按扣除后的余额征税。扣除法不是真正意义上的重复征税避免，因为未对来自国外的所得免除税收，仅是减轻了重复征税。

【例 10-7】 承接上例，甲国居民在甲国税前所得 20 000 美元，在乙国税前所得 6 000 美元，甲国税率 20%（或超额累进税率），乙国税率 30%，该居民在甲国的纳税额为多少？

【解析】

（1）如果甲国实行全额计税，$[(20\,000 + 6\,000) - (6\,000 \times 30\%)] \times 20\% = 24\,200 \times 20\% = 4\,840$（美元）。

（2）如果甲国实行的是累进税，$(24\,200 - 20\,000) \times 25\% + 20\,000 \times 20\% = 5\,050$（美元）。

3. 抵免法

它指将居民来自境内外全部所得视为应税所得，应税所得乘以应适用的税率减去该居民纳税人已在境外实际交纳的所得税额为应交纳税额。抵免法包括全额抵免法和限额抵免法。全额抵免法指不管纳税人在收入来源国纳税多少，全部给予抵免。限额抵免法指居住国对本国居民（公民）在非居住国交纳的所得税可以从本国应纳税款中抵免的数额，规定一个最高限额，小于或等于限额的可全数抵免，高于限额的只能按限额抵免。大多数国家采用限额抵免法。由于限额抵免法规定了可抵免的最高限额，因此，它避免了全额抵免法下因外国税率高于居住国税率而损害居住国公民利益的现象。

全额抵免法可表示为，纳税人交纳的居住国税款=（纳税人来自各国所得×居住国税率）−纳税人已纳全部外国税款。当居住国税率低于外国税率时，这样的做法不可取。

限额抵免法可表示为，当居住国税率高于或等于外国税率时，纳税人交纳居住国税额=（纳税人来自各国所得×居住国税率）−纳税人实际交纳的外国税款；当居住国税率低于外国税率时，纳税人交纳居住国税额 =（纳税人来自各国所得×居住国税率）−可抵免的限额。通常，可抵免限额=外国所得×居住国税率。

【例 10-8】 假设在居住国甲国的总公司某一纳税年度所获取的收益额为 800 万美元，它设在非居住国乙国的分公司于同年获取的收益额为 200 万美元。已知甲国的所得税税率为 50%，乙国的所得税税率为 40%。该公司已向乙国交纳税款 80 万美元，它并没有超过来源于乙国的收益按甲国（居住国）的税率计算的应纳税额 100 万美元（即 200 万美元 ×50%），则限额抵免法下该公司应向甲国政府交纳多少税款？

【解析】 限额抵免法下，该公司在向甲国政府办理纳税申报时已交乙国税款 80 万美元可以全部得以抵免。

该公司应向甲国政府交纳税款 =(800 + 200)×50% − 80 = 420（万美元）。

4. 税收饶让

它指一国政府对其居民在国外享受减免税而未缴纳的所得税款，视同已经缴纳，连同在国外实际缴纳的税款一起抵扣。

【例 10-9】 甲国和乙国的所得税率均为 40%。甲国母公司来自国内的应税所得为 1 000 万元，来自乙国子公司的所得 500 万元，乙国给予减半征收的优惠待遇。在有税收饶让协议的情况下，该公司在甲国应该缴纳多少所得税？

【解析】 乙国子公司实际缴纳所得税额为 500×40%×50% = 100（万元）。

乙国子公司可抵免税额为 500×40% = 200（万元）。

甲国母公司所得税为 (1 000 + 500)×40%×500×40% = 400（万元）。

10.6.4 国际避税与反避税

国际避税与国际逃税属于不同概念。国际避税是以合法的手段进行的，纳税人利用税法的漏洞和缺陷来实现减税的目的。国际逃税是以非法的手段进行的，跨国纳税人利用税法的漏洞和缺陷，采取隐蔽的非法手段逃避纳税义务。

1. 国际避税模式

跨国公司普遍采用的避税模式包括"双爱尔兰"避税模式和"星巴克型"避税模式。

1）"双爱尔兰"避税模式

爱尔兰是国际上著名的低税率国家，其税法规定营业收入所适用的企业所得税税率为

12.5%，远低于多数国家。除此之外，爱尔兰税收体系中缺少反避税制度。因而，一些跨国高科技公司纷纷将目光投向爱尔兰，凭借着其他国家与爱尔兰的税收制度差异，在税收中介的协助下成功构造出"双爱尔兰"避税模式。

运用该避税模式的美国公司 P 首先建立一家子公司 S1，其注册地为爱尔兰，实际管理机构则位于百慕大。据爱尔兰税法规定，居民纳税人身份的认定取决于企业的实际管理机构所在地。该子公司实际管理机构远离爱尔兰，因此属于爱尔兰非居民企业，无须在当地缴纳企业所得税。S1 继续注册一家爱尔兰居民企业作为其全资子公司 S2，其负责生产、制造和销售。由于爱尔兰与包括美国在内的多国签订了双边税收协定，因而无论是子公司 S1 与美国母公司，还是子公司 S1 与子公司 S2 发生贸易关系，子公司 S1 均可享受双边税收协定带来的好处。

美国税法存在的打钩规则和透视规则，使受控外国公司有权向美国税务机构申请以非独立实体存在，从而削弱美国国内收入法典的反避税制度。子公司 S1 可作为非独立实体将收入与美国母公司收入汇总纳税，而非独立实体间交易（如特许权使用费）被视为纳税主体下的内部交易相互抵消。

为进一步减少纳税总额，子公司 S1 与美国母公司签订了成本分摊协议。协议规定子公司须与母公司一同承担无形资产的研发费用，进而取得该项无形资产的所有权。美国 367 反避税条款明确指出，美国公司向外国公司转让无形资产且以该无形资产的生产、使用或处置情况来收取价款时，其创造的收入不论是否汇往美国，都需要按美国税法在当年进行纳税。成本分摊协议声称母、子公司是联合研发并非条款指出的直接转让关系，从而有效规避了 367 反避税条款。子公司 S2 为取得无形资产的所有权，接受 S1 的转授权并向其支付超额特许使用权，以期将收入从爱尔兰转移至百慕大，也即是公司利润从高税国向低税国甚至零税国转移。利用"双爱尔兰"避税模式，著名公司微软在 2009—2011 年间避免了高达 45 亿美元的美国税收。

2）"星巴克型"避税模式

该架构存在五个关键角色：美国星巴克总部、英国阿尔基公司、荷兰星巴克总部、荷兰星巴克制造公司以及瑞士星巴克。

在该避税模式下，美国星巴克总部控股英国阿尔基并与其签订了成本分摊协议，分摊无形资产研发费用，以此规避美国 367 反避税条款。英国阿尔基允许荷兰星巴克总部使用商标等无形资产，允许荷兰星巴克制造公司使用其研发的咖啡豆烘焙配方专利技术，并收取高额的特许权使用费，实质上将利润从荷兰转移到了英国。根据税法规定，阿尔基无须对在英国所获利润交纳企业所得税，而由美国合伙人依据美国税法对所分配利润缴纳个人所得税。然而，阿尔基为取得欧洲地区的咖啡烘焙技术需要向美国总部支付一笔高额特许权使用费，因此美国合伙人分配到的利润并不多，缴纳的税也十分有限。英国和荷兰的公司作为欧盟成员国（英国"脱欧过渡期"2020 年末），公司对所取得的特许使用费免交预提所得税。荷兰星巴克总部和星巴克制造公司同样利用打钩规则和透视规则，作为非独立实体将收入并入美国总部，特许权使用费则被视为母公司纳税主体下的内部交易相互抵消无须纳税。

阿尔基还强调资本弱化，构造出一种特殊的资本结构：只需保留必要的权益性融资，而尽可能增加债权性融资。如此一来，在英国创造的利润便可能通过利息的偿付转移到低利率的国家或地区，变相减少了企业所得税。

荷兰星巴克制造公司负责对瑞士星巴克采购来的未烘焙咖啡豆进行加工以及成品咖啡豆的分销，因而荷兰星巴克制造公司主张自己是生产加工型企业。其与荷兰政府签订了预约定价协议，协议双方达成共识：荷兰星巴克制造公司只要将利润率保持在5%，并按照交易净利润法计算缴纳的税款，便可不再受到税务机关的限制。该协议为星巴克转移利润提供了巨大的空间，促使荷兰星巴克制造公司轻而易举便将利润转移到其他低税国家或地区。另一方面，瑞士星巴克则利用转让定价使荷兰星巴克制造公司向其支付的咖啡豆采购价款是正常原材料成本的120%（远远高于同类企业支付的采购价款），其目的是将利润转移到税率更低的瑞士。

经过上述操作，星巴克将应缴纳企业所得税降至最低，实现了避税的最终目的。

2. 跨国公司避税的主要方式

1）国际避税港避税

国际避税地，也被称为"避税港"，它其实就是在全球范围内的经济活动中有着能够使人们用来逃避其本应该去向政府相关部门交该交的税费的合法规定的国家或者地区。主要包括以下三个层面：第一，是指一些对直接税如财产税等给予免除的，不进行征收的国家和地区。第二，是指有着优惠政策可以使企业在当地少缴纳税收款项的国家或地区。第三，是指与别的地区相比有着相对更低的直接税税率的国家或地区。

在国际避税地进行避税时，一般来说，跨国公司会在当地成立一家"空壳公司"，并将其作为"中间商"，以便可以转移收入，从而使自身能够少缴税。

当今世界上，英属维尔京群岛是一个十分具有代表性的"避税天堂"。它地处大西洋和加勒比海之间，距离波多黎各100公里，是一个由50个岛屿组成的岛屿群。

1984年，英属维尔京群岛通过了国际商业公司法。这一法律的颁布，大大地方便了跨国公司在此地合法成立一家"分公司"，并且利用该法案进行合法避税。政府还为跨国公司提供了大量的税收优惠条件。例如：在维尔京群岛上设立的公司只需要缴纳营业制造续派费，其余的所有当地税项都不需要交纳，对公司注册资本也没有明确的限额要求，对投入资本的币种也没有明确要求。很多跨国公司在英属维尔京群岛设立一家"分支机构"进行避税。

2）利用国际税收协定避税

利用国际税收协定避税是指某个第三国居民利用其他国家之间签订的国际税收协定获取本不应得到的税收收益。国际税收协定是两个或两个以上的主权国家为了解决双重征税的问题，并且对国与国之间的税收利益分配关系进行合理的调整，本着互惠互利的原则，通过政府协商签署的书面协议。各国政府为了成功治理双重征税现象，都做出了退让，最终出台了优惠条款。该条款无形之中又一次为国际避税创造了条件，一些原本不能享有这个协定的公司通过各种方法使得自身满足规定的条件要求，以便也可以享有这种税收优惠，从而可以少交一些税额，减轻他们的纳税义务。

3）转让定价避税

转让定价其实是指两家企业在进行商业合作时制定的只有在它们之间才能采用的一个价格。它通常不同于市场价格，可以根据跨国纳税人的需要来制定。在全球范围内的经济活动中，转让定价法已经变成一种比较常见的避税方式。其实，转让定价避税的实质就是各国之间的税率互不相同或者税制规定上的不同，导致跨国公司通过这一方式来逃避纳税。

4）其他国际避税方式

除了以上介绍的几种方法外，避税通常还运用其他方法：利用电子商务避税、通过改变居民身份的方法避税等。电子商务是采用数字化电子方式进行商务数据交换和开展商务业务活动，是在互联网和信息技术系统相结合的背景下产生的相互关联的动态商务活动。正是因为这些新时代的产物，人们无法从原有的传统角度来理解它，从而导致现有的约束条件对它的影响并不是很大。电子商务方便了人们的生产生活，促进了经济的发展，同时也为避税创造了可行的手段与工具。通过改变居民身份的方法避税，主要是指人们通过转换国籍方法来使自己在某一国家可以不纳税或者是少纳税。

3. OECD 反避税措施

经济合作与发展组织（OECD）国际避税地标准及"黑名单"制度得到国际公认。OECD提出了判断国际避税地的 4 项关键标准，即不征税或者仅存在名义税收、没有实质性经营活动的要求、缺乏有效的税收信息交换、缺乏税收透明度。前两项标准合称为有害竞争的优惠税制标准，后两项标准合称为税收透明度标准。

OECD 将不同国家或地区分为 3 类，即拒绝履行国际税收标准和拒绝交换国际税收信息的"黑名单"、承诺履行国际税收标准但没有切实履行国际税收标准的"灰名单"、实质履行国际税收标准的"白名单"。被列入黑名单的国家和地区可能面临来自国际社会的严厉制裁。

根据上述国际避税地标准，OECD 不定期发布国际避税地"黑名单"。2000 年 6 月，OECD 发布《认定和消除有害税收行为的进程》报告。根据税收透明度和国际税收情报自动交换标准，它把 35 个国家和地区列入避税地"黑名单"。OECD 相继发布了有关该项工作进程的专题报告，号召 OECD 成员国和其他国家共同对不合作的避税地采取措施。2008 年的全球金融危机使财政承压的 G20 国家看到了打击国际避税地的实用价值，最终采用了OECD 制定的国际避税地"黑名单"。2010 年 OECD 公布新的国际避税地"黑名单"，其中"黑名单"国家已经被"清零"，"灰名单"国家和地区还有 19 个"避税天堂"和 6 个离岸金融中心，"白名单"已增至 63 个国家和地区。OECD 宣布 2009 年全球已有 195 个国家同意签署国际税收情报自动交换协定，相关的税务透明度标准已经为全球所接受。

2018 年 7 月初，OECD 提出有关在共同申报准则（CRS）下双边以及多边税收情报交换的匹配信息（CRS-MCAA）协议。匹配交换协议完善的税收主管当局达 90 多个，共有 3 200多份匹配协议。

2018 年 5 月以来，全球 CRS 涉税信息交换工作加速推进，马其顿、格林尼达、中国香港、利比亚、中国澳门、巴拉圭和瓦努图等税收主管当局正式加入多边税收征管互助公约，提高了涉税信息和交换协议的效率。全球税务信息实现透明，100 多个国家和地区互相交换涉税信息，全球税收保密时代走向终结。

【例 10-10】　在材料价格不断上涨的情况下，企业存货计价方法选择先进先出法与加权平均法哪个更有利，为什么？

【解析】　针对企业是否处于免税期来考虑具体选择哪一种存货计价方法。

（1）如果企业刚好处于免税期，选择先进先出法，减少企业材料费用在当期的摊入，扩大企业当期利润获得更多的免税优惠。

（2）如果企业处于正常纳税期，则选择加权平均法，增加企业材料费用在当期的摊入，减少企业当期利润而少交税。

本章小结

对投资者来说，可以通过国际性组合投资降低风险的同时提高收益；对企业而言，可以通过资金来源的国际化降低资本成本。如何规划跨国公司的财务管理工作，本章分为六节内容分别展开阐述。首先阐释了跨国公司财务管理的概念、特点及其基本理论，随后分别从外汇管理、国际企业营运资本管理、筹资管理、投资管理、国际税收筹划等方面做了分析。特别需要重点掌握跨国公司财务管理的基本理论和原因，理解跨国公司财务管理的必要性和重要性。

复习思考题

1. F 公司应收账款马克 25 万单位，9 月 1 日到期。该公司决定在 7 月 1 日购买 4 单位 9 月到期的马克卖权合约，执行价格为 \$0.610 0/DM1，买价为 \$0.002 8/DM1；在 9 月 1 日，该公司用对冲的方式结束合约，卖价是 \$0.023 0/DM1，当日马克兑美元的即期汇率是 \$0.590 0/DM1。

（1）该公司从应收账款应收回美元多少？

（2）如果 9 月 1 日那天卖价是 \$0.001 0/DM1，当日马克兑美元的即期汇率是 \$0.620 0/DM1，则该公司从应收账款收回美元多少？

2. 韩国跨国制造公司 A，正在讨论是否可以投资美国一个 2 年期的项目。项目预计美元现金流量包括初始投资 100 万美元，第一年 70 万美元，第二年 60 万美元。项目资本风险调整的成本是 13%。当前汇率是 1 美元兑换 1 050 韩元。美国和韩国的无风险利率如表 10-6 所示。

表 10-6　美国和韩国的无风险利率

国家	1 年期	2 年期
美国	4.0%	4.25%
韩国	3.0%	3.25%

（1）如果这个项目被有同样风险调整资本的美国公司承担，所产生的净现值和收益率是多少？

（2）预期 1 年期远期汇率和 2 年期远期汇率是多少？

（3）如果 A 公司承担该项目，则该公司的现值和收益率是多少？

3. 布罗尔公司考虑在印度尼西亚建立工厂，建设成本为 90 亿印尼卢比。公司计划工厂运行 3 年。在 3 年期间，期望的现金流入分别为 30 亿、30 亿和 20 亿印尼卢比。运营现金流一年后投入，在每年年底回收。在第三年年末，布罗尔公司期望以 50 亿印尼卢比出售工厂。布罗尔公司的必要报酬率为 17%。即期汇率为 8 700 印尼卢比兑 1 美元，预期美元每年升值 5%。

（1）计算该项目的净现值。布罗尔公司是否接受该项目？

（2）假如在未来的三年中，美元的汇率以 8 700 印尼卢比兑 1 美元的价格保持不变，布罗尔公司应该建立工厂吗？

4. 某跨国公司的中国子公司 W 需要一套新设备，该设备预计使用年限为 6 年，正在讨论是购买还是租赁。有关资料如下。

（1）如果自行购置该设备，预计购置成本 1 500 万元。该类设备税法规定的折旧年限为 8 年，折旧方法为直线法，预计净残值率为零。

（2）预计 6 年后该设备的变现价值为 400 万元。

（3）如果租赁该设备，租期 6 年，每年年末需要向出租方支付租金 300 万元。租赁期结束，设备所有权不转让。

（4）该设备每年的维修保养费用为 15 万元，由承租人承担。

（5）W 公司适用的所得税税率为 25%，担保债券的税前利率为 8%。

（6）租赁期内租赁合同不可撤销。

要求：

（1）判断该租赁的税务性质。

（2）针对 W 公司的"租赁与购买"，通过计算做出决策（假设购买设备方案是可行的）。

5. M 公司是设立在中国的总公司，当年在本国获取的收益额为 130 万元；它设在乙国的分公司于同年获取的收益 70 万元。假设中国的所得税率为 33%，乙国的所得税率为 30%。

要求：采用直接抵免法来计算 M 公司应向中国缴纳的所得税税额。

6. 假定美国的母公司 A 在某一纳税年度的应税所得为 30 万美元，它设在法国的子公司 B 在同一年度的应税所得为 20 万美元。已知美国、法国两国的所得税率分别为 40% 和 30%，A 公司拥有 B 公司 50% 的股权。

要求：采用间接抵免法计算母公司 A 应向居住国美国缴纳的所得税税额。

即测即练

参 考 文 献

[1] 陈红. 国有企业党组织治理与高管薪酬差距——基于薪酬契约视角的分析[J]. 管理学刊, 2018 (3): 56-67.

[2] 陈仕华, 卢昌崇. 国有企业党组织的治理参与能够有效抑制并购中的国有资产流失吗[J]. 管理世界, 2014 (10): 88-101.

[3] 程博. 党组织嵌入与国有企业审计师选择[J]. 审计与经济研究, 2017, 32(3): 67-78.

[4] 代彬. 党组织嵌入、审计监督与预算松弛——来自国有上市公司的经验证据[J]. 审计研究, 2020 (2): 45-58.

[5] 范龙振, 余世典. 中国股票市场的三因子模型[J]. 系统工程学报, 2002 (6): 537-546.

[6] 方军雄. 市场化进程与资本配置效率的改善[J]. 经济研究, 2006 (5): 50-61.

[7] 李维安. 公司治理问题的研究现状评述——现代公司的治理机制与经营行为的探讨[J]. 南开学报, 1996(3): 39-44+80.

[8] 李维安. 公司治理研究[J]. 南开管理评论, 2000(3): 45-49.

[9] 林毅夫, 蔡昉, 李周. 资源结构升级: 赶超战略的误区——对"比较优势战略"批评意见的几点回应[J]. 战略与管理, 1996(1): 35-45.

[10] 林毅夫, 李周. 现代企业制度的内涵与国有企业改革方向[J]. 经济研究, 1997 (3): 3-10.

[11] 刘淑莲, 任翠玉. 高级财务管理[M]. 2 版. 大连: 东北财经大学出版社, 2017.

[12] 刘志远. 高级财务管理[M]. 上海: 复旦大学出版社, 2007.

[13] 柳学信, 孔晓旭, 王凯. 国有企业党组织治理与董事会异议——基于上市公司董事会决议投票的证据[J]. 管理世界, 2020, 36(5): 18.

[14] 陆正飞, 朱凯, 童盼. 高级财务管理[M]. 3 版. 北京: 北京大学出版社, 2018.

[15] 马连福, 王元芳, 沈小秀. 国有企业党组织治理、冗余雇员与高管薪酬契约[J]. 管理世界, 2013, (5): 100-115.

[16] 默顿·米勒, 程国华. 企业管理模式的战略选择[J]. 上海经济研究, 1995(8): 4.

[17] 齐寅峰, 王曼舒, 黄福广, 等. 中国企业投融资行为研究: 基于问卷调查结果的分析[J]. 管理世界, 2005(3): 94-114.

[18] 钱颖一. 中国的公司治理结构改革和融资改革[J]. 经济研究, 1994 (5): 34-42.

[19] 青木昌彦, 钱颖一. 转轨经济中的公司治理结构[M]. 北京: 中国经济出版社, 1995.

[20] 斯蒂芬·A. 罗斯, 伦道夫·W. 威斯特菲尔德, 布拉德福德·D. 乔丹. 公司理财(精要版)[M]. 12 版. 谭跃, 周卉, 韦丹, 译. 北京: 机械工业出版社, 2020.

[21] 汤谷良, 高晨, 于彩珍. 高级财务管理学的理论框架:管理过程的财务实现[J]. 会计研究, 2001 (6): 40-44.

[22] 汤谷良, 韩慧博. 高级财务管理学[M]. 2 版. 北京: 清华大学出版社, 2010.

[23] 汤谷良, 王斌, 杜菲, 等. 多元化企业集团管理控制体系的整合观: 基于华润集团 6S 的案例分析[J]. 会计研究, 2009 (2): 53-60.

[24] 汤谷良, 王珮. 高级财务管理学[M]. 2 版. 北京: 清华大学出版社, 2017.

[25] 万华林, 陈信元, 等. 治理环境、企业寻租与交易成本——基于中国上市公司非生产性支出的经验证据[J]. 经济学, 2010(2): 167-184.

[26] 汪昌云. 金融衍生工具[M]. 2 版. 北京: 中国人民大学出版社, 2013.

[27] 王化成, 刘亭立. 高级财务管理学[M]. 5 版. 北京: 中国人民大学出版社, 2022.

[28] 王化成, 佟岩. 财务管理理论研究的回顾与展望: 20 世纪后 20 年中国财务理论研究述评[J]. 会计研究, 2001 (12): 37-45.

[29] 吴敬琏. 关于现代企业制度问题[J]. 中国工运, 1994(4): 4-6.

[30] 吴秋生，王少华. 党组织嵌入与国有企业内部控制水平[J]. 会计研究, 2018 (8): 45-56.

[31] 吴晓璐，郭冀川. 年内绿色债券发行规模达 3615.6 亿元 "绿色" 成市场投资焦点[N]. 证券日报，2022-06-10(A02).

[32] 吴晓求，方明浩. 中国资本市场 30 年：探索与变革[J]. 财贸经济, 2021 (4): 20-36.

[33] 吴晓求，方明浩. 中国资本市场 30 年：探索与变革[J]. 财贸经济, 2021 (4): 17.

[34] 吴晓求，方明浩. 中国资本市场 30 年：探索与变革[J]. 财贸经济, 2021, 42(4): 20-36.

[35] 吴晓求，何青，方明浩. 中国资本市场：第三种模式[J]. 财贸经济, 2022 (5): 19-35.

[36] 谢香兵，张肖飞. 高级财务管理[M]. 2 版. 北京：经济科学出版社，2023.

[37] 许金花，李善民，张东. 家族涉入、制度环境与企业自愿性社会责任——基于第十次全国私营企业调查的实证研究[J]. 经济管理，2018, 40(5): 37-53.

[38] 严若森，吏林山. 党组织参与公司治理对国企高管隐性腐败的影响[J]. 南开大学学报（哲学社会科学版），2019 (3): 45-56.

[39] 杨瑞龙. 国有企业的重新定位及分类改革战略的实施[J]. 国企, 2013 (7): 23-26.

[40] 杨炘，陈展辉. 中国股市三因子资产定价模型实证研究[J]. 数量经济技术经济研究, 2003 (12): 137-141.

[41] 杨雄胜. 高级财务管理理论与案例[M]. 3 版. 大连：东北财经大学出版社，2012.

[42] 余怒涛，尹必超. 党组织嵌入与国有企业代理成本[J]. 南开管理评论, 2017, 20(4): 78-88.

[43] 张会丽，陆正飞. 集团化运营与管理的经济后果：研究评述与展望[J]. 经济与管理研究, 2014 (5): 111-117.

[44] 曾蔚. 高级财务管理[M]. 2 版. 北京：清华大学出版社，2018.

[45] 张维迎. 从公司治理结构看中国国有企业改革的成效、问题与出路[J]. 社会科学战线, 1997 (2): 42-51.

[46] 张先治，等. 高级财务管理[M]. 4 版. 大连：东北财经大学出版社，2018.

[47] 赵胜民，闫红蕾，张凯. Fama-French 五因子模型比三因子模型更胜一筹吗——来自中国 A 股市场的经验证据[J]. 南开经济研究, 2016 (2): 41-59.

[48] Blair M M. The deal decade: what takeovers and leveraged buyouts mean for corporate governance[J]. International Review of Economics & Finance, 1995, 4(4): 427-428.

[49] Brigham E F, Ehrhardt M C. Financial management: theory and practice[M]. Stamford: Cengage Learning, 2013.

[50] Carhart M M. On persistence in mutual fund performance[J]. The Journal of Finance, 1997, 52(1): 57-82.

[51] Damodaran A. Investment valuation: tools and techniques for determining the value of any asset [M]. Wiley, 2012.

[52] Damodaran A. Valuation approaches and metrics: a survey of the theory and evidence[J]. Foundations and Trends® in Finance, 2010, 1(8): 693-784.

[53] Dann L Y, De Angelo H. Corporate financial policy and corporate control: a study of defensive adjustments in asset and ownership structure[J]. Journal of Financial Economics, 1988, 20(1-3): 87-127.

[54] Doidge C, Karolyi G A, Lins K V, et al. Private benefits of control, ownership, and the cross-listing decision[J]. The Journal of Finance, 2009, 64(1): 425-466.

[55] Fama E F, Jensen M C. Separation of ownership and control[J]. Journal of Law and Economics, 1983, 26(2): 301-325.

[56] Fama E F, French K R. Common risk factors in returns on stocks and bonds[J]. Journal of Financial Economics, 1993, 33(1): 3-56.

[57] Fama E F, French K R. The cross-section of expected stock returns[J]. The Journal of Finance, 1992,

47(2): 427-465.

[58] Fama E F. Agency problems and the theory of the firm[J]. Journal of political economy, 1980, 88(2): 288-307.

[59] Fama E F. Banking in the theory of finance[J]. Journal of Monetary Economics, 1980, 6(1): 39-57.

[60] Fama E. Risk, return, and equilibrium[J]. Journal of Political Economy, 1971, 79: 30-55.

[61] Graham J, Harvey C. How do CFOs make capital budgeting and capital structure decisions?[J]. Journal of Applied Corporate Finance, 2002, 15(1): 8-23.

[62] Grossman S J, Hart O D. Disclosure laws and takeover bids[J]. The Journal of Finance, 1980, 35(2): 323-334.

[63] Grossman S J, Hart O D. The costs and benefits of ownership: a theory of vertical and lateral integration[J]. Journal of Political Economy, 1986, 94(4): 691-719.

[64] Grossman S J, Hart O D. An Analysis of the Principal-Agent Problem[J]. Econometrica, 1983(51): 7-46.

[65] Hamada R S. The effect of the firm's capital structure on the systematic risk of common stocks[J]. The journal of finance, 1972, 27(2): 435-452.

[66] Harris M, Raviv A. Corporate control contests and capital structure[J]. Journal of Financial Economics, 1988: 55-86.

[67] Jensen M C, Ruback R S. The market for corporate control: the scientific evidence[J]. Journal of Financial Economics, 1983, 11(1): 5-50.

[68] Jiang F, Jiang Z, Kim K A. Capital markets, financial institutions, and corporate finance in China[J]. Journal of Corporate Finance, 2020, 63(8): 101309.

[69] Jiang F, Kim K A. Corporate governance in China: a modern perspective[J]. Journal of Corporate Finance, 2015, 32(6): 190-216.

[70] Kothari S P, Shanken J, Sloan R G. Another look at the cross-section of expected stock returns[J]. Journal of Finance, 1995, 50(1): 185-224.

[71] LaPorta, Rafael, Florencio Lopez-de-Silanes, Andrei Shleifer, et al. Law and Finance[J]. Journal of Political Economy 1998, 106 (6): 1113-1155.

[72] Manne, Robert. A conversation with ryszard kapuscinski[J]. Quadrant Magazine, 1965, 39(12): 40-43.

[73] Michael C. Jensen, William H. meckling, theory of the firm: managerial behavior, agency costs and ownership structure[J]. Journal of Financial Economics, 1976, 3(4): 305-360.

[74] Nestor M W, Mok L P, Tulapurkar M E, et al. Plasticity of neuron-glial interactions mediated by astrocytic EphARs[J]. Journal of Neuroscience, 2007, 27(47): 12817-12828.

[75] Novy-Marx R, Rauh J D. Fiscal imbalances and borrowing costs: Evidence from state investment losses[J]. American Economic Journal: Economic Policy, 2012, 4(2): 182-213.

[76] Ross S A, Westerfield R W, Jaffe J F. Corporate finance[M]. New York: McGraw-Hill Education, 2022.

[77] Ross S A. The arbitrage theory of capital asset pricing[M]. Handbook of the fundamentals of financial decision making: Part I, 2013.

[78] Shleifer A, Vishny R W. A survey of corporate governance[J]. The Journal of Finance, 1997, 52(2): 737-783.

[79] Sloan R G. Do stock prices fully reflect information in accruals and cash flows about future earnings?[J]. The Accounting Review, 1996, 71(3): 289-315.

[80] Stulz R. Managerial control of voting rights: financing policies and the market for corporate control[J]. Journal of Financial Economics, 1988, 20(1-3): 25-54.

[81] Tricker R I. Corporate governance[M]. Farnham: Gower Publishing Company Limited, 1984.

教师服务

感谢您选用清华大学出版社的教材！为了更好地服务教学，我们为授课教师提供本书的教学辅助资源，以及本学科重点教材信息。请您扫码获取。

≫ 教辅获取

本书教辅资源，授课教师扫码获取

≫ 样书赠送

会计学类重点教材，教师扫码获取样书

 清华大学出版社

E-mail: tupfuwu@163.com
电话：010-83470332 / 83470142
地址：北京市海淀区双清路学研大厦 B 座 509

网址：https://www.tup.com.cn/
传真：8610-83470107
邮编：100084